CB134295

Revista de Direito Tributário

104

MALHEIROS EDITORES

Revista de Direito Tributário

Publicada sob os auspícios do
Instituto Geraldo Ataliba — IDEPE — Instituto Internacional de Direito Público e Empresarial
Presidente: Prof. Aires Barreto

ISS 0102-7956

REVISTA DE DIREITO TRIBUTÁRIO
publicação trimestral de
MALHEIROS EDITORES LTDA.
Rua Paes de Araújo, 29, 17º andar – conj. 171
CEP: 04531-940 – São Paulo, SP
Tel. (11) 3078-7205
Fax. (11) 3168-5495
Diretor Responsável: Álvaro Malheiros
Diretora: Suzana Fleury Malheiros

Assinaturas e comercialização:
CATAVENTO DISTRIBUIDORA
DE LIVROS S.A.
Rua Conselheiro Ramalho, 928
CEP 01325-000 – São Paulo – SP
Tel. (11) 3289-0811 – Fax. (11) 3251-3756
Supervisão Gráfica: Vânia Lúcia Amato
Composição: *Scripta*
Impressão: Paym Gráfica e Editora Ltda.

SUMÁRIO

CADERNOS DE DIREITO TRIBUTÁRIO

"CRÉDITO DE ICMS" E "CRÉDITO DE INDÉBITO TRIBUTÁRIO": CONSEQÜÊNCIAS JURÍDICAS DESTA DISTINÇÃO 7

– Paulo de Barros Carvalho

EL CONTROL CONSTITUCIONAL DE LAS LEYES TRIBUTARIAS 23

– José Osvaldo Casás

PRESUNCIONES TRIBUTARIAS 66

– Alonso Pérez Becerril

O SISTEMA AUTOPOIÉTICO DO DIREITO E SUAS IMPLICAÇÕES EM RELAÇÃO À SEGURANÇA JURÍDICA 86

– Fabiana Del Padre Tomé

SOBRE OS LIMITES NORMATIVOS DO ART. 38, PARÁGRAFO ÚNICO, DA LEI DE EXECUÇÃO FISCAL: CONSIDERAÇÕES PRÉVIAS À ANÁLISE DE SUA CONSTITUCIONALIDADE 95

– Tárek Moysés Moussallem e Osly da Silva Ferreira Neto

FUNDAMENTAÇÃO DA OBRIGAÇÃO TRIBUTÁRIA 105

– Fernando Aurélio Zilveti

A IMUNIDADE DOS SERVIÇOS DE TELECOMUNICAÇÃO: CARACTERÍSTICAS, REQUISITOS DE APLICAÇÃO E EFEITOS SOBRE O FUST E O FUNTTEL 118

– Tácio Lacerda Gama

O IMPOSTO SOBRE GRANDES FORTUNAS À LUZ DA JUSTIÇA DISTRIBUTIVA 127

– Tathiane dos Santos Piscitelli

A INTERPRETAÇÃO NO DIREITO: POSSIBILIDADE DE ALTERAÇÃO EXEGÉTICA E A EXISTÊNCIA DE PARÂMETROS E LIMITES INTERPRETATIVOS 140

– Daniela Braghetta

ESTUDOS E COMENTÁRIOS

PRINCÍPIOS DA ORDEM ECONÔMICA COMO LIMITAÇÃO AO PODER DE TRIBUTAR 145

– Joel Gonçalves de Lima Jr. e Roberto Ferraz

PRINCÍPIO DO NÃO-CONFISCO COMO REALIZAÇÃO DO PRINCÍPIO DA SEGURANÇA EM MATÉRIA TRIBUTÁRIA 166

– Ruti Kazumi Nakagaki

O "DIFERENCIAL DE CARGA E/OU ALÍQUOTAS" DE ICMS INDEVIDAMENTE COBRADO DE EMPRESAS COMERCIAIS OPTANTES PELO SIMPLES NACIONAL NAS OPERAÇÕES DE AQUISIÇÃO INTERESTADUAIS 179

– Andréia Fogaça Maricato

CLASSIFICAÇÃO E CÁLCULO DE PRINCÍPIOS 197

– Jonathan Barros Vita

A INCONSTITUCIONALIDADE DO DIFERENCIAL DE ALÍQUOTA E A ILEGALIDADE DA OBRIGAÇÃO ACESSÓRIA 210

– Mônica Pimenta Júdice

O PRINCÍPIO DA SEGURANÇA JURÍDICA COMO RAZÃO PARA A TOMADA DE DECISÃO BASEADA EM REGRA 229

– Tatiana Aguiar

Revista de Direito Tributário

CADERNOS DE DIREITO TRIBUTÁRIO

Fundador: Rubens Gomes de Sousa (†)

CADERNOS DE DIREITO TRIBUTÁRIO

"CRÉDITO DE ICMS" E "CRÉDITO DE INDÉBITO TRIBUTÁRIO": CONSEQÜÊNCIAS JURÍDICAS DESTA DISTINÇÃO

PAULO DE BARROS CARVALHO
Professor Titular de Direito Tributário da PUC/SP e da USP

1. Introdução. 2. Algumas palavras sobre o conceito de "relação jurídica": 2.1 Relação jurídica tributária e relação de débito da Fazenda Pública. 3. O princípio constitucional da não-cumulatividade e o crédito de ICMS. 4. Pagamento de tributo indevido e o crédito dele decorrente. 5. Direito à restituição do valor indevidamente pago a título de tributo. 6. Possibilidades teóricas de extinção das relações jurídicas: 6.1 A compensação tributária no cálculo das relações: forma extintiva da obrigação tributária e do débito da Fazenda Pública. 7. A norma geral e abstrata da compensação tributária envolvendo créditos decorrentes de pagamento indevido: 7.1 Requisitos para que se opere a compensação de crédito originado pelo pagamento indevido a título de tributo. 8. Distinção entre "créditos de ICMS" e "créditos de indébito tributário". 9. Correção monetária dos "créditos de indébito tributário". 10. Das respostas às indagações.

1. Introdução

Sabemos que a ordem jurídica brasileira se apresenta como um sistema de normas, concebido pelo homem para motivar e alterar a conduta no seio da sociedade. Ordenadas na forma de sistema as normas jurídicas são construídas pelo intérprete segundo seu princípio unificador: a Constituição da República. Fundamento último de validade semântica de toda unidade normativa, está na Constituição o conteúdo de base de toda regra positivada.

As normas de direito posto, por seu turno, são unidades que, ao juridicizar em fatos sociais (entre eles, os naturais que interessem de algum modo à sociedade), fazem irromper relações jurídicas, no seio das quais aparecem os direitos subjetivos e os deveres correlatos. Daí dizer-se que a incidência da regra faz nascer o vínculo entre sujeitos de direito, por força da imputação normativa. E a norma tributária não refoge desse quadro de atuação, que é universal, valendo para todo espaço e para todo o tempo histórico.

Tecnicamente, interessa sublinhar que o fenômeno da incidência requer, por um lado, norma jurídica válida e vigente; por outro, realização de evento juridicamente vertido em linguagem, que o sistema indique como própria e adequada. Pelo prisma lógico, a incidência jurídica reduz-se a duas operações formais: a primeira, de subsunção ou de inclusão de classes, em que se reconhece uma ocorrência concreta, localizada num determinado ponto do espaço e numa específica unidade de tempo, incluindo-a na classe dos fatos previstos no suposto da norma geral e abstrata; outra, a segunda, de implicação, porquanto a fórmula normativa prescreve que o antecedente implica a tese, vale dizer, o fato concreto ocorrido faz surgir uma relação jurídica também determinada, entre dois sujeitos de direito.

Nesta linha, torna-se possível afirmar serem todas as normas jurídicas idêntica em termos estruturais (homogeneidade lógica ou sintática), embora dotadas de conteúdos diferentes (heterogeneidade semântica). Firmando-se nessas premissas é que a Ciência do Direito se apresenta possível e compreensível, demonstrando, em termos objetivos, como são as normas, de que modo se relacionam, que tipo de estrutura constroem e, sobretudo, como regulam a conduta intersubjetiva.

É imperioso adotar essa consciência metodológica, no início do presente estudo, na medida em que não há como alcançar se uma distinção de tamanha importância – entre "crédito de ICMS" e "crédito de indébito tributário" – e muito menos definir os respectivos efeitos jurídicos, sem que antes estejam claras as bases preliminares da Ciência que se pretende esboçar. E no trato com a mencionada matéria de direito tributário, exegetas da mais alta qualidade perdem-se nas diferentes estruturas normativas que exsurgem de uma única realidade social. Fala-se em regra matriz de incidência do ICMS, em direito ao crédito, em norma de compensação. E a situação agrava-se no momento em que, por qualquer motivo, na cadeia da não-cumulatividade do referido imposto, venha a ser efetuado pagamento de indébito tributário. Somam-se, neste caso, tantas outras normas que, somente quando entendidas em sua complexidade estrutural e contextualizadas ao caso concreto, podem ser ordenadas na forma que o direito positivo bem as programou. Desse ponto de vista, considero imprescindível um estudo mais atilado das situações de indébito tributário na sistemática do ICMS, buscando ressaltar a indiscutível presença dos princípios da legalidade e tipicidade tributária a cada momento da positivação da regra jurídica.

Estabelecendo, em linha gerais, os pontos orientadores deste trabalho, firmei cinco indagações objetivas a serem tratadas ao longo da análise que se segue. Ei-las:

***1.** Qual a diferença entre "crédito de ICMS" e "crédito do indébito tributário"?*

***2.** Que é compensação em direito tributário? Existiriam critérios distintivos entre a "compensação do ICMS" e a "compensação do indébito tributário"?*

***3.** Que é correção monetária? Em quais hipóteses e a quem se aplica a correção monetária? Integra-se à regra matriz de incidência tributária? Sob qual fundamento de direito positivo sustenta-se a correção monetária?*

***4.** O indébito do ICMS deverá ser restituído ao contribuinte credor pelo seu valor histórico ou deverá ser atualizado monetariamente?*

***5.** A correção monetária é aplicável independentemente do modo de restituição do indébito tributário?*

2. Algumas palavras sobre o conceito de "relação jurídica"

O objetivo primordial do direito é ordenar a vida em sociedade, disciplinando o comportamento dos seres humanos, nas relações intersubjetivas. Tomando por base esse caráter eminentemente instrumental do ordenamento jurídico, é curioso notar que o único meio de que dispõe, para alcançar suas finalidades precípuas, é a relação jurídica, no contexto da qual emergem direitos e deveres correlatos, pois é desse modo que se opera a regulação das condutas.

É incontestável a importância que os fatos jurídicos assumem no quadro sistemático do direito positivo, pois, sem eles, jamais apareceriam direitos e deveres, inexistindo possibilidade de regular a convivência dos homens, no seio da comunidade. Mas, sem desprezar esse papel fundamental, é pela virtude de seus efeitos que as ocorrências factuais adquirem tanta relevância. Tais efeitos estão prescritos no conseqüente da norma, irradiando-se por via de relações jurídicas. Isso nos permite dizer, com inabalável convicção, que o prescritor normativo é o dado por excelência da realização do direito, porquanto é precisamente ali que está depositado o instrumento da sua razão existencial.

A expressão "relação jurídica", como tantas outras empregadas no discurso jurídico, prescritivo ou descritivo, experimenta mais de uma acepção. É relação jurídica o liame de parentesco entre pai e filho, o laço processual que envolve autor, juiz e réu, bem como o vínculo que une credor e devedor, com vistas a determinada prestação. Iremos nos ocupar dessa terceira espécie, que nas normas jurídicas atua decisivamente.

Para a Teoria Geral do Direito, "relação jurídica" é definida como o vínculo abstrato, segundo o qual, por força da imputação normativa, uma pessoa, chamada de sujeito ativo, tem o direito subjetivo de exigir de outra, denominada sujeito passivo, o cumprimento de certa prestação. Em conseqüência, para que se instaure um fato relacional, vale dizer, para que se configure o enunciado pelo qual irrompe a relação jurídica, são necessários dois elementos: o subjetivo e o prestacional. No primeiro, subjetivo, encontramos os sujeitos de direito postos em relação: um, no tópico de sujeito ativo, investido do direito subjetivo de exigir certa prestação; outro, na posição passiva, cometido do dever subjetivo de cumprir a conduta que corresponda à exigência do sujeito pretensor. Ambos, porém, necessariamente sujeitos de direito. Nada altera tratar-se de pessoa física ou jurídica, de direito público ou de direito privado, nacional ou estrangeira.

Ao lado do elemento subjetivo, o enunciado relacional contém uma prestação como conteúdo do direito de que é titular o sujeito ativo e, ao mesmo tempo, do dever a ser cumprido pelo passivo. O elemento prestacional fala diretamente da conduta, modalizada como obrigatória, proibida ou permitida. Entretanto, como o comportamento devido figura em estado de determinação ou de determinabilidade, ao fazer referência à conduta terá de especificar, também, qual é seu objeto (pagar valor em dinheiro, construir um viaduto, não se estabelecer em certo bairro com particular tipo de comércio, etc.). O elemento prestacional de toda e qualquer relação jurídica assume relevância, precisamente, na caracterização da conduta que satisfaz o direito subjetivo do qual está investido o sujeito ativo, outorgando o caráter de certeza e segurança de que as interações sociais necessitam. É nesse ponto que os interessados vão ficar sabendo qual orientação devem imprimir às respectivas condutas, evitando a ilicitude e realizando os valores que a ordem jurídica instituiu.

Todo e qualquer vínculo jurídico apresenta essa composição sintática: liame entre pelos menos dois sujeitos de direitos, voltados a um objeto prestacional. Apenas pela observação do conteúdo semântico das relações jurídicas é que estas podem ser distinguidas.

2.1 Relação jurídica tributária e relação de débito da Fazenda Pública

A definição do conceito de "relação jurídica tributária" encontra-se vinculada ao conceito de direito positivo tributário, o qual, por sua vez, consiste no complexo de normas jurídicas válidas que se referem, direta ou indiretamente, ao exercício da tributação: instituição, fiscalização e arrecadação tributária. Considerada em seu sentido estrito, "obrigação tributária" é o vínculo abstrato em que uma pessoa, chamada de sujeito ativo, tem o direito subjetivo de exigir de outra, denominada sujeito passivo, o cumprimento de prestação de cunho patrimonial, decorrente da aplicação de norma jurídica tributária (art. 3º do CTN).

Surgida a obrigação tributária mediante a aplicação da respectiva regra-matriz de incidência e conseqüente linguagem jurídica competente, nasce, simultaneamente, o crédito tributário. Trata-se de elemento indissociável da obrigação de pagar tributo, consistente no direito subjetivo de que é possuidor o sujeito ativo.

Paralelamente a essa espécie de relação obrigacional, identificamos, no ordenamento brasileiro, o surgimento de liames em que a Fazenda Pública figura no pólo oposto, assumindo a posição de sujeito passivo. É a chamada "relação de débito da Fazenda Pública", cujo nascimento pode decorrer de: (i) recolhimento indevido ou a maior de importância pecuniária a título de tributo; (ii) prática de fato jurídico que faz nascer relação de crédito para o contribuinte; ou (iii) contrato administrativo firmado pela pessoa política. Em quaisquer dessas hipóteses, a Fazenda Pública possui o dever de cumprir uma obrigação pecuniária para com o particular, caracterizando um "débito" seu.

Interessa-nos, para os fins deste estudo, a primeira dessas modalidades, qual seja: *recolhimento indevido ou a maior de importância pecuniária a título de tributo*. Tomemos por exemplo desse tipo relacional a situação, muito comum, de recolhimento em duplicidade. E, indo além do que já se encontra em muitos textos doutrinários, ponderemos a mesma ocorrência na cadeia da não-cumulatividade do ICMS, identificando as dificuldades que tal fato pode acarretar. Pago o ICMS em duplicidade, o contribuinte passa a ter pretensão à restituição dos valores indevidamente recolhido, ainda que os tenha compensado nas operações anteriores. Isto é, o "débito do fisco" e o correspondente "crédito do contribuinte" decorrem de pagamento a maior efetuado pelo particular. E essa espécie de crédito, conforme discorreremos a seguir, não pode ser confundido com aquele veiculado pelo princípio constitucional da não-cumulatividade, cuja natureza e disciplina jurídica são absolutamente distintas.

3. O princípio constitucional da não-cumulatividade e o crédito de ICMS

A Constituição da República, ao conferir competência para instituir o imposto estadual incidente sobre operações relativas à circulação de mercadorias e sobre prestações de serviços de transporte interestadual e intermunicipal e de comunicações (ICMS), prescreve que este "será não-cumulativo, compensando-se o que for devido em cada operação relativa à circulação de mercadorias ou prestação de serviços com o montante cobrado nas anteriores pelo mesmo ou outro Estado ou pelo Distrito Federal" (art. 155, § 2º, I).

Nessa orientação, surge o chamado "princípio constitucional da não-cumulatividade" que é, em verdade, "limite objetivo" voltado, mediatamente, à realização de valores de lídima grandeza, como o da justiça da tributação, o do respeito à capacidade contributiva do administrado e àquel'outro da uniformidade na distribuição da carga tributária. Apresenta-se como técnica que opera sobre o conjunto das operações econômicas entre os vários setores da vida social, para que o impacto da percussão tributária não provoque certas distorções já conhecidas pela experiência histórica, como a tributação em cascata, com efeitos danosos na apuração dos preços e na aceleração inflacionária. Entre as possibilidades de disciplina jurídica neutralizadoras dos conhecidos desvios de natureza econômica, nosso constituinte adotou determinado caminho, que se inicia com o direito ao crédito do imposto para quem adquire produtos com o fim de dar seqüência às várias etapas do processo de circulação de mercadorias.

Em suma, o ICMS tem por requisito constitucional que a sua hipótese tributária traga a descrição do fato de um comerciante, industrial, importador, produtor ou equiparados, praticar operação jurídica que transfira a posse ou propriedade de uma mercadoria. Analisando a transferência de mercadoria por este prisma — do paralelismo e da igualdade de posições dos sujeitos alienante e adquirente — fácil é perceber a dinâmica do direito ao crédito do ICMS: se para o *alienante* da mercadoria, gravada pelo ICMS, nasce a *obrigação do pagamento do tributo*, do mesmo modo, para o *adquirente* da mercadoria, onerada pelo ICMS, *nasce o direito ao crédito*.

Uma vez ocorrido o fato hipoteticamente previsto na regra-matriz do direito ao crédito — no caso, operação relativa à circulação de mercadoria —, nascerá, inexoravelmente, uma relação jurídica que tem como sujeito ativo o adquirente/destinatário de mercadorias, detentor do direito ao crédito do imposto, e como sujeito passivo o Estado. Tendo participado de operação sobre a qual incidiu o imposto, surge para o adquirente o direito de, ao tornar-se alienante, valer-se de um crédito, cuja configuração dependeu também de ato seu.

Dessa maneira, no instante em que se efetivar a operação de compra, o contribuinte estará realizando um negócio jurídico, apurando um crédito tributário, que, somente a partir do momento seguinte (venda), poderá ser confrontado com os débitos para se verificar a existência de saldo credor ou devedor perante o Fisco.

Passemos ao campo dos exemplos, que sempre representaram ponto de apoio indispensável ao conhecimento.

O atacadista "A" vende uma mercadoria para o comerciante "B". Quatro relações chamam a atenção nesse negócio. Deu-se, entre "A" e "B", contrato de compra e venda, do qual decorreram dois liames jurídicos de direito civil: um, consistente na (i) obrigação de "A" entregar a "B" a mercadoria (A*rj*B); outro, pela (ii) obrigação de "B" pagar o valor do preço da mercadoria, acrescido pelo imposto de circulação, para "A" (B*rj*A). Como "A" é o comerciante vendedor, figura também na (iii) *relação jurídica tributária (rjt)* com o Estado (F) (A*rjt*F) e, finalmente, como "B" é comerciante, a norma do *direito ao crédito*, que decorre do princípio constitucional da não-cumulatividade, incide também sobre essa operação, fazendo irromper (iv) a *relação de direito ao crédito (rdc)* entre "B" e o Fisco (B*rdc*F). Podemos, perfeitamente, isolar quatro relações jurídicas nesse singelo quadro de uma operação tributável pelo ICMS: (A*rf*B), (B*rj*A), (A*rjt*F) e (B*rdc*F). Os dois primeiros vínculos são regulados pelo direito civil, enquanto os restantes, pela legislação tributária. Tomando esses últimos, a relação jurídica tributária e a relação de direito ao crédito, devemos reconhecer que a primeira consiste na eficácia da *regra-matriz de incidência tributária* e a segunda na eficácia da *regra que estipula o direito ao crédito*.

Da *regra-matriz de incidência tributária* advém o liame do ICMS, instaurado entre o comerciante "A", mal designado de "contribuinte de direito" e o fisco estadual "F" (A*rjt*F); da *regra que estabelece o direito ao crédito*, a relação entre "B", também mal denominado "contribuinte de fato", e o Fisco "F" (B*rdc*F). Sobre o mesmo suporte fáctico, isto é, a operação de venda e compra de mercadorias entre "A" e "B", o legislador promoveu dois cortes conceptuais: (i) isolando a venda realizada pelo comerciante "A" e (ii) tratando, separadamente, a compra efetuada pelo comerciante "B". A cada previsão, fez corresponder uma das relações jurídicas já mencionadas.

Nesse caso, o "crédito do contribuinte" decorre da prescrição constitucional que erige o princípio da não-cumulatividade, surgindo em razão do acontecimento de fato lícito, previsto na hipótese da regra-matriz do direito ao crédito. Trata-se de moeda-escritural cujo uso é autorizado tão-somente para compensação com o valor devido a título de ICMS em outra operação, sendo inexigível sua percepção na forma pecuniária, quer por pedido administrativo, quer pela via judicial.

4. *Pagamento de tributo indevido e o crédito dele decorrente*

Pagamento é um fato jurídico consistente na prestação que o devedor, ou alguém por ele, faz ao sujeito pretensor, da importância pecuniária correspondente ao débito. Considerada a esfera do direito tributário, o pagamento é devido quando efetuado em perfeita sintonia com as leis que lhe determinam a forma de realização e o conteúdo. Em contraposição, será ele indevido toda vez que apresentar-se em desconformidade com os preceitos firmados em lei para sua realização ou, em outros dizeres, com as prescrições expressas na regra-matriz de incidência instituidora do gravame, como é o caso das hipóteses de pagamento a maior, em virtude de incorreto preenchimento das guias.

Nesse caso, assegura o ordenamento jurídico a devolução daquilo que o contribuinte pagou indevidamente. Fá-lo mediante norma geral e abstrata cuja hipótese descreve, em caráter conotativo, o pagamento indevido, prescrevendo, no conseqüente, uma relação jurídica obrigacional em que o fisco ocupará o pólo passivo, assumindo o dever de restituir o indébito, enquanto o contribuinte figurará como sujeito ativo, com o direito de exigir o cumprimento dessa restituição. Diferentemente do que ocorre na obrigação tributária, o contribuinte é credor na relação ora examinada. O fisco encontra-se no pólo passivo do vínculo obrigacional, possuindo o dever de cumprir uma prestação pecuniária para com o contribuinte. Costumamos nos referir a esse dever como "débito do fisco", contrapartida do "crédito do contribuinte".

5. *Direito à restituição do valor indevidamente pago a título de tributo*

A prerrogativa de obter a restituição daquilo que foi impropriamente pago apresenta-se como direito subjetivo cujo titular é o contribuinte que realizou o pagamento indevido, comprovado o fato mediante a linguagem específica que o direito exige. É o que dispõe o art. 165 do Código Tributário Nacional:

> Art. 165. O sujeito passivo tem o direito, independentemente de prévio protesto, *à restituição total ou parcial do tributo*, seja qual for a modalidade do seu pagamento, ressalvado o disposto no § 4º do art. 162, nos seguintes casos:
>
> I – *cobrança ou pagamento espontâneo de tributo indevido ou maior que o devido* em face da legislação tributária aplicável, ou da natureza ou circunstâncias materiais do fato gerador efetivamente ocorrido;
>
> II – erro na edificação[1] do sujeito passivo, na determinação da alíquota aplicável, no cálculo do montante do débito ou na elaboração ou conferência de qualquer documento relativo ao pagamento;
>
> III – reforma, anulação, revogação ou rescisão de decisão condenatória. (destaquei)

Por "restituição" entende-se a devolução de valores pagos a título de tributo, mas cujo recolhimento foi considerado indevido ou a maior. E, nos termos do art. 167 do Código Tributário Nacional, também são objeto de restituição do indébito tributário os juros de mora e penalidades indevidamente pagos pelo contribuinte:

1. Não obstante conste na redação original do CTN "edificação", deve-se entender como "identificação".

Art. 167. A restituição total ou parcial do tributo dá lugar à restituição, na mesma proporção, dos juros demora e das penalidades pecuniárias, salvo as referentes a infrações de caráter formal não prejudicadas pela causa da restituição.

Na qualidade de "devolução de valores indevidamente recolhidos a título de tributo" a restituição do indébito tributário é gênero, tendo por modalidades a (i) repetição e a (ii) compensação. Enquanto na "repetição do indébito tributário" o contribuinte pretende ver-se restituído em pecúnia, na "compensação" a restituição opera-se mediante o encontro da relação de débito do fisco com outra que veicule débito do particular. Em ambos os casos, tem-se a satisfação do crédito do contribuinte e a extinção do débito da Fazenda Pública: quer em dinheiro, mediante restituição; quer pelo encontro de contas, efetuado em procedimento de compensação.

6. *Possibilidades teóricas de extinção das relações jurídicas*

A relação jurídica, como nexo abstrato mediante o qual uma pessoa, chamada de sujeito ativo, tem o direito subjetivo de exigir uma prestação, enquanto outra, designada de sujeito passivo, está encarregada de cumpri-la, nasce da ocorrência do fato típico descrito no antecedente da proposição normativa. No percurso da sua existência pode experimentar mutações, que interferem nos elementos que a compõem ou nas gradações de sua eficácia. E depois se extingue, por haver realizado seus objetivos reguladores ou por razões que o direito positivo estipula.

Cabe examinar, no presente item, o fenômeno jurídico que se opera na extinção de tais vínculos, para podermos bem compreender o desaparecimento das obrigações tributárias e dos liames obrigacionais do contribuinte e da Fazenda Pública.

Se a unidade irredutível das relações jurídicas é formada por dois sujeitos (pretensor e devedor) e um objeto, atrelados entre si por nexos, parece-nos que o melhor caminho para saber da desintegração dessa entidade é procurar indagar o modo pelo qual desaparecem seus elementos integrativos, bem como as relações que os unem, visto que tais elementos e tais vínculos dão a compostura atômica dos liames jurídicos que fazem surdir direitos e deveres correlatos. Observamos que a figura obrigacional decompõe-se: (a) pelo desaparecimento do sujeito ativo; (b) pelo desaparecimento do sujeito passivo; (c) pelo desaparecimento do objeto;[2] (d) pelo desaparecimento do direito subjetivo de que é titular o sujeito pretensor, equivalendo à desaparição do crédito; (e) pelo desaparecimento do dever jurídico cometido ao sujeito passivo, que equivale à desaparição do débito.

Qualquer hipótese extintiva da relação obrigacional que possamos aventar estará contida, inexoravelmente, num dos cinco itens que enumeramos. Carece de possibilidade lógica imaginar uma sexta solução, precisamente porque esta é a fisionomia básica da existência de um vínculo de tal natureza.

6.1 A compensação tributária no cálculo das relações: forma extintiva da obrigação tributária e do débito da Fazenda Pública

Não é demais recordar que a obrigação tributária, enquanto relação jurídica de cunho patrimonial, envolvendo um sujeito ativo, titular do direito subjetivo de exigir a prestação, e um sujeito passivo, cometi-

2. Advertimos que no direito positivo brasileiro, no que se refere às obrigações tributárias, não há prescrições que contemplem a extinção do objeto prestacional, estritamente considerado. Entretanto, todos os demais casos de desaparecimento de elementos integrativos ou dos nexos que os enlaçam se encontram previstos, indicados pelo legislador pelos nomes técnicos correspondentes. Ao analisarmos as fórmulas extintivas gravadas no Código Tributário Nacional teremos a oportunidade de convocar a atenção do leitor, relembrando essa proposta teorética de enorme utilidade prática.

do do dever de cumpri-la, é nexo lógico que se instala a contar de um enunciado factual, situado no conseqüente da norma individual e concreta, juntamente com o fato jurídico tributário descrito no suposto da mesma norma. A edição dessa regra, como norma válida no sistema positivo, tem o condão de introduzir no ordenamento dois fatos: (i) o fato jurídico tributário e (ii) o fato relacional que conhecemos por "relação jurídica". Se assim é, a obrigação tributária, na condição de ente lógico, só pode extinguir-se por força de outra manifestação em linguagem, o que se aplica, perfeitamente, à hipótese de compensação tributária. Vejamos como ela se opera.

A chamada "obrigação tributária" consiste no laço que se instala entre o sujeito pretensor e o devedor, tendo por objeto prestação pecuniária, nos exatos termos do art. 3º do Código Tributário Nacional. Integram-na o dever jurídico que tem o sujeito passivo de conduzir determinada quantia em dinheiro ao Erário (débito), e o correspondente direito do Estado de receber aquele montante (crédito). Eis o motivo pelo qual defino o "crédito tributário" como o direito subjetivo de que é portador o sujeito ativo de uma obrigação tributária e que lhe permite exigir o objeto prestacional, representado por importância em dinheiro, tendo ele nascimento com a construção de um enunciado fáctico, posto pelo conseqüente de norma individual e concreta.

Por outro lado, situações há em que, como já mencionei, a Fazenda Pública figura no pólo passivo da relação jurídica. Fala-se, nesse caso, em "débito da Fazenda Pública", conseqüência (i) do fato do pagamento indevido, (ii) direito de crédito do contribuinte ou (iii) previsão em contrato administrativo, e constituído, também, no conseqüente de outra norma individual e concreta.

Na compensação tributária são dissolvidas, simultaneamente, essas duas relações: (i) de crédito tributário e (ii) de débito da Fazenda Pública. Direitos e deveres funcionam como vetores de mesma intensidade e direção, mas de sentidos opostos, que se anulam.

7. *A norma geral e abstrata da compensação tributária envolvendo créditos decorrentes de pagamento indevido*

Como demonstrado no item 5 deste estudo, a compensação tributária é, ao lado da repetição, uma das formas previstas pelo ordenamento para a restituição de valores indevidamente pagos a título de tributo.

A norma da compensação tributária pressupõe a obrigação tributária e a relação de débito do fisco, devidamente introduzidos no ordenamento jurídico por meio de normas individuais e concretas. Exige a presença dessas duas normas para que, combinadas, ensejem a produção de uma terceira.

Sendo a norma jurídica, no sentido estrito da expressão, dotada de estrutura hipotético-condicional, a esse esquema lógico não refogem a norma de compensação nem aquel'outras duas regras com supedâneo nas quais ela vai ser composta:

(i) Na regra-matriz de incidência tributária, o denominado "fato jurídico tributário" é indicado conotativamente na hipótese normativa, enquanto, na posição do conseqüente, figura a "obrigação tributária", podendo ser assim enunciada, simplificadamente: dado o fato jurídico tributário, deve ser a obrigação tributária.

(ii) Noutro específico campo, o da regra-matriz do pagamento indevido, é a conotação do denominado fato jurídico do pagamento indevido que assume a condição de suposto, ao passo que a conseqüência é integrada pela relação de débito do fisco, nos seguintes moldes: dado o fato jurídico do pagamento indevido, deve ser a relação de débito do fisco.

Postas tais realidades, cabe-nos ajuntá-las, combinando norma relativa à obrigação tributária e aquela atinente à relação de débito do fisco, sacando uma terceira estrutura normativa, que é (iii) a da compensação tributária, podendo ser assim enunciada: dado o fato jurídico do pagamento indevido de determinado tributo, conjugado ao fato relacional da obrigação tributária, deve ser a relação jurídica de compensação tributária envolvendo os respectivos débito do fisco e crédito tributário. Tudo operando-se estritamente dentro do campo do cálculo das relações.

7.1 Requisitos para que se opere a compensação de crédito originado pelo pagamento indevido a título de tributo

A compensação é forma extintiva das obrigações em geral, encontrando fundamento de validade no art. 368 do Código Civil: "Se duas pessoas forem ao mesmo tempo credor e devedor uma da outra, as duas obrigações se extinguem, até onde se compensarem". No que concerne à obrigação tributária, o Código Tributário Nacional acolhe o instituto, desde que, em homenagem ao princípio da indisponibilidade dos bens públicos, seja autorizado em lei. A redação do seu art. 170 é a seguinte:

> Art. 170. A lei pode, nas condições e sob as garantias que estipular, ou cuja estipulação em cada caso atribuir à autoridade administrativa, autorizar a compensação de créditos tributários com créditos líquidos e certos, vencidos ou vincendos, do sujeito passivo contra a Fazenda Pública.

No quadro da fenomenologia das extinções, a compensação ocupa o tópico de modalidade extintiva tanto do direito subjetivo como do dever jurídico das pessoas envolvidas, uma vez que o crédito do sujeito pretensor, em um dos vínculos, é anulado pelo seu débito, no outro, o mesmo se passando com o sujeito devedor. Um aspecto, porém, há de ser consignado: a compensação só extingue relações jurídicas em que os valores coincidam. Caso inexista essa parificação dos montantes prestacionais, algo remanescerá para qualquer dos sujeitos, permanecendo vivo, juridicamente, o laço obrigacional. A compensação aparecerá, nesses casos, como elemento redutor do objeto da prestação devida, não podendo, portanto, ser considerada extintiva. Tal comentário é oportuno no momento em que examinamos mais de perto a configuração jurídica do instituto, que nem sempre cumpre o papel de dissolver os vínculos até então existentes.

Além das duas relações contrapostas (crédito tributário e débito da Fazenda Pública), para que a compensação se aperfeiçoe exige o art. 170 do Código Tributário Nacional que as relações tenham objetos líquidos e certos. São requisitos a "certeza da existência" e a "determinação da quantia" dos créditos e débitos que se pretende compensar.

Não há dúvidas, portanto, de que para o implemento da compensação é imprescindível a emissão de norma individual e concreta pelo sujeito competente, pois é esse o veículo apto para constituir fatos e relações jurídicas, objetivando, dentre outros, o objeto da prestação (*quantum* devido). Do mesmo modo que crédito tributário líquido e certo é aquele formalizado pelo ato do lançamento ou do contribuinte, débito da Fazenda Pública líquido e certo é o que foi objeto de decisão administrativa ou judicial, ou, ainda, reconhecido pelo contribuinte com fundamento em expressa autorização legal. Tais atos, formalizando o fato do pagamento indevido, introduzem-no no sistema. Tanto o crédito tributário como o débito do fisco são líquidos e certos quando estão identificados (i) credor e devedor, (ii) o montante do objeto da prestação e (iii) o motivo do surgimento do vínculo relacional.

Liquidez e certeza referem-se à existência e determinação da dívida, tanto do fisco como do contribuinte. A constituição do crédito tributário dá-se por meio de lançamento ou mediante norma individual e concreta expedida pelo contribuinte. Quanto ao débito do fisco, será constituído por norma individual e concreta decorrente de ato administrativo de invalidação do lançamento, de decisão administrativa, de decisão judicial ou, quando autorizado em lei, por ato do próprio administrado. Em todas essas hipóteses, está presente, sempre, a linguagem reconhecida pelo ordenamento como apropriada.

8. Distinção entre "créditos de ICMS" e "créditos de indébito tributário"

Para tornar efetivo o princípio da não-cumulatividade do ICMS, conduzindo a tributação aos valores que pretende realizar, exige-se, em cada elo da cadeia de circulação, a compensação entre a relação do direito ao crédito (nascida com a entrada do produto) e a relação jurídica tributária (que surge com a saída da mercadoria), conforme discorremos no tópico 3 desta análise.

Investigando a fenomenologia da não-cumulatividade, verifica-se que o "crédito de ICMS" provém de uma norma jurídica instituidora do direito ao crédito do sujeito adquirente de mercadorias, que denominamos *regra-matriz do direito ao crédito*. Sua incidência implica uma relação jurídica que tem como sujeito ativo o adquirente, detentor do direito ao crédito do imposto, e como sujeito passivo o Estado a que está jurisdicionado como contribuinte.

O "crédito de ICMS" que surge com a aquisição de mercadorias, porém, pode ser aproveitado somente com débitos originados na operação de venda: referido crédito é confrontado com os débitos para verificar-se a existência de saldo credor ou devedor perante o fisco estadual. O "crédito de ICMS" é moeda-escritural. Por isso, não obstante seja imprescindível perante o lídimo exercício do direito à não-cumulatividade, que se consuma com a compensação (desse crédito) com o "débito tributário" do Fisco, o "crédito de ICMS" é inexigível enquanto crédito pecuniário. Isso quer dizer que o contribuinte não pode pleitear a restituição dos valores correspondentes ao "crédito de ICMS": este não figura como moeda-pecúnia, mas como moeda-escritural, com o único objetivo de implementar o primado da não-cumulatividade desse imposto.

Outra situação, contudo, é a do "crédito de indébito tributário". A importância recolhida a título de tributo pode ser indevida, tanto por exceder ao montante da dívida real quanto por inexistir dever jurídico de índole tributária. Surge, então, a controvertida figura do *tributo indevido*, susceptível de restituição.

A norma que prescreve o direito à restituição encontra fundamento de validade na Constituição da República. Tendo em vista os princípios da estrita legalidade e da tipicidade tributária, o contribuinte está obrigado ao pagamento de tributo somente se preenchidos dos requisitos do plano legislativo e do plano fáctico: (i) no plano legislativo, há a indeclinável necessidade de que a lei traga no seu bojo, de modo expresso e inequívoco, os elementos descritores do fato jurídico e os dados prescritores da relação obrigacional, nos exatos moldes prescritos por ocasião da repartição constitucional das competências tributárias; (ii) no plano da facticidade, há exigência da subsunção do fato aos preceitos estabelecidos na regra-matriz de incidência tributária.

A respeito do assunto, convém mencionar, ainda, o princípio da vinculabilidade da tributação, retirado da implicitude do Texto Supremo e inserido no art. 142 do Código Tributário Nacional. Esse preceito traduz uma conquista no campo da segurança dos administrados, em face dos poderes do Estado moderno, de tal maneira que o exercício da administração tributária encontra-se tolhido, em qualquer de seus movimentos, pela necessidade de aderência total aos termos inequívocos da lei, não podendo abrigar qualquer tipo de subjetividade própria dos atos de competência discricionária. Seguindo essa ordem de considerações, surge como nota característica do Sistema Tributário Brasileiro a impossibilidade de instituir e arrecadar tributos fora dos estritos limites legalmente prescritos.

Nesse contexto, conclui-se que, havendo pagamento de valores a título de tributo, mas que destoem de previsão constitucional ou de lei, é imperativa a devolução destes. Surge, em tais situações, um "crédito de indébito tributário".

O Código Tributário Nacional regula a questão do pagamento indevido e, no art. 165, firma a regra de que o sujeito passivo tem direito, independentemente de prévio protesto, à restituição total ou parcial do tributo, seja qual for a modalidade do seu pagamento. Os casos que produzem o direito à restituição vêm relacionados em três itens: (i) cobrança ou pagamento espontâneo de tributo indevido em face da legislação tributária aplicável, ou da natureza ou circunstâncias materiais do evento efetivamente ocorrido; (ii) erro na identificação do sujeito passivo, na determinação da alíquota aplicável, no cálculo do montante do débito ou na elaboração ou conferência de qualquer documento relativo ao pagamento; e (iii) reforma, anulação, revogação ou rescisão de decisão condenatória.

Efetuados esses esclarecimentos, podemos traçar a distinção entre o "crédito de ICMS" e o "crédito de pagamento indevido": (i) *O "crédito de ICMS" decorre do princípio constitucional da não-cumulatividade*. Não surge em virtude de recolhimento indevido a título de tributo. Pelo contrário: o ICMS era devido, pela regular incidência da regra-matriz desse imposto; porém, em razão do preceito constitucional da não-cumulatividade, incide a regra-matriz do direito ao crédito, fazendo nascer para o contribuinte o direito de aproveitar o "crédito de ICMS", compensando-o com valores por ele devidos a título desse imposto estadual, na operação subseqüente. (ii) *O "crédito de indébito tributário" nasce em razão de pagamento indevido a título de tributo*. Surge com o recolhimento de quantias sem fundamento constitucional ou legal, ou sem que tenha sido praticado o fato jurídico tributário ou quando este tenha ocorrido em valor menor que o tomado como referência para o pagamento do tributo.

Em síntese: o "crédito de ICMS" nasce pela ocorrência de fato jurídico previsto na Constituição e na lei, consistente em operação relativa à circulação de mercadorias ou prestação de serviço de transporte interestadual ou intermunicipal ou de comunicação; o "crédito de pagamento indevido" surge pela prática de ato em desacordo com a regra-matriz de incidência tributária ou com o Texto Constitucional, configurado pelo pagamento de tributo indevido ou a maior.

Sendo distintos os fundamentos de validade do "crédito de ICMS" e do "crédito do pagamento indébito tributário", não pode confundir-se a "compensação do ICMS" com a "compensação do indébito tributário". A primeira, como já anotei, tem suporte no princípio da não-cumulatividade. A segunda, por sua vez, é forma de restituição dos valores indevidamente pagos.

9. Correção monetária dos "créditos de indébito tributário"

A correção monetária representa atualização do valor da dívida, tendo em vista a desvalorização da moeda, em regime político-jurídico onde atua o problema inflacionário. O valor aquisitivo do dinheiro é corrigido, periodicamente, de acordo com índices estimativos, de modo que, em qualquer tempo, é possível saber-se da expressão econômica do débito ou do crédito em relação a determinado intervalo de tempo.

Essa recomposição do valor monetário encontra integral aplicação aos créditos de indébito tributário, pois a restituição dos valores indevidamente recolhidos só será completa se mantida sua real expressão econômica.

A correção monetária não diz respeito à regra-matriz do imposto, não participa da incidência tributária, e não está jungida aos limites constitucionais da competência tributária. É, sim, instrumento jurídico que deve estar presente em qualquer relação obrigacional de cunho pecuniário, seja ela pública ou privada. A correção monetária nada acrescenta ao valor do principal, mas a ele incorpora as perdas sofridas, ao longo do tempo, em decorrência da espiral inflacionária. Revela uma garantia de propriedade, na medida em que resguarda o direito patrimonial de verdadeiros atos confiscatórios gerados pela inflação. Da mesma forma, não se enquadra como penalidade ao fisco, uma vez que é simples reposição do valor real da moeda, em decorrência da inflação, destituída, portanto, de qualquer caráter de sanção por ato ilícito.

Pelo exposto, independentemente de disposição legal expressa, podemos afirmar a existência ao direito à correção monetária dos créditos de indébito tributário. Trata-se de consectário natural dos princípios constitucionais da propriedade, da estrita legalidade e tipicidade em matéria tributária, bem como da isonomia e da não-confiscatoriedade.

A respeito do assunto, veja-se o Parecer GQ-96, de 11 de janeiro de 1996, emitido pela Advocacia-Geral da União, que acolhe o Parecer AGU/MF-01/96, reconhecendo incidência de correção monetária sobre os valores devidos em virtude de repetição de indébito tributário, independentemente da existência de previsão legal expressa:

> Ementa: *Mesmo na inexistência de expressa previsão legal, é devida correção monetária de repetição de quantia indevidamente recolhida ou cobrada a título de tributo.* A restituição tardia e sem atualização é restituição incompleta e representa enriquecimento ilícito do Fisco. *Correção monetária não constitui um "plus" a exigir expressa previsão legal. É, apenas, recomposição do crédito corroído pela inflação.* O dever de restituir o que se recebeu indevidamente inclui o dever de restituir o valor atualizado. Se a letra fria da lei não cobre tudo o que no seu espírito se contém, a interpretação integrativa se impõe como medida de Justiça. Disposições legais anteriores à Lei n. 8.383/1991 e princípios superiores do Direito brasileiro autorizam a conclusão no sentido de ser devida a correção na hipótese em exame. A jurisprudência unânime dos Tribunais reconhece, nesse caso, o direito à atualização do valor reclamado. O Poder Judiciário não cria, mas tão-somente aplica o direito vigente. Se tem reconhecido esse direito é porque ele existe (grifei).

Nessa linha de raciocínio, qualquer restrição à correção monetária de indébitos tributários implicaria flagrante ilegalidade e inconstitucionalidade, pois acarretaria restituição a menor. Em vista desses argumentos, é pacífico, nos Tribunais brasileiros, o entendimento a respeito da necessária incidência de correção monetária sobre os "créditos de pagamento indevido de tributo". É o que se depreende do teor da Súmula n. 46, do extinto E. Tribunal Federal de Recursos, reconhecendo, desde aquela época, a imprescindibilidade da atualização do indébito tributário:

> Nos acasos de devolução do depósito efetuado em garantia de instância e de repetição de indébito tributário, a correção monetária é calculada desde a data do depósito ou do pagamento indevido e incide até o efetivo recebimento da importância reclamada.

O valor do indébito tributário deve manter o seu equivalente em termos monetários, isto é, precisa acompanhar o valor real do dinheiro, para que possa fazer valer os princípios da estrita legalidade e da tipicidade tributária. E essa conclusão aplica-se, em tudo, às quantias indevidamente recolhidas a título de ICMS, cuja restituição seja pleiteada na forma de compensação. Eis o que tem decidido o Egrégio Superior Tribunal de Justiça:

> Tributário. ICMS. Mandado de segurança. Créditos, compensação. Corre-

ção monetária. Matéria constitucional. Prova repercussão. Súmula 213/STJ.

1. Não há omissão quanto ao exame de pontos levantados pelas partes, pois ao juiz cabe apreciar a lide de acordo com o seu livre convencimento, não estando obrigado a analisar todos os pontos suscitados.

2. Por não se tratar de típica repetição de indébito, mas do simples reconhecimento de um direito de crédito, este Tribunal tem entendido pela não incidência da regra que exige, para a repetição de indébito, a prova da não repercussão financeira do tributo.

3. "O mandado de segurança constitui ação adequada para a declaração do direito à compensação tributária" (Súmula 213/STJ).

4. *Legalidade da correção monetária sobre os créditos acumulados de ICMS, única forma de preservar o valor real entre os créditos e débitos fiscais.*

5. Não cabe ao Superior Tribunal de Justiça apreciar matéria de índole constitucional, de competência exclusiva da Suprema Corte, nos termos do art. 102 da Constituição Federal.

6. Recurso especial improvido.[3]

E ainda:

(...).

3. Está assentada nesta Corte a orientação segundo a qual são os seguintes índices a serem utilizados *na repetição ou compensação de indébito tributário*: (a) IPC, de março/1990 a janeiro/1991; (b) INPC, de fevereiro a dezembro/1991; (c) UFIR, a partir de janeiro/1992; (d) taxa SELIC, exclusivamente, a partir de janeiro/1996).

4. Nos casos de repetição de indébito tributário, a orientação prevalente no âmbito da 1ª Seção quanto aos juros pode ser sintetizada da seguinte forma: (a) antes do advento da Lei 9.250/95, incidia a correção monetária desde o pagamento indevido até a restituição ou compensação (Súmula 162/STJ). Acrescida de juros de mora a partir do trânsito em julgado (Súmula 188/STJ), nos termos do art. 167, parágrafo único do CTN; (b) após a edição da Lei 9.250/1995, aplica-se a taxa SELIC desde o recolhimento indevido, ou, se for o caso, a partir de 1º.1.1996, não podendo ser cumulada, porém, com qualquer outro índice, seja de atualização monetária, seja de juros, porque a SELIC incluiu, a um só tempo, o índice de inflação do período e a taxa de juros real.[4]

(...).

4. *É devida a taxa SELIC na repetição de indébito, seja como restituição ou compensação tributária, desde o recolhimento indevido*, independentemente de se tratar de contribuição sujeita à posterior homologação e do pagamento antecipado – EREsp 131.203-RS, 230.427, 242.029 e 244.443.

5. A SELIC é composta de taxa de juros e correção monetária, não podendo ser cumulada, a partir de sua incidência, com qualquer outro índice de atualização.[5]

Desses julgados depreende-se, com facilidade, que incide correção monetária sobre o crédito de indébito tributário, independentemente de ser a restituição efetuada na modalidade "repetição" ou "compensação", sendo irrelevante, também, o fato de tratar-se de compensação de indébitos de ICMS ou de outro tributo.

O Egrégio Supremo Tribunal Federal, em reiteradas oportunidades, também se manifestou pela aplicabilidade da correção monetária aos indébitos tributários. A Corte Maior posicionou-se, inclusive, no sentido de ser devida a correção monetária de créditos decorrentes de indébito do ICMS, efetuando a clara distinção entre estes e os créditos originados pelo princípio da não-cumulatividade:

3. REsp 99.432-RS, 2ª T., Rel. Min. Castro Meira, *DJ* 25.10.2004 (grifei).

4. AgRg no AG 601.246-SP, 1ª T., Rel. Min. Teori Albino Zavascki, *DJ* 21.3.2005 (grifei).

5. REsp 530.597-RS, 2ª T., Rel. Min. Castro Meira, *DJ* 15.12.2003 (grifei).

A correção monetária incide sobre o débito tributário devidamente constituído, ou quando recolhido em atraso. Diferencia-se do crédito escritural – técnica de contabilização para a equação entre débitos e créditos, a fim de fazer valer o princípio da não-cumulatividade.[6]

É preciso registrar que o Supremo Tribunal Federal nega-se a aplicar a correção monetária tão-somente nas situações em que se tenha "moeda-escritural", como é o caso do crédito de ICMS não-cumulativo, quando não haja previsão legal a respeito do assunto. Isso se deve à sua natureza meramente contábil. E, mesmo nessa hipótese, o STF admite a atualização monetária se a não-escrituração do crédito de ICMS foi causada por óbice do fisco estadual:

> (...).
>
> 3. Créditos escriturais não realizados no momento adequado por óbice do Fisco, em observância à suspensão cautelar da norma autorizadora. Retorno da situação ao *status quo* anterior. Garantia de eficácia da lei desde sua edição. *Correção monetária devida, sob pena de enriquecimento sem causa da Fazenda Pública.*
>
> 4. Atualização monetária que não advém da permissão legal de compensação, mas do impedimento causado pelo Estado para o lançamento na época própria. Hipótese diversa da mera pretensão de corrigir-se, sem previsão legal, créditos escriturais do ICMS. Acórdão mantido por fundamentos diversos. Recurso extraordinário não conhecido.[7]

Pelo exposto, observa-se ser pacífica a jurisprudência a respeito da correção monetária de "créditos de indébito tributário". Ainda que se trate de indébito relativo ao ICMS, não há como negar-lhe a atualização monetária. Tendo ocorrido pagamento indevido, quer porque houve o recolhimento de quantias sem fundamento constitucional ou legal, ou sem que tenha sido praticado o fato jurídico tributário, quer porque o fato tenha ocorrido em valor menor que o tomado como referência para o pagamento do tributo, é imperativa a restituição integral dos montantes pagos indevidamente ou a maior. Logo, em quaisquer dessas situações, faz jus o contribuinte à correção monetária, imprescindível à reposição do valor real da moeda.

10. Das respostas às indagações

Com base nas considerações desenvolvidas até aqui, passo a responder às indagações formuladas no início do presente estudo. Para tanto, permito-me reescrever as indagações.

1. Qual a diferença entre "crédito de ICMS" e "crédito do indébito tributário"?

Resposta: O *"crédito de ICMS" decorre do princípio constitucional da não-cumulatividade*. Não surge em virtude de recolhimento indevido a título de tributo. Pelo contrário: o ICMS era devido, pela regular incidência da regra-matriz desse imposto; porém, em razão do preceito constitucional da não-cumulatividade, incide a regra-matriz do direito ao crédito, fazendo nascer para o contribuinte o direito de aproveitar o "crédito de ICMS", compensando-o com valores por ele devidos a título desse imposto estadual, na operação subseqüente.

Por outro lado, o *"crédito de indébito tributário" nasce em razão de pagamento indevido a título de tributo*. Surge com o recolhimento de quantias sem fundamento constitucional ou legal, ou sem que tenha sido praticado o fato jurídico tributário ou quando este tenha ocorrido em valor menor que o tomado como referência para o pagamento do tributo.

---

6. RE-AgR 261.534-MG, 2ª T., Rel. Min. Maurício Corrêa, *DJ* 2.3.2001.

7. RE 282.120-PR, 2ª T., Rel. Min. Maurício Corrêa, *DJ* 6.12.2002. No julgamento do RE-Ed-Ed-EDv 200.379-SP, o STF confirmou a incidência de correção monetária a créditos de ICMS cuja escrituração deixou de ser feita em razão de óbice do Estado, registrando que a jurisprudência que nega o direito à correção monetária dessa espécie de crédito tem por pressuposto a regularidade da escrituração (Tribunal Pleno, Rel. Min. Sepúlveda Pertence, *DJ* 5.5.2006).

2. Que é compensação em direito tributário? Existiriam critérios distintivos entre a "compensação do ICMS" e a "compensação do indébito tributário"?

Resposta: É preciso esclarecer que a "obrigação tributária", consistente no laço que se instala entre o sujeito pretensor e o devedor, tendo por objeto prestação pecuniária de caráter tributário, pode ser extinta mediante quaisquer das possibilidades teóricas de extinção das relações jurídicas, enunciadas no item 6 deste estudo. O Código Tributário Nacional, ao disciplinar o assunto, relaciona fatos extintivos da obrigação tributária, dentre os quais vale destacar as figuras do (i) pagamento, em que a extinção se dá mediante recolhimento em espécie; e da (ii) compensação, em que se tem encontro de contas, extinguindo-se, simultaneamente, débito do contribuinte (obrigação tributária) e débito do fisco.

A compensação no direito tributário apresenta a particularidade de comportar o encontro de relações obrigacionais em que uma delas, a que tem o sujeito passivo por credor, seja vencida ou vincenda. Ao tratar da compensação, o Código Civil, em seu artigo 368 e 369, e o Código Tributário Nacional, no dispositivo 170, estabeleceram os seguintes requisitos necessários à compensação: a) reciprocidade das obrigações; b) liquidez das dívidas; c) exigibilidade das prestações; e d) fungibilidade das coisas devidas (CC, art. 369). Só na presença deles é que a compensação se dá como forma extintiva do crédito tributário.

Tanto a "compensação do ICMS" quanto a "compensação do indébito tributário" portam, em si, as mencionadas referências constitutivas. Contudo, sendo distintos os fundamentos de validade do "crédito de ICMS", que dá suporte à compensação do ICMS e do "crédito do pagamento indébito tributário", que justifica a compensação do indébito tributário, não se pode confundir uma compensação e outra. A primeira origina-se da regra da não-cumulatividade; enquanto a segunda é forma de restituição dos valores indevidamente pagos.

3. Que é correção monetária? Em quais hipóteses e a quem se aplica a correção monetária? Integra-se à regra matriz de incidência tributária? Sob qual fundamento de direito positivo sustenta-se a correção monetária?

Resposta: A correção monetária é o expediente utilizado para atualizar valores, tendo em vista a desvalorização da moeda, em regime político-jurídico onde atua o problema inflacionário. Nada acrescenta; recompõe, simplesmente, o valor monetário, a fim de manter real expressão econômica do mesmo. Deve estar presente em qualquer relação obrigacional de cunho pecuniário, seja ela pública ou privada, objetivando tão-só implantar justiça e paz social nas relações inter-pessoais que envolvem moeda-pecuniária.

Há que tomar se nota que a correção monetária não integra a regra-matriz do imposto, da mesma forma como não participa da incidência tributária. Revela uma garantia de propriedade, na medida em que resguarda o direito patrimonial de verdadeiros atos confiscatórios gerados pela inflação. Resulta, portanto, direitamente dos princípios da estrita legalidade, ticipicidade em matéria tributária, isonomia e não-confisco.

4. O indébito do ICMS deverá ser restituído ao contribuinte credor credora pelo seu valor histórico ou deverá ser atualizado monetariamente?

Resposta: Tendo havido recolhimento em duplicidade do ICMS, ainda que efetuado na modalidade de compensação, tem-se caracterizado verdadeiro indébito tributário. A restituição dos valores indevidamente recolhidos deve dar-se, por conseguinte, com incidência de atualização monetária.

A correção monetária representa atualização do valor da dívida, tendo em vista a desvalorização da moeda, em regime político-jurídico onde atua o problema inflacionário. O valor aquisitivo do dinheiro é corrigido, periodicamente, de acordo com índices estimativos, de modo que, em qualquer tempo, é possível saber-se da expressão econômica do débito ou do crédito em relação a determinado intervalo de tempo. E essa recomposição do valor monetário encontra integral aplicação aos créditos de indébito tributário, pois a restituição dos valores indevidamente recolhidos só será completa se mantida sua real expressão econômica.

5. A correção monetária é aplicável independentemente do modo de restituição do indébito tributário?

Resposta: Exatamente. A correção monetária aplica-se a todos os indébitos tributários, não importando a forma pela qual a restituição é efetuada.

Na qualidade de "devolução de valores indevidamente recolhidos a título de tributo" a restituição do indébito tributário é gênero, tendo por modalidades a (i) repetição e a (ii) compensação. Enquanto na "repetição do indébito tributário" o contribuinte pretende ver-se restituído em pecúnia, na "compensação" a restituição opera-se mediante o encontro da relação de débito do fisco com outra que veicule débito do particular. Em ambos os casos tem-se a satisfação do crédito do contribuinte e a extinção do débito da Fazenda Pública: quer em dinheiro, mediante restituição; quer pelo encontro de contas, efetuado em procedimento de compensação.

Para melhor compreender o assunto, é importante distinguir as figuras do "crédito de ICMS" e do "crédito de indébito tributário". Nessas duas situações fala-se em "crédito" do contribuinte e tem-se "compensação" desse crédito com valores devidos a título de tributo. Mas as semelhanças param por aí.

O "crédito de ICMS" decorre da prescrição constitucional que erige o princípio da não-cumulatividade, surgindo em razão do acontecimento de fato lícito, previsto na hipótese da regra-matriz do direito ao crédito. Trata-se de moeda-escritural cujo uso é autorizado tão-somente para compensação com o valor devido a título de ICMS em outra operação, sendo inexigível sua percepção na forma pecuniária, quer por pedido administrativo, quer pela via judicial. Por esse motivo, o Poder Judiciário tem entendido que a esse crédito não se aplica correção monetária, salvo se seu aproveitamento inocorreu em tempo próprio devido a óbice do fisco.

O "crédito de indébito tributário", por sua vez, surge com o recolhimento de quantias sem fundamento constitucional ou legal, ou sem que tenha sido praticado o fato jurídico tributário ou quando este tenha ocorrido em valor menor que o tomado como referência para o pagamento do tributo. O direito à restituição desses valores indevidamente recolhidos é retirado da implicitude do Texto Constitucional, decorrendo, principalmente, dos princípios da estrita legalidade e da tipicidade tributária. Em vista disso, havendo pagamento de valores a título de tributo, mas que destoem de previsão constitucional ou legal, é imperativa a devolução destes, em pecúnia ou mediante compensação.

É essa segunda modalidade de crédito a que se verifica na situação de recolhimento em duplicidade. Por conseqüência, tratando-se de "crédito de indébito tributário", este há de ser corrigido monetariamente, podendo ser restituído (i) em espécie, mediante repetição do indébito, ou (ii) por meio de creditamento na escrita fiscal, operacionalizando a compensação tributária.

CADERNOS DE DIREITO TRIBUTÁRIO

EL CONTROL CONSTITUCIONAL DE LAS LEYES TRIBUTARIAS*

JOSÉ OSVALDO CASÁS

Doctor en Derecho por la Universidad de Buenos Aires, con tesis galardonada con el "Premio Facultad". Profesor Emérito de la Universidad de Buenos Aires como culminación de su actuación como Profesor Titular Regular de "Finanzas Públicas y Derecho Tributario" de la Facultad de Derecho de la misma Universidad. Juez del Tribunal Superior de Justicia de la Ciudad Autónoma de Buenos Aires, desde su instalación en 1998 y Presidente de tal estrado por el bienio 2007-2008

1. La supremacía de la Constitución en el ordenamiento político de la República Argentina. 2. El Poder Judicial y el control de constitucionalidad de las leyes: 2.1 El principio en el derecho judicial de los Estados Unidos de América; 2.2 El principio en el derecho judicial de la República Argentina. 3. Algunas notas peculiares del control de constitucionalidad y del valor de la jurisprudencia en el derecho judicial argentino: 3.1 La importancia de los "leading case"; 3.2 La interpretación dinámica, funcional o progresista de la Constitución; 3.3 El "self restraint" judicial o la autolimitación de los jueces; 3.4 La necesaria existencia de un "caso" o "causa"; 3.5 La declaración de inconstitucionalidad "ex oficio"; 3.6 Las cuestiones no justiciables. 4. Importancia del derecho judicial en el derecho constitucional tributario: 4.1 El derecho judicial en la distribución de las potestades tributarias en la República Argentina; 4.2 El derecho judicial y el Estatuto Constitucional del Contribuyente. 5. Conclusiones.

1. La supremacía de la Constitución en el ordenamiento político de la República Argentina

El principio de supremacía de la Constitución deriva del sistema al que adscribe la Carta Magna adoptada por la República Argentina en el año 1853.[1] Ella es escrita y rígida; por tanto, nuestra *Ley de las*

* Trabajo que sirvió de base a las disertaciones del autor en el *Tercer Seminario de Derecho Constitucional Tributario en Iberoamérica* organizado por la Suprema Corte de Justicia de México y que tuvieran lugar el 5 de julio de 2007 en la sede del Tribunal de Justicia Fiscal y Administrativa, sito en el Distrito Federal de México y el 10 de julio de 2007, en la Casa de la Cultura Jurídica "Ministro Emeterío de la Garza", en la ciudad de Monterrey, estado de Nuevo León.

1. La República Argentina concretó su organización institucional con la sanción de la Constitución del año 1853. A pesar de ello, el objetivo de *constituir la unión nacional* expresado en el Preámbulo, se vio transitoriamente postergado por la secesión de la Provincia de Buenos Aires de la Confederación Argentina – la que en realidad conformaba una Federación –, alejamiento que luego de distintas vicisitudes y contingencias políticas y militares que atravesaron las partes en conflicto, culminaría con la incorporación definitiva de esa provincia al Estado federal, previa revisión de la Constitución por una Convención General Constituyente Reformadora celebrada en

Leyes,[2] según la acertada expresión del gran jurista tucumano e inspirador de dicha Carta Juan Bautista Alberdi – para muchos padre ideológico de la Constitución[3] –, está dotada de supralegalidad y sólo puede ser reformada por el procedimiento en ella previsto.

Es así que la Constitución es sancionada por el Poder constituyente, y el Poder constituido, en las distintas ramas del gobierno (legislativa, ejecutiva y judicial), tiene necesariamente que someterse a ella. Consecuentemente, el *art. 31* de nuestra *Ley Fundamental* preceptúa: *Esta Constitución, las leyes de la Nación que en su consecuencia se dicten por el Congreso y los tratados con las potencias extranjeras son la ley suprema de la Nación; y las autoridades de cada provincia están obligadas a conformarse a ella, no obstante cualquiera disposición en contrario que contengan las leyes o constituciones provinciales, salvo para la provincia de Buenos Aires, los tratados ratificados después del Pacto de 11 de noviembre de 1859*.[4]

1860. La apuntada Constitución de 1853-1860, con las enmiendas introducidas por las convenciones celebradas en los años 1866, 1898, 1957 y 1994, es la que a la fecha rige en la República Argentina y a cuyo articulado haremos referencia en las transcripciones y citas de este trabajo. Cabe recordar aquí que en 1949 se modificó sustancialmente la Constitución de 1853-1860, reformándose el Preámbulo y 54 de sus artículos, suprimiéndose otros 11 y agregándose 5, a lo que se sumaron varias disposiciones transitorias. Ello dio lugar a que el nuevo texto, aprobado por tal Convención, se lo conociera de ordinario como Constitución Nacional de 1949. Este ordenamiento fue posteriormente dejado sin efecto por la autodenominada Revolución Libertadora mediante la Proclama del 27 de abril de 1956 (*Anales de Legislación Argentina*, tomo XVI-A, p. 1), por la cual se reimplantó la vigencia de la Constitución anterior. Las impugnaciones que desde su origen se le formularon a la Constitución de 1949 fueron varias, resumiéndose en que la ley que declaró la necesidad de la reforma se dictó sin el quórum de dos tercios sobre el total completo de los miembros de cada Cámara del Congreso; omitió establecer los contenidos o artículos que se consideraba necesitados de reforma; estuvo ausente la representación de la provincia de Corrientes en el Senado; no concurrió el electorado femenino al comicio en que se designó a los convencionales, pese a estar otorgado ya el voto a las mujeres, a lo que se sumaron otras tachas en razón de su contenido.

2. Expresión de la que se valiera Juan Bautista Alberdi para referirse a la Constitución Nacional (conf. *Sistema Económico y Rentístico de la Confederación Argentina según su Constitución de 1853*, primera parte: "Disposiciones y principios de la constitución Argentina referentes a la producción de las riquezas", capítulo III: "Escollos y peligros a que están expuestas las libertades protectoras de la producción", artículo primero: "De cómo las garantías económicas de la constitución pueden ser derogadas por las leyes que se diesen para organizar su ejercicio", parágrafo IV: "De que modo la seguridad personal, garantizada por la Constitución, puede ser derogada por la ley en daño de la riqueza", Del Mercurio de Santos Tornero y Ca., Valparaíso, Chile, 1854, o cualquiera de sus posteriores y múltiples ediciones).

3. El ilustre pensador y patriota se desempeñó, a poco de sancionada nuestra Constitución de 1853, como embajador plenipotenciario de la Confederación Argentina en Europa y decano de los ministros sudamericanos. En una recepción efectuada por entonces en la Corte de Francia fue llamado por el Emperador Napoleón III, quien dirigiéndose a las personalidades que lo rodeaban les dijo: "Señores: os presento al doctor Alberdi, ministro argentino y autor de la Constitución de su patria". La referida distinción del Emperador, Alberdi jamás la olvidaría (cfr. Diego A. de Santillán: *Gran Enciclopedia Argentina*, tomo I: "A-Byn", ps. 90 y ss., en particular p. 92, Ediar, Buenos Aires, 1956). La gravitación de Juan Bautista Alberdi en el Congreso Constituyente de 1853 se manifestó, expresa o implícitamente, tanto en el Informe de la Comisión de Negocios Constitucionales del 18 de abril, como en las actas de las sesiones del Congreso de Santa Fe en que se debatió y sancionó el texto de nuestra Carta Magna (cfr. Emilio Ravignani, director de la obra: *Asambleas Constituyentes Argentinas seguidas de los textos Constitucionales, Legislativos y Pactos Interprovinciales que organizaron políticamente la Nación*, tomo IV: *1827-1862*, Sesiones del Soberano Congreso Constituyente a partir de la Sesión del 20 de abril de 1853, ps. 467 y ss., y tomo VI, segunda parte: *Pactos, Constituciones, Leyes, etc., 1810-1898*, ps. 779 y ss., edición del Instituto de Investigaciones Históricas de la Facultad de Filosofía y Letras de la Universidad de Buenos Aires, Jacobo Peuser, Buenos Aires, 1939).

4. El aludido Pacto es el de San José de Flores, al que se arribara después de la batalla de Cepeda (23 de octubre de 1859), y por el cual la Provincia de Buenos Aires convino con la Confederación Argentina el procedimiento para su incorporación a esta última. El agregado de reserva en el art. 31, es fruto de la Reforma de 1860, y sólo quiso significar que

De tal modo, toda norma o acto en pugna con la Constitución implica en los hechos, por esa sola circunstancia, una pretendida enmienda irregular de la *Ley Suprema*, llevada a cabo fuera del procedimiento que ella ha arbitrado para su reforma, el cual conforme al art. 30, requiere que por iniciativa del Congreso y con una mayoría de dos tercios de sus miembros se declare la necesidad de la reforma, como paso previo a la reunión de un órgano *ad hoc* o especial, que es la Convención Constituyente Reformadora, la cual en el derecho espontáneo de nuestro país se ha de integrar convocando al cuerpo electoral para que elija a sus representantes.[5]

Por su parte, el académico Segundo V. Linares Quintana señala que el apuntado principio "constituye la más eficiente garantía de la libertad y la dignidad del individuo, al imponer a los poderes constituidos la obligación de encuadrar sus actos en las reglas que prescribe la *Ley Fundamental*. Si lo actos emanados de dichos poderes tuvieran la misma jerarquía jurídica que las normas constitucionales, la Constitución – y, con ella, todo el sistema de amparo de la libertad y la dignidad humanas que ella consagra – podría ser en cualquier momento dejada sin efecto por los órganos institucionales a los cuales aquélla pretende limitar en su actuación".[6]

la Provincia de Buenos Aires no quedaba obligada por los tratados internacionales que la Confederación ratificó después del 11 de noviembre de 1859, fecha del Pacto, y antes de la efectiva incorporación de ésta a la Unión.

5. El precepto literalmente consagra: "Art. 30. La Constitución puede reformarse en el todo o en cualquiera de sus partes. La necesidad de reforma debe ser declarada por el Congreso con el voto de dos terceras partes, al menos, de sus miembros; pero no se efectuará sino por una Convención convocada al efecto".

6. Segundo V. Linares Quintana: *Tratado de la Ciencia del Derecho Constitucional Argentino y Comparado*, 2ª edición, tomo III, parte tercera: "Teoría de la Constitución", capítulo IV: "Supremacía de la Constitución", parágrafo 139: "La supremacía de la Constitución como garantía de la libertad", subparágrafo 2043, p. 309, Plus Ultra, Buenos Aires, 1978.

2. El Poder Judicial y el control de constitucionalidad de las leyes

Establecida, como vimos, la supremacía de la Constitución federal por sobre las leyes dictadas por el Congreso, constituciones y leyes de las provincias: ¿a qué poder que no fuese el judicial se le podría atribuir la facultad de resolver los conflictos ocurrentes en su aplicación?

Resulta por demás evidente que tal cometido no podría asignársele al propio Congreso, ya que difícilmente enmendaría su obra en caso de que se impugnara como contraria a la *Ley Fundamental*, ni tampoco al Ejecutivo, al cual le basta el derecho de veto suspensivo de las leyes y que reviste en nuestro ordenamiento constitucional el rol de colegislador, mediante la iniciativa parlamentaria.[7]

2.1 El principio en el derecho judicial de los Estados Unidos de América

La regla de la supremacía constitucional fue acogida en los Estados Unidos de América en el art. VI, segundo párrafo, de su Carta Magna de Filadelfia, abriendo un cauce por el cual, más de medio siglo después, transitaría el art. 31 de nuestra Constitución de 1853.

De todos modos, la consagración efectiva de la indicada preeminencia recién se plasmaría en el *derecho judicial norteamericano* en la célebre causa "*Marbury vs. Madison*"[8] (1803), oportunidad en que el *chief justice* John Marshall marcó el camino al sostener que *los tribunales de justicia son los garantes de la supremacía constitucional*, en una decisión universalmente considerada como la piedra fundamental de todo el sistema constitucional de

7. Juan A. González Calderón: *Curso de Derecho Constitucional*, capítulo V: "Doctrina de la supremacía de la Constitución", parágrafo: "Antecedentes y explicación de la misma; el caso *Marbury v. Madison*", p. 186, Guillermo Kraft, Buenos Aires, 1943.

8. 5 U.S. (1 Cranch), 137.

ese país. Allí se dejó señalado: "Es una proposición demasiado clara para ser controvertida que la Constitución controla cualquier acto legislativo repugnante a ella; de lo contrario, la legislatura podría alterar la Constitución por una ley ordinaria. // Entre esas alternativas, no hay término medio. O bien la Constitución es una ley suprema, que se encuentra por encima de todo lo demás y no es modificable por medios ordinarios, o bien se encuentra al mismo nivel de los actos legislativos ordinarios y, como los demás actos, es alterable a gusto de la legislatura. Si la primera parte de la alternativa es verdadera, entonces un acto legislativo contrario a la Constitución no es ley; si la última parte fuera exacta, entonces las Constituciones escritas serían tentativas absurdas de parte del pueblo para limitar un poder ilimitable por su propia naturaleza. // No es tampoco indigno de ser observado que al establecer lo que debe ser ley suprema del país, la misma Constitución es primeramente mencionada; y no las leyes de los Estados Unidos en general, sino sólo aquellas que han sido dictadas en consecuencia de la Constitución, tienen aquel rango. // Las leyes de los Estados Unidos son supremas, dentro del significado de esta cláusula, sólo cuando son hechas de conformidad con la Constitución, y un acto del Congreso repugnante a la Constitución es nulo. Mientras que la presunción es siempre en favor de la constitucionalidad del acto legislativo, y el poder de declarar nula una ley nunca será ejercido, salvo en casos muy claros, no constituye solamente un derecho sino también un deber del Poder Judicial tomar en consideración la validez de las leyes, y declararlas nulas cuando su repugnancia con la Constitución sea evidente".[9]

9. *La Constitución de los Estados Unidos de América – Anotada con jurisprudencia*, versión en español de la edición oficial de 1938, según Resolución Concurrente del Senado n. 35, del 14 de mayo de 1936, tomo I, ps. 628 y 629, Guillermo Kraft Ltda., Buenos Aires, 1949.

2.2 El principio en el derecho judicial de la República Argentina

Nuestra Corte Suprema de Justicia de la Nación, en una de las primeras causas en las que le tocó intervenir – la número L –, *in re*: "*El Ministerio Fiscal con Don Benjamín Calvete, por atentados contra la inmunidad de un Senador*",[10] sentencia del 17 de octubre de 1864, estableció: "este Tribunal es el intérprete final de la Constitución; por cuya razón, siempre que se haya puesto en duda la inteligencia de alguna de sus cláusulas, y la decisión sea contra el derecho que en ella se funda, aunque el pleito haya sido resuelto en un tribunal del fuero común, la sentencia está sujeta a la revisión de la Suprema Corte".

Los conceptos transcriptos en el párrafo anterior fueron ampliados en la causa: "*La Municipalidad de la Capital contra doña Isabel A. de Elortondo, sobre expropiación; por inconstitucionalidad de la ley*

10. *Fallos*: 1:340. La colección oficial de sentencias de la Corte Suprema de Justicia de la Argentina, se denomina: *Fallos*, y la cita de los pronunciamientos se realiza consignando en primer término el número del *tomo* seguido, luego de dos puntos, por el número de la página en que se incluye un sumario y actualmente un *abstract* de la causa conforme a un tesauro de voces elaborado por el Tribunal, al que sucede el dictamen de la Procuración General de la Nación y, finalmente, la sentencia del Alto Estrado. Conforme al *Reglamento para la Justicia Nacional*, sancionado por acordada del Tribunal Supremo el 17 de diciembre de 1952, los funcionarios y magistrados, al citar los precedentes de la Corte, deben, obligatoriamente, hacer remisión a la colección aludida que, a la fecha, cuenta con 329 tomos – comprensivos, en algunos casos, de varios volúmenes correspondientes al mismo año y que utilizan paginado correlativo –, habiéndose publicado a junio de 2007 el primer volumen del último de sus tomos – el 329 – que comprende las sentencias recaídas en los acuerdos celebrados hasta el 25 de abril de 2006, varias de las cuales, a través de tal fuente, serán objeto de cita a lo largo del presente trabajo. Asimismo, la colección se completa con los *digestos* que hacen las veces de repertorios, conteniendo los *abstracts*, índices de partes y de legislación citada, encontrándose publicados al presente hasta el tomo XX (volúmenes I y II), que abarca los pronunciamientos de los años 1996 a 2000.

de 31 de Octubre de 1884",[11] sentencia del 14 de abril de 1888, donde se dejó establecido: "Que es elemental en nuestra organización constitucional, la atribución que tienen y el deber en que se hallan los Tribunales de Justicia, de examinar las leyes en los casos concretos que se traen a su decisión, comparándolas con el texto de la Constitución para averiguar si guardan o no conformidad con ésta y abstenerse de aplicarlas, si las encuentran en oposición con ella, constituyendo esta atribución moderadora, uno de los fines supremos y fundamentales del poder judicial nacional y una de las mayores garantías con que se ha entendido asegurar los derechos consignados en la Constitución, contra los abusos posibles e involuntarios de los poderes públicos. // Que tal atribución, ... es por otra parte un derivado forzoso de la separación de los poderes constituyente y legislativo ordinario, que hace la Constitución, y de la naturaleza esencialmente subordinada y limitada de este último...".

Así entonces, la intervención de un tribunal en el derecho federal argentino reclama la existencia de contienda judicial y, para ello, requiere que se cumplan determinados recaudos, esto es: a) que la jurisdicción sea incitada; y b) que el planteo sea hábil para originar el proceso. A su vez, *si la articulación consistiera en un pedido de declaración de inconstitucionalidad* de una ley, de cualquier otra norma jurídica, o de un acto de la administración, *podrá conocer y resolver la misma cualquier juez – sistema de control difuso –* que conforme al ordenamiento jurídico adjetivo tenga habilitada su competencia en razón de la materia, las personas, o el lugar de verificación de los hechos.

Finalmente, *la sentencia* que se pronuncie por la inconstitucionalidad de una norma jurídica sólo importará desaplicar la disposición al caso concreto, con lo cual el *efecto* del pronunciamiento es *limitado*, restringido o *inter partes*, dejando subsistente la vigencia del precepto fuera de la causa en la cual se ha resuelto.[12]

11. *Fallos*: 33:162.

12. El *derecho judicial* adquiere superlativa relevancia en el sistema de control constitucional europeo, en el cual sus rasgos salientes consisten en que es *concentrado, constitutivo,* y con *efectos derogatorios erga omnes,* actuando, el tribunal, como *legislador negativo* al invalidar una ley. En el diseño de este modelo tuvo una participación activa el jurista Hans Kelsen en su actuación como asesor gubernamental de Austria en 1918. La iniciativa fue incorporada en ley especial de enero de 1919, para posteriormente ser receptada en la Constitución sancionada en octubre de 1920. Checoslovaquia adoptó un modelo de igual naturaleza en febrero de 1920; y España, durante la Segunda República creó el Tribunal de Garantías Constitucionales (Constitución de 1931), que funcionaría sólo un breve período entre 1933 y 1936. Después de la Segunda Guerra Mundial el control de constitucionalidad a través de tribunales especiales fue recogido en Italia por la Constitución de 1947, Alemania Occidental por la Constitución de Bonn de 1949, Portugal por la Constitución de 1976, y España por la Constitución de 1978. La nota saliente de este modelo consiste en confiar el control constitucional a un órgano especial que concentra el cometido, ubicado regularmente fuera de la tríada clásica de poderes y sin relación de dependencia con el Poder Judicial. El carácter concentrado de dicho control conlleva a que, de trabarse una contienda judicial cuya decisión dependa de la validez constitucional de algún precepto involucrado en la litis, se remitan las actuaciones al tribunal con jurisdicción especial para que decida tal compatibilidad, como artículo previo a la resolución de la controversia concreta. Así entonces, la declaración de inconstitucionalidad, por los efectos *erga omnes* de la sentencia que segrega la norma declarada en pugna con la Constitución del ordenamiento jurídico, trasciende a las partes involucradas en la causa. Ello ha conducido a que alguna decisión o decisiones de tribunales de este carácter, como la sentencia n. 45/1989 del español, al decir del catedrático Luis Manuel Alonso González, se convirtiera en "la actuación del Tribunal Constitucional más conocida a nivel popular y de mayor impacto en el plano jurídico" al poner en crisis el sistema de tributación de la unidad familiar de acumulación de rentas de los cónyuges – por resultar discriminatoria para la familia basada en un matrimonio regularmente constituido ante los efectos progresivos de la tarifa – que contempla el Impuesto a las Rentas de Personas Físicas (cfr. *Jurisprudencia Constitucional Tributaria*, capítulo primero: "Los principios constitucionales de justicia tributaria", parágrafo 5: "El régimen fiscal de la unidad familiar ante los principios constitucionales de igualdad, progresividad y capacidad económica", p. 59, Instituto de Estudios Fiscales y Marcial Pons, Madrid, 1993). Este hecho se corro-

De todos modos, de manera excepcional, en la causa: "*Analía M. Monges v. Universidad de Buenos Aires*",[13] sentencia del 26 de diciembre de 1996, se dio un alcance al pronunciamiento que excedía el tradicional *inter partes* – y que más se aproximara al alcance al que se arriba en las acciones de clase desarrolladas en los ordenamientos procesales de los Estados Unidos de América[14] – al establecerse, en el considerando 34: "Que... dada la naturaleza de la materia de que se trata, *corresponde declarar que la autoridad de esta sentencia* deberá *comenzar a regir para el futuro, a fin de evitar perjuicios a los aspirantes* a ingresar a la Facultad de Medicina quienes, *aún cuando se hallaban ajenos al conflicto suscitado*, ante la razonable duda generada por éste, asistieron y eventualmente aprobaron el denominado 'Ciclo Básico Común' de la Universidad Nacional de Buenos Aires o, en su caso, el 'Curso Preuniversitario de Ingreso' creado por el Consejo Directivo de la Facultad de Medicina. En tal sentido, *cada estudiante podrá proseguir hasta su conclusión el régimen por el que hubiere optado, con los efectos para cada uno previstos*" (el énfasis en bastardilla ha sido añadido).

Como consecuencia de la Reforma Constitucional de 1994, dentro de los nuevos derechos y garantías, la acción de amparo tuvo expresa acogida en dicho texto y, a tenor del incorporado art. 43, segundo párrafo, se habilitó la articulación de los denominados amparos colectivos al establecerse que: "Podrán interponer esta acción contra cualquier forma de discriminación y en lo relativo a los derechos que protegen al ambiente, a la competencia, al usuario y al consumidor, así como a los derechos de incidencia colectiva en general, el afectado, el defensor del pueblo y las asociaciones que propendan a esos fines, registradas conforme a la ley, la que determinará los requisitos y formas de su organización".

A pesar de lo antes indicado, los amparos colectivos no tuvieron el éxito esperado en materia tributaria, a partir de una interpretación restrictiva del Alto Tribunal en virtud de la cual se descartó que ella fuera la vía adecuada para dar andamiento a la defensa de derechos de carácter patrimonial, puramente individuales, cuyo ejercicio o tutela correspondía exclusivamente a cada uno de los posibles afectados por ubicarlos al margen de la ampliación del universo de legitimados establecida por el art. 43 de la Constitución Nacional. Tal línea jurisprudencial se inició con los pronunciamientos recaídos en las siguientes causas: "*Defensor del Pueblo de la Nación v. Ministerio de Economía y Obras y Servicios Públicos – Monotributo Dto. n. 885/*

bora si se tiene en cuenta la información suministrada por la profesora Concepción Pérez de Ayala, al reflexionar en los siguientes términos con respecto al aludido tributo español: "Desde la perspectiva de la aplicación del impuesto, la trascendencia del concepto unidad familiar queda suficientemente puesta de manifiesto al considerar el elevado número de contribuyentes a los que afecta", agregando: "según datos del Ministerio de Hacienda, respecto al período impositivo correspondiente al año 1979, el 79,7% de las declaraciones procesadas corresponde a personas casadas, y por tanto, incluidas en una unidad familiar"; para concluir: "Y aún es superior a ese porcentaje la incidencia de la unidad familiar en este sentido, ya que no sólo el matrimonio constituye modalidad de la misma, de manera que entre el 20,3% correspondiente a declarantes solteros y viudos serán muchas las personas que integran una de las modalidades de unidad familiar previstas en nuestro ordenamiento" (cfr. *La unidad familiar en el impuesto sobre la Renta*, parágrafo: "Introducción", ps. 23 y ss., en particular p. 24, Tecnos, S.A., Madrid, 1986).

13. *Fallos*: 319:3148.

14. Las *class actions* en Estados Unidos nacieron a partir de la inclusión por parte de la Suprema Corte de dicho país de la Regla 23 en las *Federal Rules of Civil Procedure* (FRCP), a lo largo de los años esta norma fue actualizándose resultando acogida con diversas variantes por los Estados miembros de la Unión. En ellas una o dos personas pueden demandar en representación de un grupo (clase) de individuos aunados bajo una petición común. Se trata de un procedimiento donde se contemplan garantías más fuertes para el demandado y donde el Tribunal a cargo debe hacer mucho esfuerzo para cumplir con la equidad, no sólo frente al demandado sino también frente a todos los miembros de la clase.

98",[15] sentencia del 21 de agosto de 2003; "*Colegio de Fonoaudiólogos de Entre Ríos v. Nación Argentina*",[16] sentencia del 26 de agosto de 2003, y "*Cámara de Comercio, Industria y Producción de Resistencia v. AFIP*",[17] sentencia del 26 de agosto de 2003.

La precedente doctrina ha merecido una crítica severa del catedrático Rodolfo R. Spisso, para quien constituye un sensible retroceso en la defensa de los derechos humanos, agregando: "No vemos por qué, ante un decreto que crea o modifica un tributo,[18] cada uno de los afectados deba promover una acción judicial tendiente a la declaración de su inconstitucionalidad, y el Poder Judicial deba tramitar numerosas causas y dictar tantas sentencias como acciones judiciales se interpongan. Constituye un enorme contrasentido con la necesidad de evitar un inútil dispendio de la

15. *Fallos*: 326:2777.

16. *Fallos*: 326:2998.

17. *Fallos*: 326:3007. Para precisar los alcances del decisorio, resulta bueno transcribir los considerandos 5º a 8º de la sentencia. Allí se dijo: "5º) Que corresponde en primer término dilucidar la cuestión relativa a la legitimación procesal de la actora pues ella constituye un presupuesto necesario para que exista un caso, causa o controversia que deba ser resuelto por el Poder Judicial (*Fallos*: 322:528). Tales casos son aquellos en los que se persigue en forma concreta la determinación del derecho debatido entre partes adversas, motivo por el cual 'no se da una causa o caso contencioso que permita el ejercicio del Poder Judicial conferido a los tribunales nacionales cuando se procura la declaración general y directa de inconstitucionalidad de las normas o actos de otros poderes'; ni por ende, existe facultad alguna en cabeza del Poder Judicial de la Nación que lo autorice, en tales circunstancias, a formular dichas declaraciones (*Fallos*: 307:2384 y sus citas, entre otros). // 6º) Que el fundamento último de este criterio es el de salvaguardar el principio constitucional de división de poderes, como fue ya señalado en *Fallos*: 30:281 al afirmarse 'que el juez que declarase la inconstitucionalidad de una ley, sin ocasión de un pleito, se saldría de su esfera de acción y penetraría en la del poder legislativo'. En concordancia con tales principios, el art. 2º de la ley n. 27 prescribe que la justicia nacional 'nunca procede de oficio y sólo ejerce jurisdicción en los casos contenciosos en que es requerida a instancia de parte'. // 7º) Que, como se recordó en el mencionado precedente de *Fallos*: 322:528 – con cita de *Fallos*: 156:318, 227, 688; 245:552 – tal ha sido la interpretación acordada al punto por este Tribunal a través de una invariable jurisprudencia, según la cual 'si para determinar la jurisdicción de la Corte y de los demás tribunales de la Nación no existiese la limitación derivada de la necesidad de un juicio, de una contienda entre partes, entendida ésta como un 'pleito o demanda en derecho instituida con arreglo a un curso regular de procedimiento', según el concepto de Marshall, la Suprema Corte dispondría de una autoridad sin contralor sobre el gobierno de la República, y podría llegar el caso de que los demás poderes del Estado le quedaran supeditados con mengua de la letra y del espíritu de la Carta Fundamental'. // 8º) Que, con tal comprensión, se ha afirmado en el mencionado precedente de *Fallos*: 322:528 que la existencia de 'caso', 'causa' o 'asunto' presupone la de 'parte', esto es la de quien reclama o se defiende y, por ende, la de quien se beneficia o perjudica con la resolución adoptada al cabo del proceso. En este orden de ideas, la 'parte' debe demostrar la existencia de un interés jurídico suficiente o, como lo ha expresado esta Corte (*Fallos*: 306:1125; 307:1379; 308:2147; 310:606, entre muchos otros), que los agravios expresados la afecten de forma 'suficientemente directa', o 'substancial', esto es, que posean 'suficiente concreción e inmediatez' para poder procurar dicho proceso a la luz de las pautas establecidas por la reforma constitucional de 1994 a los arts. 41 a 43 de la Constitución Nacional... // 10) Que..., si bien la Constitución Nacional, tras la Reforma de 1994, ha ampliado el universo de los sujetos legitimados para accionar por la vía del amparo, que tradicionalmente estaba limitado a los que fueran titulares de un derecho subjetivo individual, esta amplitud no se ha dado para la defensa de cualquier derecho sino como medio para evitar discriminaciones y tutelar los derechos mencionados en el segundo párrafo del art. 43 del texto constitucional, es decir los que 'protegen al ambiente, a la competencia, al usuario y al consumidor, así como los derechos de incidencia colectiva en general. // 11) Que resulta claro que la acción de amparo que ha dado origen a estos autos no ha sido promovida en defensa de algún derecho de la naturaleza de los aludidos precedentemente, sino respecto de derechos de carácter patrimonial, puramente individuales, cuyo ejercicio y tutela... corresponde exclusivamente a cada uno de los potenciales afectados, ya que – según se señaló – la protección de esta clase de derechos se encuentra al margen de la ampliación del universo de legitimados establecida por el art. 43 de la Constitución Nacional".

18. Dicho ello por cuanto por tal conducto se afecta el principio de *reserva de ley tributaria*, enfáticamente consagrado en la Constitución Nacional para ejercitar la potestad tributaria formativa.

actividad jurisdiccional que agrava el estado de colapso en alguno de sus fueros".[19]

Valga advertir que el Alto Tribunal ha llegado a una solución distinta cuando el tributo que se impugna *incide sobre consumidores o usuarios*, receptando las articulaciones efectuadas por las asociaciones que los agrupan a pesar de no ser éstas las que deban soportar el tributo y, por tanto, carezcan de un perjuicio o lesión actual, pues su legitimación procesal debe admitirse en razón de las finalidades que éstas persiguen. Ello ocurrió en la causa: "*Asociación de Grandes Usuarios de Energía Eléctrica de la República Argentina (A.G.U.E.E.R.A. v. Provincia de Buenos Aires y Otro*",[20] sentencia del 22 de abril de 1997.

Una referencia histórica de la cual merece que se dé aquí noticia fue la que se le planteó a la Corte Suprema de Justicia de la Nación al acoger, mediante sentencias estimatorias, articulaciones de inconstitucionalidad de tributos reputados confiscatorios – en tanto absorbían una parte sustancial del capital[21] o de la renta – al momento de fijar los alcances del pronunciamiento.

Así, el Alto Tribunal se hizo cargo en la causa: "*S.A. Mattaldi Simón Ltda. Establecimientos Rurales y Destilería v. Provincia de Córdoba*",[22] sentencia del 7 de abril de 1943: "Que, reiteradamente, esta Corte Suprema ha expresado ser su función, en casos semejantes, la de declarar la constitucionalidad o inconstitucionalidad del gravamen discutido, y no el de fijar, en el segundo supuesto, la tasa o el por ciento que subsidiariamente puede cobrar el fisco, porque ello es atributivo del Congreso, legislaturas o municipalidades, según el caso (*Fallos*: 187:234; 190:233; 193:369; 194:428)".

El perfil de esta jurisprudencia mereció la atención y el comentario del profesor Dino Jarach quien apuntó: "Antiguamente la Corte, aplicando la prohibición de los impuestos confiscatorios en el caso del impuesto inmobiliario, en una serie de fallos – donde, víctima de la limitación constitucional, fue especialmente el Poder Legislativo de la Provincia de Córdoba – dijo que *era tarea del Poder Judicial únicamente enervar la aplicación del impuesto en los casos en que excedía los límites que la Corte consideraba constitucionales, pero no era tarea de la Corte decidir hasta qué límite podía establecerse este impuesto*. En otros términos, la Corte juzgaba que un determinado impuesto debía devolverse totalmente por el hecho de ser inconstitucional. No limitaba la obligación fiscal, sino que declaraba inconstitucional el impuesto cobrado" (el énfasis en bastardilla no obra en el texto original); agregando: "La consecuencia que se derivaba era una laguna impositiva, porque ningún otro impuesto hubiera podido legalmente ser aplicado en ese caso, por una razón obvia: el legislador no podía dictar una ley para el caso concreto, ya que esto hubiera violado el principio de igualdad",[23] tal proceder importaría, en definitiva, establecer un impuesto para persona determinada, lo que no es posible.

Tiempo después, en los autos: "*Filomena Vázquez de Filipini v. S.A. Wayss y*

19. Rodolfo R. Spisso: *Acciones y Recursos en Materia Tributaria*, capítulo VI: "Acción de amparo", parágrafo 76: "Derechos de incidencia colectiva", ps. 162 y ss., en particular p. 163, Lexis Nexis, Buenos Aires, 2005.

20. *Fallos*: 320:690.

21. Sobre el sentido y alcance de la doctrina judicial referida a la interdicción de la confiscatoriedad tributaria, volveremos más adelante al ocuparnos del inaugural pronunciamiento en que se hizo lugar al planteo y que se recogiera en la causa: "*Doña Rosa Melo de Cané, su testamentaría; sobre inconstitucionalidad de impuesto a las sucesiones en la provincia de Buenos Aires*", *Fallos*: 115:111, sentencia del 16 de diciembre de 1911.

22. *Fallos*: 195:250.

23. Dino Jarach: *Curso Superior de Derecho Tributario*, 2ª edición, tomo I, capítulo III: "Límites constitucionales al ejercicio del poder fiscal", parágrafo 5: "Prohibición de los impuestos confiscatorios", ps. 139 y ss., en particular p. 146, Liceo Profesional Cima, Buenos Aires, 1969.

Freytag",[24] sentencia del 2 de octubre de 1946, la Corte dijo: "No es acertada la conclusión de que la inconstitucionalidad declarada de un gravamen, imponga la anulación total de la norma que lo crea. Ello no sucede, sin duda, cuando la invalidez se origina... en los casos en que se debe al monto del tributo (*Fallos*: 203:61). En este último supuesto no cae necesariamente sino la parte de los preceptos que establecen aquella cuantía – en caso de figurar en la ley – y, por consiguiente, la inconstitucionalidad puede ser sólo parcial".

Finalmente, en este aspecto, debemos referirnos a la causa: "*María Laura Pérez Guzmán de Viaña y Emilia Olmos Arredondo de Pérez Guzman v. Provincia de Tucumán*",[25] sentencia del 2 de agosto de 1948, en cuyos considerandos se señaló: "Que la disposición legal declarada inconstitucional es, por lo mismo, inaplicable, Pero si es inaplicable en razón de que viola derechos, principios o garantías consagrados por la Constitución, cuya primacía deben afianzar los jueces (arts. 31 y 100), ha de serlo en tanto y cuanto los viola y nada más. Los efectos de las sentencias no han de trascender nunca la medida de su razón de ser. *Si un impuesto es inconstitucional en razón de su monto, la consecuencia de la declaración judicial pertinente sólo debe alcanzar a la porción del monto en que consiste el exceso. Más allá de ese límite no tiene razón de ser*. De ahí que cuando no es posible practicar con rigor la delimitación, esta Corte haya dejado a salvo el derecho del fisco para practicar una reliquidación ajustada al criterio que la sentencia enuncia (*Fallos*: 208:296 y 414, y el dictado con fecha 21 de mayo próximo pasado en la causa '*Banco Hipotecario Franco Argentino v. Provincia de Córdoba*'). Y por lo mismo *un nuevo estudio de la cuestión en casos como el de este juicio, en que la determinación del exceso puede hacerse con precisión y objetividad conduce al Tribunal a esta variante de su jurisprudencia sobre el particular*. // Que al ejercitar la facultad de negar la asistencia de su imperio para el cobro de un gravamen porque, no obstante haber sido en principio legítimo el ejercicio de la potestad fiscal en la materia y la jurisdicción de que se trate, la aplicación de él absorbe en el caso una parte sustancial de los bienes gravados y viola con ello la propiedad que éstos constituyen, los jueces están discerniendo el límite de la atribución legislativa en este punto, es decir, en cuanto al monto de la contribución. Y *si bien en numerosos casos análogos esta Corte no ha enunciado explícitamente el máximo de las contribuciones válidas de esta especie, reduciéndose a decir en unos que el monto no era confiscatorio y en otros que lo era, es obvio que una y otra afirmación se fundan en la referencia tácita a un determinado límite*. De otro modo no era posible formular esos juicios. Luego, porque se haga explícitamente la enunciación del límite no varía en lo más mínimo el carácter del pronunciamiento, comparando con los que se acaba de recordar. Si lo cobrado por el fisco de la Provincia de Tucumán se considera inequitativo y violatorio de la propiedad, por excesivo, es porque traspasa el término hasta el cual hubiera podido llegar válidamente el monto del gravamen. En consecuencia, enunciada dicha limitación quedan fijados con ello los efectos de este pronunciamiento, que al declarar inválido el impuesto en cuestión a causa de su monto, y sólo a causa de él, no debe tener más alcance que el de invalidar lo cobrado en exceso" (el énfasis en bastardilla nos pertenece).

3. Algunas notas peculiares del control de constitucionalidad y del valor de la jurisprudencia en el derecho judicial argentino

Desde su instalación y a lo largo de casi ciento cuarenta y cinco años, la Corte Suprema de Justicia de la Nación fue perfi-

24. *Fallos*: 206:21.
25. *Fallos*: 211:1033.

lando las modalidades del control constitucional en la Argentina así como los alcances de sus pronunciamientos, de lo que daremos noticia en los distintos puntos que a continuación se desarrollan.

3.1 La importancia de los "leading case"

Si bien institucionalmente una declaración judicial de inconstitucionalidad decretada en la República Argentina sólo tiene efectos en la causa en que ha sido dictada la sentencia quedando subsistente la vigencia del precepto fuera de ella, suele ocurrir que los fallos del Máximo Tribunal se consolidan como precedente por el seguimiento de que de éstos se hace, en cuyo caso la fuente judicial, sin derogar la norma, consigue que las instancias inferiores acaten su doctrina, o que, voluntariamente, el órgano que dictó la norma, la deje sin efecto.

Siendo que el Alto Tribunal en el ejercicio de su jurisdicción constitucional y legal es *supremo*, lo cual lo convierte en el intérprete último del *Estatuto Fundamental* y de las normas federales, genera una actitud de acatamiento de los jueces inferiores que normalmente conforman sus decisiones a los fallos de aquél, deber que se funda, principalmente, en la *presunción de verdad y justicia que a sus doctrinas deben dar la sabiduría e integridad de los magistrados que lo componen, evitando recursos inútiles*; sin que ello sustraiga a los jueces la facultad de apreciar con criterio propio esas resoluciones y apartarse de ellas cuando a su juicio no sean conformes a los preceptos claros del derecho, porque ningún tribunal es infalible y no faltan ejemplos de que aquellos hayan vuelto a pronunciarse abandonando el temperamento asumido en sentencias anteriores, más allá de estar referidas a casos análogos.[26]

El Tribunal cimero *in re*: "*Cerámica San Lorenzo*",[27] sentencia del 4 de julio de 1985, según se expresa en el extracto de la doctrina sentada en la causa, dejó señalado que: "No obstante que la Corte Suprema sólo decide en los procesos concretos que le son sometidos, y su fallo no resulta obligatorio para casos análogos, los jueces inferiores tienen el deber de conformar sus decisiones a aquéllas. // Carecen de fundamento las sentencias de los tribunales inferiores que se apartan de los precedentes de la Corte sin aportar nuevos argumentos que justifiquen modificar la posición sentada por el Tribunal, en su carácter de intérprete supremo de la Constitución Nacional y de las leyes dictadas en su consecuencia, especialmente en supuestos en los que dicha posición ha sido expresamente invocada por el apelante".

Ante conceptos tan concluyentes como los transcriptos en el párrafo anterior – que cabe apuntar se ceñían a interpretaciones constitucionales o derecho federal – no está de más recordar aquí algunas de las ideas vertidas por el primer Secretario del Alto Tribunal, doctor José M. Guastavino, al emprender la difícil tarea de dar a luz el primer tomo de la *Colección Oficial de Fallos* en septiembre de 1864. En su prefacio, anticipando nuestras conclusiones de hoy, supo remarcar sobre el valor de sus fallos: "Las decisiones de la Suprema Corte que, tanto por los principios primordiales de todo gobierno cuanto por los fundamentos propios del sistema, *tienen aunque no sin graves inconvenientes, el carácter y toda la autoridad de ley obligatoria para todos los Estados* [debe entenderse la Nación y las provincias] *y todos los individuos*, es preciso que sean conocidas del pueblo. Al lado de la influencia y poder que ejercen sobre la garantía de los dere-

26. C.S.J.N. *in re*: "*D. Bernardo Pastorino, capitán de la barca 'Nuovo Principio' contra Ronillon, Marini y Cª, sobre pago de sobreestadías*", sentencia del 23 de junio de 1883, *Fallos*: 25:364. En la causa el Tribunal Supremo confirmó el pronunciamiento del Juez Federal doctor Virgilio M. Tedin, por los propios fundamentos dados en aquella instancia de grado, donde están expresados los conceptos vertidos en el texto.

27. *Fallos*: 307:1094.

chos y sobre la suerte y organización del país es necesario agregar la publicidad, no sólo porque todos los que habitan el suelo de la República pueden ser en ellas heridos o respetados en sus derechos, sino también para levantar ante el tribunal de la Corte Suprema el poder de la opinión del pueblo, quien, a la par que gana en inteligencia con el estudio de las decisiones judiciales, con su censura hace práctica la responsabilidad de los jueces, los cuales ganarán a su vez en respetabilidad y prestigio ante sus conciudadanos, según sean la ilustración y la honradez que muestren en sus decisiones. De esta manera logra también el pueblo, por un medio indirecto, pero que obra poderosamente sobre el hombre, prevenir la corrupción de conciencia de sus jueces. // Por estas razones creo hacer un bien en publicar los Fallos de la Suprema Corte con la relación de las causas" (el entre corchetes ha sido agregado y el énfasis en bastardilla no obra en el texto original).[28]

En el contexto indicado se explica que con referencia a los Estados Unidos de América, en afirmación también válida para nuestro país, se ha sostenido que el Derecho Constitucional viene dado por la vasta glosa que sobre el *Estatuto Fundamental* y sus enmiendas ha elaborado durante más de dos siglos la Corte Suprema y el cual tiene tan solo como punto de partida el texto de unas pocas disposiciones siendo, por tanto, obra conjunta de la Convención de Filadelfia y de los ministros del Alto Tribunal.[29]

3.2 La interpretación dinámica, funcional o progresista de la Constitución

El tratadista Segundo V. Linares Quintana aborda lo que la propia Corte denomina *interpretación dinámica o funcional*, caratulando tal procedimiento como *interpretación progresista*[30] de la Constitución Nacional.

Para comprender el sentido de tal hermenéutica, agrega el referido académico, se debe tomar en cuenta que "la Constitución, en cuanto instrumento de gobierno permanente, cuya flexibilidad y generalidad le permite adaptarse a todos los tiempos y circunstancias, ha de ser interpretada teniendo en cuenta, no solamente las condiciones y necesidades existentes al momento de su sanción, sino también las con-

28. *Fallos*: 1:V, Prefacio de José M. Guastavino, primer Secretario de la Corte Suprema de Justicia de la Nación. El Alto Tribunal dictó su primera sentencia el 15 de octubre de 1863 y lleva la firma de sus jueces doctores Francisco de las Carreras, Salvador María del Carril y Francisco Delgado.

29. A este respecto es útil transcribir los conceptos de importantes juristas del apuntado país que con respecto a su Constitución y al rol que cumple la Corte Suprema de Justicia, trasuntan apreciaciones dispares. Así, de un lado, John Dickinson pudo sostener: "El Derecho Constitucional es la vasta glosa que la Suprema Corte ha escrito alrededor de la Constitución, de la cual ésta ha sido sólo su punto de partida"; concepto complementado por un presidente del Alto Tribunal, Charles E. Hughes, para quien: "Vivimos bajo una Constitución, pero la Constitución es lo que los jueces dicen que es". Desde otra perspectiva Woodrow Wilson describió la realidad judicial señalando: "La Corte Suprema es una convención constituyente en sesión continua", a lo que algún otro autor añadió respecto a la Constitución: "se puede casi decir que es enmendada cada semana a la mañana, cuando la Corte da a conocer sus decisiones"; apreciación que, con un sentido crítico, se encuentra presente en los conceptos de otro presidente del Alto Estrado, Morrison R. Waite, cuando en su célebre *dictum in re*: "*Munn v. Illinois*", sostuviera: "Para la protección contra los abusos de la Legislatura, el pueblo debe recurrir a las urnas y no a los tribunales" 94 U.S., 113 (1877), ya que tal estrado no era un puerto donde se pudiera encontrar refugio contra todo acto que emanara de una legislación inoportuna u opresiva. En nuestro país Felipe S. Pérez pudo apuntar: "La verdadera Constitución de la República es la que surge de la interpretación que le ha dado en mil fallos la Corte Suprema de Justicia" (*Tratado sobre la Jurisprudencia de la Corte Suprema*, tomo I, p. 24, tomo 2, p. 8, Buenos Aires, 1941 – citado por Carlos A. Adrogué: *Poderes Impositivos Federal y Provincial sobre los Instrumentos de Gobierno*, capítulo I: "Constitución Nacional", parágrafo 4: "Jurisprudencia constitucional", nota 9, Guillermo Kraft, Buenos Aires, 1943).

30. Segundo V. Linares Quintana: *Reglas para la Interpretación Constitucional según la Doctrina y la Jurisprudencia*, capítulo II: "Reglas para la interpretación constitucional", parágrafo 12: "Interpretación progresista", ps. 95 y ss., en particular p. 95, Plus Ultra, Buenos Aires, 1987.

diciones sociales, económicas y políticas que existen al tiempo de su interpretación, a la luz de los grandes fines que informan a la ley suprema del país".[31]

El *chief justice* Marshall señaló en uno de sus memorables votos emitidos en la Corte Suprema de los Estados Unidos, *in re*: "*Cohens v. State of Virginia*", 6 Wheat. 264: "Una Constitución es elaborada para las épocas por venir, y está encaminada a alcanzar la inmortalidad tanto como las instituciones humanas pueden alcanzarla".[32]

Nuestra Corte Suprema, a su vez, siguiendo los pasos de la jurisprudencia norteamericana, sostuvo en la causa: "*S.A. Merck Química Argentina v. Nación Argentina*",[33] sentencia del 9 de junio de 1948: "Que... es argumento incontrastable de rigurosa aplicación en estos autos, que la realidad viviente de cada época perfecciona el espíritu remanente de las instituciones de cada país o descubre nuevos aspectos no contemplados con anterioridad, a cuya realidad no puede oponérsele, en un plano de abstracción, el concepto medio de un período de tiempo en que la sociedad actuaba de manera distinta o no se enfrentaba a peligros de efectos catastróficos. La propia Constitución argentina, que por algo se ha conceptuado como un instrumento político previsto de extrema flexibilidad para adaptarse a todos los tiempos y a todas las circunstancias futuras, no escapa a esa regla de ineludible hermenéutica constitucional, regla que no implica destruir las bases del orden interno preestablecido, sino, por el contrario, defender la Constitución en el plano superior que abarca su perdurabilidad y la propia perdurabilidad del Estado argentino para cuyo pacífico gobierno ha sido instituida. // Que por iguales razones, la Corte federal de los Estados Unidos tiene particularmente dicho que 'no es admisible la réplica de que esta necesidad pública no fue comprendida o sospechada un siglo ha, ni insistir en que aquello que significó el precepto constitucional según el criterio de entonces, deba significar hoy según el criterio actual. Si se declarara que la Constitución significa hoy lo que significó al momento de su adopción, ello importaría decir que las grandes cláusulas de la Constitución deben confiarse a la interpretación que sus autores les habían dado, en las circunstancias y con las perspectivas de su tiempo, y ello expresaría su propia refutación. Para prevenirse contra tal concepto estrecho, fue que el presidente de la Corte, Mr. Marshall, expresó la memorable lección: *No debemos olvidar jamás que es una Constitución lo que estamos interpretando* ("*Mac Culloch v. Maryland*", *4 Wheat 316, 407), una Constitución destinada a resistir épocas futuras y consiguientemente a ser adaptable a las varias crisis de los asuntos humanos*. Cuando consideramos las palabras de la Constitución, dijo la Corte en "*Missouri v. Holland*", 252 U.S. 416-433, debemos darnos cuenta que ellas dieron vida a un ser cuyo desarrollo no pudo ser previsto completamente por sus creadores mejor dotados" (citado en *Fallos*, t. 172, ps. 54 y 55)".

3.3 El "self restraint" judicial o la autolimitación de los jueces

La obligación de los tribunales de justicia de controlar la supremacía de la Constitución valiéndose de la utilización de métodos interpretativos que no constriñen a los jueces a la letra de la ley – en particular los denominados lógicos: de la *ratio legis*, *mens legis*, teleológico, dinámico, progresista, etc. – han movido a algunos autores a asegurar que se ha producido un desequilibrio en la relación entre los distintos poderes del Estado, a favor del Judicial, permitiendo hablar en países como los Estados

31. Segundo V. Linares Quintana: *Reglas para la Interpretación Constitucional según la Doctrina y la Jurisprudencia*, ob. cit., capítulo II, parágrafo 12, p. 95.

32. *La Constitución de los Estados Unidos de América – Anotada con Jurisprudencia*, ob. cit., t. I, p. 73.

33. *Fallos*: 211:162.

Unidos de América, de la existencia de un *gobierno de los jueces*[34] y aún de una *oligarquía judicial.*

Esta preponderancia judicial ha existido y tuvo su punto culminante en el país del Norte durante la presidencia de Franklin Delano Roosevelt, evidenciada por las reiteradas sentencias de inconstitucionalidad de leyes federales, dirigidas a conjurar la aguda crisis económica conocida como la *Gran Depresión*, invalidaciones decretadas en la mayoría de los casos con sustentos sólo opinables.

Entendemos que en atención al carácter contra democrático – en cuanto al origen de sus designaciones – de los magistrados del Poder Judicial,[35] se hace menester que eviten pronunciarse por la inconstitucionalidad de las leyes con endebles sustentos que sólo trasuntan juicios de mérito, oportunidad o conveniencia, ya que, en toda Nación en la cual las autoridades ejercen sus mandatos a partir de la soberanía del pueblo, las decisiones políticas deben ser adoptadas en el seno de las ramas legislativa y ejecutiva. Ello así, por cuanto, desde los momentos más tempranos del alumbramiento del constitucionalismo en América y de la adopción de las formas republicanas, se sostuvo, a través de la calificada pluma de James Madison, que: "Todo el mundo está de acuerdo en que los poderes propios de uno de los departamentos no deben ser administrados completa ni directamente por cualquiera de los otros. Es también evidente que ninguno de ellos debe poseer, directa o indirectamente, una influencia preponderante sobre los otros en lo que se refiere a la administración de sus respectivos poderes. No puede negarse que el poder tiende a extenderse y que se le debe refrenar eficazmente para que no pase de los límites que se le asignen. Por tanto, después de diferenciar en teorías las distintas clases de poderes, según que sean de naturaleza legislativa, ejecutiva o judicial, la próxima tarea, y la más difícil, consiste en establecer medidas prácticas para que cada uno pueda defenderse contra las extralimitaciones de los otros".[36]

Siguiendo a un lúcido jurista argentino, en dos oportunidades ministro de la Corte Suprema de Justicia de la Nación, el doctor Julio Oyhanarte, no está demás reproducir los siguientes conceptos que compartimos: "Desde fines del Siglo pasado (se refiere al siglo XIX), hubo en muchos países una audible incitación a los jueces para que utilizaran desviadamente el control de constitucionalidad, como si implicase una verdadera facultad de impedir. ¿Por qué? Creo que basta averiguar de dónde vinieron las voces incitadoras. La real expansión del sufragio y el acceso a posiciones gubernamentales de nuevas clases políticas que traían o amenazaban traer reivindicaciones contrarias al interés de las minorías hasta allí dominantes: he aquí una de las principales causas. Si el Ejecutivo y la mayoría del Legislativo iban a perderse, ¿desde dónde podía intentarse la defensa de las estructuras tradicionales? La idea fue que debía confiarse en el supuesto conservatismo de los jueces, a quienes debía presionarse ideológicamente para que frustraran *a posteriori* las decisiones lesivas" (la aclaración consignada entre paréntesis ha sido añadida), para añadir: "Ante las voces que los instigan, algunos jueces,

34. Edouard Lambert: *Le gouvernement des juges et la lutte contre la législation sociale aux États-Unis – L'èxperience américaine du controle judiciaire du constitutionnalité des lois*, capítulo I: "Gouvernement par les juges et gouvernement parlamentaire. Les fondements américains du gouvernement judiciaire", ps. 8 y ss., y capítulo VIII: "La consolidation du gouvernement des juges", ps. 109 y ss., Marcel Girad, Paris, 1921.

35. En tanto los jueces, según se comprueba en forma casi uniforme en el derecho comparado, son seleccionados por diversos medios, incluso algunos con gravitación política, pero no a través del sufragio popular.

36. Alexander Hamilton, James Madison, y John Jay: *El Federalista o la Nueva Constitución*, ensayo XLVIII, atribuido al político y jurista apuntado en el texto, ps. 214 y ss. en particular p. 214, Fondo de Cultura Económica, México, 1943.

animados por su propia ideología, su vanidad o su ignorancia, se dejan llevar y empiezan a comportarse como si estuvieran convencidos de que el destino les ha adjudicado la misión de ser abanderados o mártires del tradicionalismo jurídico. Felizmente son pocos y las más de las veces sólo tienen oportunidad de votar en disidencia. La mayoría, en cambio, con sensibilidad política e institucional, toma una deliberada posición de *self-restraint*. El principio subyacente, insisto, es que las normas legales ajustadas a la Constitución que supongan errónea estimación de las demandas colectivas, tienen plena validez y su error no es justiciable". Concluyendo: "Los fundamentos del *self-restraint* se remontan al principio de la división de poderes y a la forma republicana de gobierno. También podría decirse lo siguiente: el señalamiento de los fines y de los medios propios del bien común concreto e histórico corresponde a los gobernantes, que, en el sistema de la Constitución, tienen el respaldo y el impulso que provienen del consenso popular mayoritario: atribuir esa potestad a los jueces es una antihistórica tentativa de hacer incrustaciones oligárquicas en la Constitución, es un retroceso al conservatismo jurídico y es una perspectiva de impotencia estatal. Además, trae consigo, como una fatalidad, la politización de la justicia. Que es gravísima para todos, pero especialmente para la justicia. Porque una justicia que se politiza pierde autoridad y, a poco andar, merece ser destinataria de las solicitadas del sindicato o del comité, por ejemplo".[37]

Nuestra Corte Suprema, por lo demás, ha entendido que en materia de interpretación de las leyes debe preferirse la que mejor concuerde con las garantías, principios y derechos consagrados en la Constitución Nacional, de manera que solamente se acepte la que es susceptible de objeción constitucional cuando ella fuere palmaria y el texto discutido no sea lealmente susceptible de otra, concordante con la Carta Fundamental. Todo ello, en el entendimiento de que la declaración de inconstitucionalidad de una ley es un acto de suma gravedad institucional que debe ser considerado como la *última ratio* del ordenamiento jurídico. Consecuentemente, también ha sostenido que la cuestión de si una ley es nula por ser repugnante a la Constitución es, en todo tiempo, una cuestión muy delicada, que debe ser raras veces, sino jamás, decidida afirmativamente en caso de duda (con cita del juez John Marshall), ya que es doctrina admitida que en la duda, los tribunales deben pronunciarse a favor de la validez de la ley. De ese principio se infiere que el Alto Tribunal ha entendido que al ejercer el control de constitucionalidad de las leyes debe imponerse la mayor mesura, mostrándose tan celoso en el uso de las facultades que le son propias cuanto es el respeto de la esfera que la Constitución asigna, con carácter privativo, a los otros poderes.

3.4 La necesaria existencia de un "caso" o "causa"

Como un resguardo para evitar la prevalencia del Poder Judicial sobre los dos restantes poderes públicos, en los Estados Unidos de América, como en la República Argentina – que ha adscrito en muchos aspectos a las soluciones jurídicas adoptadas por el país del Norte –, se ha exigido para que los jueces puedan ejercer su rol de control constitucional, que el mismo se efectúe en el marco de una *causa* o *caso* sometido a su decisión (arts. 116 y 117 de la Constitución Nacional), quedándoles vedado hacer declaraciones generales o abstractas, ya que es de la esencia de su misión decidir colisiones efectivas de derechos.[38]

37. Julio Oyhanarte: "El caso *Bonfante*: la autolimitación de los jueces", *El Derecho*, tomo 57, ps. 805 y ss., en particular ps. 812, 813 y 814.

38. C.S.J.N. *in re*: "*Entre Pedro Carlos Raymond, apoderado de la testamentaría de Francisco Videla, y Nicolás García, sobre mejor derecho al valor de una finca embargada*", sentencia del 26 de

3.4.1 Primeros pronunciamientos sobre la acción declarativa de certeza

El Código Procesal Civil y Comercial de la Nación, puesto en vigor por la ley n. 17.454[39] a partir del 1º de febrero de 1968, en su "Parte especial", libro II: "Procesos de conocimiento", título I: "Disposiciones generales", capítulo I: "Clases", por el art. 322, dispone: "Podrá deducirse la acción que tienda a obtener una sentencia meramente declarativa, para hacer cesar un estado de incertidumbre sobre la existencia, alcance o modalidades de una relación jurídica, siempre que esa falta de certeza pudiera producir un perjuicio o lesión actual al actor y éste no dispusiere de otro medio legal para ponerle término inmediatamente.// El Juez resolverá de oficio y como primera providencia, si corresponde el trámite pretendido por el actor, teniendo en cuenta la naturaleza de la cuestión y la prueba ofrecida".[40]

El artículo de mención motivó en la doctrina nacional abundantes reflexiones: unas, en el sentido de sí el supuesto contemplado podía ser considerado *causa*, *caso* o *cuestión justiciable* frente a los arts. 116 y 117 de la *Ley Fundamental*; otras, sobre si el contenido de la pretensión podía comprender un planteo de inconstitucionalidad, e, incluso, si tal planteo podía ventilarse en la instancia originaria de la Corte Suprema de Justicia de la Nación.

Una jurisprudencia del Alto Tribunal, temprana e ininterrumpida hasta hace dos décadas, sostuvo que la acción declarativa en general, e igualmente en particular cuando a través de ella se articulaba una impugnación de orden constitucional, no conformaba una *causa* o *caso* atendible por el Poder Judicial, fundándose tal criterio en precedentes de la Corte Suprema de Justicia Norteamericana, más allá de que esta última hubiera, posteriormente, abandonado tal postura como consecuencia de la evolución experimentada en la doctrina, la legislación y la jurisprudencia, tanto en países del *common law*, como en los de derecho romano. Según el inicial concepto, el cometido del Poder Judicial se reducía, en el orden privado, a reparar, mediante sentencias de condena y su ejecución compulsiva, las lesiones materiales provocadas en los derechos del actor, con lo cual las acciones en tratamiento, no podían tener cabida ni ser ventiladas ante los estrados tribunalicios.

En este tema es de consulta obligada el enjundioso dictamen producido por el Procurador General de la Nación, doctor Eduardo H. Marquardt, el 17 de diciembre de 1971, en la causa: "*Hidronor S.A. c. Provincia del Neuquén*",[41] en que se pasó a revista a los requisitos que debía reunir la acción declarativa de certeza para ser admitida en sede judicial, con acopio de jurisprudencia nacional y extranjera, abriendo el camino para que 15 años después tuviera acogida dicha vía procesal, incluso en materia tributaria. Corresponde agregar, asimismo, que en tal asesoramiento, favorable a la admisión de las acciones declarativas, se volcaron medulosas reflexiones referentes a la impugnación de gravámenes y al desplazamiento de la regla *solve et repete*.

octubre de 1865, *Fallos*: 2:220; e *in re*: "*Don Silverio Bejarano, pidiendo se declare inconstitucional una ley de la Provincia de Entre Ríos*", sentencia del 31 de octubre de 1872, *Fallos*: 12:372, doctrina que se ha mantenido ininterrumpidamente a lo largo de toda la actuación del Tribunal.

39. *Anales de Legislación Argentina*, tomo XXVII-C, ps. 2649 y ss.

40. Texto sustitutivo del artículo contenido en la sanción original del Código de rito, incorporado por el art. 2º de la ley n. 25.488 (*Anales de Legislación Argentina*, tomo LVI-E, ps. 5468 y ss.).

41. Como consecuencia de que las actuaciones concluyeron al desistir la actora del proceso, el dictamen emitido en dicho contencioso no fue publicado oportunamente en la *Colección Oficial de Fallos de la Corte Suprema de Justicia*, habiéndose incorporado a continuación del pronunciamiento recaído en la causa: "*Provincia de Santiago del Estero v. Nación Argentina*" (*Fallos*: 307:1379), sentencia del 20 de agosto de 1985, corriendo en las ps. 1387 y ss. del apuntado tomo.

Respecto a este dictamen, resulta particularmente útil repasar las reflexiones que suscitara en el académico Germán J. Bidart Campos, en una breve y colateral nota – según así la titula – que, en realidad, constituye un preciso ensayo sobre la acción declarativa de certeza y el control de constitucionalidad a través de la jurisprudencia de la Corte y en las diversas opiniones vertidas al respecto por la doctrina nacional.[42]

Durante un largo período, el Tribunal cimero fue particularmente reacio a admitir la acción declarativa de certeza, revistiendo interés en materia tributaria el pronunciamiento recaído en la causa: "*S.A. Safe Agropecuaria v. Provincia de Santa Fe*",[43] sentencia del 18 de julio de 1973, donde la actora recabó la condena de la Provincia a expedir guías de despacho de ganado y otros documentos relativos a tales semovientes, con prescindencia de lo dispuesto en el Código Fiscal, solicitando, a dichos efectos, la declaración de inconstitucionalidad de varias de sus disposiciones. Así entonces, en las partes pertinentes del fallo se precisó: "3º) Que la accionante no invoca haber pagado el gravamen ni reclama por lo tanto su repetición, ni el resarcimiento de perjuicios que le hubiera irrogado la actitud de la demandada. Tampoco aduce que la Provincia demandada haya realizado hecho alguno que consume lesión efectiva y actual a los derechos que invoca. Por lo tanto la pretendida inconstitucionalidad tendría carácter de meramente declarativa, ya que sólo sobre la base de tal declaración, lógicamente previa, cabría considerar si procede imponer a aquélla la realización de los actos administrativos que se solicitan en la demanda. Ello impone a esta Corte abocarse al examen de la procedencia de una declaración de ese orden... // 4º) Que una antigua y persistente jurisprudencia de esta Corte tiene establecido que no cabe acoger en su competencia originaria demandas de tal naturaleza (*Fallos*: 98:52; 101:8; 115:163; 130:157; 184:520; 191:259; 227:688; 238:494; 243:439; 260:54; 275:394, entre otros). // 5º) Que la posterior sanción del Código Procesal de la Nación parecería sin embargo presentar un obstáculo a la subsistencia de tal criterio, ya que en su art. 322 admite expresamente que 'podrá deducirse la acción que tienda a obtener una sentencia meramente declarativa...'.// 6º) Que sin abrir juicio acerca de lo que corresponda decidir en los casos en que sentencias de ese orden llegaren a conocimiento de esta Corte por vía de recurso, cabe advertir que la atribución que este Tribunal tiene de declarar inaplicables al caso leyes o actos emanados de otros poderes del Estado nacional o provincial a título de contrarios a la Constitución o a las leyes nacionales, no se concilia con la citada disposición procesal en tanto se postula su aplicación con ese objeto y por vía de competencia originaria.// 7º) Que tal facultad debe, en efecto ejercerse con suma prudencia, ya que asigna a este Tribunal la potestad de apreciar los límites de las atribuciones propias de los otros Poderes del Estado (*Fallos*: 234:335; 242:353; 249:221; y sus citas, entre otros). Y en tanto la Constitución nacional no se la atribuye sino implícitamente y en cuanto a los casos que caigan bajo su jurisdicción (art. 101, Constitución Nacional – texto histórico –, hoy art. 117) no cabe extenderla de modo de validar declaraciones de inconstitucionalidad abstracta o de mera certeza por vía de una norma procesal que tiene su ámbito natural de aplicación en orden a decisiones del derecho común".

El aspecto más trascendente del pronunciamiento parcialmente transcripto se encuentra en el considerando 6º, en tanto allí se postuló que era inconciliable con el ordenamiento jurídico de la República el ejercicio del control de constitucionalidad por vía de acción declarativa, al menos en

42. Germán J. Bidart Campos: "La acción declarativa de certeza y el control de constitucionalidad", *La Ley*, tomo 154, ps. 515 y ss.

43. *Fallos*: 286:76.

el ámbito de la competencia originaria del Alto Tribunal.

3.4.2 Estado actual de la cuestión sobre la acción declarativa de certeza

De todos modos, gradualmente, se fue afirmando la idea de que la esencia de *la función judicial consiste en individualizar la voluntad de la ley respecto de las relaciones concretas de derecho controvertidas o inciertas*, con lo cual la ejecución compulsiva resultante era tan sólo una consecuencia posible e independiente, y no necesaria, de la sentencia.

En las condiciones expuestas, si bien el sistema constitucional vigente en el orden nacional impide que se dicten fallos cuyo efecto prive de valor *erga omnes* a las normas impugnadas y, asimismo, obsta a la emisión de pronunciamientos sobre agravios meramente conjeturales o hipotéticos, para la Corte Suprema de Justicia de la Nación la acción de mera certeza, iniciada sobre la base de un interés sustancial, concreto y definido, con arreglo a las pautas contempladas en el Código Procesal Civil y Comercial y con efecto limitado a una declaración válida únicamente *inter partes*, pasó, más recientemente, a ser considerada una *causa* o *caso* en los términos de los arts. 116 y 117 de la *Ley Fundamental*. Ello así, la acción regulada por el art. 322 del Código de rito terminó siendo conceptualizada en la actualidad como un instituto procesal apto para suscitar un pronunciamiento judicial, independientemente de que las relaciones jurídicas sobre las que se proyecte sean de derecho privado o de derecho público e, incluso, idóneo para canalizar cuestionamientos constitucionales.

Transitando esta nueva línea jurisprudencial debemos referir, en primer término, la resolución recaída *in re*: "*Provincia de Santiago del Estero v. Nación Argentina*",[44] sentencia del 20 de agosto de 1985. Los hechos relevantes de la causa a tener en cuenta, pasaron por la sanción por la Legislatura de Santiago del Estero, en ejercicio de facultades propias, de una ley que creaba el Departamento de Control de Combustibles, que tendría a su cargo la *fiscalización cualitativa y cuantitativa de los combustibles líquidos*, fijándose una *tasa* como retribución por esos servicios, según se tratara de naftas "súper", "común" o gasoil. Ante estas circunstancias, la Divisional Salta de Yacimientos Petrolíferos Fiscales cursó a los expendedores de combustible un telegrama por el cual les comunicaba que debían abstenerse de modificar los precios, a pesar de la eventual entrada en vigencia de la tasa, bajo apercibimiento de aplicarles sanciones. En tales condiciones, frente a la actitud exteriorizada a través de las comunicaciones emitidas por la entonces petrolera estatal, la Provincia de Santiago del Estero procuró tutela jurisdiccional mediante una acción de amparo, por la que se perseguía obtener una declaración preventiva a fin de impedir la concreción de las medidas preanunciadas.

Dentro de tal marco fáctico, el Alto Tribunal entendió que podía prescindirse válidamente del *nomen juris* de la vía procesal (acción de amparo) utilizado por la Provincia y atender a la real sustancia de la solicitud (declaración preventiva). En tal sentido, tomó en cuenta las exigencias fijadas por la Corte Suprema de los Estados Unidos, en algún caso, para dar andamiento a acciones declarativas, esto es: "a) actividad administrativa que afecta un interés legítimo; b) que el grado de afectación sea suficientemente directo; y c) que aquella actividad tenga concreción bastante (*in re*: '*Aetna Life Insurance Co. c/ Havorth*, 300 U.S. 227')"; luego de lo cual reputó que parecía evidente que la acción declarativa – que, como el amparo, tiene una finalidad preventiva y no requiere la existencia de daño consumado en resguardo de los derechos – era un medio plenamente eficaz y suficiente para satisfacer los intereses de la actora que, en tales circunstancias, se ago-

44. *Fallos*: 307:1379.

tarían en una mera declaración de certeza, dándole al planteo articulado ante su estrado dicho encuadramiento en los términos del art. 322 del Código Procesal, disponiendo, asimismo, su tramitación según las reglas del proceso sumario.

Con carácter meramente ilustrativo, corresponde consignar que en dicha causa, registrada luego en la colección del Alto Tribunal como "*Provincia de Santiago del Estero v. Nación Argentina y/o Yacimientos Petrolíferos Fiscales*",[45] se dictó sentencia sobre el fondo de la cuestión el 1º de marzo de 1988, decretándose que la tasa de inspección creada por la ley de la Provincia de Santiago del Estero era incompatible con el régimen de coparticipación del Fondo de Combustibles instituido por la ley n. 17.597,[46] que contenía la prohibición de aplicar tributos análogos a los nacionales previstos en la apuntada ley.

En este período, se fueron emitiendo diversas resoluciones a partir de las cuales se afirmó la posibilidad de control de constitucionalidad en el marco de la acción declarativa, siempre, claro está, que no se tratara de peticiones abstractas y genéricas, y ello condicionado, por tanto, a que se verificara una verdadera *causa* o *caso* en justicia. Aquí resulta oportuno citar *in re*: "*Constantino Lorenzo v. Nación Argentina*",[47] sentencia del 12 de diciembre de 1985, y la causa: "*Fábrica Argentina de Calderas S.R.L. v. Provincia de Santa Fe*",[48] sentencia del 19 de diciembre de 1986.

En lo estrictamente tributario, también se inscribe en esta nueva tónica, lo señalado *obiter dictum*[49] en la causa "*Gomer S.A. v. Provincia de Córdoba*",[50] sentencia del 3 de febrero de 1987 y, de modo concreto, lo dicho *in re*: "*Leonardo Antonio Newland v. Provincia de Santiago del Estero*",[51] sentencia del 19 de marzo de 1987. En este último pronunciamiento, en el que se discutía la constitucionalidad de una ley provincial y su decreto reglamentario en cuanto imponían la obligación de realizar inversiones en predios rurales y sancionaba su incumplimiento con la aplicación de una multa, se dieron por satisfechos los requisitos para la procedencia formal de la acción meramente declarativa al tenerse por configurada una *causa* o *caso* en los términos de la *Ley Fundamental*. Allí, para descartar las defensas opuestas por la provincia, en los considerandos 5º y 6º, se desarrollaron los siguientes conceptos: "5º) Que... en atención a que la excepción de incompetencia y la de falta de legitimación para obrar han sido opuestas por el estado provincial en forma alternativa o conjunta sobre la base de idénticos fundamentos, esto es, la gravitación que la aplicación de la regla *solve et repete* podría tener respecto de la admisibilidad de las acciones meramente declarativas, corresponde indagar esta última materia. A ello no obsta la discusión acerca del carácter tributario o reglamentario del dominio que revista la norma impugnada, el que no podría determinarse a esta altura del proceso, puesto que lo que persigue el estado provincial demandado mediante las defensas que opone es, precisamente, evitar que en forma previa a la efectivización del pago se trabe la discusión sobre la naturaleza de la ley cuestionada por la actora. De modo tal que, de admitirse su posición, cualquie-

45. *Fallos*: 311:193.

46. *Anales de Legislación Argentina*, tomo XXVIII-A, ps. 145 y ss.

47. *Fallos*: 307:2384.

48. *Fallos*: 308:2569.

49. Bajo la denominación *obiter dictum* – del latín *ob*, por; *iter*, camino; y *dictum*, sentencia o dicho – se comprende a todas aquellas afirmaciones contenidas en las sentencias judiciales referidas a aspectos jurídicos, que sin ser imprescindiblemente necesarias para resolver el caso que se falla, importan anticipar criterios del juzgador. Es así que los *obiter dictum* de la Corte Suprema de Justicia de la Nación, si bien no sientan doctrina, permiten inferir cual puede ser el probable tratamiento que brindará a una cuestión, cuando, articulada o mantenida ante sus estrados, esté ineludiblemente llamada a resolverla.

50. *Fallos*: 310:142.

51. *Fallos*: 310:606.

ra que fuese el resultado del pleito en relación a la mencionada clarificación conceptual, el tema no podría ser analizado sin que anteriormente los importes hubiesen sido satisfechos. // Sin embargo, cabe advertir que la admisión de que concurren en la especie los presupuestos de la acción meramente declarativa, en especial el estado de incertidumbre respecto de los alcances de la relación jurídica concreta y del interés suficiente en el accionante, constituye el primer obstáculo a la viabilidad de la argumentación de la demandada. En efecto, dentro de ese marco, la exigencia de cumplimiento previo de lo que constituye el objeto de la discusión, implicaría desconocer la necesidad de tutela judicial que, en casos como el presente, tiende a dilucidar el estado de falta de certeza entre el contribuyente que cuestiona la actitud del Estado y este último. // Consecuentemente, la cuestión se centra en determinar si la pretensión de sentencia meramente declarativa de certeza podría afectar la ejecutoriedad que revestiría el título al cual el estado provincial atribuye naturaleza tributaria, produciéndose las consecuencias desfavorables mencionadas...// En este sentido, no se advierte que la sustanciación del presente juicio, mientras no haya recaído en él decisión definitiva firme, pueda impedir la percepción que pretende la provincia. Ello es así, puesto que el procedimiento declarativo reglado por el art. 322 del Código Procesal Civil y Comercial no excluye necesariamente el cobro compulsivo que la demandada estaría habilitada a intentar por las vías procesales que considere pertinentes. A mayor abundamiento, cabe señalar que no se desprende del texto de la ley cuestionada – ni ha sido alegado por la provincia – que la demora en la percepción de los gravámenes o sanciones – en su caso – no merezca la imposición de recargos, multas, etc. Por ello, no se advierte que la discusión judicial en los términos planteados pueda colocar al contribuyente en situación privilegiada ni que se altere el derecho del Fisco a recaudar, derecho que se sustenta en la definitiva configuración del hecho imponible. // 6º) Que este criterio, que por lo demás ha sido expuesto por la Procuración General en el dictamen emitido en la causa '*Hidronor S.A. c/ Provincia del Neuquen*' el 17 de diciembre de 1971, importa modificar el de *Fallos*: 305:1715[52] que esta Corte en su actual composición no comparte, conduce a la desestimación de las defensas opuestas por la Provincia de Santiago del Estero y a mantener la competencia de este Tribunal para entender en el *sub lite*".

En materia tributaria, a la acción declarativa – comprendiendo, incluso, aportes y contribuciones al régimen de la seguridad social – se le imprimió curso, entre muchas otras, en las siguientes causas: "*Asociación Civil Escuela Escocesa San Andrés y Otros v. Provincia de Buenos Aires y Otra*",[53] sentencia del 21 de mayo de 1987; "*Colegio San Lucas S.R.L. v. Nación Argentina y Provincia de Buenos Aires*",[54] sentencia del 29 de marzo de 1988; "*Domingo Martín López Saavedra v. Provincia*

52. La causa de referencia es "*Bridas Sociedad Anónima Petrolera, Industrial y Comercial v. Provincia del Neuquén*", con sentencia del 20 de octubre de 1983. Entre otras cosas, en ella se dejó dicho: "No procede la acción declarativa, si la demandante no ha utilizado los remedios administrativos previstos en el ordenamiento fiscal local a efectos de obtener la revisión de la intimación de regularización impositiva. Por otra parte, la misma pudo provocar la actividad jurisdiccional a través de un medio legal apto como la acción de repetición, para lo cual hubiera bastado cumplir con un requisito específico del régimen tributario, como es la regla *solve et repete* y acatar la intimación que se le formulara, máxime que tal recaudo no ha sido cuestionado en su aplicación al caso, ni se ha alegado que su cumplimiento debiera ser dispensado".

53. *Fallos*: 310:977. En este caso no se hizo lugar a la medida de no innovar solicitada, toda vez que no se tuvieron por reunidos para su procedencia los requisitos establecidos en el art. 230 del Código de rito.

54. *Fallos*: 311:421. Aquí tampoco se hizo lugar a la prohibición de innovar, al señalarse que el procedimiento previsto en el art. 322 del Código Procesal no excluye necesariamente el cobro compulsivo que la demandada estaría habilitada a intentar por las vías procesales pertinentes.

de Buenos Aires",[55] sentencia del 16 de agosto de 1988; "*Cooperativa de Trabajo Transportes Automotores de Cuyo T.A.C. Limitada v. Provincia de Mendoza*",[56] sentencia del 8 de septiembre de 1998; "*El Cóndor Empresa de Transportes S.A. v. Provincia de Buenos Aires*",[57] sentencia del 7 de diciembre de 2001; "*Shell Compañía Argentina de Petróleo S.A. v. Provincia del Neuquen*",[58] "*Shell Compañía Argentina de Petróleo S.A. v. Provincia del Neuquen*",[59] "*Transportadora de Gas del Sur Sociedad Anónima v. Provincia de Santa Cruz*",[60] y "*Yacimientos Petrolíferos Fiscales S.A. v. Provincia de Tierra del Fuego*",[61] las cuatro consignadas en último término con sentencia del 15 de abril de 2004, "*Argencard S.A. v. Provincia de Salta*",[62] sentencia del 27 de mayo de 2004; "*Transportes Automotores La Estrella S.A. v. Provincia de Río Negro*",[63] sentencia del 29 de noviembre de 2005; "*Yacimientos Petrolíferos Fiscales S.A. v. Municipalidad de C. del Uruguay*",[64] sentencia del 7 de febrero de 2006, y "*Massalin Particulares S.A. v. Provincia de Tierra del Fuego, Antártida e Islas del Atlántico Sur*",[65] sentencia del 21 de marzo de 2006.

Resumiendo, podemos acotar que el sistema instituido por el código de rito en su art. 322, exige tres requisitos para la procedencia de las acciones meramente declarativas:

a) que concurra *estado de incertidumbre sobre la existencia, alcance y modalidad de una relación jurídica*, entendiéndose por tal a aquella que es concreta, en el sentido de que al momento de dictarse el fallo, se hayan producido la totalidad de los presupuestos de hecho en que se apoya la declaración acerca de la existencia o inexistencia del derecho discutido, condición bajo la cual sólo se podrá afirmar realmente que el fallo pone fin a una controversia actual, diferenciándose de una consulta en la cual se responde acerca de la eventual solución que se podría dar a un supuesto de hecho hipotético; *b)* que *haya interés jurídico suficiente en el accionante*, en el sentido de que la falta de certeza pudiera producir un perjuicio o lesión actual al actor, entendiéndose que la actualidad del interés jurídico no depende, a su vez, de la actualidad – o eventualidad – de la relación jurídica; y *c)* que *se verifique un interés específico en el uso de la vía declarativa*, lo que solamente ocurrirá *cuando el actor no dispusiere de otro medio legal para ponerle término inmediatamente*.

A su vez, de los pronunciamientos de la Corte Suprema de Justicia de la Nación resulta la siguiente doctrina: 1) La acción meramente declarativa puede configurar un *caso* o *causa* judicial en los términos de los arts. 116 y 117 de la Constitución Nacional, a pesar de no conducir a una sentencia de condena; 2) la acción meramente declarativa, por regla general, es improcedente en materia de tributos nacionales regidos por la ley n. 11.683 (t.o. 1998 y sus modificaciones)[66] – Ley de Procedimientos Tributarios –, en cuanto esta norma ofrece vías alternativas para hacer cesar el estado de falta de certeza,[67] salvo planteos

55. *Fallos*: 311:1459.
56. *Fallos*: 321:2501.
57. *Fallos*: 324:4226.
58. *Fallos*: 327:1034.
59. *Fallos*: 327:1051.
60. *Fallos*: 327:1083.
61. *Fallos*: 327:1108.
62. *Fallos*: 327: 1473
63. *Fallos*: 328:4198.
64. *Fallos*: 329:5.
65. *Fallos*: 329:792.

66. Cfr. decreto n. 821/98 (*Anales de Legislación Argentina*, tomo LVIII-C, ps. 2969 y ss.).

67. Cfr. causa: "*Equipos Hidráulicos S.R.L.*", *Fallos*: 308:2147, sentencia del 13 de noviembre de 1986. La causa versó, frente a la consulta formulada por el síndico, sobre si correspondía el pago del Impuesto al Valor Agregado en los remates judiciales por quiebra o en la distribución final. La Corte desechó que la pretensión deducida pudiera estar orientada a obtener una sentencia meramente declarativa, en los términos del art. 322 del Código Procesal, ya que, contrariamente a lo requerido por ese precepto en orden al carácter subsidiario de dicha acción, el actor tuvo a su alcance otros medios legales idóneos

de inconstitucionalidad; 3) tales acciones pueden ser intentadas en la competencia originaria del Tribunal cimero, cumplidos los requisitos que fija el art. 117 de la Ley Suprema; 4) no existe impedimento para que la acción declarativa se oriente a obtener una declaración de inconstitucionalidad; 5) la regla *solve et repete*, mantenida en la mayoría de los ordenamientos tributarios provinciales y municipales, no es un valladar a la viabilidad de la acción declarativa, si bien su interposición, y hasta que haya recaído en la causa decisión firme, no impide que la Administración Tributaria promueva la pertinente ejecución o apremio fiscal.[68]

Como consecuencia del último de los aspectos reseñados en el párrafo anterior, esto es, la falta de aptitud de la acción declarativa para inhibir la iniciación por el Fisco del cobro compulsivo del tributo, será menester que el contribuyente, para diferir el pago hasta el dictado de la sentencia, obtenga *tutela cautelar* mediante el dictado de una medida de no innovar.

En la República Argentina, si bien el Código Procesal Civil y Comercial de la Nación, por su art. 230, contempla como medida cautelar la *prohibición de innovar*, siendo sus requisitos: 1. el *fumus boni iuris* (verosimilitud del derecho); 2. el *periculum in mora* (peligro en la demora); y 3. que la cautela no pueda obtenerse por otra medida precautoria, la doctrina de la Corte Suprema de Justicia de la Nación es particularmente restrictiva cuando de lo que se trata es de suspender la fuerza ejecutoria de un acto administrativo que sirve de fundamento para el reclamo de una obligación tributaria.

Al respecto, integrando una familia numerosa de fallos en tal sentido, se destacan los pronunciamientos del Alto Tribunal en las causas "*Trebas S.A.*",[69] sentencia del 22 de junio de 1989; "*Firestone de la Argentina S.A.I.C.*",[70] sentencia del 11 de diciembre de 1990; "*Daniel Ernesto Grinbank – incidente – v. Fisco Nacional (Dirección General Impositiva)*",[71] sentencia del 23 de noviembre de 1995; "*Yacimientos Petrolíferos Fiscales S.A. v. Provincia de Tierra del Fuego*",[72] sentencia del 30 de septiembre de 1999; "*ESSO SAPA v. Provincia del Chubut*",[73] sentencia del 28 de diciembre de 1999; "*American Express Argentina S.A. v. Provincia de Río Negro*",[74] sentencia del 31 de octubre de 2000; "*Daniel Héctor Magnelli v. Administración Federal de Ingresos Públicos – Dirección General Impositiva*",[75] sentencia del 19 de septiembre de 2002; y "*Plan Óvalo S.A. de Ahorro para Fines Determinados v. Provincia de Salta*",[76] sentencia del 24 de junio de 2003; en las cuales *la Corte Suprema de Justicia de la Nación ha requerido de los magistrados judiciales la mayor*

para aventar la falta de certidumbre que le asistía acerca de la procedencia del gravamen. Pudo acudir así, sin desmedro de la consulta ante la Administración Fiscal que le hubiera otorgado el conocimiento cierto del criterio del organismo de aplicación, a la facultad acordada por la Ley de Procedimiento para solicitar al Director General una resolución general interpretativa. Más aún, el criterio sustentado por la Dirección General Impositiva ante una eventual determinación tributaria pudo recurrirse por apelación, con efecto suspensivo del pago del gravamen, ante el Tribunal Fiscal de la Nación, cuya sentencia podría declarar que la interpretación administrativa no se ajustaba a la norma interpretada, decisión, además, susceptible de revisión judicial en las instancias respectivas.

68. José Osvaldo Casás: *Presión Fiscal e Inconstitucionalidad (Las garantías constitucionales ante la presión del conjunto de tributos que recaen sobre el sujeto contribuyente)*, capítulo III: "De la supremacía de la Constitución y del rol del Poder Judicial", parágrafo 15: "La denominada acción meramente declarativa o de certeza prevista por el art. 322 del Código Procesal Civil y Comercial de la Nación, y el requisito de *caso* o *causa* judicial", ps. 27 y ss., en particular ps. 31 y 32, Depalma, Buenos Aires, 1992.

69. *Fallos*: 312:1010.
70. *Fallos*: 313:1420.
71. *Fallos*: 318:2431.
72. *Fallos*: 322:2275.
73. *Fallos*: 322:3571.
74. *Fallos*: 323:3326.
75. *Fallos*: 325:2347.
76. *Fallos*: 326:1999.

prudencia y estrictez en la apreciación de los recaudos que hacen a la admisión de las medidas cautelares, atento la afectación que producen sobre el erario público, pues la percepción de las rentas del Tesoro – en tiempo y modo, dispuestos legalmente – es condición indispensable para el regular funcionamiento del Estado; agregando, en su particular enfoque, que en la medida en que su competencia lo autorice, los tribunales tienen el deber de contribuir a eliminar o, en todo caso, a aminorar la ilegítima afectación del régimen de los ingresos públicos que provienen tanto de la evasión como de *la demora excesiva e injustificada en el cumplimiento de las obligaciones tributarias*, sin que ello implique que no sea posible suspender los efectos de los actos de la Administración tributaria en caso alguno, sino que tal postergación ha de estar avalada por un estudio serio, detallado y convincente de los defectos insalvables que dicho acto tenga – apreciables aún desde la limitada perspectiva de análisis que brinda el proceso cautelar.

Rebatiendo tal línea jurisprudencial, coincidimos con el pensamiento del célebre jurista italiano Piero Calamandrei, para quien: "La función de las providencias cautelares nace de la 'relación que se establece entre dos términos': la necesidad de que la providencia, para ser prácticamente eficaz, se dicte sin retardo, y la falta de aptitud del proceso ordinario para crear sin retardo una providencia definitiva. Es éste uno de aquellos casos (la disciplina de los cuales constituye quizá el más antiguo y el más difícil problema práctico de toda legislación procesal) en que la necesidad de hacer las cosas pronto choca con la necesidad de hacerlas bien: a fin de que la providencia definitiva nazca con las mayores garantías de justicia, debe estar precedida del regular y meditado desarrollo de toda una serie de actividades, para el cumplimiento de las cuales es necesario un período, frecuentemente no breve, de espera; pero esta 'mora' indispensable para el cumplimiento del ordinario 'iter' procesal, ofrece el riesgo de convertir en prácticamente ineficaz la providencia definitiva, que parece destinada, por deseo de perfección, a llegar demasiado tarde, como la medicina largamente elaborada para un enfermo ya muerto"; añadiendo seguidamente: "Las providencias cautelares representan una conciliación entre las dos exigencias, frecuentemente opuestas, de la justicia: la de la celeridad y la de la ponderación; entre hacer las cosas pronto pero mal y hacerlas bien pero tarde, las providencias cautelares tienden, ante todo, a hacerlas pronto, dejando que el problema de bien y mal, esto es, de la justicia intrínseca de la providencia, se resuelva más tarde, con la necesaria ponderación, en las reposadas formas del proceso ordinario. Permiten de este modo al proceso ordinario funcionar con calma, en cuanto aseguran preventivamente los medios idóneos para hacer que la providencia pueda tener, al ser dictada, la misma eficacia y el mismo rendimiento 'práctico' que tendría si se hubiese dictado inmediatamente"; para rematar sus consideraciones reflexionando en los siguientes términos: "En un ordenamiento procesal puramente ideal, en el que la providencia definitiva pudiese ser siempre 'instantánea', de modo que, en el mismo momento en que el titular del derecho presentase la demanda se le pudiera inmediatamente otorgar justicia de modo pleno y adecuado al caso, no habría lugar para las providencias cautelares".[77]

3.5 La declaración de inconstitucionalidad "ex oficio"

Debe agregarse que dentro del sistema de control constitucional judicial americano, relativo o difuso, adoptado en nuestra República en el orden federal y asigna-

77. Piero Calamandrei: *Introducción al estudio sistemático de las providencias cautelares*, capítulo I: "Criterios para la definición de las providencias cautelares", parágrafo 5: "Sentido en que se llama provisorias a las providencias cautelares", punto 8 c): "*Periculum in mora*", ps. 42 y ss., en particular ps. 43 y 44, El Foro, Buenos Aires, 1996.

do a todos los jueces, se descarta el control *ex oficio*, en tanto el mismo sólo puede ejercerse a pedido de parte, en una *causa* o *caso* sometido a su resolución, y con alcance ceñido a los intervinientes en la controversia.

Respecto a la exclusión del control de constitucionalidad *ex oficio* la Corte Suprema de Justicia de la Nación sostuvo el criterio tradicional a lo largo de un dilatado período de tiempo, pudiendo citarse como referencias en tal sentido los pronunciamientos recaídos en las causas: "*S.A. Ganadera 'Los Lagos' v. Nación Argentina*",[78] sentencia del 30 de junio de 1941; y "*Juzgado de Instrucción Militar n. 50 de Rosario*",[79] sentencia del 24 de abril de 1984, si bien en este último caso registrando una fundada disidencia de los ministros doctores Carlos S. Fayt, Augusto C. J. Belluscio.

Más recientemente, el Alto Tribunal *in re*: "*Rita Aurora Mill de Pereyra y Otros v. Provincia de Corrientes*",[80] sentencia del 27 de septiembre de 2001, admitió una declaración de inconstitucionalidad *ex oficio*, si bien, entre los votos que conformaran la mayoría, sumándose a la postura anticipada en un anterior pronunciamiento por los ministros doctores Carlos S. Fayt y Augusto César Belluscio, los ministros doctores Guillermo A. F. López, Gustavo A. Bossert y Antonio Boggiano, hicieron especial hincapié en que, en la causa sometida a decisión, tal proceder por el inferior no traía como consecuencia afectación del derecho de defensa de los litigantes ante lo sorpresivo de la sentencia con tal alcance puesto que la ley invalidada – sancionada luego de haber sido trabada la litis – pudo ser, de todos modos, materia de consideración por las partes, ya en el recurso extraordinario federal, ya en el escrito de traslado respectivo.[81]

3.6 Las cuestiones no justiciables

Cabe señalar que determinadas materias han quedado fuera de control del Poder Judicial. En tal sentido, se afirma que los tribunales de justicia no pueden conocer en cuestiones políticas ni revisar el ejercicio de facultades privativas de otros poderes, como tampoco las relaciones internacionales o intraconstitucionales – así, en España "del Jefe de Estado o del Consejo de Ministros con las Cortes o con el Parlamento, según los regímenes: remisión de proyectos de ley, cuestiones de confianza, fijación del orden del día, disolución de las Cámaras, convocatoria a elecciones, etc."[82] De todos modos, tal enclave mínimo tiende a reducirse, pues las inmunidades del poder se han ido restringiendo sensiblemente, por cuanto la lucha por el derecho tiende a alcanzar la alta cota en la que se concibe al Estado de Derecho como un *Estado de Justicia*, enderezado hacia una justiciabilidad cada vez más plena. Tal ampliación, a pesar de ello, no habilita a los jueces a pronunciarse sobre los criterios de mérito, oportunidad y conveniencia con los cuales los respectivos órganos legislativos de los distintos planos del Estado dictan las respectivas normas – leyes u ordenanzas –, en nuestro caso las de contenido tributario.

Es así inveterada la doctrina de la Corte Suprema de Justicia de la Nación conforme a la cual no es objetable la facultad de las provincias para darse leyes y ordenanzas de los impuestos locales, y en general todas las que juzguen conducentes a su bienestar y prosperidad sin más limitaciones que las emanadas del art. 108 – texto histórico de la Constitución, hoy art. 126 – (*Fallos*: 105:273) porque, entre los dere-

78. *Fallos*: 190:142.
79. *Fallos*: 306:303.
80. *Fallos*: 324:3219.
81. Sobre el particular puede consultarse un completo ensayo de Luis F. Lozano: *La declaración de inconstitucionalidad de oficio*, Ad-Hoc, Buenos Aires, 2004.
82. Eduardo García de Enterría: *La lucha contra las inmunidades del poder*, 3ª edición, reimpresión, capítulo VI: "La inmunidad de los llamados actos políticos o de gobierno", ps. 50 y ss., en particular ps. 58 y 59, Cuadernos Civitas, Madrid, 1995.

chos que constituyen la autonomía de las provincias, es primordial el de imponer contribuciones y percibirlas sin intervención alguna de autoridad extraña (*Fallos*: 51:349; 114:282; 137:212, entre otros).

En la causa: "*Doña Graciana Etchessahar de Lastra, sobre protocolización de testamento*",[83] sentencia del 26 de octubre de 1928, el Alto Tribunal consignó: "Si la Constitución Nacional en su art. 5,[84] ha dicho esta Corte, no ha hecho de la moderación de los impuestos o de formas determinadas de percepción de los mismos una de las condiciones a la garantía al goce y ejercicio de las instituciones provinciales y ha excluido, por lo tanto, de los casos de intervención de sus poderes políticos por la Nación (art. 6) el de los abusos posibles en esta materia, consumados por las provincias en perjuicio del desarrollo de la riqueza pública local y nacional, no es admisible que se haya querido dejar a la discrecionalidad del Poder Judicial de la Nación la facultad de declarar sin valor, en casos concretos, la legislación provincial relativa a impuestos, fuera de la hipótesis de confiscación o de otra trasgresión de una garantía de la Constitución o de algún precepto de la misma, porque el Poder Judicial es el menos adecuado por su naturaleza, funciones y reglas de procedimiento para decidir sobre la necesidad y equidad de las contribuciones y para apreciar los resultados económicos de ellas, según su monto o la manera de cobrarlas".

Los criterios reseñados precedentemente, y que resumen la jurisprudencia de la Corte en materia de gravámenes provinciales, también se reflejan cuando le ha tocado resolver sobre tributos municipales o nacionales, reiterando que no es del resorte del Poder Judicial juzgar o decidir sobre la oportunidad o conveniencia de los instrumentos fiscales elegidos por el legislador o sobre la eficacia de los medios arbitrados para alcanzar los fines propuestos, y que su cometido se limita a decidir si en los casos ocurrentes ha habido manifiesta incompatibilidad con las garantías y derechos constitucionales.

83. *Fallos*: 153:46.

84. Referente a la garantía federal de autonomía conferida a las provincias.

4. Importancia del derecho judicial en el derecho constitucional tributario

El profesor Víctor Uckmar en 1959, fecha de la primera edición de su clásica obra *Principi Comuni di Diritto Costituzionale Tributario*, señaló que dentro de la literatura jurídica comparada de ese tiempo los estudios sobre el Derecho Constitucional Tributario sólo habían alcanzado maduro desarrollo en América, atribuyendo tal producción al interés despertado por las sentencias judiciales que abordaron controversias sobre la materia, en especial aquellas emanadas de la Corte Suprema de los Estados Unidos y de Argentina, cosa que, en su concepto, no se verificaba aún en Europa, ni en Italia, ya que en lo que respecta a aquel país, era muy reciente la instalación de la Corte Constitucional prevista por el ordenamiento sancionado en 1947.[85]

Así, el *derecho judicial* constituye, junto con el derecho espontáneo no escrito, una de las principales fuentes del *derecho constitucional material*, noción que nos remite al concepto de Constitución vigente y eficaz que funciona efectivamente como derecho positivo y actual.

Es fácil comprobar cómo el derecho judicial enriquece permanentemente a la Constitución, dado que los Tribunales de Justicia para aplicar sus normas – principios y reglas – deben interpretarlas junto con los restantes preceptos del ordenamiento y, en muchos casos, a fin de llenar

85. Víctor Uckmar: *Principi Comuni di Diritto Costituzionale Tributario*, "Introduzione", ps. 1 y 2, Casa Editrice Dott. Antonio Milani (CEDAM), Padova, 1959.

lagunas técnicas, encarar una tarea integrativa partiendo de las disposiciones existentes.

Ahora bien, el Derecho Constitucional Tributario en la República Argentina se encuentra conformado por el conjunto de principios y reglas que gobiernan desde el plano superior del ordenamiento jurídico *dos amplias secciones*, una referida a los *derechos y garantías individuales*, esto es *de las personas en cuanto contribuyentes*, y la otra atinente a *la distribución de las potestades tributarias y recursos financieros en un Estado plural* en el cual coexisten, además del *Gobierno federal*, *veinticuatro estados subnacionales* – veintitrés provincias y la Ciudad Autónoma de Buenos Aires –, y a su vez, *dos mil doscientos dieciséis entes municipales*.[86] En el caso de los sujetos territoriales menores, la mayoría posee y ejerce, dentro de los cauces fijados por la Constitución, la Ley de Coparticipación y el derecho público provincial, potestad tributaria normativa y aplicativa; esto es, la necesaria para instituir impuestos, tasas y contribuciones especiales, como también para fiscalizarlos y recaudarlos.

4.1 El derecho judicial en la distribución de las potestades tributarias en la República Argentina

Con una finalidad puramente ejemplificativa para demostrar la importancia de los pronunciamientos de la Corte Suprema de Justicia de la Nación, en esta sección del Derecho Constitucional Tributario – distribución de potestades y recursos – pondremos énfasis en dos aspectos dirimidos por el Alto Tribunal. Ellos son, respectivamente, el relativo a la asignación de la potestad tributaria normativa en materia de *contribuciones indirectas*[87] que se disputaron, durante algo más de cuatro décadas, la Nación con las provincias y que, finalmente, pasaron a revistar como recurso concurrente de ambos planos de gobierno sobre la base, en un primer momento de una sentencia judicial y, finalmente, al establecerlo así a texto expreso en la *Ley Suprema*; y el concerniente a la validez constitucional de la *coparticipación tributaria*, instituida por *leyes convenio* a partir del 1º de enero de 1935, en virtud de la cuales la Nación pasó a legislar y recaudar unificadamente los más importantes gravámenes, distribuyendo su producido con las provincias

86. La cantidad consignada de municipios de provincia es la recogida al 30 de junio de 2007 en la página web del Instituto Federal de Asuntos Municipales, dependiente de la Secretaría de Asuntos Municipales del Ministerio del Interior: *http://www.mininterior.gov.ar/municipales/*. Incluye a los de distinta categoría, esto es a los de Carta o de Ley Orgánica, como así también a las comunas, comisiones vecinales, comisiones de fomento y comunas rurales (v. sobre el particular Esteban J. Urresti: "Reflexiones acerca de la posibilidad de codificar de manera uniforme el procedimiento tributario en las municipalidades argentinas", punto 2.3: "Organización institucional de las municipalidades", subpuntos 2.3.1: "Sistema de ley orgánica", 2.3.2: "Sistema de carta o convención" y 2.3.3: "El régimen institucional de los municipios en las provincias argentinas", en: *Los procedimientos tributarios provinciales, municipales y ante las Comisiones Arbitral y Federal de Impuestos*, obra colectiva coordinada por Gustavo J. Naveira de Casanova, ps. 307 y ss., en particular ps. 313 y ss., Ad Hoc, Buenos Aires, 2003).

87. El término *contribuciones* – utilizado en los artículos 4º, 17, 20, 52 y 75 inc. 2º, de la Constitución Nacional, texto vigente –, comprende tanto a los impuestos como a las tasas y a las contribuciones especiales. Por su parte, el régimen rentístico, tal cual fue difusamente bosquejado en la Constitución de 1853-1860, contemplaba, por el art. 4º que: "El Gobierno federal provee a los gastos de la Nación con los fondos del Tesoro nacional, formado del producto... de las demás contribuciones que equitativa y proporcionalmente a la población imponga el Congreso General...", mientras que por el art. 67, inc. 2º (texto histórico) se disponía como competencia del Congreso: "Imponer contribuciones directas, por tiempo determinado, proporcionalmente iguales en todo el territorio de la Nación, siempre que la defensa, seguridad común y bien general del Estado lo exijan". En tales condiciones, las discusiones discurrieron, sancionada la Constitución de 1853 y durante un largo período de nuestra historia, en precisar a quien se había asignado la potestad tributaria normativa para sancionar contribuciones indirectas, ya fuera a las provincias, ya a la Nación, o a ambas concurrentemente.

por el largo período que va desde el apuntado año 1935 hasta la fecha, careciendo de cobertura constitucional expresa tal modo de obrar hasta agosto de 1994, con la entrada en vigencia de la última Reforma de nuestra Carta Magna.

4.1.1 La doctrina judicial de los poderes tributarios concurrentes nacionales y provinciales en materia de imposición indirecta

La distribución de la renta pública tributaria en la Constitución Argentina de 1853-1860, si bien acogió la nacionalización de los derechos aduaneros, despejando uno de los conflictos hasta entonces existente, posibilitó, en los hechos, con la creación en 1891 por el Congreso de la Nación de los *Impuestos Internos*,[88] que se entronizara un sistema de *concurrencia provincial y nacional* en materia de *contribuciones indirectas* recién convalidado en su constitucionalidad por la Corte Suprema de Justicia, *in re*: "*Sociedad Anónima Mataldi Simón Limitada contra la Provincia de Buenos Aires, por repetición de pago de impuestos*",[89] sentencia del 28 de septiembre de 1927, concurrencia que hoy se encuentra acogida, a texto expreso, por la Reforma Constitucional de 1994, mediante el enunciado incorporado en la introducción misma del inc. 2 del art. 75 de la *Ley Fundamental*,[90] recibiendo, tal concurso, validación explícita y carácter ordinario y permanente.

El Alto Tribunal, dentro de los considerandos centrales de dicho pronunciamiento, dejó expresado: "Que los antecedentes de doctrina y de jurisprudencia sobre la cuestión propuesta deciden que, en general, los tributos indirectos al consumo interno, o sea los impuestos aludidos, pueden ser constitucionalmente establecidos por la Nación y por las Provincias, en ejercicio de las facultades concurrentes y sin óbice alguno determinado por incompatibilidades de orden institucional. El poder impositivo del gobierno central a este respecto, así como la potestad concurrente de los estados para establecer los mismos gravámenes sobre la misma materia imponible, se ha derivado de la inteligencia atribuida a la cláusula del art. 4º de la Constitución que dice: 'de las demás contribuciones que equitativa y proporcionalmente a la población imponga el Congreso general', interpretándose por consideraciones de orden jurídico y fundamentos de carácter económico, que si bien dicha cláusula *no encierra una delegación de poder expreso a favor de la Nación, contiene la facultad implícita de crear y percibir los referidos impuestos federales al consumo* (*Fallos*: 121:264), los que tienen ya, sobre la sanción legal, *la consagración de los hechos en el largo período de su funcionamiento* en el que se han seguido como renta fiscal el constante progreso del país en los diversos órdenes de su actividad económica y *constituyen en la actualidad una fuente de recursos de que a la Nación acaso no le fuera dado prescindir sin afectar fundamentalmente su situación financiera.* // Que *la facultad constitucional de la Nación relativa a estos impuestos*, sea cual fuere la amplitud que se le asigne, *no tiene* sin embargo, *los caracteres de exclusividad con que se le han acordado otros*, tales como los referentes a la organización tributaria aduanera, derechos de importación y de exportación, rentas de Correos, etc., con relación a los cuales existe la delegación expresa de poderes que no comprende al gravamen de los consumos internos, debiendo deducirse, *en consecuencia*, que *las provincias conservan al respecto virtuales facultades impositivas y pueden ejercitar-*

88. Los referidos impuestos gravaban ciertos *consumos específicos* y debieron su denominación al hecho de que pasaron a coexistir, dentro del cuadro rentístico de la Nación, con los gravámenes aduaneros conceptuados como *impuestos externos*.

89. *Fallos*: 149:260.

90. Allí se ha añadido en el pórtico del inciso: "Corresponde al Congreso:... 2. Imponer contribuciones indirectas como facultad concurrente con las provincias...".

las en concurrencia con las de la Nación, dentro del alcance y con las limitaciones determinadas por la *Ley Fundamental*" (el énfasis en bastardilla no obra en el texto original).

Los antecedentes doctrinales y jurídicos invocados por la sentencia a tal punto no resultaban pacíficos que se llegó a propiciar por calificados autores una reforma constitucional para zanjar definitivamente la cuestión, y fue más bien la fuerza de los hechos – aprovechamiento de dichas fuentes tributarias concurrentemente por la Nación y las provincias – la que impulsó adoptar una solución salomónica, recomendada, también, por la circunstancia de que al gobierno central no le era dable prescindir del apuntado financiamiento.

4.1.2 La doctrina judicial frente al régimen de coordinación financiera de participación o coparticipación

Por otro lado, admitida la constitucionalidad de la potestad impositiva concurrente nacional y provincial en los apuntados gravámenes a los consumos específicos, ello acrecentó la doble imposición, obligando a pensar en soluciones para conjurarla.

Ante tal estado de cosas, se registraron en el Congreso diversas iniciativas las que se verían plasmadas, finalmente, con la sanción de la ley n. 12.139 de *Unificación de Impuestos Internos*.[91]

La modalidad que se puso en funcionamiento partía de la sanción de una ley federal de unificación impositiva a la que debían adherir las respectivas legislaturas provinciales asumiendo obligaciones y adquiriendo, correlativamente, los derechos preestablecidos, dando lugar así al perfeccionamiento de una "ley-contrato" o "ley-convenio", categoría inédita hasta entonces en nuestras prácticas federales. Por dichas leyes las jurisdicciones locales se comprometían a no establecer gravámenes semejantes a los impuestos nacionales y, como contrapartida, obtenían el derecho a recibir un porcentaje de lo recaudado por aquellos recursos.

Lo cierto es que los distintos sistemas instituidos no contaban con adecuado respaldo constitucional, por lo cual se levantaron autorizadas voces reputándolos violatorios de la *Carta Magna* al considerar que las provincias sólo podían desprenderse de sus competencias tributarias normativas y aplicativas mediante su reforma. A pesar de ello, a partir de un tratamiento incidental, la Corte Suprema de Justicia de la Nación convalidó el régimen *obiter dictum* en la causa: "*Carlos Juan Madariaga Anchorena*",[92] sentencia del 21 de noviembre de 1958, donde precisó que: "El ordenamiento vigente en el país admite que las provincias puedan restringir convencionalmente el ejercicio de sus poderes impositivos mediante acuerdos entre sí y con la Nación; y la peculiaridad esencial de esos acuerdos, en lo que al caso interesa, es que no afectan derechos individuales". Poco tiempo después, el Tribunal cimero acotó la doctrina del precedente *in re*: "*S.A. Compañía San Pablo de Fabricación de Azúcar v. Provincia de Tucumán*",[93] sentencia del 6 de noviembre de 1961, al establecer: "Toda vez que lo atinente a las atribuciones provinciales en materia impositiva es de orden estrictamente constitucional, los plausibles acuerdos que puedan alcanzarse por leyes del tipo de la invocada (se refería a la ley-convenio de Unificación de Impuestos Internos n. 12.139) deben interpretarse restrictivamente. Se trata de atribuciones propias de la soberanía conservada por los Estados provinciales, cuya limitación no puede ser sino estrictamente excepcional".

91. *Anales de Legislación Argentina*, tomo complemento 1920-1940, ps. 558 y ss., conocida como *Ley de Unificación de Impuestos Internos*, vigente a partir del 1º de enero de 1935.

92. *Fallos*: 242:280.

93. *Fallos*: 251:180.

En las condiciones que hemos venido refiriendo, ha sido bienvenida la incorporación efectuada por la Reforma Constitucional de 1994, en el art. 75 inc. 2, donde se cierra el primer párrafo relativo a contribuciones indirectas y directas señalando que las mismas *con excepción de la parte o el total de las que tengan asignación específica, son coparticipables*, para agregar, en los cinco párrafos siguientes del apuntado inciso, una regulación de marco minuciosa sobre el régimen que en la materia deberá instituir el Congreso.[94]

4.2 El derecho judicial y el Estatuto Constitucional del Contribuyente

Los derechos y garantías constitucionales que ofrece nuestra *Ley Fundamental* a partir de sus enunciados explícitos y, sobre todo, como consecuencia de haber incorporado en la Reforma de 1860 el art. 33 sobre *derechos implícitos*,[95] es una fecunda cantera de la cual puede extraerse un conglomerado de reglas y principios que, en armónica amalgama, deben ser sistematizados en un objeto unitario de tratamiento y estudio, ya que todos propenden a la *libertad fiscal*, entendida ésta como la facultad de rechazar cualquier pretensión pecuniaria del Estado a título de tributo que no satisfaga los requisitos y exigencias que dimanan de la *Carta Magna* y que convertirían al pago que se reclame, en tales circunstancias, en exacción y despojo. Ya en 1953 tal conglomerado jurídico constitucional fue definido por el profesor Juan Carlos Luqui como el *Estatuto del Contribuyente*.[96]

Con el sustento dogmático del Estatuto referido en el párrafo precedente – derechos y garantías constitucionales explícitos e implícitos – junto a las regulaciones contenidas en los diversos tratados sobre derechos humanos elevados a rango constitucional por la Reforma del año 1994,[97]

94. El art. 75, inc. 2 de la Constitución reformada consagra en los párrafos siguientes: "Una ley convenio, sobre la base de acuerdos entre la Nación y las provincias, instituirá regímenes de coparticipación de estas contribuciones, garantizando la automaticidad en la remisión de los fondos. // La distribución entre la Nación, las provincias y la ciudad de Buenos Aires y entre éstas, se efectuará en relación directa a las competencias, servicios y funciones de cada una de ellas contemplando criterios objetivos de reparto; será equitativa, solidaria y dará prioridad al logro de un grado equivalente de desarrollo, calidad de vida e igualdad de oportunidades en todo el territorio nacional. // La ley convenio tendrá como Cámara de origen el Senado y deberá ser sancionada con la mayoría absoluta de la totalidad de los miembros de cada Cámara, no podrá ser modificada unilateralmente ni reglamentada y será aprobada por las provincias. // No habrá transferencia de competencias, servicios o funciones sin la respectiva reasignación de recursos, aprobada por ley del Congreso cuando correspondiere y por la provincia interesada o la ciudad de Buenos Aires en su caso. // Un organismo fiscal federal tendrá a su cargo el control y fiscalización de la ejecución de lo establecido en este inciso, según lo determine la ley, la que deberá asegurar la representación de todas las provincias y la ciudad de Buenos Aires en su composición".

95. El art. 33 consagra: "Las declaraciones, derechos y garantías que enumera la Constitución, no serán entendidos como negación de otros derechos y garantías no enumerados; pero que nacen del principio de la soberanía del pueblo y de la forma republicana de gobierno".

96. Juan Carlos Luqui: "La obligación tributaria en el derecho argentino", en *Revista de Ciencias Económicas y Centro de Estudiantes de Ciencias Económicas*, año XLI, serie II, n. 41, p. 16, Buenos Aires, 1953; también del mismo autor pueden consultarse: "Las garantías constitucionales de los derechos de los contribuyentes", *La Ley*, tomo 142, ps. 891 y ss.; y "Las garantías constitucionales de los derechos de los contribuyentes", en *Derecho Constitucional Tributario*, ps. 23 y ss., Depalma, Buenos Aires, 1993.

97. Como consecuencia de esta Reforma se ha venido a establecer en el art. 75, inc. 22, que... "La Declaración Americana de los Derechos y Deberes del Hombre; la Declaración Universal de Derechos Humanos; la Convención Americana sobre Derechos Humanos; el Pacto Internacional de Derechos Económicos, Sociales y Culturales; el Pacto Internacional de Derechos Civiles y Políticos y su Protocolo Facultativo; la Convención sobre la Prevención y la Sanción del Delito de Genocidio; la Convención Internacional sobre la Eliminación de todas las Formas de Discriminación Racial; la Convención sobre la Eliminación de todas las Formas de Discriminación contra la Mujer; la Convención contra la Tortura y otros Tratos o Penas Crueles, Inhumanos o Degradantes; la Convención sobre los Derechos del Niño; en las condiciones de su vigencia, tienen jerar-

se ha producido una elaboración fecunda y sistemática en la materia, fruto de la labor incesante de la Corte Suprema de Justicia de la Nación – esto es, del *derecho judicial* – valiéndose de una interpretación sistémica y teleológica de los principios y reglas contenidas en el plexo supremo de nuestro ordenamiento jurídico.

Así podemos hablar, entre otros, de los principios de: reserva de ley; indelegabilidad legislativa; irretroactividad tributaria (si bien acotada a determinados supuestos); no confiscatoriedad; igualdad ante la ley, igualdad en la ley e igualdad por la ley; generalidad; proporcionalidad y progresividad; capacidad contributiva; equidad; derecho a trabajar y ejercer industria lícita; razonabilidad; derecho de defensa y tutela jurisdiccional efectiva; seguridad jurídica, etc.

La vasta enumeración antes formulada impide un tratamiento que agote los tópicos propuestos, por lo que habremos de ceñirnos tan sólo a pasar revista a algunos fallos en los cuales se ejerció el control de constitucionalidad a partir de principios, derechos y garantías de tal rango como son los de reserva de ley; no confiscatoriedad; igualdad; proporcionalidad; y derecho a trabajar y ejercer industria lícita.

4.2.1 El derecho judicial y el principio de reserva de ley en materia tributaria

Limitaremos el tratamiento de los muchos aspectos involucrados con el principio de reserva de ley[98] sólo a dos: el relativo a su aplicación en materia de tasas[99] y el concerniente a la institución de tributos mediante la utilización de reglamentos de necesidad y urgencia.

En el primer aspecto cabe consignar que dependerá de que la tasa sea reputada un tributo o un instituto regulado por el derecho administrativo para que deba exigirse para su creación, modificación o aumento de su cuantía, una ley en sentido formal o baste un simple reglamento.

Sobre este punto, la jurisprudencia de la Corte Suprema de Justicia de la Nación fue en algún momento vacilante, otorgando a la tasa, aunque en pocos casos, naturaleza administrativa, sin perjuicio de que en los últimos tiempos ha enfatizado su carácter tributario y, por ende, la necesidad de una ley formal para instituirla.

Un fallo aislado que adscribió a la categorización administrativa de las tasas fue el dictado *in re*: "*S.A. Ducilo v. Obras Sanitarias de la Nación*",[100] sentencia del 28 de mayo de 1953, donde señaló: "Que, si bien es cierto que el poder público es quien fija las tasas para determinados servicios que presta, también es verdad que lo hace tratando siempre de recuperar sólo los fondos invertidos en los mismos, y no buscando beneficio fiscal. Como lo señala la doc-

quía constitucional, no derogan artículo alguno de la primera parte de esta Constitución y deben entenderse complementarios de los derechos y garantías por ella reconocidos. Sólo podrán ser denunciados, en su caso, por el Poder Ejecutivo nacional, previa aprobación de las dos terceras partes de la totalidad de los miembros de cada Cámara. // Los demás tratados y convenciones sobre derechos humanos, luego de ser aprobados por el Congreso, requerirán del voto de las dos terceras partes de la totalidad de los miembros de cada Cámara para gozar de la jerarquía constitucional".

98. José Osvaldo Casás: *Derechos y garantías constitucionales del contribuyente. A partir del principio de reserva de ley tributaria*, Ad-hoc, Buenos Aires, 2002.

99. Asumimos que tal especie no tiene carta de ciudadanía ni es de uso corriente en el derecho positivo mexicano. Para nosotros, en cambio, constituye una de las categorías dentro de la clasificación tripartita de los tributos. Así el académico Horacio A. García Belsunce la define en los siguientes términos: "Tasa: Es la contraprestación pecuniaria que el particular debe al Estado, en virtud de ley, por la prestación de un servicio jurídico, administrativo o jurisdiccional, de uso obligatorio, divisible y determinado en la persona o bienes del usuario, prestado por el Estado en ejercicio del poder tributario" (cfr. "Revisión parcial del concepto de la tasa como especie tributaria", *La Ley*, tomo 2006-F, ps. 853 y ss., en particular p. 864; también puede consultarse el mismo ensayo en *Periódico Económico Tributario*, año XIV, n. 361, ps. 1 y ss., ejemplar del 29 de noviembre de 2006).

100. *Fallos*: 225:688.

trina, la tasa no es una institución fiscal, sino una creación administrativa para resarcirse directamente de los gastos en determinado servicio prestado a los usuarios y, por eso, mientras el impuesto – generalmente – tiene en cuenta el monto de la riqueza poseída por una persona, la tasa sólo está en relación con la utilización de los servicios públicos. Por las mismas consideraciones *el impuesto requiere previamente la sanción legal, y para las tasas bastará una autorización de carácter general frecuentemente otorgada a reparticiones autárquicas*" (el destacado en bastardilla ha sido agregado).

Por la naturaleza tributaria, en cambio, se registran numerosos precedentes anteriores y posteriores al pronunciamiento antes citado, entre los que vale referir el recaído en las causa: "'*La Martona*' *S.A. v. Provincia de Buenos Aires sobre repetición de una suma de dinero*",[101] sentencia del 7 de diciembre de 1938, donde, frente a una *tasa en concepto de servicio de inspección veterinaria* establecida mediante decreto del Poder Ejecutivo de la Provincia de Buenos Aires, dejó consignado: "Que los principios y preceptos constitucionales – de la Nación y de la Provincia – son categóricos en cuanto prohíben a otro poder que el legislativo el establecimiento de impuestos, contribuciones y tasas y así el art. 17 de la Carta Fundamental de la República dice que: 'Sólo el Congreso Nacional impone las contribuciones que se expresan en el art. 4º'; y el art. 67 en sus incs. 1º y 2º (texto 1853/1860), ratifica esa norma que está expresada con igual precisión en el art. 90, inc. 1º de la Constitución de Buenos Aires".

Más recientemente, el Alto Tribunal *in re*: "*Berkley International A.R.T. S.A. v. Ministerio de Economía y Obras y Servicios Públicos – Dto. 863/98*",[102] sentencia del 21 de noviembre de 2000, hizo lugar a la impugnación de una tasa recaudada y fiscalizada por la Administración Federal de Ingresos Públicos sobre los recursos destinados a las Aseguradoras de Riesgos del Trabajo (A.R.T.), fundada en la atención del gasto que demandaran las funciones encomendadas al organismo fiscal. La Corte Suprema de Justicia en el voto mayoritario compartió e hizo suyos los conceptos contenidos en el dictamen del Procurador General de la Nación, en tanto concluyó que el decreto n. 863/98[103] – al que consideró inaplicable en la especie – ni la ley n. 24.557,[104] ni otra norma legal, habían establecido una contraprestación por el servicio que la misma ley reguladora de las A.R.T. puso en cabeza de la AFIP, en cuanto a la verificación y recaudación de las sumas correspondientes a las citadas empresas, fijadas conforme al art. 23 de la Ley de Riesgos del Trabajo.

En cuanto al segundo tópico que nos hemos propuesto discurrir, referido a la sanción de tributos por conducto de reglamentos de necesidad y urgencia, decretos leyes o medidas provisorias con fuerza de ley – según la denominación en boga en cada ordenamiento jurídico –, el derecho judicial argentino se ha pronunciado en forma concluyente por la invalidez de las obligaciones patrimoniales instituidas por dichos medios.

El *leading case* más importante del Alto Tribunal en materia de *reglamentos de necesidad y urgencia* en el *ámbito tributario* está constituido por la resolución recaída en la causa: "*Video Club Dreams v. Instituto Nacional de Cinematografía*",[105] sentencia del 6 de junio de 1995, donde, en todos los votos emitidos, se postuló la confirmación de la sentencia apelada que había resuelto la inconstitucionalidad del tri-

101. *Fallos*: 182:411.
102. *Fallos*: 323:3770.
103. *Anales de Legislación Argentina*, tomo LVIII-C, ps. 3023 y ss.
104. *Anales de Legislación Argentina*, tomo LV-E, ps. 5865 y ss.
105. *Fallos*: 318:1154.

buto al video creado por los decretos ns. 2.736/91[106] y 949/92.[107]

A su vez, en la causa "*Luisa Spak de Kupchik y Otro v. Banco Central de la República Argentina y Otro*",[108] sentencia del 17 de marzo de 1998, se cuestionó la validez constitucional del decreto n. 560/89,[109] por el que se había instituido un gravamen de emergencia que se aplicaría por única vez a los activos financieros existentes al 9 de julio de 1989. Meses más tarde, la ley n. 23.757[110] reprodujo el texto de la mencionada norma, con adecuaciones en aspectos de forma, y lo ratificó de modo expreso. A tal respecto, luego de pronunciarse por la inconstitucionalidad del decreto, la Corte Suprema de Justicia de la Nación señaló: "13) Que – por su parte – la posterior entrada en vigencia de la ley n. 23.757 tampoco es hábil para justificar la aplicación del impuesto sobre los activos financieros con respecto a los hechos imponibles controvertidos en estas actuaciones... // 14) Que consecuentemente, y bajo el imperio de nuestra Ley Fundamental – texto 1853/1860 – es inaceptable que un poder de imposición cuyo ejercicio se halla a extramuros de ésta en los términos señalados, pueda ser concebido como un instrumento eficaz para sortear los óbices constitucionales de otra norma – como el decreto n. 560/89 – intrínsecamente írrita. Merecen riguroso rechazo, pues, las argumentaciones sustentadas en la conexión entre dos ordenamientos como los examinados, por las que se pretende asignar efectos convalidantes – con carácter retroactivo – a la ratificación de uno de ellos por el posterior, y se arriba a la absurda conclusión de que integrándose el uno con el otro, la constitucionalidad de ambos textos queda salvaguardada. En efecto, si – como quedó expresado – el Congreso Nacional no podía disponer hacia el pasado sobre esta materia, aceptar la postura del fisco implica desvirtuar y tornar inoperante mediante una disposición de igual naturaleza infraconstitucional, la conclusión alcanzada..., en torno a la invalidez del decreto citado, establecida por esta Corte en su rol de custodio e intérprete último de la *Ley Fundamental...*".

Cabe acotar que, como consecuencia de la Reforma Constitucional de 1994, por el art. 99 se precisan las atribuciones del Poder Ejecutivo y en el inciso 3º, tercer párrafo, se establece que: "Solamente cuando circunstancias excepcionales hicieran imposible seguir los trámites ordinarios previstos por esta Constitución para la sanción de las leyes, y no se trate de normas que regulen materia penal, tributaria, electoral o el régimen de los partidos políticos, podrá dictar decretos por razones de necesidad y urgencia, los que serán decididos en acuerdo general de ministros que deberán refrendarlos, conjuntamente con el jefe de gabinete de ministros".

La Reforma Constitucional ha dejado expresamente al margen de los reglamentos de necesidad y urgencia, como puede advertirse de la transcripción precedente, la materia tributaria, lo que constituye una garantía sobre todo si se tiene en cuenta el desborde producido en la utilización de tal herramienta durante la gestión del presidente Carlos Saúl Menem, quien incursionó con tal instituto sobre todas las ramas jurídicas y, con particular persistencia, en el ámbito tributario y fiscal.

4.2.2 El derecho judicial y el principio de no confiscatoriedad en materia tributaria

En un primer momento el Máximo Tribunal argentino, acotó la interdicción

106. *Anales de Legislación Argentina*, tomo LII-A, ps. 354 y ss.
107. *Anales de Legislación Argentina*, tomo LII-C, ps. 2977 y ss.
108. *Fallos*: 321:366.
109. *Anales de Legislación Argentina*, tomo XLIX-C, ps. 2573 y ss.
110. *Anales de Legislación Argentina*, tomo XLIX-D, ps. 3733 y ss.

constitucional de la confiscación únicamente a la que intentara aplicarse en materia penal.[111] Así *in re*: "*Manuel Faramiñan contra la Municipalidad de La Plata, sobre inconstitucionalidad de ordenanzas municipales*",[112] sentencia del 23 de agosto de 1906, entendió que las normas por las cuales se establecían impuestos y contribuciones no eran inconstitucionales por confiscatorias en tanto: "Las confiscaciones prohibidas por la Constitución, son medidas de carácter personal y de fines penales, por las que se desapodera a un ciudadano en sus bienes, es la confiscación del Código Penal, y en el sentido amplio del artículo 17 el apoderamiento de los bienes de otro, sin sentencia fundada en ley o por medio de requisiciones militares; pero de ninguna manera lo que en forma de contribuciones para fines públicos puede imponer el Congreso o los gobiernos locales...".

En nuestra República se marcó luego un punto de inflexión doctrinal cuando el Tribunal cimero se detuvo a ponderar los *efectos o alcances confiscatorios* de los tributos para, como corolario, tenerlos por contrarios a la Constitución. Dicho cambio quedó plasmado en una familia de fallos que, en puridad, se inaugura con motivo de la aplicación del impuesto a la herencia en la causa "*Doña Rosa Melo de Cané, su testamentaría; sobre inconstitucionalidad de impuesto a las sucesiones en la Provincia de Buenos Aires*",[113] sentencia del 16 de diciembre de 1911. En tales actuaciones la Corte Suprema de Justicia de la Nación, al considerar un impuesto que gravaba los legados a extraños a una cuota del 50% de los valores transmitidos, en este caso por disposición testamentaria en favor de la Iglesia Católica, dejó establecido en el considerando 9º: "Que... es... oportuno recordar que la Suprema Corte de Estados Unidos, interpretando y aplicando disposiciones constitucionales menos explícitas que las nuestras, ha dicho en uno de sus recientes fallos: 'Si ocurriera alguna vez un caso en que bajo el nombre de impuesto progresivo o en otra forma se imponga una exacción arbitraria y confiscatoria sería la oportunidad de considerar si el Poder Judicial puede acordar amparo, aplicando los principios inherentes y fundamentales para la protección del individuo, aún cuando no haya para ello autoridad expresa en la Constitución' (*Knowlton y Moore*, 178, U.S. 45)", decretando la invalidez de los tributos considerados confiscatorios, que, desde otra perspectiva – derecho a disponer de la propiedad por voluntad testamentaria – se había insinuado tres décadas antes, en voto dividido, *in re*: "*La sucesión de Doña Tomasa Velez Sarsfield contra el Consejo de Educación de la Provincia de Buenos Aires, sobre inconstitucionalidad de un impuesto*",[114] sentencia del 19 de noviembre de 1882. En este anterior fallo el Alto Estrado entendió que contrariaba a la Constitución un impuesto creado por una Legislatura provincial aplicable a los legados instituidos a favor de extraños, si bien con el fundamento que admitirlos, importaría tanto como establecer una legítima forzosa a favor del Fisco local que el Código Civil – derecho común sancionado por el Congreso de la Nación para toda la República – no había contemplado.

En diversos pronunciamientos el Tribunal cimero, con matizaciones en el caso de contribuyentes no residentes en el país,[115] entendió que la confiscación se

111. Ello en consonancia estricta con lo prescripto en el penúltimo de los enunciados del art. 17 de la Constitución Nacional destinado a tutelar la inviolabilidad del derecho de propiedad, en tanto allí específicamente se dispone: "La confiscación de bienes queda borrada para siempre del Código Penal argentino".

112. *Fallos*: 105:50.

113. *Fallos*: 115:111.

114. *Fallos*: 23:647.

115. Durante un período la Corte Suprema de Justicia de la Nación aceptó que el Impuesto Sucesorio pudiera llegar, de aplicarse el adicional o el recargo por ausentismo cuando los beneficiarios de la transmisión eran no residentes en el país, hasta el 50 % del monto de la herencia. Tal temperamento se

operaba cuando el tributo absorbía más del 33% del capital – en el Impuesto Sucesorio calculado sobre el monto de la hijuela – o de la renta que producían los bienes gravados.

Ya consolidada la doctrina y a fin de llevar a cabo un escrutinio sobre la confiscatoriedad en materia de Impuesto Inmobiliario sobre bienes rurales, la Corte Suprema de Justicia tuvo en cuenta no ya el valor del inmueble sino su renta y, en el caso de los bienes infrautilizados, computando la que podía obtenerse por la explotación de los campos en forma "racional y eficiente sin gastos desmedidos y de acuerdo a sus condiciones y posibilidades".[116] También se agregó "que... la proporción entre la renta y el impuesto, en los casos de gravámenes que inciden sobre la producción agrícola, debe establecerse computando el rendimiento normal medio de una correcta explotación del fundo concretamente afectado", añadiéndose: "No cabe así tener en consideración ni la disminución o supresión de las utilidades por circunstancias eventuales, ni la que proviene de la inapropiada administración del contribuyente".[117] Igualmente se dijo que "el requisito para la procedencia de juicios similares al de autos, de la comprobación de una explotación eficiente, significa el debido aprovechamiento de todas las posibilidades al alcance del común de las gentes dedicadas a esta especie de trabajo, lo que supone la incorporación de los capitales necesarios para aquel fin",[118] agregándose, incluso, que "en la organización social actual el propietario de la tierra fértil no atiende al real destino de ella, haciéndola mero capital productivo de renta, para limitarse a disfrutar del precio que obtiene por la cesión de su uso", pues: "no obstante la libertad que el ordenamiento legal asegura de poder ceder los campos en simple locación (Const. Nac., art. 14 y ley n. 13.246[119]), ello no resulta obstáculo para que, contemplado el problema desde el punto de vista económico-social con que debe juzgarse la eficacia y legitimidad de una ley impositiva, se concluya que el precio del arrendamiento de bienes rurales no es índice de la explotación normal eficiente que el legislador esté obligado a respetar cuando les impone tributos, a fin de no exceder la medida en que los derechos reconocidos por la Constitución Nacional se encuentran protegidos".[120]

4.2.3 El derecho judicial y el principio de igualdad en materia tributaria

Más allá del nutrido número de pronunciamientos que registra nuestro Máximo Tribunal en materia de igualdad tributaria – de cuya doctrina condensaremos algunos lineamientos generales –, solamente damos cuenta aquí de modo particularizado del contenido de dos de sus sentencias, a las que añadimos una tercera, dictada en el estrado del Tribunal Superior de Justicia de la Ciudad Autónoma de Buenos Aires que hoy integramos.

encuentra expresado en las causas: "*Segundo Fernández Aguilera (sucesión)*", *Fallos*: 211:34, sentencia del 4 de junio de 1948, o "*Eduardo Shepherd, su sucesión*", *Fallos*: 212:493, sentencia del 22 de diciembre de 1948. Luego del cambio de composición del Tribunal por la autodenominada "Revolución Libertadora" en la causa "*Carlos Vicente Ocampo*", *Fallos*: 234:129, sentencia del 2 de marzo de 1956, si bien se admitió el recargo impositivo al contribuyente con domicilio en el extranjero, se sentó el criterio de que la garantía constitucional del derecho de propiedad imponía el tope del 33% en el Impuesto Sucesorio, tanto en el caso de contribuyentes residentes en el país, como en el de residentes en el extranjero.

116. C.S.J.N. causa: "*Dolores Cobo de Macchi di Cellere v. Provincia de Córdoba*" (*Fallos*: 190:231), sentencia del 21 de julio de 1941.

117. C.S.J.N. causa: "*Felicitas Guerrero de Mihanovich v. Provincia de Córdoba*" (*Fallos*: 200:128), sentencia del 23 de octubre de 1944.

118. C.S.J.N. *in re*: "*Rosa Jardón Perissé v. Provincia de Córdoba*" (*Fallos*: 209:200), sentencia del 31 de octubre de 1947.

119. *Anales de Legislación Argentina*, tomo VIII, ps. 85 y ss.

120. C.S.J.N. causa: "*Raúl Giménez Fauvety y otros*" (*Fallos*: 239:157), sentencia del 30 de octubre de 1957.

La primera de la Corte Suprema de Justicia de la Nación recayó *in re*: "*Don Ignacio Unanue y otros contra la Municipalidad de la Capital, sobre devolución de dinero proveniente del impuesto a los studs*",[121] sentencia del 21 de septiembre de 1922, donde se señaló que: la igualdad preconizada por el art. 16 de la Constitución importa, en lo relativo a impuestos, establecer, que *en condiciones análogas deberán imponerse gravámenes idénticos a los contribuyentes*, por lo que el impuesto de inspección establecido por la Municipalidad de la Capital sobre los locales para *studs*, no es violatorio de esa garantía constitucional, desde que todas las caballerizas comprendidas en la denominación de *studs* son gravadas con una base uniforme y dado que no es posible desconocer que *existe algún motivo razonable para hacer distinción entre los establecimientos que se ocupan de cuidar caballos destinados al tráfico común de la ciudad y aquellos que albergan y preparan caballos con el único objeto de disputar carreras*.

La segunda, también del Máximo Tribunal, que adquiere un valor emblemático al valerse de la noción de *capacidad contributiva* como principio constitucional implícito, es la dictada en la causa: "*Ana Masotti de Busso y Otros v. Provincia de Buenos Aires*",[122] sentencia del 7 de abril de 1947, en la cual se declaró inconstitucional la *progresividad en el Impuesto Inmobiliario Rural sobre bienes poseídos en condominio* por afectar el principio de igualdad ante el impuesto y las cargas públicas. Para ello se razonó sosteniendo, que si bien el impuesto territorial se mide por el valor de la propiedad inmobiliaria, el objeto del gravamen no es el inmueble considerado en sí mismo sino la capacidad tributaria de su dueño, que se pondera por la riqueza que su dominio representa. Así entonces, a fin de juzgar si el impuesto territorial es o no violatorio de la igualdad, debe tomarse en cuenta la condición de las personas que lo soportan en orden al carácter y a la magnitud de la riqueza tenida en vista por el gravamen. La relación de éste con el inmueble queda, así, subordinada a los principios que rigen su relación con el contribuyente, uno de los cuales es que *a igual capacidad tributaria con respecto a una misma especie de riqueza el impuesto debe ser, en las mismas circunstancias, igual para todos los contribuyentes*, cosa que no ocurre, según el Tribunal, cuando tales bienes son poseídos en condominio pues, conforme a su apreciación, el inmueble en condominio tiene tantos dueños como condóminos, cada uno de los cuales goza, respecto de su parte indivisa, de los derechos inherentes a la propiedad.

A modo de condensación de algunos lineamientos generales sentados por el Tribunal cimero, vale indicar que para éste: a) *la garantía del art. 16 de la Constitución Nacional entrega a la prudencia y sabiduría del Poder Legislativo una amplia libertad para ordenar y agrupar, distinguiendo y clasificando los objetos de la legislación*; empero, la validez constitucional de esas catalogaciones se halla subordinada a que emanen de causas objetivas o razones sustanciales, a efectos de que resulte excluida toda disparidad o asimilación injustas, a las que conducirían criterios arbitrarios, de indebido favor o disfavor, privilegio o inferioridad personal o de clase, o de ilegítima persecución; b) el sometimiento a una imposición diferencial por vía de *adicionales o recargos a los contribuyentes no residentes en el país*, no es irrazonable ni contraviene el principio de igualdad contenido en el art. 16 de la Constitución Nacional; c) no es violatorio de la garantía de igualdad la aplicación a las *sociedades anónimas* de un impuesto que no se cobra a las *personas físicas*; d) la diferencia entre las *situaciones anteriores o posteriores a un nuevo régimen legal* no configura un agravio a la garantía de la igualdad, porque de lo contrario toda modificación legislativa importaría desconocerla; e) la garantía

121. *Fallos*: 138:313.
122. *Fallos*: 207:270.

constitucional de la igualdad no se puede considerar vulnerada porque en otras jurisdicciones territoriales los contribuyentes no soporten imposición general o particular de intensidad igual o semejante. *La diversidad de tributación y sus cuantías son consecuencia de la pluralidad de poderes impositivos conforme al régimen federal de gobierno*; y f) no sustenta el agravio a la regla de la igualdad el impuesto que grava más onerosamente a las *sociedades extranjeras* o a las primas de seguros de compañías cuya dirección y capital inscripto no estén radicados en el país.

El Tribunal Superior de Justicia de la Ciudad Autónoma de Buenos Aires, tuvo que atender, en los autos "*Cámara Argentina de Supermercados s/queja por recurso de inconstitucionalidad denegado*",[123] sentencia del 27 de mayo de 2003, una articulación por pugna constitucional, basada en la desigualdad de trato por la aplicación de una alícuota superior en el *Impuesto sobre los Ingresos Brutos* con que se gravaba a aquellos establecimientos de comercialización minorista conocidos como *supermercados e hipermercados* y/o la prestación de obras y servicios llevadas a cabo por dichas empresas, en cuanto contaran con *una boca de expendio*, cuya *superficie superara los mil quinientos metros cuadrados*. En síntesis, el pronunciamiento tuvo en cuenta que "la *mayor alícuota* puede fundarse en la intención de *equiparar a los distintos operadores económicos frente al mercado*, evitando que los supermercados e hipermercados a través de su alto *poder de compra, economía de escala y eliminación de presión fiscal por compra directa al fabricante y supresión de etapas gravadas* por el Impuesto sobre los Ingresos Brutos puedan verse favorecidos desplazando de la competencia a otros sujetos minoristas y acentuando el proceso de *concentración económica*, lo que obliga a no perder de vista lo señalado por la Corte Suprema de Justicia respecto a la utilización extrafiscal de los tributos en tanto afirmara *in re*: '*Lorenzo Larralde y otros*' (*Fallos*: 243:98), sentencia del 2 de marzo de 1959, que si bien el poder impositivo tiende ante todo a proveer recursos al tesoro público, *constituye, además, un valioso instrumento de regulación económica*, como consecuencia de lo que ha dado en llamarse *función de fomento y de asistencia social del impuesto*, lo que permite afirmar *que a veces linda con el poder de policía y sirve a la política económica del Estado, en la medida en que se responda a las exigencias del 'bien general', cuya satisfacción ha sido prevista por la Ley Fundamental como uno de los objetivos del poder impositivo*. Por lo tanto, las provincias, porque conservan todas las facultades no delegadas en la Nación, pueden libremente establecer impuestos sobre las cosas que forman parte de su riqueza general y determinar los medios de distribuirlos, sin otras limitaciones que las que resulten de la Constitución Nacional. Sus facultades, dentro de estos límites, son amplias y discrecionales y el criterio de oportunidad o acierto con que las ejerzan es irrevisable por cualquier otro poder".

Se añadió, que si bien el Impuesto sobre los Ingresos Brutos era un tributo indirecto que, por regla general, se trasladaba al consumidor final – sujeto que se suponía detentaba la capacidad contributiva que se vería incidida –, no podía descartarse que el obligado legal al pago poseyera, en el supuesto en tratamiento, también una capacidad económica singular que justificara el fijar a su respecto alícuotas diferenciadas.

4.2.4 El derecho judicial y el principio de proporcionalidad en materia tributaria

La noción de *proporcionalidad* referida a los tributos la encontramos en nuestra Carta Constitucional en los arts. 4 y 75, inc. 2. Así es que en el primer caso se la

123. *Constitución y Justicia* (Fallos del Tribunal Superior de Justicia de la Ciudad Autónoma de Buenos Aires), Ad-Hoc, Tomo V, pág. 324 y ss.

refiere, en materia de contribuciones, junto con la equidad *a la población*; y en el segundo, se la considera al prescribir que las contribuciones directas deberán ser proporcionalmente iguales *en todo el territorio de la Nación*.

Nos queda entonces por ver el significado de la proporcionalidad en su dimensión, si es que la tiene, dentro del denominado *Estatuto del Contribuyente*.

Desde esta perspectiva, en una interpretación se llegó a sostener que el requisito de proporcionalidad de los tributos importaba que las alícuotas de los gravámenes debían reunir esa característica, con lo cual se vedaba todo tipo de progresividad impositiva.

Esta hermenéutica de las cláusulas constitucionales fue terminantemente descartada por la Corte Suprema de Justicia de la Nación, en la causa: "*Don Eugenio Díaz Vélez c. la Provincia de Buenos Aires, s. inconstitucionalidad de impuesto*",[124] sentencia del 20 de junio de 1928, en la cual ameritó: "Que tampoco es inconstitucional el impuesto progresivo de autos (impuesto inmobiliario), considerado según la proporcionalidad y equidad que consagra el art. 4 de la Constitución... Dicho precepto no debe considerarse aisladamente, sino en combinación con las reglas expresadas en los arts. 16 y 67 inc. 2 (texto histórico 1853-1860) y es por esto que *los sistemas rentísticos del país han podido* apartarse del proporcional a la población, para *seguir el principio de la proporcionalidad indeterminada* que para las contribuciones directas ha adoptado la constitución en el art. 67, inc. 2, dentro del cual cabe el impuesto que toma por base la proporción relacionada con el valor de la tierra, pues tratándose de una contribución directa la exigencia de su proporcionalidad ha de ser mirada solamente con arreglo a la riqueza que se grava" (el énfasis en bastardilla ha sido añadido).

La inexistencia de pugna entre el recaudo constitucional y la *progresividad* de la tarifa en las contribuciones, también fue confirmada por el Tribunal cimero *in re*: "*Don Gregorio Morán contra la Provincia de Entre Ríos, sobre inconstitucionalidad de impuesto territorial y devolución de pesos*",[125] sentencia del 30 de noviembre de 1934, donde brindó respaldo a un impuesto progresivo para los predios rurales con una alícuota creciente que alcanzaba el máximo del 10 por mil para aquellos cuya superficie excediera las 20.000 hectáreas, señalando al respecto: "Se ve claro *el propósito de la legislatura de Entre Ríos* al sancionar la ley n. 2.581, de *combatir el latifundio*, desde el momento que no sólo se tiene en cuenta el valor de la propiedad sino también de su superficie al fijar el monto del impuesto. Pero siendo éste igual y uniforme para todos los propietarios que tienen iguales superficies, la progresión establecida no es contraria al principio de igualdad del precepto constitucional contenido en el artículo 16" (el énfasis en bastardilla no obra en el texto original).

La solución a que se arribó fue análoga a la acogida en otros países como en Italia, frente al art. 25 del Estatuto Albertino de 1848 que también aludía a la proporcionalidad, ya que, como lo indica el profesor Victor Uckmar: "La discusión, que inicialmente se suscitó sobre la legitimidad constitucional de los impuestos con alícuotas progresivas en aquellos Estados cuyas Constituciones proclamaban la igualdad y uniformidad de la imposición, aparece hoy fuera de contexto",[126] polémica conjurada

124. *Fallos*: 151:359.

125. *Fallos*: 171:390.

126. Victor Uckmar: *Principios Comunes del Derecho Constitucional Tributario*, capítulo II: "Principio de igualdad", parágrafo 5: "Constitucionalidad de los impuestos con alícuota progresiva", p. 69, Temis, Bogotá, 2002. Recuerda este autor que la Corte Suprema de Justicia de los Estados Unidos de América en dos sentencias "*Magoun c. Illinois Trust and Savings Bank*" (1898), 170 U.S. 283, y "*Knowlton c. Moore*" (1900), 178 U.S. 41, se ha ocupado de la cuestión, pronunciándose a favor de la constitucionalidad del impuesto progresivo. En ambas la

tempranamente por la Corte Suprema Argentina, como se viera, ya en el año 1928.

La progresividad del sistema tributario, tal cual lo propician algunas de las modernas constituciones se adecua, en nuestro parecer, de forma más armónica con el principio de capacidad de pago de los contribuyentes atendiendo, en la distribución de las cargas, a la idea de demandar las prestaciones pecuniarias conforme a la teoría del sacrificio – igual, mínimo o marginal –, desechando las críticas que a tal postura se han levantado, por ciertos autores, fundamentalmente, desde el ámbito de la economía financiera.[127]

Así, un sistema basado en un adecuado rendimiento de los impuestos directos – a la renta global y progresiva de las personas físicas; a las herencias; al patrimonio neto; o a ciertos bienes singularmente considerados, tales como: inmuebles, automotores o embarcaciones de recreo y deportivas, etc. –, atenderá a índices efectivos de capacidad contributiva, haciendo soportar los costes del Estado, en mayor medida, a aquellos que cuentan con manifiesta potencialidad y aptitud económica para afrontar las obligaciones fiscales. A la inversa, un sistema que concentre la recaudación en impuestos indirectos – al valor agregado; a los consumos específicos; a los combustibles líquidos derivados del petróleo y al gas natural comprimido; a los aportes sobre la retribución salarial; sobre los ingresos brutos, etc. –, tomará en consideración, simplemente, indicios mediatos a menudo no fidedignos de aptitud de pago, castigando, a través de la regresividad, a los sectores sociales de bajos recursos, incluidos aquellos con necesidades básicas insatisfechas que, la más de las veces, ni siquiera tienen conciencia – por los efectos analgésicos o anestésicos de este tipo de gabelas que se incorporan a los precios de bienes y servicios –, de revistar en el sistema como contribuyentes incididos, acentuando las asimetrías de un modelo fiscal que, incluso muchas veces, se ve acompañado por irritativos privilegios que favorecen a contribuyentes con elevada aptitud de pago en el Impuesto a la Renta, mediante dispensas, exenciones, deducciones, desgravaciones, amortizaciones aceleradas y prebendas de todo tipo, sin un adecuado cálculo del costo fiscal que de ellos se deriva, ni de los resultados efectivos que a través de su uso concretamente se alcanzan.

El *principio de progresividad* también puede satisfacerse, en menor medida, a partir de tarifas diferenciales en la *imposición indirecta*, como lo dispone la Constitución de la Confederación Suiza al fijar, por el art. 29, las pautas a que debe ajustarse la legislación en materia de derechos de importación según los objetos sobre los cuales recaigan.[128]

controversia se centraba en la ilegitimidad de la forma de imposición por ser contraria a la regla constitucional de la *uniformity*. La primera se ocupaba del impuesto sucesorio. La Corte declaró que el derecho a heredar en sustancia es un privilegio; el Estado, confiriéndolo, tiene también el poder de someterlo a la imposición que crea oportuna. En el segundo pronunciamiento, también sobre el impuesto a la herencia, el Alto Tribunal declaró que la *uniformity* va entendida exclusivamente en sentido geográfico y la alícuota, además, debe diversificarse según la relación de parentesco con el causante, y puede ser graduada progresivamente (cfr. ob. cit., p. 93).

127. Fritz Newmark: *Principios de la Imposición*, sección: "Los principios de una política fiscal justa y económicamente racional", capítulo II: "Principios de imposición político-sociales y éticos", ps. 101 y ss. parágrafo A: "Postulados de justicia", subparágrafo 5: "El principio de proporcionalidad o principio de imposición según la capacidad de pago personal e individual", punto 2: "Recusación del principio de equivalencia y renuncia a los fundamentos teóricos del sacrificio", ps. 161 y ss., Instituto de Estudios Fiscales, Madrid, 1974.

128. José Luis Cascajo Castro y Manuel B. García Álvarez: *Constituciones Extranjeras Contemporáneas*, 3ª edición, Tecnos, Madrid, 1994, "Constitución Federal de la Confederación Suiza", ps. 85 y ss., en particular ps. 97 y 98. El precepto consigna: "Art. 29.1. La percepción de las aduanas federales será reglamentada conforme a los principios siguientes: 1) Derechos sobre la importación: a) Las materias necesarias para la industria y la agricultura serán tasadas lo más bajo posible; b) El mismo principio se aplicará a los objetos necesarios

El jurista argentino Carlos S. Nino ha señalado, en conceptos que compartimos plenamente, que: "Una democracia de propietarios – como suele llamarse a un sistema de propiedad equitativamente distribuida – requiere generalizar las condiciones de acceso a esa propiedad y la mejor forma de proveer tales condiciones de modo que sea compatible con la libertad individual es a través de un sistema de impuestos progresivos".[129]

4.2.5 El derecho judicial y el derecho a trabajar y ejercer industria lícita

La protección del derecho a trabajar y ejercer actividades económica lícitas – derecho reconocido en todas las constituciones contemporáneas y en los Tratados Internacionales sobre Derechos Humanos – y sus armonías y fricciones con los fines no recaudatorios o extrafiscales de los tributos ha sido objeto de consideración sistemática y analítica en un meduloso ensayo del profesor Gustavo J. Naveira de Casanova, al cual remitimos.[130]

Ocurre que en determinados supuestos – cuando los tributos son puestos al servicio de fines diversos al de proveer recursos al erario estatal – la potestad tributaria normativa se amalgama con el ejercicio del poder de policía, estimulando, desincentivando, penalizando e, incluso, prohibiendo sutilmente, ciertas actividades o comportamientos económicos.

A pesar de no ser los únicos, con una finalidad didáctica, nos valdremos de dos fallos sobre el tema, que consideramos claves en la jurisprudencia de la Corte Suprema de Justicia de la Nación.

El primero fue el recaído en la causa "*Don Raúl Rizzotti contra la Provincia de San Juan, por repetición de impuesto*",[131] sentencia del 30 de marzo de 1928, donde prosperó una articulación de inconstitucionalidad por afectación del derecho de trabajar y ejercer industrias lícitas, ante una *abultada patente impuesta* por la referida provincia *a los profesionales médicos, a excepción de los que prestaban servicios gratuitos en la administración sanitaria y asistencia pública* del referido estado local. En ella se dijo: "Que las conclusiones de la extensa prueba producida acreditan que, en general, la cuantía de la patente afecta de tal manera los emolumentos anuales de los médicos en aquella provincia, que en realidad constituye, como se sostiene, una traba insalvable al ejercicio de sus actividades profesionales... // Si no bastaran para demostrar estos asertos las declaraciones prestadas sobre ese punto por la prueba de autos, estarían suficientemente acreditados por el solo hecho de que *agotadas las gestiones conducentes a obtener la derogación o modificación del impuesto aludido, los afectados por dicho gravamen se vieron en el caso de abstenerse de ejercer su profesión, clausurando sus consultorios y emigrando muchos de ellos del territorio de la provincia, en procura, sin duda, de las garantías y derechos que allí se les negaban con obstinado designio. //* Que una ley así restrictiva del ejercicio regular de una profesión no sólo lícita, sino estimulada en todas partes por las mayores franquicias, en mérito de su estrecha vinculación con los más altos intereses socia-

para la vida; c) Los objetos de lujo serán sometidos a tasas más elevadas. A menos que se opongan a ello grandes obstáculos, estos principios deberán también ser observados en la conclusión de tratados de comercio con el extranjero...".

129. Carlos S. Nino: *La justificación ética de la contribución impositiva*, trabajo presentado como panelista a las *XX Jornadas Tributarias*, organizadas por el Colegio de Graduados en Ciencias Económicas, en Mar del Plata, noviembre de 1990.

130. Gustavo J. Naveira de Casanova: "Tributación y derechos humanos: posibles vinculaciones con los derechos de trabajar y ejercer industria lícita. Armonías y fricciones producidas por los fines no recaudatorios de los tributos", en *Derechos Humanos y Tributación*, Revista Jurídica de Buenos Aires 2001, Facultad de Derecho – Universidad de Buenos Aires, Lexis Nexis, Buenos Aires, 2002, ps. 413 y ss.

131. *Fallos*: 150:419.

les, y que en el caso gravita con inflexible imposición lo mismo sobre el cincuenta que sobre el cien por ciento de la retribución que percibe el contribuyente; una sanción tributaria que persigue y hostiliza a una institución profesional hasta anular su funcionamiento desalojando en masa la absoluta mayoría de sus factores esenciales, es a todas luces atentatoria de los derechos y garantías que la Constitución consagra en su estructura general y especialmente en sus arts. 14, 16 y 17, en cuanto establecen el derecho de trabajar y ejercer toda industria lícita, la igualdad como base del impuesto y de las cargas públicas y la inviolabilidad de la propiedad, principios, garantías y derechos que de acuerdo con el art. 28 no pueden ser alterados por las leyes que reglamenten su ejercicio" (el énfasis en bastardilla nos pertenece).

Por último, es del caso referir la causa "*José Manuel Irizar v. Provincia de Misiones*",[132] sentencia del 12 de septiembre de 1996, en la cual, por mayoría, el Alto Tribunal se pronunció por la inconstitucionalidad de una ley de la apuntada provincia que *supeditaba el trámite y obtención de guías forestales* para la circulación de tales productos a que el peticionante acreditara el *haber satisfecho todos los impuestos y tasas provinciales que afectaban las tierras donde se realizaba la explotación*. Ese dispositivo, según la sentencia, importó un exceso en el ejercicio del poder de policía de seguridad del tráfico de bienes, ya que el procedimiento operaba, en sí mismo, como una causa de ingresos fiscales o modo de controlar el pago de otros gravámenes, aparejando en el *sub lite*, al mismo tiempo para el actor, la *imposibilidad de ejercer la industria lícita que era su actividad al dificultarla* (art. 14 de la Constitución Nacional), hecho que también colisionaba con la finalidad perseguida por la legislación específica – promocional – para este tipo de emprendimientos.

132. *Fallos*: 319:1934.

5. Conclusiones

A modo de apretada síntesis, corresponde señalar que en el orden federal de la República Argentina:

a) la *supremacía de la Constitución* es una consecuencia de haberse adoptado una *Carta Magna escrita y rígida*; esto es, dotada de supralegalidad, en tanto sólo puede ser reformada por el procedimiento en ella previsto, lo que importa distinguir claramente sobre los alcances en la actuación del *poder constituyente* – originario o derivado – y de los *poderes constituidos*;

b) el ejercicio de *la función de control constitucional* de las leyes dictadas por el Congreso, de las constituciones y de las leyes locales, como de todos los actos de los órganos ejecutivos, siguiendo la tradición del derecho judicial norteamericano, también en nuestra República *está a cargo de los tribunales de justicia*;

c) el *Poder Judicial* de la Nación y las provincias para *ejercer el control de constitucionalidad* deben *hacerlo en el marco de un caso o causa*, sometido a su decisión, ya que no compete a los jueces hacer declaraciones generales o abstractas y es de la esencia de su misión dirimir colisiones efectivas de derechos;

d) el actual Código Procesal Civil y Comercial de la Nación regula en su art. 322 la *acción meramente declarativa o de certeza*, instituto que ha permitido, en los últimos tiempos, incitar la competencia judicial abarcando planteos de inconstitucionalidad, incluso en la instancia originaria de la Corte Suprema de Justicia de la Nación;

e) si bien tradicionalmente se ha exigido como requisito habilitante para que medie *declaración de inconstitucionalidad* por los jueces, *concreta petición* en tal sentido de parte interesada, hoy se advierte que, en circunstancias muy especiales, la *Corte Suprema de Justicia de la Nación* se ha considerado *autorizada a pronunciarse* sobre el punto *ex oficio*;

f) dentro de *nuestro sistema jurídico*, la sentencia que invalida un precepto legal sólo implica, por regla general, la inaplicación de la disposición en el caso concreto, con lo cual *el efecto del pronunciamiento es restringido o inter partes*;

g) *el amparo colectivo* acogido por la Reforma Constitucional de 1994 *no ha tenido andamiento favorable en materia tributaria* al entenderse que los planteos efectuados se orientaban a la defensa de derechos de carácter patrimonial, puramente individuales, cuyo ejercicio o tutela correspondía exclusivamente a cada uno de los posibles afectados al encontrarse al margen del universo de legitimados contemplados en el art. 43 de la *Ley Suprema*;

h) si bien institucionalmente una declaración judicial de inconstitucionalidad decretada en la República Argentina sólo tiene efectos en la causa en que ha sido dictada la sentencia quedando subsistente la vigencia del precepto fuera de ella, suele ocurrir que *los fallos del Máximo Tribunal se consolidan como precedente por el seguimiento de que de éstos se hace, en cuyo caso la fuente judicial, sin derogar la norma, consigue que las instancias inferiores acaten su doctrina*, o que, voluntariamente, el órgano que dictó la norma, la deje sin efecto;

i) determinadas materias han quedado fuera del control del Poder Judicial, de forma tal de asegurar un armonioso equilibrio entre las tres ramas del gobierno, si bien se advierte una marcada tendencia hacia la justiciabilidad plena;

j) *la interpretación funcional, dinámica o progresista* permite una hermenéutica constitucional que *supera el horizonte histórico del tiempo en que el texto fue sancionado*, permitiendo distinguir entre el significado lineal que pudo asignarse a los preceptos al momento de su adopción, de las ideas rectoras que los impregnan, las que tienen una capacidad abarcadora relativamente desligada de las situaciones particulares que les dieron origen;

k) *rechazamos* por inconveniente que los jueces excedan las facultades que constitucionalmente tienen asignadas y que, mediante *un activismo irrestricto*, produzcan un desequilibrio en la relación que deben guardar entre sí los distintos poderes del Estado;

l) el *derecho judicial*, como *fuente de Derecho Constitucional material* adquiere particular relevancia en tanto las sentencias de la *Corte Suprema de Justicia de la Nación*, en su carácter de *intérprete final de la Ley de las Leyes*, al aplicar sus normas, debe precisar su alcance e, incluso, llenar lagunas técnicas, encarando una labor integrativa que parte del conjunto de sus disposiciones para arribar a la solución adecuada en el caso concreto;

m) los pronunciamientos de la Corte Suprema de Justicia de la Nación han servido para consolidar una serie de principios y reglas que desde el plano superior del ordenamiento jurídico conforman *dos amplias secciones*, una referida a los *derechos y garantías individuales*, esto es, *de las personas en cuanto contribuyentes*, y la otra atinente a *la distribución de las potestades tributarias y recursos financieros en un Estado plural* en el cual coexisten, además del *Gobierno Federal*, *veinticuatro estados subnacionales* – veintitrés provincias y la Ciudad Autónoma de Buenos Aires – y, a su vez, *dos mil doscientos dieciséis entes municipales*, la mayoría de los cuales posee y ejerce, dentro de los cauces fijados por la Constitución, la Ley de Coparticipación y el derecho público provincial, potestad tributaria normativa y aplicativa, y

n) a lo largo del trabajo se ha *ejemplificado con unos pocos fallos la impronta que a la Carta Magna argentina le ha asignado en ambos ámbitos fiscales* – derechos y garantías de los contribuyentes y distribución de las potestades tributarias y recursos financieros en un Estado plural – *la Corte Suprema de Justicia de la Nación.*

Buenos Aires, junio de 2007

FALLOS DE LA CORTE SUPREMA DE JUSTICIA DE LA NACIÓN CITADOS

Fecha	Autos	*Fallos*
7.10.1864	*"El Ministerio Fiscal con Don Benjamín Calvete por atentados contra la inmunidad de un senador"*	1:340
26.10.1865	*"Entre Pedro Carlos Raymond, apoderado de la testamentaría de Francisco Videla, y Nicolás García, sobre mejor derecho al valor de una finca embargada"*	2:220
31.10.1872	*"Don Silverio Bejarano, pidiendo se declare inconstitucional una ley de la Provincia de Entre Ríos"*	12:372
19.11.1882	*"La sucesión de Doña Tomasa Velez Sarsfield contra el Consejo de Educación de la Provincia de Buenos Aires, sobre inconstitucionalidad de un impuesto"*	23:647
23.6.1883	*"D. Bernardo Pastorino, capitán de la barca 'Nuovo Principio' contra Ronillon, Marini y C^a, sobre pago de sobreestadías"*	25:364
14.4.1888	*"La Municipalidad de la Capital contra doña Isabel A. de Elortondo, sobre expropiación; por inconstitucionalidad de la ley de 31 de Octubre de 1884"*	33:162
23.8.1906	*"Manuel Faramiñan contra la Municipalidad de La Plata, sobre inconstitucionalidad de ordenanzas municipales"*	105:50
16.12.1911	*"Doña Rosa Melo de Cané, su testamentaría; sobre inconstitucionalidad de impuesto a las sucesiones en la provincia de Buenos Aires"*	115:111
21.9.1922	*"Don Ignacio Unanue y otros contra la Municipalidad de la Capital, sobre devolución de dinero proveniente del impuesto a los studs"*	138:313
28.9.1927	*"Sociedad Anónima Mataldi Simón Limitada contra la Provincia de Buenos Aires, por repetición de pago de impuestos"*	149:260
30.3.1928	*"Don Raúl Rizzotti contra la Provincia de San Juan, por repetición de impuesto"*	150:419
20.6.1928	*"Don Eugenio Díaz Vélez c. la Provincia de Buenos Aires, s. inconstitucionalidad de impuesto"*	151:359
26.10.1928	*"Doña Graciana Etchessahar de Lastra, sobre protocolozación de testamento"*	153:46
30.11.1934	*"Don Gregorio Morán contra la Provincia de Entre Ríos, sobre inconstitucionalidad de impuesto territorial y devolución de pesos"*	171:390
7.12.1938	*"'La Martona' S.A. v. Provincia de Buenos Aires sobre repetición de una suma de dinero"*	182:411
30.6.1941	*"S.A. Ganadera 'Los Lagos' v. Nación Argentina"*	190:142
21.7.1941	*"Dolores Cobo de Macchi di Cellere v. Provincia de Córdoba"*	190:231
7.4.1943	*"S.A. Mattaldi Simón Ltda. Establecimientos Rurales y Destilería v. Provincia de Córdoba"*	195:250
23.10.1944	*"Felicitas Guerrero de Mihanovich v. Provincia de Córdoba"*	200:128
2.10.1946	*"Filomena Vázquez de Filipini v. S.A. Wayss y Freytag"*	206:21
7.4.1947	*"Ana Masotti de Busso y Otros v. Provincia de Buenos Aires"*	207:270
31.10.1947	*"Rosa Jardón Perissé v. Provincia de Córdoba"*	209:200

Fecha	Autos	*Fallos*
4.6.1948	"*Segundo Fernández Aguilera (sucesión)*"	211:34
9.6.1948	"*S.A. Merck Química Argentina v. Nación Argentina*"	211:162
2.8.1948	"*María Laura Pérez Guzmán de Viaña y Emilia Olmos Arredondo de Pérez Guzman v. Provincia de Tucumán*"	211:1033
22.12.1948	"Eduardo Shepherd, su sucesión"	212:493
28.5.1953	"*S.A. Ducilo v. Obras Sanitarias de la Nación*"	225:688
2.3.1956	"*Carlos Vicente Ocampo*"	234:129
30.10.1957	"*Raúl Giménez Fauvety y otros*"	239:157
21.11.1958	"*Carlos Juan Madariaga Anchorena*"	242:280
2.3.1959	"*Lorenzo Larralde y otros*"	243:98
6.11.1961	"*S.A. Compañía San Pablo de Fabricación de Azúcar v. Provincia de Tucumán*"	251:180
18.7.1973	"*S.A. Safe Agropecuaria v. Provincia de Santa Fe*"	286:76
20.10.1983	"*Bridas Sociedad Anónima Petrolera, Industrial y Comercial v. Provincia del Neuquén*"	305:1715
24.4.1984	"*Juzgado de Instrucción Militar n. 50 de Rosario*"	306:303
4.7.1985	"*Cerámica San Lorenzo*"	307:1094
20.8.1985	"*Provincia de Santiago del Estero v. Nación Argentina*"	307:1379
12.12.1985	"*Constantino Lorenzo v. Nación Argentina*"	307:2384
13.11.1986	"*Equipos Hidráulicos S.R.L.*"	308:2147
19.12.1986	"*Fábrica Argentina de Calderas S.R.L. v. Provincia de Santa Fe*"	308:2569
3.2.1987	"*Gomer S.A. v. Provincia de Córdoba*"	310:142
19.3.1987	"*Leonardo Antonio Newland v. Provincia de Santiago del Estero*"	310:606
21.5.1987	"*Asociación Civil Escuela Escocesa San Andrés y Otros v. Provincia de Buenos Aires y Otra*"	310:977
1.3.1988	"*Provincia de Santiago del Estero v. Nación Argentina y/o Yacimientos Petrolíferos Fiscales*"	311:193
29.3.1988	"*Colegio San Lucas S.R.L. v. Nación Argentina y Provincia de Buenos Aires*"	311:421
16.8.1988	"*Domingo Martín López Saavedra v. Provincia de Buenos Aires*"	311:1459
22.6.1989	"*Trebas S.A.*"	312:1010
11.12.1990	"*Firestone de la Argentina S.A.I.C.*"	313:1420
6.6.1995	"*Video Club Dreams v. Instituto Nacional de Cinematografía*"	318:1154

Fecha	**Autos**	***Fallos***
23.11.1995	*"Daniel Ernesto Grinbank – incidente – v. Fisco Nacional (Dirección General Impositiva)"*	318:2431
12.9.1996	*"José Manuel Irizar v. Provincia de Misiones"*	319:1934
26.12.1996	*"Analía M. Monges v. Universidad de Buenos Aires"*	319:3148
22.4.1997	*"Asociación de Grandes Usuarios de Energía Eléctricade la República Argentina (A.G.U.E.E.R.A.) v. Provincia de Buenos Aires y Otro"*	320:690
17.3.1998	*"Luisa Spak de Kupchik y Otro v. Banco Central de la República Argentina y Otro"*	321:366
8.9.1998	*"Cooperativa de Trabajo Transportes Automotores de Cuyo T.A.C. Limitada v. Provincia de Mendoza"*	321:2501
30.9.1999	*"Yacimientos Petrolíferos Fiscales S.A. v. Provincia de Tierra del Fuego"*	322:2275
28.12.1999	*"ESSO SAPA v. Provincia del Chubut"*	322:3571
31.10.2000	*"American Express Argentina S.A. v. Provincia de Río Negro"*	323:3326
21.11.2000	*"Berkley International A.R.T. S.A. v. Ministerio de Economía y Obras y Servicios Públicos – Dto. 863/98"*	323:3770
27.9.2001	*"Rita Aurora Mill de Pereyra y Otros v. Provincia de Corrientes"*	324:3219
7.12.2001	*"El Cóndor Empresa de Transportes S.A. v. Provincia de Buenos Aires"*	324:4226
19.9.2002	*"Daniel Héctor Magnelli v. Administración Federal de Ingresos Públicos – Dirección General Impositiva"*	325:2347
24.6.2003	*"Plan Óvalo S.A. de Ahorro para Fines Determinados v. Provincia de Salta"*	326:1999
21.8.2003	*"Defensor del Pueblo de la Nación v. Ministerio de Economía y Obras y Servicios Públicos – Monotributo Dto. n. 885/98"*	326:2777
26.8.2003	*"Colegio de Fonoaudiólogos de Entre Ríos v. Nación Argentina"*	326:2998
26.8.2003	*"Cámara de Comercio, Industria y Producción de Resistencia v. AFIP"*	326:3007
15.4.2004	*"Shell Compañía Argentina de Petróleo S.A. v Provincia del Neuquen"*	327:1034
15.4.2004	*"Shell Compañía Argentina de Petróleo S.A. v. Provincia del Neuquen"*	327:1051
15.4.2004	*"Transportadora de Gas del Sur Sociedad Anónima v. Provincia de Santa Cruz"*	327:1083
15.4.2004	*"Yacimientos Petrolíferos Fiscales S.A. v. Provincia de Tierra del Fuego"*	327:1108
27.5.2004	*"Argencard S.A. v. Provincia de Salta"*	327:1473
29.11.2005	*"Transportes Automotores La Estrella S.A. v. Provincia de Río Negro"*	328:4198
7.2.2006	*"Yacimientos Petrolíferos Fiscales S.A. v. Municipalidad de C. del Uruguay"*	29:5
21.3.2006	*"Massalin Particulares S.A. v. Provincia de Tierra del Fuego, Antártida e Islas del Atlántico Sur"*	329:792

CADERNOS DE DIREITO TRIBUTÁRIO

PRESUNCIONES TRIBUTARIAS

ALONSO PÉREZ BECERRIL
Doctor en Derecho por la Universidad Nacional Autónoma de México, y
Magistrado del Tribunal Federal de Justicia Fiscal y Administrativa

1. Etimología. 2. Concepto. 3. Definición. 4. Naturaleza jurídica. 5. Clasificación. 6. Presunciones tributarias: 6.1 Las presunciones legales y la garantía de audiencia: 6.1.1 Presunciones legales "juris et de jure"; 6.1.2 Presunciones legales "juris tantum"; 6.2 Las presunciones legales y el principio de legalidad; 6.3 Las presunciones legales y los principios de proporcionalidad y equidad. 7. Determinación presuntiva.

> "Uno de los problemas graves que presenta el derecho tributario en la actualidad es, precisamente, el abuso de las presunciones y de las ficciones, como pilares del derecho fiscal, sin los cuales es prácticamente inconcebible sostener el moderno derecho tributario" (RAMÓN REYES VERA).

1. Etimología

La palabra presunción proviene del latín *praesumptio*, *-onis*, que significa, acción y efecto de presumir. Mientras que presumir (*praesumere*), se refiere a sospechar, juzgar o conjeturar una cosa por tener indicios o señales para ello.[1]

2. Concepto

La presunción (en el ámbito jurídico), es el resultado del procedimiento de raciocinio plasmado por el legislador en la ley y por el juez en su sentencia, en el sentido de tener como cierto o probable un hecho, por ser éste la consecuencia más probable u ordinaria del hecho comprobado.[2]

El procedimiento de raciocinio aludido en el pensamiento anterior, se refiere al razonamiento realizado por el legislador y el juzgador (ambos son hombres, de donde deriva que todas las presunciones sean en principio humanas; dependiendo de quien de esos dos hombres provengan, se conocerán posteriormente como legales y humanas) quienes en sus respectivos ámbitos y de acuerdo con sus conocimientos y experiencias (observación), en base a interrogantes (hipótesis), investigarán si la causa admitida por la hipótesis es capaz de producir el efecto comprobado o conocido

1. Real Academia Española, *Diccionario de la Lengua Española*, 20ª ed., Madrid, Espasa-Calpe, 1984, p. 1.063.

2. Alonso Pérez Becerril, *Presunciones Tributarias en el Derecho Mexicano*, México, Porrúa, 2001, p. 5.

(experimentación), con el ánimo de poder emitir su conclusión (razonamiento), la cual generalmente se plasma en una norma jurídica o en una sentencia según sea el caso, y de tal forma, pretender dar la solución más probable a las cosas y situaciones dudosas.

3. Definición

El Código Federal de Procedimientos Civiles no establece una definición de presunción, sin embargo, el Código de Procedimientos Civiles para el Distrito Federal la define de la siguiente manera:

Art. 379. Presunción es la consecuencia que la ley o el juez deducen de un hecho conocido para averiguar la verdad de otro desconocido: la primera se llama legal y la segunda humana.

En relación con esta definición, José Becerra Bautista señala que la misma fue tomada literalmente del artículo 1349 del Código Civil Francés basado a su vez en las de Pothier: "un juicio hecho por la ley o por el hombre acerca de la verdad de una cosa mediante la consecuencia deducida por otra" y de Domat: "consecuencias que se deducen de un hecho conocido para conocer la verdad de uno incierto del que se busca la prueba".[3]

4. Naturaleza jurídica

Esta cuestión es muy controvertida dada la tendencia de algunos doctrinarios de confundir a las presunciones con los indicios, otros las asimilan a las ficciones, mientras que también se discute si constituyen o no medios de prueba.

El indicio constituye un hecho conocido, es decir, comprobado.

La ficción es una verdad artificial contenida en una disposición legal.

La presunción constituye un medio de prueba reconocido por la ley.

La analogía jurídica consiste en la aplicación a un caso no previsto por el orden jurídico, de las disposiciones jurídicas que regulan casos similares.

La presunción es el resultado del procedimiento de raciocinio plasmado por el legislador en la ley y por el juez en su sentencia, en el sentido de tener como cierto o probable un hecho, por ser éste la consecuencia más probable u ordinaria del hecho comprobado.

5. Clasificación

De conformidad con lo dispuesto por el artículo 190 del Código Federal de Procedimientos Civiles, las presunciones son:

a) las que establece expresamente la ley,

b) las que se deducen de hechos comprobados.

Así, tenemos que las presunciones son de dos tipos, los cuales también son adoptados por la doctrina, conociéndose a las primeras como legales y, a las segundas como humanas.

Las presunciones legales, son las presunciones de derecho; las establecidas por la ley.

Las presunciones humanas, son las presunciones de hecho; aquellas que son dejadas a la libre apreciación del juzgador.

Las presunciones legales se dividen en absolutas (*juris et de jure*) y en relativas (*juris tantum*).

Las presunciones legales *juris tantum*, admiten prueba en contrario.

Las presunciones legales *juris et de jure*, no admiten prueba en contrario.

Al respecto, resulta interesante referirnos a la existencia de presunciones administrativas, tal y como se deprende del siguiente voto minoritario de la Suprema Corte de Justicia de la Nación:[4]

3. *El Proceso Civil en México*, México, Porrúa, p. 149.

4. "*Presunciones en materia fiscal. La prevista en el articulo 59, fracción IV, del Codigo Fiscal de la Federación, viola la garantia de proporciona-*

(...).

En su demanda de amparo directo, la empresa quejosa reclamó el artículo 59, fracción IV del Código Fiscal de la Federación, que, salvo prueba en contrario, permite que las autoridades fiscales "presuman" como ingresos por los que se deben pagar contribuciones, los depósitos hechos en cuenta de cheques personal de los gerentes, administradores o terceros, cuando efectúen pagos de deudas de la empresa con cheques de dicha cuenta o depositen en la misma, cantidades que corresponden al contribuyente y éste no lo registre en contabilidad.

(...).

Artículo 59. Para la comprobación de los ingresos, o del valor de los actos, actividades o activos por los que se deban pagar contribuciones, las autoridades fiscales presumirán, salvo prueba en contrario:

IV – Que son ingresos de la empresa por los que se deben pagar contribuciones, los depósitos hechos en cuenta de cheques personal de los gerentes, administradores o terceros, cuando efectúen pagos de deudas de la empresa con cheques de dicha cuenta o depositen en la misma, cantidades que correspondan a la empresa y ésta no los registre en contabilidad.

(...).

De esta disposición podemos advertir que, en principio, tiene todas las características anteriormente citadas como típicas de las presunciones. A través de ella, las autoridades fiscales pueden considerar, salvo prueba en contrario, que el contribuyente ha obtenido ingresos por los que se deben pagar contribuciones (afirmación resultado o afirmación presumida), basándose en la prueba de un hecho distinto, que son los depósitos hechos en cuenta de cheques personal de sus gerentes, administradores o terceros (afirmación base), cuando efectúen pagos de deudas de la empresa contribuyente con cheques de dicha cuenta o depositen en la misma, cantidades que correspondan a la empresa y ésta no los registre en contabilidad (materia para el enlace o nexo lógico).

Sin embargo, ¿de qué clase de presunción se trata?

El precepto reclamado dice "las autoridades fiscales presumirán", de manera que parece que no se trata de una presunción legal (obra de legislador), ni de una presunción judicial (obra del juez).

Por su parte, la ejecutoria otorgó inicialmente la paternidad de la presunción a la ley, al decir "por medio de esta presunción legal", aunque después parece otorgársela a la propia quejosa, ya que considera que fue ésta la que "actualizó" la presunción mencionada, al no registrar en su contabilidad los pagos con cheques de cuentas personales, realizados a su favor por uno de los directivos, accionistas o incluso algún tercero.

La determinación de la naturaleza de la presunción es de vital importancia para examinar no sólo su correcta aplicación, sino sobre todo el respeto que el precepto que la contiene ofrece a los principios constitucionales tributarios.

En nuestra opinión, no se trata de una presunción legal, ni judicial, ni la "actualiza" tampoco el contribuyente, sino de una presunción administrativa, ya que serán "las autoridades fiscales" las que dirán cuando tiene lugar la presunción, es decir, en qué casos el contribuyente ha obtenido ingresos y en qué casos no, lo que lleva a que, sin razón ética ni jurídica, se entregue la causación del tributo a las autoridades fiscales.

Así es, gracias a esta figura las autoridades fiscales pueden presumir el hecho imponible (obtención de ingresos) y,

lidad tributaria contenida en el articulo 31, fracción iv, Constitucional.

"*Voto de Minoría* que formulan los Ministros Sergio Salvador Aguirre Anguiano, Juventino V. Castro y Castro, Genaro David Góngora Pimentel y Juan N. Silva meza, en contra de la ejecutoria pronunciada por el Tribunal Pleno en el amparo directo en revisión 2689/96, promovido por Desarrollo de Especialidades Industriales Franco, Sociedad Anónima de Capital Variable" (*Semanario Judicial de la Federación y su Gaceta*, t. VII, Novena Época, Mayo de 1998, Pleno y Salas, pp. 681-693).

por tanto, la base gravable y el impuesto a pagar.

Para que fuera una auténtica presunción legal, es decir, obra del legislador, el precepto reclamado debió decir:

Para la comprobación de los ingresos, o del valor de los actos, actividades o activos por los que se deben pagar contribuciones, se presumirá, salvo prueba lo contrario:

(...).

6. Presunciones tributarias

En el subsistema impositivo mexicano, es frecuente encontrar construcciones jurídicas conocidas como presunciones, que son utilizadas por el legislador con el propósito de frustrar los mecanismos de fraude a la Ley Tributaria, tanto en su dinámica de evasión como en la de elusión.

Las presunciones en el Derecho Tributario tienen gran importancia para el Estado, ya que ayudan a la administración financiera a evitarse la actividad de tener que demostrar, por las dificultades que se le presentan en ese sentido, el probable y no seguro ánimo de defraudar al Fisco de contados contribuyentes. Pero por razón de esos pocos casos en los cuales un contribuyente trata de omitir ingresos, elabora una presunción elevada a regla general, que viene a aplicarse no sólo a los que han tratado de engañar al Fisco, sino también a aquéllos que han obrado de buena fe, por el único motivo de que algunos hechos, actos o situaciones que pueden dar origen al nacimiento de una obligación a favor del Fisco puedan ser fácilmente ocultados por el contribuyente mediante la elaboración de pruebas falsas.[5]

En otras palabras, como la actitud dolosa de algunos contribuyentes agrava la dificultad del Fisco para demostrar lo ocultado y la falsedad de lo que lo oculta, se remedia esta relativa incapacidad, mediante la elaboración de presunciones legales, encaminadas a asegurar una protección al Fisco mediante la exoneración de probar, pero que por haberse elevado al rango de regla general no derogable mediante la prueba que se pueda aportar en su contra, dicha presunción se aplica invariablemente a todos los casos, no obstante que en gran parte de los mismos la probable situación, no es el ánimo de defraudar al Fisco, sino el de obrar conforme a la ley.[6]

El legislador establece presunciones legales *juris et de jure*, a fin de superar las dificultades que enfrenta el fisco para la determinación y comprobación de conductas evasoras de los contribuyentes, ya que éstos, a través de desnaturalizar los fines legalmente típicos de ciertos actos, contratos o formas autorizadas por el ordenamiento, o mediante su simulación, obtienen resultados económicos similares a los gravados por el tributo pero al margen de las fórmulas previstas en el hecho imponible. A la actuación simulada o disimulada del particular, la legislación responde con la presunción de una realidad no comprobada.

Normalmente, las presunciones legales absolutas que las leyes fiscales establecen, son a favor de la Administración financiera, es decir, sólo protegen al Fisco.[7]

La razón de esta protección a base de presunciones legales absolutas está en la debilidad de la propia Administración para conocer todas las infinitas situaciones que la mentalidad humana puede crear a efectos tributarios. Normalmente, el presupuesto jurídico o económico en que se apoyan los impuestos, es creado, conocido y manipulado por el ciudadano a espaldas de la Administración fiscal, y por muy capacitada y por muchos agentes que ésta tu-

5. Fernando A. Vázquez Pando, *Vicios y Errores de la Ley del Impuesto sobre la Renta* (escrito con otros), México, Barra Mexicana, Colegio de Abogados, A. C., Themis, 1987, p. 13.

6. Ibíd.

7. Luis Pérezagua Clamagirand, *La Prueba en el Derecho Tributario Español*, Madrid, España, Instituto de Estudios Fiscales, 1975, p. 239.

viera, nunca podrá llegar a controlar seriamente toda esa amplia posibilidad de crear figuras que pueden ser hechos imponibles, que únicamente están en la esfera del contribuyente.[8]

En fin, la exposición de ejemplos de presunciones legales absolutas podría ser inacabable, dado que cuando el legislador las utiliza, lo hace pensando en favorecer a la parte más débil, que, paradójicamente y contra la impresión vulgar común, es la propia Administración.[9]

La Autoridad Fiscal, en muchas ocasiones no toma en consideración que no en todos los casos el contribuyente actúa de mala fe, pasando por alto el principio de derecho de que la buena fe se presume, y recurre a las referidas presunciones, mediante las cuales se viene a impedir que en determinado caso un contribuyente pueda, en forma relativamente fácil, elaborar medios de prueba dolosos, preordenados, a fin de ocultar y alterar los hechos o situaciones de los cuales el Fisco debería tomar fundamento para determinar la existencia de un crédito fiscal, hechos y situaciones que, en contadas ocasiones, podrían substraerse por el contribuyente a la investigación fiscal, mediante esas pruebas dolosas.[10]

El efecto de las presunciones legales admitidas en las leyes tributarias, es el de facilitar grandemente la labor de la administración financiera durante la fase del "accertamento" oficioso y no el de exonerarla totalmente de la prueba del hecho productivo de la obligación tributaria: el hecho que subroga tal prueba, el hecho que permite presumir en vía absoluta o relativa la existencia de una obligación tributaria, siempre va demostrado.[11]

Ante la imposibilidad que en ocasiones tienen las autoridades fiscales para determinar el momento en que se celebra un acto jurídico que dé lugar a la obtención de ingresos gravables, el creador de la norma optó por acudir a elementos objetivos que permiten presumir que se ha celebrado un acto jurídico a partir de algunos principios de ejecución del mismo.[12]

Presunción legal y ficción de derecho se complementan de tal modo como mecanismo de reacción contra el fraude a la ley, que sólo a través de su empleo acumulativo puede el legislador fiscal llegar a resolver los grandes problemas que este fenómeno plantea en nuestros días. En efecto, la presunción legal absoluta cumple a la perfección con sus funciones procesales, resolviendo todos los problemas de prueba que a la Hacienda plantean los comportamientos en fraude de ley. Sin embargo, las presunciones legales absolutas no pueden utilizarse como mecanismo único de lucha contra el fraude, porque no cubren la de Derecho tributario material que consiste en la exacción de un nuevo hecho imponible. Esta es la misión que incumbe a las ficciones de Derecho.[13]

En relación con lo anterior, el Poder Judicial Federal expresa lo siguiente:

> *Presunciones y ficciones legales. La función y aplicación de estas tecnicas en materia tributaria.* En el sistema mexicano es frecuente la presencia de construcciones jurídicas que entendidas ya como presunciones legales de pleno derecho (*iuris et de iure*) ya como ficciones, sirven al legislador en su tarea de frustrar los mecanismos de fraude a la Ley Tributaria, tanto en su dinámica de evasión como en la de elusión. Las presunciones absolutas suponen el enlace establecido por su autor entre un hecho conocido y

8. Ibíd.
9. Ídem, p. 242.
10. Vázquez Pando, ob. cit., p. 13.
11. Mario Pugliese, *La Prueba en el Proceso Tributario*, México, Jus, 1949, p. 215.
12. Enrique Calvo Nicolau, *Tratado del Impuesto sobre la Renta*, t. II-A, México, Themis, 1996, p. 82.
13. Eusebio González García, "Las presunciones y ficciones como mecanismos de reacción frente al fraude de la Ley Tributaria", *Memoria de la Asociación Española de Derecho Financiero*, 1985, Madrid, España, 1987, pp. 314-315.

otro que aunque se desconoce debe reputarse existente para efectos de la ley, por ser realmente posible o probable su realización cuando así lo demuestren las máximas de la experiencia y el conocimiento del mundo fáctico sobre el que se pretende actuar. Desde un ángulo sustantivo más que probatorio, se advierte una ficción jurídica cuando su autor recoge datos de la realidad y los califica jurídicamente de un modo tal que, violentando conscientemente su naturaleza, crea un concepto de verdad legal (artificial) distante de coincidir con la realidad. En ambos casos, la aplicación de las normas reguladoras de estas figuras representa para los contribuyentes un efecto irrebatible dispensando en toda prueba adicional, justificado por la necesidad de resolver la incongruencia entre la realidad jurídica y la realidad económica a cuya coincidencia aspira la justicia tributaria.[14]

Renta, dividendos y ganancias distribuidas, articulo 120 de la Ley del Impuesto sobre LA. Las fracciones V y VI del artículo en mención son ejemplos de las técnicas creadoras de presunciones legales *iuris et de iure* y de ficciones legales que emplea el legislador a fin de superar las dificultades que enfrenta el fisco para la determinación y comprobación de conductas evasoras de los contribuyentes. La primera de las fracciones que reputa ganancias distribuidas a las erogaciones no deducibles que beneficien a los socios o accionistas de las sociedades, regula fenómenos en los que los contribuyentes, a través de desnaturalizar los fines legalmente típicos de ciertos actos, contratos o formas autorizadas por el ordenamiento, o mediante su simulación, obtienen resultados económicos similares a los gravados por el tributo pero al margen de las fórmulas previstas en el hecho imponible. A la actuación simulada o disimulada del particular, la legislación responde con la presunción de una realidad no comprobada. Y en la segunda fracción se considera ganancias distribuidas a los ingresos omitidos y las compras rechazadas, se califica jurídicamente un hecho equiparándolo a un supuesto contemplado en una regla tributaria para el efecto de hacerle extensivo su tratamiento, a pesar de sus radicales diferencias y de la ausencia de un enlace lógico-causal entre ellos, llegando incluso a construir a partir de él una categoría jurídica con total abstracción de su naturaleza real, todo enmarcado por reflexiones de contenido valorativo o de mera conveniencia.[15]

Al respecto, resulta interesante el texto del artículo 8 de la Ley del Impuesto al Valor Agregado, en el cual se establece que "para los efectos de esta Ley, se entiende por enajenación, además de lo señalado en el Código Fiscal de la Federación, el faltante de bienes en los inventarios de las empresas. En este último caso la presunción admite prueba en contrario (...)", el cual reviste gran importancia, ya que en el mismo se admite plenamente que al emplearse en la ley fiscal la frase "se entiende", estamos en presencia de una presunción.

Así las cosas, y toda vez que en las leyes fiscales es frecuente encontrar las frases "se entiende", "se considera", surge la siguiente interrogante: ¿en tales situaciones estamos en presencia de presunciones?

En tal entendido, y a manera de ejemplo, tenemos que de la fracción I del artículo 14 del Código Fiscal de la Federación, se desprende que para efectos fiscales, tratándose de actos jurídicos en donde el enajenante se reserva el dominio del

14. S.J.F. Tribunales Colegiados de Circuito. Epoca 8ª Tomo III. Segunda Parte-2. Tesis 207, p. 570. Tercer Tribunal Colegiado en Materia Administrativa del Primer Circuito. Precedentes: Revisión Fiscal 103/89. Llanticredit, S.A. 3 de mayo de 1989. Unanimidad de votos. Ponente: Genaro David Góngora Pimentel. Secretaria: Adriana Leticia Campuzano Gallegos.

15. S.J.F. Tribunales Colegiados de Circuito. 8ª Época. Tomo III. Segunda Parte-2. Tesis 203, p. 668. Tercer Tribunal Colegiado en Materia Administrativa del Primer Circuito. Precedentes: Revisión Fiscal 103/89. Llanticredit, S.A. 3 de mayo de 1989. Unanimidad de votos. Ponente: Genaro David Góngora Pimentel. Secretaria: Adriana Leticia Campuzano Gallegos.

bien enajenado (como la compraventa con reserva de dominio), la enajenación se ha consumado, por lo que se deben pagar los impuestos correspondientes, sin importar que exista incumplimiento del contrato (falta de pago total o parcial del precio, etc.).

Ante tal situación, surge la siguiente interrogante:

¿Las presunciones legales tributarias encuentran respaldo constitucional?

La facultad impositiva, no es absoluta, sino que se encuentra sujeta a limitaciones establecidas en nuestra Carta Magna, entre las que destacan la garantía de audiencia, y los principios de legalidad, proporcionalidad y equidad, que constituyen una parte de las limitaciones al poder del Estado, en sus aspectos legislativo y ejecutivo, que hacen del Estado Mexicano un Estado de Derecho.

6.1 Las presunciones legales y la garantía de audiencia

6.1.1 Presunciones legales *juris et de jure*

Como es de explorado derecho, las presunciones legales absolutas no admiten prueba en contrario.

Al respecto, el Código Federal de Procedimientos Civiles en su artículo 191 establece:

Las presunciones sean legales o humanas, admiten prueba en contrario, salvo cuando, para las primeras, exista prohibición expresa de la ley.

Del precepto transcrito se desprende que para que una presunción legal no admita prueba en contrario, la ley debe señalar la prohibición expresa al respecto.

Así las cosas, nace esta pregunta: ¿es aplicable supletoriamente dicho precepto en materia tributaria?

Para contestar lo anterior, es necesario plantear otras interrogantes:

a) ¿Porqué, en algunos casos las leyes tributarias mexicanas establecen presunciones legales, agregando la frase: "salvo prueba en contrario"?

b) ¿Porqué, en algunos casos las leyes tributarias mexicanas establecen presunciones legales, sin agregar la frase: "salvo prueba en contrario"?

No deja de llamar la atención tal situación.

Por otra parte, el artículo 5º del Código Fiscal de la Federación establece:

> Las disposiciones fiscales que establezcan cargas a los particulares y las que señalan excepciones a las mismas, así como las que fijan las infracciones y sanciones, son de aplicación estricta. Se considera que establecen cargas a los particulares las normas que se refieren al sujeto, objeto, base, tasa o tarifa.
>
> Las otras disposiciones fiscales se interpretarán aplicando cualquier método de interpretación jurídica. A falta de norma fiscal expresa, se aplicarán supletoriamente las disposiciones del derecho federal común cuando su aplicación no sea contraria a la naturaleza propia del derecho fiscal.

Luego entonces, las presunciones legales tributarias en las que no se agrega la frase "salvo prueba en contrario", ¿admiten o no prueba en su contra?, es decir, ¿son o no son, presunciones legales juris et de jure?

Definitivamente, tales presunciones son legales absolutas y no admiten prueba en contrario, independientemente de que no contengan las palabras formales "sin que se admita prueba en contrario" ya que no es aplicable supletoriamente en materia tributaria, el artículo 191 del Código Federal de Procedimientos Civiles que establece que todas las presunciones legales admiten prueba en contrario salvo que exista prohibición expresa en la ley, cuando del texto de la norma impositiva es claro que el contribuyente no tiene opción alguna sino considerar como ingreso (en el caso del impuesto sobre la renta) precisamente el contemplado en la hipótesis legal.

Efectivamente, a pesar de que no se señale expresamente que el contribuyente no puede ofrecer pruebas en contrario a lo establecido por la norma impositiva, de la simple lectura de esos ordenamientos se desprende que el legislador está presumiendo ingresos (tratándose del impuesto sobre la renta) sin que el contribuyente pueda alegar en contra.

En consecuencia, al no admitir prueba en contra, las presunciones legales tributarias absolutas transgreden la garantía de audiencia de los contribuyentes afectados por las mismas.

Confirma lo anterior, la siguiente jurisprudencia del Pleno de la Suprema Corte de Justicia de la Nación, que se transcribe:

> *Productos de capitales, inconstitucionalidad del articulo 316 de la Ley de Hacienda del Departamento del Distrito Federal.* Del artículo 316, párrafos primero y último de la Ley de Hacienda del Departamento del Distrito Federal, reformado por decreto de 31 de diciembre de 1959, se desprende con claridad que la fuente gravable está constituida por el derecho efectivo, y no supuesto, a percibir ingresos con motivo de la inversión de capital, ingresos que no constituyen una consecuencia ineludible de la citada inversión sino que es preciso que se pacten en las operaciones relativas, en las que inclusive puede establecerse expresamente que no existe el derecho a percibirlo, y una disposición legal de carácter tributario no puede desconocer esas situaciones a través de la presunción de que forzosamente deben percibirse intereses fijados arbitrariamente en la suma de seis por ciento anual, con lo cual se está contrariando el principio de equidad en la imposición consagrado en el artículo 31, fracción IV, de la Constitución Federal, puesto que se grava con el impuesto a sujetos que se encuentran en diversa situación, o sea, tanto a los que tienen derecho a percibir intereses, como a aquéllos que expresa o tácitamente carecen del derecho a percibir tales ingresos, con lo que se coloca a los últimos en la misma situación tributaria de los primeros, no obstante que tienen diversa capacidad contributiva. Además, el último párrafo del precepto de que se trata desvirtúa la finalidad del impuesto, consignada claramente en el primer párrafo, del propio artículo 316 de la Ley de Hacienda del Departamento del Distrito Federal, al hacer recaer el tributo, no sobre el producto del capital sino sobre la simple inversión del mismo. Por otra parte, la indebida desigualdad que establece entre los causantes, según ha quedado precisado anteriormente; y finalmente, *también limita el derecho fundamental de audiencia establecido por el artículo 14 de la Ley Suprema, en perjuicio de la persona afectada, puesto que restringe los medios de prueba que puede utilizar para demostrar que realmente no tiene derecho a percibir intereses, y que por lo mismo no es causante del Impuesto sobre Productos de Capitales, puesto que si bien se suprimieron por el citado decreto de 31 de diciembre de 1959, las palabras "sin que admita prueba en contrario", que convertía a la presunción de que se ha venido hablando en "juris et de jure", indirectamente se llega al mismo resultado, pues a pesar de esta supresión se mantiene idéntico sistema, ya que el precepto de referencia establece la presunción legal de que se tiene derecho a percibir los intereses y usufructo a que se refieren las fracciones I, II, III, IV y VI, del mismo artículo, y le niega valor probatorio en contrario a los documentos en que se hacen constar las operaciones relativas, que sería la prueba principal contra la presunción legal de que se trata, por lo que procede concluir que el artículo 316 de la Ley de Hacienda del Departamento del Distrito Federal, al establecer la presunción de que se tiene derecho a percibir intereses y al negar valor probatorio en contrario a los documentos en que se hacen constar las operaciones relativas, limita el derecho fundamental de audiencia establecido por el Artículo 14 de la Constitución.*[16]

16. Jurisprudencia n. 18 del Apéndice de Jurisprudencia de 1917 a 1965, Sexta Época, Volumen

Como se observa, la Suprema Corte de Justicia de la Nación ha resuelto que las presunciones legales tributarias absolutas resultan violatorias de la garantía de audiencia consagrada por el artículo 14 constitucional. Esto lo sostuvo en relación con la presunción de la existencia de un interés mínimo del 6% anual para los casos en que los créditos no establecieran causación de interés o lo estipularan en un porcentaje menor.

6.1.2 Presunciones legales *juris tantum*

Este tipo de presunciones al admitir prueba en contrario, en principio respetan la garantía de audiencia, la cual se salvaguarda cuando el contribuyente puede utilizar todos los medios de defensa idóneos para destruirlas, sin embargo, dejan de hacerlo cuando se condiciona tal derecho al uso de determinado o determinados medios de prueba, con exclusión de otros.

6.2 Las presunciones legales y el principio de legalidad

Las presunciones legales tributarias transgreden el principio de legalidad, toda vez que los elementos de las contribuciones deben de estar claramente señalados en una ley formal y material, por lo que es incorrecto que estén referidos a supuestos que pueden o no ser reales, como sucede en el caso de las presunciones.

Tal es la situación de la tasa complementaria sobre utilidades brutas extraordinarias, que en su momento fue declarada violatoria del principio de legalidad, por basarse en la presunción legal absoluta de que forzosamente deben obtenerse utilidades extraordinarias, por la sola razón de que en los tres últimos ejercicios fiscales anteriores al en que tenía que pagarse la tasa complementaria, se hubieren alcanzado tales utilidades, sin tomar en cuenta que en el último ejercicio fiscal podían no haberse percibido.

Así lo ha expresado el Poder Judicial Federal, en la siguiente jurisprudencia:

> *Impuesto sobre la Renta, los artículos del 47-a al 47-g de la Ley del, que establecen la tasa sobre utilidades brutas extraordinarias, infringen la garantía de legalidad (decreto publicado en el Diario Oficial de la Federación de 31 de diciembre de 1976).* Los artículos 47-A al 47-G de la Ley del Impuesto sobre la Renta que establecen la tasa complementaria sobre utilidades brutas extraordinarias introducen un sistema impositivo de estimación, no efectivo, para determinar la base gravable y la tasa aplicable a través de una presunción que no admite prueba en contrario de que forzosamente deben obtenerse utilidades extraordinarias, por la sola razón de que en los tres últimos ejercicios fiscales anteriores al en que tenía que pagarse la tasa complementaria, se hubieren alcanzado tales utilidades, sin tomar en cuenta que en el último ejercicio fiscal podían no haberse percibido; o sea, era posible que un contribuyente tuviera una utilidad bruta mayor que en el promedio de la que tuvo en los tres últimos años anteriores al ejercicio fiscal correspondiente y se viera obligado a pagar la tasa complementaria, no obstante que después de hechas las deducciones establecidas en el artículo 20 de la Ley del Impuesto sobre la Renta, para determinar la utilidad global gravable, resultará una perdida de operación, de tal manera que no se causara el impuesto al ingreso global de las empresas y, en cambio, sí existiera la obligación de pagar un impuesto sobre una utilidad bruta extraordinaria, meramente estimada, conforme al procedimiento establecido en los preceptos citados pero que fuera inexistente, lo que resulta contrario a la garantía de legalidad prevista en la fracción IV, del artículo 31 de la Constitución.[17]

Pleno, Sección Primera, p. 61, citada por Barrutieta Mayo en la Jurisprudencia 1917-1965 y Tesis Sobresalientes 1955-1965, Actualización I, sustentadas por el Tribunal Pleno de la Suprema Corte de Justicia de la Nación, México, Mayo Ediciones, 1966, p. 355, citada por Vázquez Pando, ob. cit., pp. 16-17.

17. Amparo en revisión 10293/84. Univex, S.A. 28 de octubre de 1986. Unanimidad de quin-

De igual modo, el procedimiento de determinación de ingresos contemplado en la Ley del Impuesto sobre la Renta de 1978 a 1980, viola el principio de legalidad, toda vez que no contemplaba todos los elementos necesarios para calcular el ingreso global gravable, sino que deja a cargo de las autoridades hacendarías la determinación de aspectos esenciales que inciden en forma directa en la fijación del ingreso afecto al pago del impuesto sobre el ingreso global de las empresas.

En tal sentido se pronuncia el Poder Judicial Federal, en la siguiente tesis:

> *Renta, inconstitucionalidad del articulo 33, de la ley del Impuesto sobre LA, vigente en los años de mil novecientos setenta y ocho a mil novecientos ochenta.* El sistema de determinación de los ingresos del contribuyente previsto por el artículo 33 de la Ley del Impuesto sobre la Renta, vigente en los años de mil novecientos setenta y ocho a mil novecientos ochenta, resulta violatorio de la garantía de legalidad en materia tributaria, en virtud de que el procedimiento que establece no contempla todos los elementos necesarios para calcular el ingreso global gravable, sino que deja a cargo de las autoridades hacendarías la determinación de aspectos esenciales que inciden en forma directa en la fijación del ingreso afecto al pago del impuesto sobre el ingreso global de las empresas. Lo anterior es así porque dicho precepto no previene un criterio cierto para determinar en forma estimativa los ingresos brutos del contribuyente, cuando permite valerse para ello de medios "indirectos de investigación económica o de cualquier clase", sin especificar cuáles son éstos ni dar elementos que los determinen, de tal forma que la autoridad queda en posibilidad de fijar a su arbitrio ese ingreso que constituye la base gravable, apartándose de los principios que como requisitos constitucionales, deben reunir las contribuciones, consistentes en que éstas, así como sus elementos esenciales, deben estar consignados en forma expresa en la ley.[18]

6.3 *Las presunciones legales y los principios de proporcionalidad y equidad*

Las presunciones legales tributarias contrarían los principios de equidad y pro-

ce votos. Precedentes: Amparo en revisión 5733/79. Calzado de Juárez, S.A. 12 de febrero de 1985. Unanimidad de dieciséis votos. Amparo en revisión 10320/84. Fincas Comerciales, S.A. 22 de octubre de 1985. Unanimidad de veintiún votos. Amparo en revisión 1534/80. Complementos Hidráulicos y Mecánicos, S.A. 19 de noviembre de 1985. Unanimidad de dieciocho votos. Amparo en revisión 9114/84. Industrias Resistol, S.A. 28 de enero de 1986. Unanimidad de veinte votos. Referencia: Jurisprudencia n. 6. Informe 1986, Primera Parte, Pleno, p. 643. S.C.J.N. 7ª Época. Arreola Ortíz, Leopoldo Rolando y otros, *Compendio de Jurisprudencia Fiscal PJF y TFF 1969-1992*, Tomo I, México, Tax, pp. 439-440.

18. Amparo Directo 11/88. Tesis Quinto Tribunal Colegiado. Informe S.C.J.N., 1988, T.C.C., p. 194. Al respecto, Emilio Margáin Manautou señala: "El artículo 56 del vigente Código Fiscal de la Federación, que recoge el contenido del artículo 33 de la Ley del Impuesto sobre la Renta vigente hasta el 31 de diciembre de 1980, establece que para la determinación presuntiva de la utilidad fiscal de los contribuyentes, que será cuando éstos incurran en algunas de las causales previstas en el artículo 55 del mismo ordenamiento, se calcularán los ingresos y el valor de los actos o actividades utilizando, indistintamente, cualquiera de los siguientes procedimientos: utilizando los datos de la contabilidad del contribuyente; tomando como base los datos contenidos en las declaraciones de otras contribuciones del mismo ejercicio o de otros; partiendo de la información que proporcionen terceros; con cualquier otra información que obtenga por las autoridades fiscales, o bien, 'utilizando medios indirectos de la investigación económica o de cualquier otra clase', esto es, que en último extremo, cuando por causas imputables al contribuyente no se pueda determinar su situación fiscal, se recurrirá a lo que la doctrina del derecho tributario llama 'método indiciario'. Al utilizar la autoridad fiscal a los medios indirectos de la investigación económica o de cualquier caso tenemos: no puede ella de manera arbitraria y caprichosa calcular los ingresos o el valor de los actos y actividades, sino que debe fundar y motivar cómo llegó a los resultados a que llegó y el contribuyente tiene la carga de la prueba para demostrar que el método indiciario, en la forma en que se utilizó, arrojó resultados erróneos o en exceso de la realidad. No se considera correcta la tesis del Quinto Tribunal Colegiado" (*Boletín Jurídico*, Despacho Emilio Margáin y Asociados, Año 12, n. 134, Abril 1989, p. 10).

porcionalidad de las contribuciones, puesto que ponen en igualdad de circunstancias a dos o más sujetos cuya situación concreta es diferente, no obstante que tengan diversa capacidad económica.

Así lo expresa el Pleno de la Suprema Corte de Justicia de la Nación en la siguiente jurisprudencia:

> *Productos de capitales, inconstitucionalidad del articulo 316 de la Ley de Hacienda del Departamento del Distrito Federal.* Del artículo 316, párrafos primero y último de la Ley de Hacienda del Departamento del Distrito Federal, reformado por decreto de 31 de diciembre de 1959, se desprende con claridad que la fuente gravable está constituida por el derecho efectivo, y no supuesto, a percibir ingresos con motivo de la inversión de capital, ingresos que no constituyen una consecuencia ineludible de la citada inversión sino que es preciso que se pacten en las operaciones relativas, en las que inclusive puede establecerse expresamente que no existe el derecho a percibirlo, y una disposición legal de carácter tributario no puede desconocer esas situaciones a través de la presunción de que forzosamente deben percibirse intereses fijados arbitrariamente en la suma de seis por ciento anual, con lo cual se está contrariando el principio de equidad en la imposición consagrado en el artículo 31, fracción IV, de la Constitución Federal, puesto que se grava con el impuesto a sujetos que se encuentran en diversa situación, o sea, tanto a los que tienen derecho a percibir intereses, como a aquéllos que expresa o tácitamente carecen del derecho a percibir tales ingresos, con lo que se coloca a los últimos en la misma situación tributaria de los primeros, no obstante que tienen diversa capacidad contributiva. Además, el último párrafo del precepto de que se trata desvirtúa la finalidad del impuesto, consignada claramente en el primer párrafo, del propio artículo 316 de la Ley de Hacienda del Departamento del Distrito Federal, al hacer recaer el tributo, no sobre el producto del capital sino sobre la simple inversión del mismo. Por otra parte, la indebida desigualdad que establece entre los causantes, según ha quedado precisado anteriormente; ...[19]

Así como en la siguiente ejecutoria:

> *Renta inconstitucionalidad del artículo 132 de la Ley del Impuesto sobre LA (vigente a partir del 1 de enero de 1954).* Es inconstitucional el precepto citado de la Ley del Impuesto sobre la Renta que establece que si en cualquier operación de la que se deriven o puedan derivarse ingresos comprendidos en las fracciones I, IV y VII del artículo 125 no se pacta interés o se estipula que temporal o permanentemente, total o parcialmente no se cause, o se conviene que se cause una tasa inferior al 6%, se estimarán como intereses los que resulten de aplicar al capital la tasa del 6%. Se declara inconstitucional este precepto porque desconoce las situaciones reales en que no se pacta intereses y arbitrariamente fija la suma de 6% anual bajo la presunción de que todo ingreso debe causar interés, gravando a sujetos que no los perciben en forma igual a aquellos que sí los obtienen al hacerlo estipulando en sus respectivos contratos, con violación al principio de equidad que consagra el artículo 31 constitucional en su fracción IV.[20]

En relación con el Impuesto al Activo, en un principio, el Pleno de la Suprema Corte de Justicia de la Nación determinó que el objeto del mismo, consiste en la ganancia o rendimiento mínimo presunto originado por la tenencia de activos destinados a actividades empresariales, y que al no prever la ley la posibilidad de desvirtuar

19. Jurisprudencia n. 18 del Apéndice de Jurisprudencia de 1917 a 1965, Sexta Época, Volumen Pleno, Sección Primera, p. 61, citada por Barrutieta Mayo en la Jurisprudencia 1917-1965 y Tesis Sobresalientes 1955-1965, Actualización I, sustentadas por el Tribunal Pleno de la Suprema Corte de Justicia de la Nación, México, Mayo Ediciones, 1966, p. 355, citada por Vázquez Pando, ob. cit., pp. 16-17.

20. Amparo en Revisión 5876/1957, Venus Pencil, Co. de México, S.A. de C.V., y otras. Abril 14 de 1970. Unanimidad de 18 votos. Ponente: Mtro. Manuel Yañez Ruiz. Pleno. Informe 1970, p. 299.

esta presunción de ganancia mínima, quebranta el principio de proporcionalidad tributaria, pues ocasiona que el gravamen no sea acorde con la capacidad contributiva de los sujetos pasivos del impuesto al encontrarse obligados a cubrirlo también quienes no hayan tenido la ganancia mínima que se presume. Tal situación, considero que también es violatoria de la garantía de audiencia, pues se priva a los contribuyentes de su derecho a demostrar que la ganancia mínima presunta no existe.

Los criterios que ilustran lo anterior, son:

> *Activo. Su objeto consiste en la ganancia minima presunta originada en la tenencia de activos destinados a actividades empresariales.* Si se desentraña el verdadero sentido del establecimiento del impuesto al activo y su estructuración legal, mediante la interpretación relacionada de los diversos preceptos que componen la ley relativa y su exposición de motivos, se llega a la conclusión de que el objeto de este impuesto no consiste en los activos destinados a actividades empresariales, sino en la ganancia o rendimiento mínimo presunto originado por la tenencia de tales activos, constituyendo éstos exclusivamente la base del impuesto, es decir, el instrumento del que se vale el legislador para determinar esa ganancia mínima presunta y a cuyo valor deberá aplicarse la tarifa o tasa del impuesto, de conformidad con el artículo 2º de la ley relativa, para obtener el importe o cuota del tributo, pues siendo el impuesto al activo un gravamen dirigido a personas que realizan actividades empresariales y que, por tanto, persiguen fines de lucro, la ley parte de una ganancia o rendimiento mínimo que presume como objeto del mismo, lo que se advierte claramente del hecho de que quienes tengan esta ganancia mínima no verán incrementada su carga impositiva, en virtud del acreditamiento del impuesto sobre la renta a que tienen derecho los contribuyentes conforme al artículo 9º, por ser el impuesto al activo un gravamen complementario del impuesto sobre la renta que tiene como objetivo, además del fin recaudatorio propio de toda contribución, el control de la evasión fiscal; lo que se corrobora también con las exenciones establecidas en el artículo 6º de la ley por el período preoperativo, los ejercicios de inicio de actividades, el siguiente y el de liquidación, en los cuales por no darse la presunción de rendimiento o ganancia mínima objeto del tributo, se otorga el derecho a no pagar el impuesto.[21]
>
> *Activo. El articulo 5º de la Ley del Impuesto Relativo viola el principio de equidad tributaria.* El artículo 5º de la Ley del Impuesto al Activo viola el principio de equidad tributaria establecido en el artículo 31, fracción IV, constitucional al exceptuar de la autorización de deducir las deudas contratadas con empresas residentes en el país o con establecimientos permanentes ubicados en México de residentes en el extranjero, a aquellas que hubieren sido contratadas con el sistema financiero o con su intermediación, pues estas deudas también afectan la base del tributo, ocasionándose con esto un trato desigual a iguales al permitirse a unos contribuyentes las deducciones de sus deudas y a otros no por situaciones ajenas a ellos y propias de los acreedores y sin que pueda considerarse que tal distinción de deudas se justifica por el hecho de que, de permitirse su deducción, no se pagaría el impuesto por ese concepto, ya que dicho adeudo no es el objeto del impuesto y si bien como activo del acreedor constituiría parte de la base para determinar su ganancia mínima presunta objeto del gravamen, no puede considerarse que por el hecho de que el artículo 6º de la ley exente del pago del impuesto a las empresas que componen el sistema financiero, deba ser el deudor quien cubra el impuesto por la ganancia que tal activo le generó a su acreedor, pues ello significaría hacer recaer el pago del tributo en los contribuyentes por una ganancia ajena que en ellos implica un pasivo, lo que lejos de justificar la excepción de deducción de

21. Tesis Pleno: S.J.F. IX Época, T. II, Pleno, Agosto 1995, p. 66; RTFF., n. 95, 3ª Época, Año VIII, Noviembre 1995, p. 54.

tal tipo de deudas, corrobora su inconstitucionalidad.[22]

Activo. El articulo 9º de la ley que regula este impuesto viola los principios de proporcionalidad y equidad tributaria (Reformas y adiciones publicadas en el Diario Oficial de la Federación de 28 de diciembre de 1989). De conformidad con lo establecido en el artículo 9º de la Ley del Impuesto al Activo de las Empresas los contribuyentes podrán acreditar contra el impuesto del ejercicio una cantidad equivalente al impuesto sobre la renta efectivamente pagado, lo que significa que si un contribuyente tiene ingresos o utilidades podrán realizar tal acreditamiento e, inclusive si los mismos llegan a la ganancia mínima presunta objeto del impuesto al activo, no verán incrementada su carga impositiva, mientras que aquellos que no tengan utilidades o resientan pérdidas soportarán la carga impositiva, pues no tendrán cantidad alguna que acreditar y la ley no prevé la posibilidad de desvirtuar la presunción de ganancia mínima de la cual parte como objeto del tributo. De lo anterior se infiere que el precepto legal citado viola los principios de proporcionalidad y equidad tributaria consagrados en el artículo 31, fracción IV, Constitucional pues, consistiendo el primero de ellos, en que los causantes deben contribuir al gasto público en función de su respectiva capacidad contributiva, el precepto legal citado hace recaer el pago del impuesto en quienes no tienen tal capacidad o la tienen en menor medida y libera de la carga impositiva a quienes tienen mayor capacidad tributaria, lo que da como consecuencia también la transgresión del principio de equidad que exige trato igual a los iguales y desigual a los desiguales, pues, de esa forma, se da trato igual a los desiguales y desigual a los iguales.[23]

Activo. Este impuesto quebranta el principio de proporcionalidad al no prever la posibilidad de desvirtuar la presunción de ganancia mínima objeto del gravamen. Siendo el objeto del impuesto al activo la ganancia o rendimiento mínimo presunto originado en la tenencia de activos destinados a actividades empresariales, es claro que al no prever la ley la posibilidad de desvirtuar esta presunción de ganancia mínima, quebranta el principio de proporcionalidad tributaria, pues ocasiona que el gravamen no sea acorde con la capacidad contributiva de los sujetos pasivos del impuesto al encontrarse obligados a cubrirlo también quienes no hayan tenido la ganancia mínima que se presume.[24]

Activo. La exención de este impuesto a las empresas que componen el sistema financiero viola el principio de equidad tributaria. El artículo 6º de la Ley del Impuesto al Activo, al establecer que exenta del pago del tributo a las empresas que componen el sistema financiero, transgrede el principio de equidad tributaria consagrado en el artículo 31, fracción IV, constitucional, en virtud de que teniendo estas empresas activos destinados a actividades empresariales, no existe razón alguna por la que respecto de ellas no se establezca la presunción de que existe el rendimiento mínimo que grava el impuesto al activo y en el cual podrán acreditar el impuesto sobre la renta efectivamente pagado por tales autoridades, sin que puedan arguirse como justificaciones de tal exención, por un lado, la dificultad para medir con exactitud el activo neto afecto a sus actividades empresariales por el hecho de operar con ahorro captado del público y con depósitos efectuados por el mismo, como se señala en la exposición de motivos de la ley, pues tal circunstancia, en todo caso, debía dar lugar a la prevención de una forma especial de determinación de la base del tributo, pero de ningún modo justifica su exención, máxime que

22. Tesis Pleno: S.J.F., IX Época, T. II, Pleno, Agosto 1995, p. 63; RTFF, n. 95, 3ª Época, Año VIII, Noviembre 1995, pp. 50-51.

23. Tesis Pleno: S.J.F., IX Época, T. II, Pleno, Agosto 1995, p. 64; RTFF., n. 95, 3ª Época, Año VIII, Noviembre 1995, pp. 51-52.

24. Tesis Pleno: S.J.F., IX Época, T. II., Pleno, Agosto 1995, p. 65; RTFF., n. 95, 3ª Época, Año VIII, Noviembre 1995, p. 52.

tales empresas son contribuyentes del impuesto sobre la renta de manera tal que si pueden determinar sus utilidades para efectos de este impuesto, no existe razón alguna para presumir que no pueden determinar la base del impuesto al activo, y por el otro, el que estén sujetas a un estricto control financiero no puede llevar a considerar por ello innecesario ya el control que como objetivo extra fiscal persigue el impuesto al activo, pues bajo este contexto se podría afirmar que todos los contribuyentes están sujetos a control fiscal, por lo que ello no puede considerarse una situación que diferencie a este tipo de contribuyentes de los demás sujetos pasivos del impuesto, lo que permite concluir que la exención de mérito da un trato desigual a iguales al exentar a las empresas que integran el sistema financiero del pago del tributo.[25]

Sin embargo, el Pleno cambia de postura y mediante jurisprudencia sostiene, que el objeto de dicho impuesto radica en los activos vinculados a su susceptibilidad de concurrir en la obtención de utilidades, como signo de capacidad contributiva, y a los fines fiscales y extrafiscales que se establecen de modo explícito e implícito en la ley que rige esta contribución.

Tal jurisprudencia es la siguiente:

Activo, Impuesto AL. el análisis de la constitucionalidad de los preceptos de la ley que lo regula exige considerar que su objeto radica en los activos, concurrentes a la obtención de utilidades, como signo de capacidad contributiva, asi como que ello se encuentra vinculado a sus fines fiscales (contributivo y de control) y a los extrafiscales de eficiencia empresarial. Del contenido de los artículos 25, 28 y 31, fracción IV, de la Constitución y, específicamente, de los artículos 1º, 6º, 9º, y 10, de la Ley del Impuesto al Activo de las Empresas (Diario Oficial de la Federación de 31 de diciembre de 1988) y de la exposición de motivos de la iniciativa correspondiente resulta que para examinar la constitucionalidad de los preceptos de este cuerpo legal es imprescindible considerar que, si bien de la literalidad de su artículo 1º, el objeto de la contribución radica en el "activo" de las empresas, de los demás preceptos que integran el sistema del tributo, se infiere que dicho objeto se encuentra íntimamente vinculado a que dichos activos sean susceptibles de concurrir a la obtención de utilidades, signo de capacidad contributiva que el legislador necesariamente debe tomar en cuenta como presupuesto esencial de toda contribución y que, además, del fin estrictamente fiscal de recaudar recursos para los servicios públicos que exige la fracción IV del artículo 31 de la Constitución, persigue la finalidad fiscal de contar con un medio eficaz de control en el pago que por impuesto sobre la renta corresponda a los sujetos pasivos, así como la finalidad extrafiscal de estimular la eficiencia de los mismos en el desarrollo de sus actividades económicas.[26]

Nótese que la jurisprudencia en comento se basa en una presunción.

Lo anterior genera dos supuestos:

25. Tesis del Pleno: S.J.F., IX Época, T.II., Pleno, Agosto 1995, p. 65; RTFF., n. 95, 3ª Época, Año VIII, Noviembre 1995, p. 53.

26. P./J.11/96. Amparo en revisión 1558/90. Complementos Alimenticios, S.A. 22 de febrero de 1996. Mayoría de ocho votos. Ponente: Mariano Azuela Guitrón. Secretaria: Lourdes Ferrer Mac Gregor Poisot. Amparo en revisión 4736/90. Martex, S.A. 22 de febrero de 1996. Mayoría de ocho votos. Ponente: Mariano Azuela Guitron. Secretario: Jorge Dionisio Guzmán González. Amparo en revisión 16/92. Arrendadora Hotelera del Sureste, S.A. de C.V. 22 de febrero de 1996. Mayoria de ocho votos. Ponente: Mariano Azuela Guitrón. Secretaria: Lourdes Ferrer Mac Gregor Poisot. Amparo en revisión 5815/90. Zahori, S.A. de C.V. 22 de febrero de 1996. Mayoría de ocho votos. Ponente: Mariano Azuela Guitrón. Secretaria: Lourdes Ferrer Mac Gregor Poisot. Amparo en revisión 749/91. Compañía Harinera de La Laguna, S.A. de C.V. 22 de febrero de 1996. Mayoría de ocho votos. Ponente: Sergio Salvador Aguirre Anguiano. Secretaria: Rocío Balderas Fernández. El Tribunal Pleno, en su sesión privada celebrada el veintiséis de febrero en curso, aprobó, con el número 11/1996, la tesis de jurisprudencia que antecede. México, Distrito Federal, a veintiséis de febrero de mil novecientos noventa y seis. S.J.F. IX Época. Tomo III. Marzo 1996, pp. 5-6.

1) Para que opere la presunción, la autoridad fiscal tiene la obligación de demostrar que todos y cada uno de los activos por los que el contribuyente paga el impuesto, son susceptibles de concurrir en la obtención de utilidades, como signo de capacidad contributiva. Asimismo, dicha autoridad tiene que demostrar que en todos los casos, la utilidad que generan los activos de los contribuyentes es la misma, pues no hay que olvidar que a todos se les aplica la tasa del 1.8%.

Sobre el particular, resulta ilustrativo hacer referencia a lo siguiente:

El Tribunal de Justicia de la Unión Europea en Materia Tributaria, mediante Jurisprudencia señala que:

> ...no puede admitirse que en caso de tributos indirectos exista una presunción en virtud de la cual la repercusión se haya producido y corresponda al sujeto pasivo aportar la prueba en contrario... Lo mismo sucede cuando la legislación aplicable obliga al sujeto pasivo a incorporar el tributo en el precio de costo del producto de que se trate. La existencia de tal obligación legal no permite presumir que se haya repercutido el tributo en su totalidad, ni siquiera en el caso de que el incumplimiento de tal obligación acarreare una sanción...[27]

En México, el Segundo Tribunal Colegiado en Materia Administrativa del Primer Circuito, mediante Jurisprudencia sostiene:

> *Dividendos. Existencia de los, como consecuencia de erogaciones no deducibles. Requisitos para que opere la presuncion del articulo 120, fraccion V, de la Ley del Impuesto sobre la Renta.* El artículo 120, fracción V, de la Ley del Impuesto sobre la Renta, establece: "Art. 120. Se consideran ingresos por utilidades distribuidas los siguientes:... V. Las erogaciones que no sean deducibles conforme a esta Ley y beneficien a los socios accionistas". Pues bien, si dicha norma impone como condición de eficacia para que opere la presunción legal en ella establecida, el hecho de que las erogaciones no deducibles "beneficien a los socios accionistas"; es claro que no basta con que una partida por ese concepto sea rechazada para que se genere la obligación de pagar o, en su caso, de retener el impuesto correspondiente, sino que *es necesario*, además, *que la autoridad fiscal demuestre que el importe de esas erogaciones no deducibles se aplicó en beneficio de los socios o accionistas.* Lo anterior, en virtud de que este último requisito constituye un elemento objetivo de esa hipótesis legal, y como tal, se debe demostrar mediante prueba directa, pues, respecto de él, la ley no establece ninguna presunción.[28]

2) La jurisprudencia referida define el objeto del impuesto al activo: como la tenencia de activos concurrentes a la obtención de utilidades, basándose en la presunción de que todos los activos que tiene el sujeto pasivo concurren a la obtención de sus utilidades, sin que se permita desvirtuar la existencia de aquéllos activos que no participan de la característica de ser concurrentes para la obtención de utilidades. En este orden de ideas, si dicha jurisprudencia presume que todos los activos del sujeto pasivo del impuesto concurren a la obtención de las utilidades del mismo,

27. Jurisprudencia de 14 de enero de 1997, Comateb y otros, asuntos acumulados 192/95 a 218/95, Rec. pp. I-165 y ss. Citada en *Revista de Derecho Financiero y de Hacienda Pública*, Madrid, Editorial de Derecho Financiero, Editoriales de Derecho Reunidas, n. XLVIII/248, Abril-Junio 1998, p. 383.

28. Tesis I.2o.A.J/23. Octava Época: Amparo directo 256/87. Joyas Eiffel de México, S.A. 22 de octubre de 1987. Unanimidad de votos. Amparo directo 286/87. Fábrica de Cajas de Cartón La Fe, S.A. 16 de febrero de 1988. Unanimidad de votos. Amparo directo 1506/87. Deluxe Mexicana, S.A. de C.V. 4 de mayo de 1988. Unanimidad de votos. Amparo directo 422/90. Armadora Mexicana, S.A. 23 de mayo de 1990. Unanimidad de votos. Amparo directo 492/90. Industria del Hierro, S.A. de C.V. 31 de mayo de 1990. Unanimidad de votos. Segundo Tribunal Colegiado en Materia Administrativa del Primer Circuito. *Gaceta* n. 35, p. 81; *Semanario Judicial de la Federación*, tomo VI, Segunda Parte-1, p. 345. *Apéndice al Semanario Judicial de la Federación 1917-1995*, Jurisprudencia, Tomo III, Materia Administrativa, México, 1995, pp. 643-644.

dicha presunción debería admitir que se probara lo contrario. Cabe adicionar, que la propia Ley del Impuesto al Activo, en su artículo 6º fracción VI, exenta del gravamen a activos que los contribuyentes destinan a actividades deportivas sin fin lucrativo o para uso exclusivo de sus propietarios, reconociendo que existen activos que no participan de la característica de ser concurrentes a la obtención de utilidades. Por lo tanto, de no permitirse probar al contribuyente en contra de dicha presunción, se violarían la garantía de audiencia, así como los principios de legalidad, proporcionalidad y equidad tributaria.

Así las cosas, en virtud de que la Ley del Impuesto al Activo no establece el procedimiento para determinar que activos contribuyeron a la generación de utilidades y cuales no, y tomando como base que la jurisprudencia que redefine el objeto del impuesto se basa en la presunción de que los activos que tiene el contribuyente son concurrentes a la obtención de utilidades, sin que se establezca la posibilidad de probar en contra de dicha presunción, se violan la garantía de audiencia, así como los principios de legalidad, proporcionalidad y equidad tributaria, por obligar al contribuyente a pagar impuesto sobre todos sus activos (incluidos los que no concurren a la obtención de utilidades) y a pagar el impuesto en las mismas condiciones que aquellos contribuyentes cuyos activos en su totalidad concurren a la obtención de utilidades.

Así las cosas, cabe formular la siguiente interrogante: ¿La tasa del 1.8% es una presunción?

Esto es, la Ley del Impuesto al Activo presume, sin que admita prueba en contrario, que los activos, siempre e invariablemente, concurren a la obtención de utilidades en un porcentaje único de 1.8%.

*7. **Determinación presuntiva***

Ante la autodeterminación de contribuciones realizada por los contribuyentes, la autoridad fiscal cuenta con facultades de comprobación para verificar el cumplimiento de las obligaciones fiscales.

La revisión normalmente se realiza en base a la contabilidad del contribuyente, sin embargo, si éste no cuenta con elementos que permitan conocer su situación fiscal, puede determinarse presuntivamente su utilidad fiscal, o, en su caso, el remanente distribuibles, así como sus ingresos y el valor de los actos, actividades o activos, por los que deba pagar contribuciones.

Recordemos que "las diversas leyes del Impuesto sobre la Renta que recogió nuestra legislación fiscal federal hasta el 31 de diciembre de 1980 autorizaban a la Secretaría de Hacienda y Crédito Público para determinar, por causas imputables al contribuyente, estimativamente el ingreso, primero aludían al 'ingreso gravable' y por último al 'ingreso global gravable'. La vigente a partir del 1º de enero de 1981, cambió de terminología y en lugar de seguir aludiendo a la 'determinación estimativa' ahora se refiere a la 'determinación presuntiva'; terminología ésta que hace suya el Código Fiscal de la Federación que entró en vigor el 1º de enero de 1982, ya que los autores de ambos ordenamientos fueron los mismos. A qué se debió el cambio de la palabra 'estimativa' por 'presuntiva'? Simplemente por razones gramaticales, ya que una de las acepciones de la palabra 'presuntiva' nos dice: 'La que por ordenamiento legal se reputa verdadera, en tanto que no exista prueba en contrario' – *Diccionario de la Real Academia Española*".[29]

Al respecto, el Tercer Tribunal Colegiado en Materia Administrativa del Primer Circuito, expresa:

> *Renta, Ley del Impuesto sobre la Renta. Determinación cierta, presuntiva y estimativa de ingresos. Sus diferencias.* En materia del Impuesto sobre la Renta, el conocimiento lo más acertado posible de los ingresos percibidos por el contri-

29. Emilio Margáin Manautou, *Boletín Jurídico*, Despacho Emilio Margáin y Asociados, Año 11, n. 122, Abril 1988, pp. 12-13.

buyente constituye sin lugar a dudas una de las tareas más importantes de los órganos fiscalizadores porque de ellos se compone la base gravable del tributo, de allí que se hayan ideado tres sistemas fundamentales de determinación de ingresos: la determinación "cierta", la determinación "estimativa" y la determinación "presuntiva". La determinación cierta de los ingresos ocurre cuando la autoridad fiscal puede conocer con exactitud los ingresos percibidos por el causante a través de cualquier medio directo de prueba, como podrían ser los libros de contabilidad, nóminas, comprobantes de pago, registros varios y similares. En este supuesto está objetivamente probado el hecho imponible y el débito tributario. Por el contrario, conforme a su tradición legislativa y jurisprudencial (la Ley del Impuesto sobre la Renta de mil novecientos sesenta y cuatro ya la contemplaba y la Suprema Corte de Justicia de la Nación ya se pronunciaba sobre ella en la década de los treintas), la determinación estimativa de ingresos fue concebida para aquellos casos en que el fisco no pudiera conocer con certeza los ingresos realmente percibidos por el contribuyente, fuera por causas imputables a él o por causas distintas; como método excepcional que es, su empleo ha estado restringido a los supuestos y procedimientos específicamente previstos, en las leyes tributarias especiales según el régimen del Código anterior, y actualmente en el artículo 55 del Código Fiscal vigente. Evidentemente, estos dos métodos son excluyentes entre sí respecto de un mismo renglón de ingresos, aunque puedan aplicarse ambos para conocer la situación del contribuyente pero referidos a distintos conceptos. Sin embargo, el tercer sistema de determinación de ingresos puede utilizarse como auxiliar de cualquiera de los dos primeros: el método presuntivo. En el año de mil novecientos setenta y seis entró en vigor la reforma al Código Fiscal de la Federación por virtud de la cual se adicionó el artículo 83 con una fracción VIII en donde el legislador otorgó una calificación especial a ciertos indicios, circunstancias y hechos por su aparente e íntima relación con los ingresos obtenidos, invistiéndolos de plena eficacia probatoria mediante su consagración como presunciones legales *juris tantum*, gracias a la cual en estos supuestos se invirtió la regla general de la carga de la prueba, relevando de ella a la autoridad y obligando al particular a rendir prueba en contra de estas presunciones en términos del artículo 82, fracción II del Código Federal de Procedimientos Civiles aplicado supletoriamente a esta materia. Este sistema, por componerse de presunciones legales de observancia obligatoria incluso para la autoridad, opera en todos los casos con independencia de que se encuentren plenamente comprobados los ingresos percibidos por el causante o de que éstos no puedan ser conocidos, de lo que se sigue que la aplicación de cualquiera de estas presunciones puede ir acompañada de métodos de determinación cierta o estimativa, según corresponda en cada asunto.[30]

La determinación presuntiva se regula en los artículos del 54 al 61 del Código Fiscal de la Federación.

La misma procede cuando, los contribuyentes:

a) se opongan u obstaculicen la iniciación o desarrollo de las facultades de comprobación de las autoridades fiscales.

b) omitan presentar la declaración del ejercicio de cualquier contribución hasta el momento en que se inicie el ejercicio de dichas facultades, cuando hubiere transcurrido más de un mes desde el día en que venció el plazo para su presentación.

c) no presenten los libros y registros de contabilidad, o la documentación comprobatoria de más del 3% de alguno de los conceptos de las declaraciones.

30. Amparo Directo 1457/86. Tercer Tribunal Colegiado en Materia Administrativa del Primer Circuito. Visible en Informe rendido a la Suprema Corte de Justicia de la Nación por su Presidente, al terminar el año de 1987, Tercera Parte, Tribunales Colegiados de Circuito, citado por Margáin Manautou, Emilio, Boletín Jurídico, Despacho Emilio Margáin y Asociados, Año 11, n. 122, Abril 1988, p. 12.

d) no proporcionen los informes relativos al cumplimiento de las disposiciones fiscales.

e) cometan alguna de las siguientes irregularidades:

e.1) omitan el registro de operaciones, ingresos o compras, así como alteren el costo, por más del 3% sobre los declarados en el ejercicio.

e.2) registren compras, gastos o servicios no realizados o no recibidos, y

e.3) omitan o alteren el registro de existencias de los inventarios, o registren dichas existencias a precios distintos de su costo, siempre que en ambos casos, el importe exceda del 3% del costo de los inventarios.

f) no cumplan con las obligaciones sobre valuación de inventarios o no lleven el procedimiento de control de los mismos, establecidas en las disposiciones fiscales.

g) no se tengan en operación los equipos y sistemas electrónicos de registro fiscal autorizados por la Secretaría de Hacienda y Crédito Público, los destruyan, alteren o impidan el propósito para el que fueron instalados.

h) se adviertan otras irregularidades en su contabilidad que imposibiliten el conocimiento de sus operaciones.

Tales supuestos, originan que sea materia de discusión si algunos de ellos corresponden realmente a la naturaleza de la determinación presunta, esto es, que no se cuente con elementos suficientes para establecer la situación fiscal del contribuyente, como sucede con los señalados en los incisos a) y b).

Para tal efecto, las autoridades fiscales pueden indistintamente:

a) utilizar la contabilidad del contribuyente.

b) tomar como base los datos contenidos en las declaraciones del ejercicio correspondientes a cualquier contribución, del ejercicio o de cualquier otro, con las modificaciones, si las hubiere, con motivo del ejercicio de las facultades de comprobación.

c) a partir de la información de terceros.

d) con información obtenida por las autoridades fiscales en el ejercicio de sus facultades de comprobación.

e) utilizar medios indirectos de la investigación o de cualquier otra clase.

Igualmente, se discute sobre la consistencia de los procedimientos, toda vez que se cuestiona cómo aplicar los mismos, si para ello deben apoyarse en la documentación del contribuyente, como sucede con el marcado con el inciso a).

En relación al artículo 55 del Código Fiscal de la Federación, es necesario señalar que en el mismo se observa la determinación de la base en materia del Impuesto al Valor Agregado e Impuesto Especial sobre Producción y Servicios, lo cual no ocurre tratándose del hecho imponible, por lo que la autoridad fiscal tiene la obligación de demostrar que la base gravable se integra por valores provenientes de la enajenación de bienes, la prestación de servicios, el otorgamiento del uso o goce temporal de bienes, la importación de bienes o servicios, y si no lo hace estara impedida para aplicar la determinación presunta establecida en dicho precepto. La determinación presuntiva de los elementos esenciales de las contribuciones es violatoria del principio de legalidad que rige a las mismas.

Respecto de los procedimientos presuntivos contemplados en los artículos 55 y 59 del Código Fiscal de la Federación, el Tribunal Federal de Justicia Fiscal y Administrativa señala:

> *Presunción de ingresos y presunción de utilidades. Sus diferencias*. Del contenido de los artículos 55 y 59 del Código Fiscal de la Federación, se puede advertir que contienen procedimientos presuntivos diametralmente opuestos, en tanto que el artículo 55 contiene una atribución para determinar la utilidad fiscal de los contribuyentes, mientras que el artículo 59, con-

tiene una atribución para calificar como ingresos acumulables del contribuyente los supuestos del referido numeral. Así las cosas, con el mecanismo legal de presunción del artículo 59 lo que se obtiene es la magnitud del ingreso presuntivo, es decir, la medida o tamaño del objeto gravado, lo que da lugar a la modificación de la utilidad o pérdida fiscal, en su caso, declarada por el contribuyente; por el contrario, el procedimiento presuntivo del artículo 55 no presume un ingreso, sino que presume directamente la utilidad fiscal en su totalidad, pues una vez ejercitada la presunción de los ingresos estimados, se pasa a aplicar directamente el porcentaje que corresponda del artículo 62 de la Ley del Impuesto sobre la Renta, para así obtener la utilidad fiscal.[31]

Sobre el particular, se aprecia que en el artículo 90 de la Ley del Impuesto sobre la Renta (artículo 62 de la Ley anterior), se presume, sin que se admita prueba en contrario, el coeficiente de utilidad que supuestamente arrojan las distintas actividades industriales, comerciales, etc., pasando por alto que si dos personas desarrollan una misma actividad no necesariamente obtienen las mismas utilidades, además de que no se indica porque en algunos casos el coeficiente de utilidad que se presume es uno, y porque en los demás son otros diferentes.

En cuanto a la presunción contenida en la fracción IV del artículo 59 del Código Fiscal de la Federación, existe un interesante voto de minoría del Pleno de la Suprema Corte de Justicia de la Nación,[32] en donde se afirma que la misma es violatoria de la garantía de proporcionalidad tributaria contenida en el artículo 31 fracción IV de la Constitución Política de los Estados Unidos Mexicanos, ya que existe desproporción entre los fines perseguidos con su establecimiento y los medios utilizados para su consecución, haciendo tributar en el importe que desee la autoridad fiscal al particular afectado.

Por otra parte, y tratándose de casos en que el contribuyente no pueda demostrar sus ingresos o el valor de los actos o actividades, la autoridad debe aplicar en todos sus términos el procedimiento establecido en el artículo 61 del Código Fiscal de la Federación, y si no lo hace su determinación será ilegal.

Sobre el particular, existe una interesante tesis del Tribunal Federal de Justicia Fiscal y Administrativa, la cual a la letra dice:

> *Ingresos. Su determinación presuntiva conforme a lo dispuesto en el articulo 61 del Codigo Fiscal de la Federación.* El artículo 61 del Código Fiscal de la Federación en vigor en los ejercicios de 1990 y 1991 establecía la posibilidad de determinar presuntivamente los ingresos de los contribuyentes que se colocaban en alguna de las causales establecidas en el artículo 55 del mismo ordenamiento. Y en su fracción I, prevé la posibilidad de determinarlos reconstruyendo las operaciones del visitado por un periodo de 30 días, por lo menos, lo más cercano posible al cierre del ejercicio. Y para el caso de que no fuera posible tal reconstrucción de

31. IV-P-2aS-172. Juicio n. 100(14)169/98/568/98. Resuelto por la Segunda Sección de la Sala Superior del Tribunal Fiscal de la Federación, en sesión de 2 de marzo de 1999, por mayoría de 3 votos a favor, y 1 más con los puntos resolutivos. Magistrado Ponente: Francisco Valdés Lizárraga. Secretario: Lic. Enrique Orozco Moles. (Tesis aprobada en sesión de 15 de abril de 1999) (*Revista del Tribunal Fiscal de la Federación* n. 17, Cuarta Época, Año II, Diciembre 1999, p. 95).

32. "*Presunciones en materia fiscal. La prevista en el articulo 59, fracción IV, del Código Fiscal de la Federación, viola la garantía de proporcionalidad tributaria contenida en el articulo 31, fracción IV, Constitucional.*

"*Voto de Minoría* que formulan los Ministros Sergio Salvador Aguirre Anguiano, Juventino V. Castro y Castro, Genaro David Góngora Pimentel y Juan N. Silva meza, en contra de la ejecutoria pronunciada por el Tribunal Pleno en el amparo directo en revisión 2689/96, promovido por Desarrollo de Especialidades Industriales Franco, Sociedad Anónima de Capital Variable" (*Semanario Judicial de la Federación y su Gaceta*, Novena Epoca, t. VII, Mayo de 1998, Pleno y Salas, pp. 681-693).

operaciones, se estableció en la fracción II la facultad de tomar como base la totalidad de ingresos o del valor de los actos o actividades que se observen durante 7 días incluyendo los inhábiles, multiplicando el promedio diario resultante, por el número de días que comprende el periodo revisado. Por otra parte, en el artículo 5º del mismo ordenamiento se previene que las disposiciones fiscales que establecen cargas a los particulares o excepciones a las mismas deben interpretarse de manera estricta. Por lo tanto, la autoridad al aplicar la fracción II del numeral citado en primer término debe hacerlo bajo los lineamientos estrictos ahí establecidos. Pues para el caso de que la autoridad haga determinaciones análogas o paralelas, como sería determinar el total de ingresos de un periodo con base en facturas y pagos el promedio por factura o multiplicarlo por el número de facturas que no conoce en otros meses, se estaría violando el contenido de la fracción II del artículo 61 del Código Fiscal de la Federación, por lo que tal determinación de ingresos resulta ilegal y en consecuencia lo es también la liquidación de impuestos que con base en este procedimiento se efectúa.[33]

En relación al artículo 62 del Código Fiscal de la Federación, resultan aplicables los comentarios vertidos con antelación.

33. Juicio de Nulidad n. 100(14)/367/94/385/94. Resuelto por la Primera Sección de la Sala Superior del Tribunal Fiscal de la Federación en sesión de 27 de febrero de 1996, por unanimidad de 4 votos, Magistrado Ponente: Carlos Franco Santibáñez, Secretaria: Lic. Guadalupe Camacho Serrano. (Tesis aprobada en sesión del 27 de febrero de 1996) (*Revista del Tribunal Fiscal de la Federación* n. 99, Año VIII, Marzo 1996, pp. 18-19).

CADERNOS DE DIREITO TRIBUTÁRIO

O SISTEMA AUTOPOIÉTICO DO DIREITO E SUAS IMPLICAÇÕES EM RELAÇÃO À SEGURANÇA JURÍDICA

FABIANA DEL PADRE TOMÉ

Mestre e Doutora em Direito Tributário pela PUC/SP. Professora no Curso de Mestrado da PUC/SP. Professora nos Cursos de Especialização em Direito Tributário da PUC/SP e do IBET. Advogada

1. Considerações introdutórias. 2. O direito visto como sistema comunicacional. 3. O direito como sistema autopoiético: 3.1 Código; 3.2 Programa. 4. O direito na teoria dos sistemas. 5. Forma e função do programa jurídico. 6. Processo e autopoiese do sistema jurídico. 7. Segurança jurídica no sistema autopoiético: relacionamento entre sistema jurídico e ambiente. 8. Conclusões.

1. Considerações introdutórias

Muito se tem discutido a respeito da segurança jurídica, sendo utilizados os mais variados argumentos para tentar delimitá-la. Pretendemos, neste trabalho, contribuir para o desenvolvimento de tão relevante tema, fazendo-o pela perspectiva da estrutura do sistema do direito positivo.

Tomamos como ponto de partida o posicionamento segundo o qual, para movimentar-se em direção à maior proximidade das condutas intersubjetivas, as normas jurídicas precisam passar pelo chamado "processo de positivação". O fenômeno da percussão jurídica demanda a existência de um fato que, subsumindo-se à hipótese normativa tributária, implique o surgimento de vínculo obrigacional. É a fenomenologia da incidência. Referida operação, todavia, não se realiza sozinha: é preciso que um ser humano promova a subsunção e a implicação que o preceito da norma geral e abstrata determina. Na qualidade de operações lógicas, subsunção e implicação demandam a presença humana. Daí a visão antropocêntrica, requerendo o homem como elemento intercalar, construindo, a partir de normas gerais e abstratas, outras normas, gerais ou individuais, abstratas ou concretas.

Essa movimentação das estruturas do direito exige a certificação da ocorrência do fato conotativamente previsto na hipótese da norma que se pretende aplicar. Mas, para que o relato ingresse no universo do direito, constituindo fato jurídico, é preciso que seja enunciado em linguagem competente.

Discorrer sobre o princípio da segurança jurídica requer, portanto, que sejam enfrentadas questões concernentes à composição do sistema jurídico. Por isso, considerando o caráter sistemático do ordenamento, passaremos a examinar seus elementos e estrutura, objetivando compreender como se opera sua transformação e, desse modo, identificar o modo pelo qual um fato qualquer, de natureza social, política, religiosa, econômica etc., ingressa no sistema jurídico. Adiantamos que esse fato só passará a integrar o ordenamento se constituído em linguagem apropriada, ou seja, se juridicizado, sendo relatado pela linguagem do direito positivo. Nesse caso, porém, não há mais que falar em fato social, político, religioso ou econômico: uma vez integrado ao sistema do direito positivo, ter-se-á "fato jurídico", desencadeando as conseqüências prescritas pelo próprio ordenamento.

Com isso, pretendemos demonstrar que apenas se observado o procedimento juridicamente prescrito, com a devida constituição dos fatos por meio de linguagem reconhecida pelo ordenamento, é que poderemos falar em observância ao primado da segurança jurídica. Isso elimina qualquer possibilidade de atribuir efeitos jurídicos a fatos econômicos ou políticos, por exemplo, já que nesse caso ter-se-ia extrapolação dos limites do direito posto, dando margem ao estabelecimento de vínculos não autorizados pela estrutura jurídica.

2. O direito visto como sistema comunicacional

Dentro da rede de comunicações que é o sistema social, identificamos subsistemas compostos por comunicações diferenciadas entre si, como é o caso do subsistema do direito. Este se apresenta como um conjunto comunicacional peculiar e com função específica, sendo inadmissível transitar livremente entre o sistema jurídico e os demais sistemas verificados no interior do macrossistema da sociedade, como o econômico, o político e o religioso. Observa Celso Fernandes Campilongo[1] que, "na rede de comunicações da sociedade, o direito se especializa na produção de um tipo particular de comunicação que procura garantir expectativas de comportamentos assentadas em normas jurídicas". Construir uma teoria jurídica implica, portanto, elaborar teoria comunicacional, respeitadas as especificidades do direito positivo relativamente aos demais subsistemas sociais.

A concepção da teoria comunicacional do direito tem como premissa que o direito positivo se apresenta na forma de um sistema de comunicação. Direito é linguagem, pois é a linguagem que constitui as normas jurídicas. Essas normas jurídicas, por sua vez, nada mais são que resultados de atos de fala, expressos por palavras e inseridos no ordenamento por veículos introdutores, apresentando as três dimensões sígnicas: suporte físico, significado e significação.[2]

Com base na teoria da sociedade de Niklas Luhmann,[3] tomamos o direito como um sistema comunicativo funcionalmente diferenciado e dotado de programas e código próprios, apresentando uma forma especial de abertura e fechamento com relação ao ambiente. Não obstante a sociedade se apresente como um grande sistema, compreendendo todas as formas possíveis de comunicação, na modernidade encontra-se dividida em subsistemas parciais, dos quais são exemplos os sistemas político, jurídico e econômico. Esses sistemas possuem códigos de comunicação próprios e específicas operações de reprodução de elementos, que lhes conferem fechamento operativo e também uma forma específica de abertura cognitiva do ambiente. Veja-

1. *O Direito na Sociedade Complexa*, São Paulo, Max Limonad, 2000, p. 162.

2. Classificação desenvolvida por Edmund Husserl para os três pontos do *triângulo básico*, modelo analítico de comunicação sígnica. O suporte físico consiste na palavra falada (ondas sonoras) ou escrita (como o depósito de tinta no papel), que se associa a um significado, identificado pela idéia individualizada do objeto a que o suporte físico se refere, e a uma significação, verificada na idéia geral do objeto referido.

3. *O Direito da Sociedade* (*Das recht der gesellschaft*), tradução provisória e inédita para o espanhol de Javier Torres Nafarrate (s.l., s.e., s.d.).

mos, no tópico subseqüente, como isso se aplica ao sistema do direito positivo.

3. *O direito como sistema autopoiético*

A teoria da autopoiese foi desenvolvida, inicialmente, por Humberto Maturana e Francisco Varella, biólogos que, numa visão sistêmica dos seres vivos, divisaram a simultaneidade de fechamento organizacional e abertura para informações advindas do ambiente. Dada a operatividade dessa teoria, passou a ser aplicada ao estudo dos sistemas sociais, sendo primorosamente desenvolvida por Niklas Luhmann,[4] tomando por sistema autopoiético aquele que produz sua própria organização, conservando a identidade do sistema e, ao mesmo tempo, fazendo-o sofrer transformações indispensáveis à sua sobrevivência. De forma simplificada, podemos dizer que autopoiético é o sistema que reproduz seus elementos valendo-se de seus próprios componentes, por meio de operações internas.

A peculiaridade do sistema autopoiético confere-lhe as seguintes características: (i) *autonomia*, sendo capaz de subordinar toda a mudança de modo que permaneça sua auto-organização; (ii) *identidade*, pois mantém sua identidade em relação ao ambiente, diferenciando-se deste ao determinar o que é e o que não é próprio ao sistema; (iii) *não possui "inputs" e "outputs"*, significando que o ambiente não influi diretamente no sistema autopoiético, ou seja, não é o ambiente que determina suas alterações, pois quaisquer mudanças decorrem da própria estrutura sistêmica que processa as informações vindas do ambiente.

A auto-referencialidade também se apresenta como pressuposto da autoprodução do sistema, pois, para que este possa se autogerar, isto é, substituir seus componentes por outros, é necessário que haja elementos que tratem de elementos. No caso do sistema social, têm-se atos comunicativos cujo conteúdo dispõe sobre a geração de outros atos comunicativos, enquanto no sistema jurídico verificam-se normas que prescrevem a produção de outras normas jurídicas. Para tanto, o sistema tem que olhar para si próprio, precisa falar sobre si mesmo, nessa citada auto-referencialidade.

A clausura organizacional, caracterizadora da autopoiese do sistema, decorre exatamente do fato de que a informação advinda do ambiente é processada no interior do sistema, só ingressando nesse sistema porque ele assim determina e na forma por ele estabelecida. A clausura não significa, portanto, que o sistema seja isolado do ambiente, mas que seja *autônomo*, que as mensagens enviadas pelo ambiente só ingressem no sistema quando processadas por ele, segundo seus critérios. Por isso, são abertos cognitivamente.

Em relação ao sistema atuam as mais diversas determinações do ambiente, mas elas só são inseridas quando este, de acordo com seus próprios critérios, atribui-lhes forma. Conquanto Gregorio Robles[5] afirme categoricamente que "o texto jurídico é um texto aberto", está se referindo à abertura semântica (cognitiva), mediante a qual o sistema tem seus conteúdos modificados. A despeito disso, reconhece que essa *regeneração* dá-se por mecanismos autopoiéticos, que autorizam e regulam as decisões ponentes de novos elementos no sistema normativo. Desse modo, o sistema jurídico mantém sua identidade em relação ao ambiente: "o próprio texto *cria* as ações que podem ser qualificadas como jurídicas, e o fato de regular a ação não significa que a ação *jurídica* exista antes do texto, mas sim que é o texto que a constitui. Por estranho que possa parecer, o homicídio como ação jurídica só existe depois que o texto

4. *Social Systems*, trad. Joim Bernarez Jr., Stanford, Stanford University Press, 1995.

5. *O Direito como Texto: Quatro Estudos de Teoria Comunicacional do Direito*, trad. Roberto Barbosa Alves, Barueri, Manole, 2005, p. 29.

jurídico prescreve o que é que se deve entender por homicídio".[6] Só aí essa ação ingressa no sistema do direito positivo.

Essa clausura operativa e abertura cognitiva, nos moldes expostos, só são possíveis pela existência de códigos e programas específicos para cada sistema parcial. Esses sistemas parciais, como é o caso do jurídico, qualificam-se em razão da diferença com o ambiente, diferença esta que é constituída e delimitada pelas operações internas ao próprio sistema, responsáveis pela auto-reprodução de seus elementos, segundo seu particular código e programa.

3.1 Código

Vimos que o sistema social é constituído por complexas redes de comunicação, num processo dinâmico constante. E à medida que o sistema vai aumentando sua complexidade, formam-se subsistemas, cada qual com seu código próprio, autonomizando-se uns em relação aos outros. É o que acontece com o sistema jurídico: (i) o sistema social diferencia-se do seu ambiente por produzir-se segundo o código comunicação/não-comunicação; (ii) ao adotar o código lícito/ilícito, o sistema jurídico distingue-se das demais comunicações sociais, pois mediante esse código o direito passa a construir seus próprios componentes, estabelecendo as normas reguladoras das suas operações, estruturas, processos.

Cada sistema autopoiético processa as mensagens externas dentro de critérios particulares, mediante um *código próprio*. Esse código é *valorativo* e *binário*: o código do sistema econômico, por exemplo, é ter/não-ter; do sistema político é poder superior (governo)/poder inferior (oposição); do sistema jurídico é lícito/ilícito. Todas as mensagens recebidas do ambiente são processadas e convertidas por meio desse código binário.

6. Gregorio Robles, ob. cit., p. 29.

O fato de o sistema adotar um código valorativo binário para processar as mensagens que recebe do ambiente é fundamental para manter sua *identidade*. Assim, mesmo que o sistema econômico influencie o sistema jurídico, *este não produzirá atos comunicativos econômicos, mas sim jurídicos*, consoante os seus próprios critérios de produção. As informações vindas do ambiente são processadas pelo sistema e, no caso do direito, ele atua sobre as informações reduzindo-as ao lícito e ao ilícito. A economia, *v.g.*, passa informações para o direito, que as submete ao seu filtro, e vai produzindo suas unidades.

É a existência de específico código binário que caracteriza um sistema como *auto-referencialmente fechado*, com abertura cognitiva ao meio ambiente. Por meio de código sistêmico próprio, estruturado binariamente entre um valor negativo e outro positivo, as unidades elementares do sistema são reproduzidas internamente e distinguidas claramente das comunicações exteriores. Mas os códigos se tornam formas vazias caso não sejam combinados com programas. Nesse sentido, a autopoiese importa uma combinação entre *codificação* e *programação*, possibilitando, assim, a simultaneidade de fechamento e abertura.

O sistema jurídico pode assimilar, de acordo com seus critérios (código e programa), os fatores do ambiente, sem que seja diretamente influenciado por eles. As expectativas normativas não são determinadas imediatamente por interesses econômicos, pela política, ética, moral etc.: dependem de processos seletivos de filtragem conceitual no interior do sistema jurídico, exigindo a *digitalização* interna de informações provenientes do ambiente. Desse modo, reproduzindo-se a partir de um código binário (lícito/ilícito) e de programas (normas jurídicas, tais como as veiculadas na Constituição, leis, decretos, decisões judiciais etc.), o direito aparece como sistema operacionalmente autônomo.

Como sistema autopoiético que é, o sistema jurídico comuta as respectivas influências apenas mediante seus programas e códigos, os quais atuam como mecanismo de seleção, filtragem e *imunização das influências contraditórias do ambiente sobre o sistema jurídico*. Essa imunização assegura que as expectativas normativas sejam tratadas segundo o código lícito/ilícito, de modo que os fatores externos só influam na reprodução do sistema jurídico se e quando submetidos a uma comutação discursiva de acordo com aquela codificação e com os programas jurídicos.

A pluralidade de discursos do ambiente é processada internamente pelo sistema do direito, sendo o código o componente que permite distinguir o sistema jurídico do ambiente, bem como identificar o que é conforme o direito e o que é discrepante, conferindo identidade ao sistema.

3.2 Programa

Não obstante a relevância do código na composição do sistema autopoiético, este, quer sob o ponto de vista temporal ou objetal, mostra-se insuficiente para a estruturação do sistema.

Examinando sob o ângulo temporal, o código apresenta-se como algo invariável. Se os valores do código mudarem, estar-se-á diante de um sistema distinto, pois o código representa a maneira como o sistema produz e reproduz sua própria unidade. O código não oferece, portanto, nenhuma possibilidade de adaptação do sistema ao ambiente. Um sistema codificado ou está adaptado, ou não existe.

Em relação ao seu objeto, o código é uma tautologia, e, no caso da auto-aplicação, um paradoxo. A tautologia decorre da circunstância de os valores do código serem interdefiníveis mediante a negação: o que é conforme ao direito não é discrepante do direito (lícito = não-ilícito) e o que é discrepante do direito não é conforme ao direito (ilícito = não-lícito). Por essa razão, o código pode ser caracterizado como uma simples duplicação do valor de preferência, no caso, a licitude. O paradoxo, por sua vez, apresenta-se quando o código é aplicado a si mesmo: ao perguntar se algo está conforme ou desconforme ao direito, distingue-se entre lícito e ilícito; para saber se é direito, necessário se faz o prévio conhecimento do que é *ser lícito*, conhecendo-se, simultaneamente, o que é *ser ilícito*.

Os valores *lícito* e *ilícito* não são, propriamente, critérios para a determinação do direito ou do não-direito, sendo necessários outros elementos que indiquem como os valores do código lícito/ilícito se aplicam. Essa semântica adicional é chamada de *programa*.

O código não pode existir sozinho, sem o programa, pois quando uma operação se submete a um valor binário e, portanto, ingressa em determinado sistema, surge a inevitável pergunta: qual dos valores (positivo ou negativo) deve-se lhe adjudicar? Os códigos são distinções que, no âmbito autopoiético, só podem ser produtivas mediante outra diferenciação: aquela entre codificação e programação. É em virtude da existência de codificação e programação que se pode resolver o problema da invariabilidade temporal e da capacidade de adequação do sistema: a invariabilidade e a incondicionabilidade estão representadas pelo código; a transformabilidade, pelos programas.

Os programas, na qualidade de suplemento da codificação, servem para dar direcionalidade à semântica condicionada por um código. Somente na presença de ambos é possível resolver problemas especificamente jurídicos, já que apenas nessa hipótese tem-se uma contingência inerente ao sistema do direito. Aquilo que é correto só se fixa mediante os próprios programas. Não existe nenhum problema de fundamentação do direito que não tenha que se solucionar no próprio direito. Por isso, *o direito positivo existe unicamente produzido no próprio sistema.*

4. O direito na teoria dos sistemas

A visão sistêmica, trazida para o direito mediante aplicação da teoria geral dos sistemas, permite identificar, com nitidez, a estrutura fundamental do ordenamento, bem como compreender sua autoformação a partir de seus próprios elementos.

Todo sistema, segundo Niklas Luhmann,[7] apresenta (i) função e (ii) estrutura. Quando falamos em *função do sistema*, referimos a toda ação ou atividade que este desenvolve, conducentes a atingir os objetivos previstos. Tratando-se do sistema jurídico, sua função, em termos gerais, consiste na *estabilização das expectativas normativas*. Essas expectativas normativas decorrem das prescrições do direito posto, que pretendem interferir nas condutas humanas, determinando como estas devem ser. O sistema jurídico diferencia-se funcionalmente dos demais subsistemas sociais exatamente por estar incumbido de garantir a manutenção de expectativas normativas, ainda que estas venham a ser frustradas em virtude da adoção de comportamentos divergentes daqueles normativamente previstos.

O cumprimento dessa função, porém, só é possível mediante determinações estruturais, chamadas *código* e *programa*. A função do direito, de estabilizar as expectativas normativas, produz um esquematismo binário, denominado *código*, segundo o qual as expectativas normativas cumprem-se ou frustram-se. É esse esquematismo binário que fundamenta a identificabilidade do sistema jurídico, permitindo selecionar, dentro das comunicações do sistema social, aquelas que integram o sistema parcial do direito.

Para que os códigos cumpram seu papel na produção de elementos internos ao sistema, impõe-se a existência de programas que determinem de que maneira o código deve ser utilizado. No direito, esses programas estabelecem em que hipóteses a comunicação jurídica qualificará como *lícito* um fato social qualquer e em que situações o identificará como *ilícito*. Caracterizam-se por serem *condicionais*, regulando a alocação dos valores ao código binário, segundo a relação implicacional "se... então".

A estruturação do direito mediante a codificação e programação também permite expô-lo a variações temporais e torná-lo independente da causalidade da existência de conflitos, determinando, o próprio sistema, o que pode ser tratado como conflito sujeito a decisões.

5. Forma e função do programa jurídico

Os programas dos sistemas jurídicos são sempre condicionais. Em relação ao direito, não se pode considerar uma programação orientada por fins. Os programas finalísticos só são admissíveis, no âmbito jurídico, mediante o contexto de um programa condicional: programas condicionais orientados a certos fins.

O marco jurídico dentro do qual se emite uma decisão não é, jamais, um programa finalístico. Ao contrário, o direito tem sempre como fundamento uma estrutura do tipo "se isto/então aquilo". Somente na hipótese de se apresentarem problemas na interpretação desse texto é que o sistema jurídico pode partir da consideração acerca da finalidade em função da qual deve servir o programa. Nesse caso, é precisamente a programação condicional que permite certa liberdade na imaginação de metas.

Em situações extremas, é possível que as condições estabelecidas pelo programa sejam reduzidas a uma norma de competência, do tipo "direito é o que o juiz considera como meio adequado para alcançar um fim". Mas, ainda nessa hipótese, continuaria havendo um programa condicional, tendo em vista que só se teria direito se o juiz exercesse sua competência

7. *O Direito da Sociedade, passim.*

dentro dos limites impostos pelo próprio sistema jurídico.

A forma do programa condicional "se isto/então aquilo" sobrevive a todas as subseqüentes diferenciações sociais mediante uma espécie de mudança de contexto. Possibilita a diferenciação de um sistema jurídico com uma codificação binária, assumindo a *função de regular adjudicação dos valores do código ao caso específico.*

A fixação da forma do programa condicional se relaciona com a função do direito: com a estabilização das expectativas normativas. Justamente para o caso de não serem cumpridas, as expectativas são postas na forma de normas.

Em síntese, a programação complementa a codificação, conferindo-lhe conteúdo. A diferença entre codificação e programação permite tautologizar o próprio código, tratá-lo como relação de mudança de valores e, com isso, abastecer o sistema com a capacidade para tomar decisões. Combina a invariabilidade com a transformabilidade.

6. Processo e autopoiese do sistema jurídico

O sistema jurídico impõe a necessidade de decisões. Dispõe ele, todavia, da possibilidade de postergar as decisões e operar durante um tempo na incerteza. Esse período de incerteza é admissível no sistema do direito porque ele próprio promete resolvê-la em algum momento, mediante a previsão de processos.

Os processos apresentam-se organizados na forma de episódios temporalmente limitados, iniciando-se com uma demanda e terminando com uma decisão que lhe corresponda. *Princípio* e *fim* são momentos constitutivos do sistema processual. Acontecimentos externos ao processo, como um acidente ou um desgosto pessoal, não iniciam o processo. As situações exteriores só têm relevância mediante formas que o processo mesmo identifica e qualifica como início: somente tais formas constituem o início do processo.

Só o código que permite a adjudicação da conformidade (ou discrepância) com o direito, mas que a deixa aberta, pode produzir a incerteza de que vive o processo. Todavia, o processo a aproveita como meio para sua própria autopoiese. Utiliza a incerteza para motivar a participação, oferecer oportunidades e, com isso, chamar os participantes para que colaborem, quer dizer, os convoca ao reconhecimento, até que no final se convertam em prisioneiros de sua própria participação, tendo poucas perspectivas de negar posteriormente a legitimidade do processo.

O código estritamente binário do sistema jurídico é enriquecido, dessa maneira, com um terceiro valor, qual seja, a incerteza da adjudicação de um valor. Isso possibilita que a codificação binária fique intacta, visto que *impede a introdução de outros valores no sistema*, mediante a exigência de que se aplique, ao próprio processo decorrente da incerteza, a distinção do código conforme/discrepante com o direito.

7. Segurança jurídica no sistema autopoiético: relacionamento entre sistema jurídico e ambiente

Lourival Vilanova[8] assevera que o direito se apresenta como uma "linguagem material, sempre aberta ao acrescentamento de enunciados fundados na experiência, que é infinita no sentido kantiano". Tal afirmação deve ser entendida como referente à abertura cognoscitiva do sistema jurídico, pois este, conquanto aberto em seu aspecto semântico, é sintaticamente fechado, como se depreende dos ensinamentos desse mesmo autor:[9] "Como o direito não é um sistema nomológico-dedutivo,

8. *As Estruturas Lógicas e o Sistema do Direito Positivo*, São Paulo, Noeses, 2005, p. 56.

9. *Causalidade e Relação no Direito*, 4ª ed., São Paulo, Ed. RT, 2000, p. 55.

em que seus enunciados derivem implicacionalmente de outros enunciados, um sistema fechado, mas um sistema empírico aberto aos fatos, os fatos nele ingressam através de normas". Nada ingressa no sistema do direito que não seja pelo modo por ele próprio prescrito: a forma normativa.

É pela conjugação entre código e programa que se obtém esse fenômeno autopoiético, garantindo, simultaneamente, segurança jurídica e relacionamento entre o direito posto e o ambiente.

A segurança jurídica pode ser considerada em duas variantes: (i) garante que os assuntos sejam tratados exclusivamente de acordo com o código do direito, sem interferência de qualquer outro interesse não contemplado pelo ordenamento; e (ii) confere previsibilidade às decisões jurídicas, em razão do conteúdo prescrito pelos programas do direito. Tendo em vista, porém, que as decisões são fortemente influenciadas pela subjetividade do julgador, optamos por considerar a segurança jurídica, em seu sentido estrito, como aquela referida na primeira variante: a exigência de que os fatos, para ingressarem no universo jurídico, submetam-se ao código "lícito/ilícito".

Apenas após a atuação do próprio sistema jurídico é que os fatos sociais, políticos ou econômicos passam a integrar o mundo do direito, surtindo os correspectivos efeitos. Esse é o modo pelo qual sistema jurídico e ambiente se relacionam, como explica com propriedade Paulo de Barros Carvalho:[10] "O que pode acontecer é o sistema S' tomar conhecimento de informações do sistema S" e processar esses dados segundo seu código de diferença, vale dizer, submetendo-se ao seu peculiar critério operacional. Em linguagem jurídica, é o direito recebendo fatos econômicos, por exemplo, em suas hipóteses normativas e, a partir delas, produzindo novas relações jurídicas por meio dos operadores deônticos (V, P e O)".

Sem norma, um fato qualquer não adquire qualificação de *fato jurídico*. É o sistema normativo que decide quais fatos são jurídicos e quais não são apreendidos pela juridicidade, ou, como refere Lourival Vilanova,[11] os fatos que trazem conseqüências jurídicas e os fatos que são juridicamente irrelevantes: "o constituírem-se ou desconstituírem-se fatos jurídicos depende de *regras de formação* do sistema".

Como exemplo desse fechamento operativo que confere segurança jurídica ao sistema do direito posto, já tivemos a oportunidade de aludir à teoria das provas, em que se tem a imprescindibilidade da observância às normas disciplinadoras do ingresso de elementos no sistema jurídico para que haja relacionamento entre este e o ambiente em que se insere.[12] A distinção entre sistema jurídico e os demais subsistemas sociais, cada qual com sua própria linguagem, códigos e programas, é facilmente identificada nos efeitos do preceito proibitivo da produção de provas ilícitas: ainda que o fato probante tenha sido constituído, não se apresenta como *fato* para o direito caso sua realização deixe de observar os limites juridicamente impostos. Além dessa situação, em que o *filtro* do sistema jurídico aparece com maior nitidez, para todas as hipóteses de produção probatória existem normas que prescrevem como constituir provas: são as normas de organização, normas-de-normas que indicam o procedimento para constituírem-se e desconstituírem-se outras normas, cuja observância é imprescindível para que se estabeleça relação de pertinencialidade com o sistema jurídico.

Não bastasse isso, qualquer fato jurídico que se pretenda constituir, atribuindo-lhe os efeitos correspondentes, depende da sua constituição em linguagem jurídica, na

10. *Direito Tributário: Fundamentos Jurídicos da Incidência*, 6ª ed., São Paulo, Saraiva, 2008, p. 104.

11. *Causalidade e Relação no Direito*, p. 54.

12. Fabiana Del Padre Tomé, *A Prova no Direito Tributário*, São Paulo, Noeses, 2005.

forma estabelecida pelo sistema do direito positivo. Como leciona Paulo de Barros Carvalho,[13] "a realidade jurídica é constituída, em toda a sua extensão, em todos os seus momentos e manifestações, em todas as suas instâncias, organizacionais, pela linguagem do direito posto, entrando nessa função configuradora tanto as normas gerais e abstratas e gerais e concretas como as individuais e abstratas e as individuais e concretas, as quais decompostas, exibem a multiplicidade imensa dos enunciados jurídico-prescritivos".

Fato jurídico, portanto, é aquele constituído na forma prescrita pelo ordenamento, observados seus códigos e programas. E, sendo condicional o programa do direito positivo, na forma "se..., então", em contraposição aos programas finalísticos, inadmissível pretender atribuir efeitos jurídicos a um fato social, econômico ou político, que não tenha sido juridicizado pelo direito posto, ou, o que dá no mesmo, efetuar interpretação econômica ou política de um fato jurídico.[14]

8. Conclusões

O raciocínio desenvolvido neste trabalho leva à conclusão de que o direito positivo configura um sistema autopoiético, produzindo seus componentes a partir dos próprios elementos que o integram, fazendo-o por meio de operações internas. As informações advindas do ambiente são processadas no interior do sistema, só ingressando no universo jurídico porque ele assim determina e na forma por ele estabelecida.

A pluralidade de discursos do ambiente (constituídos por linguagem social, política, econômica etc.) é processada internamente pelo sistema do direito, funcionando o código e o programa como mecanismos de seleção, assegurando que as expectativas normativas sejam tratadas segundo o código lícito/ilícito, de modo que os fatores externos só influam na reprodução do sistema jurídico se e quando submetidos a uma comutação discursiva de acordo com aquela codificação e com os programas jurídicos.

É o sistema do direito que estabelece quais fatos são jurídicos e quais não são apreendidos pela juridicidade, quer dizer, os fatos que desencadeiam conseqüências jurídicas e os que são juridicamente irrelevantes. Por isso, só desencadeiam efeitos jurídicos os fatos praticados de acordo com as próprias regras do ordenamento.

Fatos sociais, políticos ou econômicos não integram o sistema do direito posto. Somente quando juridicizados e, portanto, constituídos os fatos jurídicos, mediante procedimento e linguagem apropriados, é que se tem o estabelecimento de liames obrigacionais. É tal fechamento operativo e abertura cognitiva que confere segurança jurídica aos destinatários normativos, sem, no entanto, tornar inviável a expansão e aprimoramento do sistema do direito.

13. *Direito Tributário, Linguagem e Método*, São Paulo, Noeses, 2008, p. 173.

14. Paulo de Barros Carvalho, "O absurdo da interpretação econômica do 'fato gerador' – Direito e sua autonomia – O paradoxo da interdisciplinariedade", *Revista de Direito Tributário* 97/7-17, São Paulo, Malheiros Editores.

CADERNOS DE DIREITO TRIBUTÁRIO

SOBRE OS LIMITES NORMATIVOS DO ART. 38, PARÁGRAFO ÚNICO, DA LEI DE EXECUÇÃO FISCAL: CONSIDERAÇÕES PRÉVIAS À ANÁLISE DE SUA CONSTITUCIONALIDADE

TÁREK MOYSÉS MOUSSALLEM
Mestre e Doutor em Direito Tributário pela PUC/SP – Professor da Graduação e do Mestrado em Direito da Universidade Federal do Espírito Santo – Advogado

OSLY DA SILVA FERREIRA NETO
Mestrando em Direito Processual Civil pela Universidade Federal do Espírito Santo – Professor Bolsista da Universidade Federal do Espírito Santo. Advogado

1. Introdução. 2. Análise da legislação vigente: sobre os limites do art. 38, parágrafo único, da Lei de Execução Fiscal. 3. Dos limites semânticos impostos pelo art. 38, parágrafo único, da Lei de Execução Fiscal. 4. Conclusões.

1. Introdução

Como é cediço, tributos e multas tributárias devem ser cobrados mediante ato administrativo vinculado chamado *lançamento*,[1] no qual a Administração Pública documenta a ocorrência de um fato jurídico tributário e aplica a sanção[2] prescrita pelo ordenamento jurídico. Caso o contribuinte afetado pelo lançamento – o suposto sujeito passivo da obrigação tributária – entenda que o lançamento padece de algum vício formal ou material, o ordenamento jurídico lhe oferta duas vias para postular a revisão do ato: a judicial e a administrativa.

1. José Souto Maior Borges leciona que o Código Tributário Nacional utiliza o termo "lançamento" não só como *ato administrativo*, mas também como *procedimento administrativo*: "Mas a comprovação de que o termo 'lançamento' corresponde a uma categoria não lógico-jurídica, mas, sim, jurídico-positiva, e nitidamente plurissignificativa, decorre não só do art. 142, *caput*, mas da sua combinação, entre outros, com o art. 150 do CTN. (...). Tanto o procedimento de formação do lançamento (CTN, art. 142, *caput*) quanto a norma por ele criada (CTN, arts. 144, *caput*, 145, 146 e 150, *caput*) estão predeterminados pelas normas tributárias de caráter geral (leis complementares e ordinárias, regulamentos etc.) que lhes fundamentam a validade" (*Lançamento Tributário*, 2ª ed., São Paulo, Malheiros Editores, 1999, pp. 117-118).

2. Utiliza-se, aqui, o amplo conceito de "sanção" delineado por Geraldo Ataliba: "Castigo, pena, penalidade é espécie de sanção jurídica. Nem toda sanção é castigo, embora todo castigo (espécie) seja sanção" (*Hipótese de Incidência Tributária*, 5ª ed., São Paulo, Malheiros Editores, 1998, pp. 40-41).

As normas de estrutura (normas processuais) que regulam o acesso do contribuinte aos órgãos jurisdicionais têm fundamento de validade no inciso XXXV do art. 5º da CF, que proíbe a lei de excluir da apreciação do Poder Judiciário lesão ou ameaça a direito. Por sua vez, as normas de estrutura que garantem a possibilidade de revisão do lançamento na própria esfera administrativa possuem fundamento de validade no art. 5º, XXXIV, "a", da CF, que assegura a todos, independentemente do pagamento de taxas, o direito de petição aos Poderes Públicos em defesa de direitos ou contra ilegalidade ou abuso de poder.[3]

É importante isolar o conteúdo significativo desses enunciados constitucionais, porquanto as normas de estrutura reguladoras do processo (administrativo e judicial) introduzidas por leis (ou documentos normativos com força de lei) devem ser compreendidas pelo axioma da hierarquia, pelo qual é possível descreve sistema do Direito posto, assim como leciona Paulo de Barros Carvalho: "Sem hierarquia não há sistema de Direito, pois ninguém poderia apontar o fundamento de validade das unidades componentes, não se sabendo qual deva prevalecer. (...). As normas se conjugam de tal modo que as de menor hierarquia buscam seu fundamento de validade, *necessariamente*, em outras de superior hierarquia, até chegarmos ao patamar da Constituição, ponto de partida do processo derivativo e ponto de chegada do esforço de regressão".[4]

Nesse esquadro, o ordenamento jurídico prescreve que o contribuinte pode discutir judicialmente questões tributárias de duas formas: uma preventiva (visando a combater ameaça de lesão ao direito), outra repressiva (objetivando reparar a lesão já sofrida). Costuma-se identificar duas espécies de "ações" eminentemente preventivas, ou seja, que têm por objeto a discussão sobre a validade da cobrança do tributo antes mesmo da ocorrência do lançamento: a ação declaratória de inexistência de relação jurídico-tributária[5] e o mandado de segurança preventivo.[6] Por sua vez, são identificadas quatro espécies de "ações" de cunho repressivo, ou seja, que objetivam discutir a validade da cobrança após a ocorrência do lançamento: a ação anulatória de débito fiscal,[7] o mandado de segurança repressivo, os embargos à execução fiscal[8] e a ação de repetição de indébito.[9]

Há também a chamada "ação de consignação em pagamento", que poderá assumir caráter preventivo caso seja proposta com fundamento na recusa do sujeito ativo em receber o pagamento, ou caráter repressivo, caso seja proposta com fundamento na exigência do tributo por mais de um ente tributante.[10]

3. "A natureza jurídica do direito de petição é a de prerrogativa de cunho democrático-participativo. Em virtude de não constituir-se em ação judicial, e apesar de exigir forma escrita, o direito de petição é absolutamente informal no que se refere a seus requisitos e pressupostos para apresentação" (André Ramos Tavares, *Curso de Direito Constitucional*, São Paulo, Saraiva, 2002, p. 481).

4. Paulo de Barros Carvalho, *Direito Tributário: Linguagem e Método*, 2ª ed., São Paulo, Noeses, 2008, pp. 216-217.

5. "O contribuinte que pretender inserir-se no processo de positivação do direito tributário antes da edificação da respectiva norma individual e concreta deverá observar, já o dissemos, o caminho jurisdicional, fazendo-o por meio de 'ação' de conteúdo declaratório" (Paulo César Conrado, *Processo Tributário*, 2ª ed., São Paulo, Quartier Latin, 2007, p. 219).

6. "(...) ao julgar procedente o mandado de segurança preventivo, o Estado-juiz afasta a presunção de legalidade que permearia todo e qualquer ato que viesse a ser praticado pela autoridade pública, proibindo-a de fazê-lo" (Paulo César Conrado, *Processo Tributário*, cit., 2ª ed., p. 236).

7. "(...) falar de anulatória em matéria tributária significa tratar da modalidade processual antiexacional judicial que sucede a constituição da obrigação tributária" (Paulo César Conrado, *Processo Tributário*, cit., 2ª ed., p. 240).

8. Nos embargos à execução fiscal a pretensão deduzida pelo contribuinte assemelha-se à da ação anulatória; todavia, o rito procedimental é específico, nos termos prescritos pela Lei 6.830/1980.

9. Cf. art. 165 do CTN.

10. Cf. art. 164 do CTN.

Por fim, é importante destacar a existência da "ação de obrigação de fazer ou não fazer", na qual o contribuinte não se insurge contra o lançamento (futuro ou atual), mas postula um fazer (*v.g.*, a expedição de uma certidão positiva com efeitos de negativa) ou um não fazer (*v.g.*, a abstenção de condicionar a liberação de mercadorias apreendidas ao pagamento do auto de infração). Em apertada síntese, são essas as "ações" tradicionalmente utilizadas para discutir questões tributárias.

Já a discussão do lançamento na própria esfera administrativa possui normatização mais dispersa e cada ente tributante edita os documentos regulamentadores do seu próprio processo administrativo fiscal. A título de exemplo, no âmbito federal o processo administrativo é regulado pelo Decreto 70.235/1972, com alterações introduzidas pela Lei 8.748/1993;[11] no Estado do Espírito Santo a regulamentação é provida pela Lei estadual 7.000/2001; e no Município de Vitória pela Lei municipal 3.708/1991.

Na esfera administrativa, pelo exercício do direito de petição, o contribuinte pode formular pedidos similares aos deduzidos em juízo: que seja anulado o lançamento ou que lhe seja restituído valor pago indevidamente a título de tributo.[12] A problemática abordada por este artigo gira em torno das hipóteses em que o contribuinte utiliza ambas as vias para discutir o mesmo objeto (lançamento tributário ou repetição de indébito).

Assim, este artigo tentará responder se existem limites impostos ao exercício concomitante desses direitos – ou seja, à utilização simultânea das vias administrativa e judicial – e quais seriam esses limites. Tais respostas são de extrema importância, pois constituem questão que deve ser analisada em momento prévio à analise da constitucionalidade de tais limitações.

2. *Análise da legislação vigente: sobre os limites do art. 38, parágrafo único, da Lei de Execução Fiscal*

O art. 38, parágrafo único, da Lei 6.830/1980 – a Lei de Execução Fiscal – dispõe que a propositura de alguma das ações previstas no *caput* do dispositivo implica extinção do processo administrativo fiscal com fundamento na renúncia ao direito de recorrer na esfera administrativa ou na desistência do recurso acaso interposto:

"Art. 38. A discussão judicial da Dívida Ativa da Fazenda Pública só é admissível em execução, na forma desta Lei, salvo as hipóteses de mandado de segurança, ação de repetição do indébito ou ação anu-

11. É extremamente interessante a notícia trazida por Marcus Vinicius Neder e Maria Teresa Martínez López: "(...) a Emenda Constitucional 1, de 17.10.1969, e o subseqüente Decreto-lei 822/1969 conferiram competência ao Poder Executivo para regulamentar o contencioso administrativo fiscal. Daí surge o Decreto 70.235/1972, norma que, até hoje, regula o processo administrativo fiscal federal. (...). Na década de 80 as forças jurídicas voltaram sua atenção principalmente para a nova Constituição Federal, já que a compreensão dessa nova ordem jurídica direcionou a maior parte dos esforços doutrinários. O mesmo não se pode dizer do direito tributário formal, em que muito pouco se acrescentou ao sistema criado pelo Decreto 70.235/1972. Apenas em 1993 a Lei 8.748 veio introduzir algumas alterações significativas no processo administrativo fiscal, sendo a principal delas a criação das Delegacias da Receita Federal de Julgamento. (...). Deste breve retrospecto depreende-se que a solução das lides tributárias, apesar das meritórias iniciativas, remanesceu inalterada por quase 30 anos. O processo tributário no Brasil não foi submetido a uma sistematização científica, e seu perfil estrutural é ainda regulado por leis e atos esparsos, e na maioria das vezes obsoletos. Daí por que James Marins sustenta que a temática, do ponto de vista das Administrações Públicas, 'tem sido verdadeira *pièce de résistance* nos constantes arroubos dos Governos em face do Direito, na histórica tentativa de tornar mais frouxas as libertadoras e evolucionárias amarras do Estado de Direito'" (*Processo Administrativo Fiscal Federal Comentado*, São Paulo, Dialética, 2002, pp. 17-18).

12. A única estirpe de pretensões que não podem ser deduzidas em juízo é daquelas de índole preventiva, ou seja, anteriores à própria ocorrência do ato de lançamento.

latória do ato declarativo da dívida, esta precedida do depósito preparatório do valor do débito, monetariamente corrigido e acrescido dos juros e multa de mora e demais encargos.

"Parágrafo único. A propositura, pelo contribuinte, da ação prevista neste artigo importa em renúncia ao poder de recorrer na esfera administrativa e desistência do recurso acaso interposto."

Uma leitura apressada do dispositivo poderia concluir que a lei determina a extinção do processo administrativo fiscal em quaisquer hipóteses em que houver propositura de ação judicial cujo objeto litigioso corresponda à matéria discutida administrativamente. Todavia, a limitação imposta pela Lei de Execução Fiscal é muito mais restrita – para não dizer ínfima –, conforme será demonstrado a seguir, mediante o esquadrinhamento da hipótese de incidência da mencionada norma processual.

Ao tomar analiticamente o enunciado prescritivo, pode-se perceber que a hipótese de incidência da norma em questão restringe-se à propositura dos "embargos à execução fiscal", pois o dispositivo refere-se à "propositura (...) *da ação* prevista neste artigo", dizendo respeito à "ação" (no singular) aludida no *caput*, qual seja: os "embargos à execução fiscal".

Por isso, o antecedente da norma é restrito à hipótese em que, após a conclusão do processo administrativo fiscal e a conseguinte inscrição do débito tributário em Dívida Ativa, o contribuinte formula um pedido de revisão do ato de inscrição (dando início a um novo processo administrativo) e, em seguida, propõe seus "embargos à execução fiscal".

Ainda que seja outorgada interpretação fora dos limites semânticos contidos no texto analisado, compreendendo-se a expressão "da ação" como "das ações", pouco haveria de mudar na sistemática legal, pois tanto o objeto do "mandado de segurança" como o da "ação anulatória" deveriam voltar-se à discussão do ato de inscrição do débito em Dívida Ativa – e não do "crédito tributário".

Como se sabe, o ato pelo qual se constitui o "crédito tributário" (lançamento) é diferente do ato pelo qual esse mesmo "crédito tributário" se torna judicialmente exigível (inscrição em Dívida Ativa e a expedição da respectiva certidão), como ensina Décio Porchat: "A existência do crédito tributário é, sem dúvida, condição necessária de sua exigibilidade, mas não condição suficiente. (...). Sendo assim, com a constituição definitiva do crédito inicia-se, pois, o período de exigibilidade do crédito tributário. Destarte, para que o mesmo possa ser cobrado judicialmente por meio da ação de execução fiscal faz-se necessário que o sujeito ativo cumpra determinados deveres legais, como a inscrição do débito em Dívida Ativa e a posterior expedição do título executivo que servirá de documento essencial para a propositura da referida ação".[13]

Desse modo, mesmo extrapolando os limites semânticos impostos pelo texto, apenas a propositura de "mandado de segurança" e "ação anulatória" cujo escopo seja a discussão do ato de inscrição em Dívida Ativa seria apta a deflagrar o efeito previsto no conseqüente da norma – qual seja: a extinção do processo administrativo fiscal.

Ocorre que o ato de inscrição em Dívida Ativa pressupõe a constituição definitiva do crédito tributário, o que apenas ocorre com o fim do processo administrativo fiscal – motivo pelo qual apenas se cogitaria da hipótese de utilização simultânea das vias jurisdicional e administrativa quando o contribuinte, após a expedição da certidão de Dívida Ativa, formulasse pedido de revisão referente ao ato de inscrição, dando início a um novo processo administrativo.

13. Décio Porchat, *Suspensão do Crédito Tributário*, São Paulo, Quartier Latin, 2004, pp. 69-71, *passim*.

O mesmo seria aplicado à "ação de repetição de indébito": somente a propositura de ação com o escopo de reaver tributo pago após a inscrição do débito em Dívida Ativa poderia ensejar a extinção do processo administrativo em que o contribuinte já postulasse a repetição do indébito. Não obstante, conforme será explanado a seguir, o processo administrativo fiscal apenas poderia ser extinto com fulcro no art. 38, parágrafo único, da Lei de Execução Fiscal caso a ação judicial fosse proposta após a prolação da decisão administrativa que negasse o pedido de repetição de indébito.

3. Dos limites semânticos impostos pelo art. 38, parágrafo único, da Lei de Execução Fiscal

Poder-se-ia promover uma grande deturpação semântica do dispositivo, entendendo-se a expressão "discussão da Dívida Ativa da Fazenda Pública" como "discussão do crédito tributário", com o intuito de realizar uma expansão da hipótese de incidência da referida norma.

Dessa forma, o "mandado de segurança" e a "ação anulatória" que tivessem por objeto discutir o próprio "crédito tributário", não o ato de inscrição em Dívida Ativa, também seriam aptos a deflagrar a extinção do processo administrativo fiscal, dentro dos limites impostos pelo dispositivo.

É importante destacar que, mesmo promovendo-se essa desfiguração de sentido em relação ao texto legal, ainda assim a hipótese de incidência da norma prevista no art. 38 da Lei 6.830/1980 seria restrita, pois a conformação do referido dispositivo prescreveria a extinção do processo administrativo somente quando: (i) tanto a ação judicial como o processo administrativo tivessem por escopo questionar a validade do "crédito tributário"; (ii) a ação proposta estivesse no rol do art. 38 da Lei de Execução Fiscal; e (iii) a decisão administrativa determinasse a extinção do processo administrativo com fundamento na "renúncia ao direito de recorrer administrativamente" ou na "desistência do recurso eventualmente interposto".

O primeiro requisito exige que tanto o processo administrativo fiscal como a ação judicial proposta devem possuir o mesmo objeto litigioso, e esse objeto litigioso deve girar em torno da validade do crédito tributário.

Como leciona Paulo de Barros Carvalho, *crédito tributário* é o "direito subjetivo de que é portador o sujeito ativo de uma obrigação e que lhe permite exigir o objeto prestacional, representado por uma importância em dinheiro".[14] Por isso, restam excluídas do âmbito de incidência da norma as ações que não tenham sido propostas com o objetivo de discutir o direito de o sujeito ativo exigir determinado tributo, mas, por exemplo, o fornecimento de certidão negativa de débitos, a apreensão de certos bens ou documentos, o cancelamento da inscrição no Cadastro de Contribuintes, a inclusão do contribuinte em regime especial, a autorização para emissão de notas fiscais, a utilização de certos dados bancários para a efetivação do lançamento *etc.*

Essa imposição faz pressupor que o objeto litigioso, além de ser limitado à discussão do crédito tributário, deve ser idêntico em ambas as vias processuais: a judicial e a administrativa. Ou seja, para que incida a referida norma, tanto o objeto litigioso do processo administrativo quanto o do judicial devem se referir às mesmas partes, aos mesmos pedidos e às mesmas causas de pedir.[15] Isto é o que, em resumo,

14. Paulo de Barros Carvalho, *Direito Tributário: Linguagem e Método*, cit., 2ª ed., p. 421.

15. Cândido Rangel Dinamarco descreve os tradicionais elementos que constituem o objeto litigioso do processo judicial – elementos, esses, que podem, sem prejuízo científico algum, ser transplantados para o processo administrativo: "Estão caracterizados os três conhecidos *elementos identificadores* da ação e da demanda (os três *aedem*, de tradicional doutrina), que tanta utilidade têm na

asseveram Leandro Paulsen, René Bergman Ávila e Ingrid Schroder Sliwka: "A opção pela discussão judicial antes do exaurimento da esfera administrativa demonstra que o contribuinte desta abdicou, levando o seu caso diretamente ao Poder ao qual cabe dar a última palavra quanto à interpretação e à aplicação do Direito, o Judiciário. Entretanto, tal pressupõe identidade de objeto nas discussões administrativa e judicial. Caso a ação anulatória fira, *e.g.*, a questão da constitucionalidade da norma tributária impositiva e o recurso administrativo se restrinja a discussões quanto à apuração do valor devido, em razão de questões de fato, não haverá a identidade que tornaria sem sentido a concomitância das duas esferas".[16]

Em relação ao requisito constante no item "ii", apenas poderão deflagrar a extinção do processo administrativo as ações previstas pelo art. 38 da Lei de Execução Fiscal: os embargos à execução fiscal, o mandado de segurança, a ação anulatória e a ação de repetição de indébito. Em outras palavras, a propositura de "ação de consignação em pagamento", de "ação declaratória de inexistência de relação jurídico-tributária" ou, mesmo, de "ação de obrigação de fazer ou não fazer" não pode dar ensejo à extinção do processo administrativo.

Por fim, mesmo a presença dos requisitos descritos nos parágrafos anteriores (discussão do crédito tributário, identidade entre objetos litigiosos e propositura de ação prevista no art. 38 da Lei de Execução Fiscal), ainda haverá outro requisito a ser observado pela Administração Pública ao extinguir o processo administrativo: a propositura da ação judicial deverá poder ser qualificada como "renúncia ao direito de recorrer" ou "desistência do recurso interposto".

Isso porque o art. 38 da Lei de Execução Fiscal vincula a fundamentação do ato decisório que tiver por escopo a extinção do processo administrativo às hipóteses de "renúncia ao direito de recorrer administrativamente" ou "desistência do recurso eventualmente interposto" – o que traz importantíssimas implicações para análise do dispositivo.

Em relação à "desistência" a conseqüência é evidente: para que a "propositura da ação" possa ser considerada "desistência do recurso interposto", a "propositura da ação" deverá ser posterior à interposição do recurso, já que é juridicamente impossível desistir de um recurso que sequer foi interposto.

No que tange a "renúncia" o resultado não é menos claro: para que a "propositura da ação" possa ser considerada "renúncia ao direito de recorrer administrativamente", a "propositura da ação" deverá ocorrer após a prolação da decisão recorrível, já que apenas é possível realizar o ato de renúncia sobre um direito que existe e do qual se é titular – e, com a devida *venia*, o direito de recorrer apenas existe dentro da fluência do prazo recursal. Nesse sentido são esclarecedores os apontamentos feitos por Flávio Cheim Jorge: "A renúncia apenas pode ser manifestada após a prolação da decisão. Não se deve aceitar a renúncia prévia à própria prolação da decisão recorrida. (...). Na verdade, somente pode se renunciar validamente ao direito de recorrer a partir do momento que esse direito possa ser exercido de modo concreto. Não se de-

vida dos processos. Eles servem, antes e acima de tudo, para determinar o provimento que será lícito ao juiz emitir, pois definem a sua natureza (condenatório, constitutivo etc.), especificam-lhe o objeto e a extensão (o bem da vida), delimitam os seus fundamentos (os fatos, a situação da vida concreta alegada ao demandar) e indicam o alcance desejado (partes). Descrevendo tudo isso, pode-se ir dizendo agora, é a demanda que define o *objeto do processo*, ou 'objeto litigioso do processo', em torno do qual será exercida a jurisdição em cada caso concreto (...)" ("O conceito de mérito em processo civil", *RePro* 34/23, São Paulo, Ed. RT, 1984). Fazendo-se as devidas alterações, o mesmo se aplica aos processos administrativos.

16. Leandro Paulsen, René Bergman Ávila e Ingrid Schroder Sliwka, *Direito Processual Tributário: Processo Administrativo Fiscal e Execução Fiscal à Luz da Doutrina e Jurisprudência*, 3ª ed., Porto Alegre, Livraria do Advogado, 2007, p. 413.

siste de recurso ainda não interposto, tampouco se renuncia a recurso ainda não interponível. Renunciar ao direito de recorrer antes de proferida a decisão é renunciar a um direito que ainda não se tem, e nem se sabe se nascerá; 'repugna admitir que se renuncie a um (futuro) direito não apenas *incerto*, senão também indeterminado no conteúdo'".[17]

Dessa forma, ao vincular a fundamentação a ser provida na decisão que extinguir o processo administrativo, o legislador reduz o âmbito temporal da hipótese de incidência da norma prevista no art. 38, parágrafo único, da Lei de Execução Fiscal, de modo que a propositura da ação apenas poderá dar ensejo à extinção do processo administrativo quando ocorrer: (i) durante a fluência do prazo para interposição do recurso administrativo, ou seja, após a prolação da decisão administrativa recorrível, quando poderá ser qualificada como "renúncia ao direito de recorrer"; ou (ii) após a interposição do recurso administrativo, quando poderá ser qualificada como "desistência do recurso interposto".

É importante destacar que não se está, aqui, somente a discutir as confrontações *terminológicas* das palavras "desistência" e "renúncia", mas também (e principalmente) os limites do próprio discurso normativo: se inexiste direito subjetivo, não pode haver renúncia, simplesmente porque não há ao que se renunciar.

Assim sendo, a sistematizar tudo que foi dito acima, não haverá incidência da norma prevista no parágrafo único do art. 38 da Lei de Execução Fiscal – ou seja, o processo administrativo fiscal deverá seguir seu fluxo normal – nos seguintes casos: (i) quando o objeto litigioso do processo administrativo fiscal ou o da ação judicial proposta não se limitarem à discussão do "crédito fiscal", ou seja, quando o *pedido* formulado no "recurso administrativo" ou na "ação judicial" não se referir à inexistência do direito subjetivo de o ente tributante exigir determinada importância em dinheiro a título de "tributo"; (ii) quando não houver identidade entre o objeto litigioso do processo administrativo fiscal e a ação judicial, ou seja, quando for diferente alguma das partes, alguma causa de pedir ou algum pedido; (iii) quando, embora se esteja discutindo o crédito tributário e o objeto litigioso seja idêntico nas vias jurisdicional e administrativa, a ação proposta não esteja no rol do art. 38 da Lei de Execução Fiscal, ou seja, quando se proponha "ação declaratória de inexistência de relação jurídica tributária", "ação de consignação" ou "ação de obrigação de fazer ou não fazer"; (iv) nas hipóteses de propositura de ação de índole preventiva (anteriores à ocorrência do lançamento), como o mandado de segurança preventivo, uma vez que a propositura de tais ações jamais poderá ser qualificada como "renúncia ao direito de recorrer" ou "desistência do recurso interposto", pois sempre será anterior à prolação da decisão, ou seja, será anterior à própria existência do direito de recorrer ou à interposição do recurso;[18] (v) nas demais hipóteses em que a ação seja proposta antes da prolação do ato administrativo recorrível (lançamento, decisão, acórdão etc.), por exemplo: quando se propõe a ação de repetição de indébito e posteriormente se realiza o pedido administrativo de repetição de indébito, ou quando se propõe a ação anulatória de débito fiscal (ou mesmo embargos à execução fiscal) e posteriormente se realiza o pedido de revisão da certidão de dívida.

17. Flávio Cheim Jorge, *Teoria Geral dos Recursos Cíveis*, Rio de Janeiro, Forense, 2003, pp. 122-123.

18. Não é esse o entendimento do STJ: "(...). O ajuizamento de ação judicial anteriormente à autuação implica renúncia à interposição de recurso na esfera administrativa. Não é possível a utilização concomitante da via judicial e da administrativa, em face da prevalência da decisão judicial, devendo-se evitar, destarte, julgamentos divergentes □ Inteligência do § 2º do art. 1º do Decreto-lei n. 1.737/1959 e do parágrafo único do art. 38 da Lei n. 6.830/1980□ (cf. 1ª Turma, REsp 1.001.348-AM, rel. Min. José Delgado, j. 8.4.2008, *DJU* 24.4.2008).

Se a Administração Pública proferir decisão extinguindo o processo administrativo diante alguma das hipóteses previstas nos itens "i", "ii", "iii", "iv" e "v" mas deixar consignado em sua motivação o art. 38, parágrafo único, da Lei de Execução Fiscal, ela violará o "princípio" da legalidade. Como bem ensina Celso Antônio Bandeira de Mello, a função dos agentes públicos, desde o Presidente da República ao mais modesto dos servidores, é o respeito à legalidade: "Para avaliar corretamente o princípio da legalidade e captar-lhe o sentido profundo cumpre atentar para o fato de que ele é a *tradução jurídica* de um propósito político: o de submeter os exercentes do poder em concreto – o administrativo – a um quadro normativo que embargue favoritismos, perseguições ou desmandos. (...). O princípio da legalidade contrapõe-se, portanto, e visceralmente, a quaisquer tendências de exacerbação personalista dos governantes. (...). Assim, o princípio da legalidade é o da completa submissão da Administração às leis. (...). É, alias, o que convém a um país de tão acentuada tradição autocrática, despótica, na qual o Poder Executivo (ao menos até o governo do Sr. Fernando Henrique Cardoso), abertamente ou através de expedientes pueris – cuja pretensa juridicidade não iludiria sequer a um principiante –, viola de modo sistemático direitos e liberdades públicas e tripudia à vontade sobre a tripartição de Poderes".[19]

Se o agente público obra em descompasso aos limites impostos pelo art. 38, parágrafo único, da Lei 6.830/1980, age com abuso de poder – e, portanto, viola direito líquido e certo do contribuinte, que teve seu processo administrativo indevidamente extinto.

19. Celso Antônio Bandeira de Mello, *Curso de Direito Administrativo*, 21ª ed., São Paulo, Malheiros Editores, 2006, pp. 97-99. No mesmo sentido, cf. Hely Lopes Meirelles, *Direito Administrativo Brasileiro*, 23ª ed., São Paulo, Malheiros Editores, 1998, p. 85.

Importante destacar também que na esfera federal o abuso do ato decisório que extingue o processo administrativo fora das hipóteses estritamente previstas no art. 38 da Lei 6.830/1980 é mais cáustico, pois o Decreto 72.235/1972 possui regra geral que prescreve não haver qualquer limitação à utilização simultânea das vias administrativa e judicial para a discussão do crédito tributário. O art. 62 do referido diploma legal prevê, ainda, que a medida jurisdicional que determinar a suspensão da exigibilidade do crédito fiscal apenas tem o condão de suspender os atos executórios da dívida, devendo, pois, o processo fiscal seguir seu fluxo normal:

"Art. 62. Durante a vigência de medida judicial que determinar a suspensão da cobrança do tributo não será instaurado procedimento fiscal contra o sujeito passivo favorecido pela decisão, relativamente à matéria sobre que versar a ordem de suspensão.

"Parágrafo único. Se a medida referir-se a matéria objeto de processo fiscal, o curso deste não será suspenso, exceto quanto aos atos executórios."

Assim sendo, o art. 62 do Decreto 72.235/1972 cria uma regra geral (a propositura de ação perante órgão jurisdicional não tem o condão de suspender ou extinguir o fluxo do processo administrativo), ao passo que o art. 38, parágrafo único, da Lei 6.830/1980 a excepciona (apenas propositura de ação de repetição de indébito, anulatória de débito fiscal, mandado de segurança, em momento posterior à prolação da decisão administrativa recorrível, tem o condão de extinguir o processo administrativo). Nos Municípios e Estados a sistemática será idêntica, em virtude do princípio da legalidade, radicado, se não na própria estrutura do Estado de Direito, nos arts. 5º, II, 37, *caput*, e 84, IV, todos da CF.

4. Conclusões

A maior parte da doutrina brasileira entende que a *concomitância* entre os processos judicial e administrativo no sentido de discutir a mesma questão tributária implica, necessariamente, extinção do processo administrativo, sob o argumento de que tal orientação prima pela "economia processual", uma vez que a decisão judicial haveria sempre de prevalecer sobre a decisão administrativa.[20]

No mesmo sentido segue a jurisprudência. O STJ, orientado pela suposta "economia processual", pretende outorgar ao dispositivo um alcance que parece ir além dos limites normativos impostos pelo texto: impõe, indiscriminadamente, a extinção o processo administrativo fiscal diante de qualquer hipótese de concomitância.[21] Por sua vez, o STF, ao julgar a constitucionalidade do art. 38, parágrafo único, da Lei de Execução Fiscal, resolveu admitir extinção do processo administrativo fiscal em virtude da pendência de mandado de segurança preventivo – um caso que parece estar fora da hipótese de incidência construída a partir do dispositivo legal.[22]

Este ensaio pretende evidenciar que, antes de se discutir a constitucionalidade do art. 38, parágrafo único, da Lei de Execução Fiscal ou, mesmo, antes de identificar a orientação axiológica que deve guiar a aplicação do dispositivo, é preciso evidenciar quais são os próprios limites do texto da lei. Assim, aplicá-lo fora de sua hipótese de incidência, a fim de concretizar suposto valor que lhe dá fundamento, é insustentável, porquanto os atos administrativos são regidos pela legalidade estrita – ou seja, a Administração Pública jamais poderia agir além dos limites impostos pela lei.

Por fim, adiantamos que entendemos pela inconstitucionalidade do dispositivo, mesmo dentro das limitações de sua hipótese de incidência, com base em vários enunciados constitucionais, dentre os quais o dispositivo relativo à celeridade processual (art. 5º, LXXVIII) e o da efetividade da Administração Pública (art. 37 da CF).

Afirmamos isso pois a sistemática que impõe a extinção do processo administrativo diante da propositura de ação judicial com o mesmo objeto litigioso estabelece, de uma forma velada, que a ação judicial somente seja proposta após o exaurimento da via administrativa, o que (i) é prejudicial para o contribuinte, pois a demora na obtenção do provimento definitivo sobre a validade da cobrança do tributo termina por duplicar ou triplicar a dívida total, em virtude da incidência de juros moratórios (violação ao princípio da celeridade processual), e (ii) é prejudicial para a própria Fazenda Pública, porquanto a demora na obtenção do provimento definitivo sobre a validade da exação posterga a obtenção da disponibilidade financeira, bem como propicia que sonegadores contumazes promovam a dilapidação do patrimônio que satisfaria o crédito fiscal (violação ao princípio da eficiência da Administração Pública).

Também se poderia invocar violação a outros enunciados constitucionais, tal qual aquele constante no art. 5º, XXXV, que garante o livre acesso ao Poder Judiciário, bem como o inciso XXXIV do mesmo dispositivo, que garante o amplo direito de

20. "(...) a solução alvitrada pelo parágrafo único do art. 38, antes reproduzido, há de ser interpretada em conexão com o valor que a inspira: a concomitância (...) não é técnica que se fecha em si mesma, impondo-se seu reconhecimento, com a conseqüente aplicação da sorte prescrita pelo sistema, em vista da noção de 'economia'; ou, por outra: mediante prévia formulação de juízo sobre a utilidade do processo concomitante (administrativo) em face do judicial" (Paulo César Conrado, "Concomitância entre processo administrativo e judicial", in Eurico Marcos Diniz de Santi (coord.), *Segurança Jurídica na Tributação e Estado de Direito*, São Paulo, Noeses, 2005, pp. 533-535. No mesmo sentido, cf. José da Silva Pacheco, *Comentários à Lei de Execução Fiscal*, São Paulo, Saraiva, 2002, p. XX. Cf., também: Leandro Paulsen, René Bergman Ávilae Ingrid Schroder Sliwka, *Direito Processual Tributário: Processo Administrativo Fiscal e Execução Fiscal à Luz da Doutrina e Jurisprudência*, cit., 3ª ed., p. 413.

21. Cf. REsp 1.001.348-AM.

22. Cf. RE 233.582-RJ, 389.893-RJ, 267.140-RJ, 234.798-RJ e 234.277-RJ.

petição perante os órgãos da Administração Pública. Todavia, tais discussões excedem as questões que este ensaio pretende discutir.

Bibliografia

ATALIBA, Geraldo. *Hipótese de Incidência Tributária.* 5ª ed. São Paulo, Malheiros Editores, 1998.

ÁVILA, René Bergman, PAULSEN, Leandro, e SLIWKA, Ingrid Schroder. *Direito Processual Tributário: Processo Administrativo Fiscal e Execução Fiscal à Luz da Doutrina e Jurisprudência.* 3ª ed. Porto Alegre, Livraria do Advogado, 2007.

BANDEIRA DE MELLO, Celso Antônio. *Curso de Direito Administrativo.* 21ª ed. São Paulo, Malheiros Editores, 2006.

CARVALHO, Paulo de Barros. *Direito Tributário: Linguagem e Método.* 2ª ed. São Paulo, Noeses, 2008.

CASTRO, Alexandre Barros. *Processo Administrativo Tributário: Teoria e Prática.* São Paulo, Saraiva.

CONRADO, Paulo César. "Concomitância entre processo administrativo e judicial". In: SANTI, Eurico Marcos Diniz de (coord.). *Segurança Jurídica na Tributação e Estado de Direito.* São Paulo, Noeses, 2005.

__________. *Processo Tributário.* 2ª ed. São Paulo, Quartier Latin, 2007.

DINAMARCO, Cândido Rangel. "O conceito de mérito em processo civil". *RePro* 34. São Paulo, Ed. RT, 1984.

JORGE, Flávio Cheim. *Teoria Geral dos Recursos Cíveis.* Rio de Janeiro, Forense, 2003.

MARTÍNEZ LÓPEZ, Maria Teresa, e NEDER, Marcus Vinicius. *Processo Administrativo Fiscal Federal Comentado.* São Paulo, Dialética, 2002.

MEIRELLES, Hely Lopes. *Direito Administrativo Brasileiro.* 23ª ed. São Paulo, Malheiros Editores, 2008.

NEDER, Marcus Vinicius, e MARTÍNEZ LÓPEZ, Maria Teresa. *Processo Administrativo Fiscal Federal Comentado.* São Paulo, Dialética, 2002.

PACHECO, José da Silva. *Comentários à Lei de Execução Fiscal.* São Paulo, Saraiva, 2002.

PAULSEN, Leandro, ÁVILA, René Bergman, e SLIWKA, Ingrid Schroder. *Direito Processual Tributário: Processo Administrativo Fiscal e Execução Fiscal à Luz Da doutrina e Jurisprudência.* 3ª ed. Porto Alegre, Livraria do Advogado, 2007.

PORCHAT, Décio. *Suspensão do Crédito Tributário.* São Paulo, Quartier Latin, 2004.

SANTI, Eurico Marcos Diniz de (coord.). *Segurança Jurídica na Tributação e Estado de Direito.* São Paulo, Noeses, 2005.

SLIWKA, Ingrid Schroder, ÁVILA, René Bergman, e PAULSEN, Leandro. *Direito Processual Tributário: Processo Administrativo Fiscal e Execução Fiscal à Luz da Doutrina e Jurisprudência.* 3ª ed. Porto Alegre, Livraria do Advogado, 2007.

SOUTO MAIOR BORGES, José. *Lançamento Tributário.* 2ª ed. São Paulo, Malheiros Editores, 1999.

TAVARES, André Ramos. *Curso de Direito Constitucional.* São Paulo, Saraiva, 2002.

CADERNOS DE DIREITO TRIBUTÁRIO

FUNDAMENTAÇÃO DA OBRIGAÇÃO TRIBUTÁRIA

FERNANDO AURÉLIO ZILVETI
Mestre e Doutor pela Faculdade de Direito da USP
– Professor da EASP da Fundação Getúlio Vargas/FGV
– Conselheiro do IBDT

1. Introdução. 2. Obrigação no direito tributário. 3. Adoção do conceito de "obrigação" tomado ao direito privado. 4. Obrigação tributária e relação jurídica. 5. A causa ou fundamentação da obrigação tributária. 6. Conclusão.

1. Introdução

No direito tributário não há o pressuposto da vontade. A lei tributária prevê a obrigação tributária, que depende unicamente da ocorrência do fato gerador para que se consume. Por outro lado, na obrigação do direito privado só existe se houver vontade das partes. Isso, de certa forma, explica a aparente inaplicabilidade da teoria da causa na obrigação tributária – tema tratado neste trabalho.

A obrigação tributária é, afinal, o nexo lógico que se instala a contar da norma juntamente com o fato jurídico tributário[1] – a pertinente definição de Paulo de Barros Carvalho expõe a importância da abstração humana na consideração da hipótese de aplicação legal diante da ocorrência de um fato.

Este estudo visa a explorar a causa entendida como fundamentação e o liame puramente legal para, daí, provocar novas indagações. A causa do direito tributário não é a mesma do direito privado. No primeiro parte-se da relação *ex lege*, porém a fundamentação serve à configuração da obrigação tributária.

2. Obrigação no direito tributário

O tributo tem origem na sujeição política. Na Antigüidade, o vencedor da guerra, para manter o perdedor vivo ou para permitir que o vencido utilizasse a terra outrora sua, cobrava impostos. O tributo traz a impressão de servidão. Prova disso é que os países considerados soberanos eram imunes à tributação.[2]

1. Paulo de Barros Carvalho, *Direito Tributário: Linguagem e Método*, São Paulo, Noeses, 2008, p. 419.

2. Ezio Vanoni, *Opere Giuridiche*, Milão, Giuffrè Editore, 1961, pp. 7 e ss. O autor apóia sua afirmação, dentre outros, em Ciccotti, *Lineamenti dell'Evoluzione Tributaria nel Mondo Antico*, Milão, 1921, pp. 9 e ss. Ciccotti, por sua vez, cita Ubrich Wilken, que relata o significado dos recibos de impostos pagos pelos habitantes do Egito e Líbia, lavrados em *óstracos*.

Esse elemento histórico serve para comprovar o caráter opressivo do tributo, que, de início, representava uma forma de sujeição, somado ao fato de que o contribuinte não via no Estado qualquer retribuição pelo custeio das despesas públicas. Ainda dentre os romanos, registre-se a alteração da natureza do Fisco, antes caixa do Estado administrado pelo Senado, e após a época republicana nas mãos do imperador, unida aos bens dele, com plenos poderes sobre as receitas do Estado, o que afetou do contribuinte a visão do sacrifício para o bem do Estado, mas somente uma arrecadação operada pelo imperador, de acordo com sua vontade.[3]

A história da tributação é atualmente revista por abalizada doutrina alemã, que afirma ser o tributo um preço da liberdade econômica, uma vez que o empreendedor aceita o custo tributário em troca das condições para realizar sua atividade econômica, tais como, segurança, meios de escoamento de sua produção, regulação de mercado, dentre outros serviços que facilitam a produção.[4]

Outras teorias nominalmente distintas e com argumentos próprios foram defendidas para justificar a natureza da relação tributária. Todas, porém, redundam na teoria do benefício ou de escambo. Uma teoria fundada na crítica à teoria da improdutividade do imposto e na análise da utilidade do tributo, para ver no imposto remuneração que o ente privado deve ao Estado por seu concurso na atividade produtora. À teoria da remuneração segue outra teoria, segundo a qual o tributo seria equivalente a investimento diante do chamamento de capital por parte do Estado aos seus "acionistas", com o intuito de sustentar as despesas gerais da produção.

Também se desenvolveu tese correspondente aos serviços prestados pelo Estado, considerando o tributo como fenômeno análogo ao contrato de assinatura de serviços, por meio do qual o contribuinte concede ao Estado uma participação em sua empresa particular, em compensação aos serviços que o Estado lhe presta e que lhe garantem melhores condições no exercício de sua atividade privada, mesmo que a utilidade dos serviços seja potencial. Encerrando esses exemplos, a teoria do benefício ou escambo motivou, de certa forma, o desenvolvimento de proposta de substituição de tributo, forma obrigatória de arrecadação, por uma política de seguro social, de modo que o segurado pagaria um prêmio que lhe garantiria o gozo da utilidade pública, e quem não quisesse pagar seria tido como se não existisse, civil e politicamente, diante da sociedade nacional.[5]

Do ponto de vista financeiro, a doutrina do escambo é bastante censurável sob diversas formas, por incorrer na prestação de tributos e na contraprestação de serviços públicos. O Estado não age como empresa, nem tampouco tem como única receita o tributo, de modo que aceitá-lo como custo pelo gozo de serviços sociais consiste em equívoco lógico. Ademais, deturpa a relação jurídica entre Fisco e contribuinte, reduzindo o debate tributário para simples relação de consumo. O Neoliberalismo, porém, trouxe novo tempero ao tema, com o esvaziamento patrimonial do Estado e a ampliação de sua intervenção no domínio privado, reavivando a concepção polêmica de Estado-empresa.

Enfim, a teoria da utilidade ou do escambo culmina por justificar o repúdio ao pagamento de impostos: não existiria qualquer fundamento para justificar a cobrança de impostos ou o dever de pagar para cus-

3. Ezio Vanoni, *Opere Giuridiche*, cit., p. 12. Para sustentar essa afirmação, o autor cita Savigny, *System des heutigen Rechts*, vol. II, Berlim, 1840, pp. 272 e ss., além do já citado Ciccotti, *Lineamenti dell'Evoluzione Tributaria nel Mondo Antico*, pp. 122 e ss.

4. Paul Kirchhof, *Der sanfte Verlust der Freiheit*, Munique, Hanser, 2004, pp. 6-8.

5. Ezio Vanoni, *Opere Giuridiche*, cit., pp. 44-46.

tear despesas improdutivas ou mesmo até danosas à coletividade. Vanoni alerta para o perigo político que esse tipo de justificação da relação tributária acarreta.[6]

Além do problema político ocasionado pela teoria do escambo, é, ainda, possível que tal teoria seja utilizada para fins ideológicos. Segundo Schmidt, isso parece ter ocorrido na França, com a imposição de tributos sobre grandes fortunas ou o chamado "imposto solidário sobre a fortuna".[7] A experiência francesa denuncia dupla imposição sobre a renda, verdadeira expropriação. O imposto sobre grandes fortunas não é senão a expressão da ideologia marxista expropriatória.

O núcleo da questão está em verificar a natureza da atividade do Estado e qual é sua relação com a atividade individual. Assim, a atividade do Estado é meramente tutelar e conservadora. A atividade de tutela é a mais custosa, e esse custo aumenta proporcionalmente com o aumento de bens a serem defendidos. A relação com a atividade do contribuinte, na função tutelar do Estado, revela-se no imposto de renda e no imposto sobre patrimônio.

De fato, quando o Estado enfrenta a questão de repartir o custo das despesas públicas, o princípio da igualdade desponta como paradigma de observância obrigatória na relação Fisco/contribuinte. Contidos nesse princípio basilar, os sistemas tributários se desenvolvem sobre dois outros princípios: capacidade contributiva e benefício. Os dois princípios têm, segundo Vanoni, aplicação conjunta no sistema tributário do século XIX, porém, entre os tributos, o imposto se inspira na capacidade contributiva e a taxa, na teoria do benefício.[8]

A evolução histórica do tributo alcançou a adoção do conceito de receita derivada do emprego da soberania do Estado frente ao contribuinte, destinada ao custeio de suas finalidades. Configura-se, então, a existência da obrigação principal a conduta do contribuinte de recolher aos cofres públicos valores necessários à manutenção do Estado. A fiscalização do recolhimento dos tributos seria, a seu turno, a obrigação acessória, implementada mediante prestações positivas e negativas.[9] Considerando-se, então, o direito tributário ramo do direito público, a reger as relações entre o Estado e os jurisdicionados, a atividade fiscal da Administração de colher receitas por meio de tributos impõe a inclusão dessa relação no campo dos direitos obrigacionais.[10]

Enfim, dar coisa incerta define a obrigação tributária principal. O objeto da prestação na obrigação de dar coisa incerta não é especificamente individualizado, apenas indicado pelo gênero. Esse gênero vem configurado por meio de "notas essenciais que o distinguem".[11] A distinção está na relação jurídica patrimonial empreendida entre Fisco e contribuinte, o que confere à expressão "relação jurídica patrimonial" identidade com o termo "obrigação".[12]

Na obrigação tributária notam-se os elementos patrimoniais e transitórios característicos. Isso permite considerar apenas a chamada obrigação principal como tal, relegada a assessória ao caráter de deveres instrumentais legais frente à Administração Pública. A obrigação típica é economicamente mensurável e se extingue no momento em que o credor recebe do devedor o objeto da obrigação.[13]

6. Idem, p. 51.
7. Jean Schmidt, *L'Impôt*, Paris, Dalloz, 1995, pp. 53-55.
8. Ezio Vanoni, *Opere Giuridiche*, cit., p. 70.

9. Rubens Gomes de Sousa, *Compêndio de Legislação Tributária*, Rio de Janeiro, Financeiras, s/d, p. 84.
10. Idem, ibidem.
11. L. G. Paes de Barros Leães, *Obrigação Tributária*, São Paulo, José Bushatsky Editor, 1971, p. 17.
12. Paulo de Barros Carvalho, *Fundamentos Jurídicos da Norma Tributária*, São Paulo, Saraiva, 1999, p. 145.
13. Roque Antônio Carrazza, *O Regulamento no Direito Tributário Brasileiro*, São Paulo, Ed. RT, 1981, p. 25.

A determinação econômica da obrigação é importante na separação entre obrigação tributária e deveres instrumentais.[14] A questão que se impõe é saber se obrigação tributária pode ser considerada aquela economicamente mensurável. Em outras palavras, o aspecto patrimonial econômico seria determinante na configuração da obrigação tributária. A sujeição passiva do contribuinte em relação ao Fisco para custear as despesas do Estado seria considerada obrigação tributária apenas no que diz respeito ao patrimônio destinado aos cofres públicos. Há de ser levada em consideração, porém, a teoria de uma relação jurídica unitária e complexa, pois sem as obrigações de fazer, não fazer e tolerar não se opera a obrigação de dar.[15] Vejamos.

3. Adoção do conceito de "obrigação" tomado ao direito privado

Sem dúvida, a razão principal da tributação consiste na necessidade que o Estado tem de meios econômicos adequados para sua existência e para o custeio dos serviços públicos que redundam no benefício da comunidade.[16] Em que pese ao fato de o tributo ser um instituto de direito público, se equipara a posição do Estado à do titular de crédito privado, o que contradiz, de certa maneira, o caráter público do direito tributário.[17] O tributo configura-se como uma obrigação estabelecida pela relação jurídica determinada pela configuração de determinados fatos que alçam um para a qualidade de credor e o outro para a categoria de devedor de determinada prestação.[18]

A obrigação tributária é eminentemente de dar, enquanto os deveres instrumentais são de fazer ou não fazer. O núcleo da obrigação tributária seria, então, de dar, ao impor ao contribuinte satisfazer o crédito fiscal com parcela de seu patrimônio. A obrigação tributária significa, por aproximação terminológica, obrigação jurídica do contribuinte. Não é mero dever de prestar, em sua forma ordinária de autodeterminação. É, sim, uma obrigação com responsabilidade pessoal, um dever-ser ou uma dívida obrigacional.[19] Sem as chamadas obrigações assessórias ou deveres instrumentais não se poderia concretizar a relação fundamental obrigacional tributária.

Seria, portanto, inexato afirmar que a relação tributária corresponde à relação privatista, ao mesmo passo que seria incorreto afirmar que a relação privatista absorve a categoria geral da sujeição tributária.[20] O conceito de "obrigação tributária", diferentemente da obrigação do direito privado, é extraído da interpretação da norma obrigacional tributária. No direito tributário brasileiro a obrigação tributária está prevista no art. 113, § 1º, do CTN. A definição no Código está respaldada por previsão constitucional do art. 146, III, "b". A obrigação tributária tem por objeto o patrimônio do contribuinte, ou seja, o pagamento de tributo ou penalidade pecuniária. Isso não implica afirmar que a obrigação seja essencialmente patrimonial.[21]

14. Paulo de Barros Carvalho, verbete "Obrigação tributária", in Hamilton Dias de Souza, Henry Tilbery e Ives Gandra da Silva Martins, *Comentários ao Código Tributário Nacional*, vol. 3, São Paulo, José Bushatsky Editor, 1977, pp. 117-191.

15. A. D. Giannini, *I Concetti Fondamentali del Diritto Tributario*, Turim, UTET, 1956, pp. 123 e ss.

16. A. D. Giannini, *Istituzioni di Diritto Tributario*, Milão, Giuffrè Editore, 1968, p. 56.

17. Alcides Jorge Costa, *Contribuição ao Estudo da Obrigação Tributária*, tese de Doutoramento apresentada à Faculdade de Direito da USP, São Paulo, 1972, p. 5.

18. José Juan Ferreiro Lapatza, *Direito Tributário, Teoria Geral do Tributo*, São Paulo: Marcial Pons e Manole, 2007, p. 185.

19. Wilhelm Merk, *Steuerschuldrecht*, Tubinga, J. C. B. Mohr, 1926, p. 79.

20. Alessandro Giovannini, *Soggettività Tributaria e Fattispecie Impositiva*, Pádua, CEDAM, 1996, p. 155.

21. José Souto Maior Borges, *Obrigação Tributária: uma Abordagem Metodológica*, 2ª ed., São Paulo, Malheiros Editores, 1999, p. 34.

Inegável, porém, que na obrigação tributária está presente a característica patrimonial. Tal característica diferencial demarca relativa autonomia do próprio direito tributário, reconhecida a influência do direito privado. A separação entre obrigação tributária de dar e assessória ou instrumental de fazer, não fazer e tolerar parece ter função meramente didática.

Adote-se, também, a obrigação tributária definida pela negativa. Parece acertada a posição de José Souto Maior Borges que "obrigação tributária" não está no rol dos conceitos lógico-jurídicos, nem tampouco no campo dos conceitos da Teoria Geral do Direito. De fato, fosse conceito lógico-jurídico *a priori*, a norma tributária se sujeitaria à prévia definição da obrigação tributária e não o contrário, como sói ocorrer. Por outro lado, conceito da Teoria Geral do Direito fosse, teria característica de universalidade, generalização obtida empiricamente *a posteriori*.

A inferência hermenêutica do Direito posto é, afinal, que define o conceito de "obrigação tributária".[22] A obrigação tributária tem, além de um caráter patrimonial nítido, uma relação hermenêutica inegável. Daí a importância do tipo para o estudo da obrigação tributária. O caráter patrimonial importa, sem dúvida. O fato econômico de interesse fiscal não recebeu o interesse adequado na formação da obrigação. O aspecto hermenêutico é determinante para o nascimento da obrigação. Nele se revela a fundamentação.

4. Obrigação tributária e relação jurídica

A obrigação tributária foi relação de poder em sua origem e até o final do século XIX. Otto Mayer foi pioneiro na difusão doutrinária da legalidade como base da obrigação tributária. Myrbach-Rheinfeld, em trabalho posterior, tratou também da obrigação tributária. Ele levantou a tese acerca do poder financeiro do Estado, da relação de domínio exercida em nome desse poder, confundido com soberania na imposição fiscal.[23]

Na esteira da doutrina de Mayer e Myrbach-Rheinfeld vieram Naviasky, Hensel e Blumenstein, que se encarregaram de difundir a teoria da relação jurídica obrigacional de conteúdo patrimonial *ex lege*.[24] A doutrina desses tributaristas impulsionou a igualdade na tributação, com sujeitos ativo e passivo da obrigação em mesmo nível. Desenhava-se também, a partir dessa corrente, a relevância do fato gerador como conceito fundamental da ordem jurídico-tributária.

Para alguns autores a relação jurídica entre o Estado e o contribuinte é de poder, uma vez que a supremacia do Estado se manifesta em todos os momentos, desde a submissão que precede a afirmação da obrigação tributária até o momento do que se considera lançamento, ou seja, quando o Estado exige o pagamento do tributo. Por outro lado, sustenta-se que a relação de poder se constata somente até a fixação do tributo por meio de lei, e a partir desse momento a supremacia do Estado não se faz mais sentir, uma vez que a relação tributária se desenvolve como relação entre ente público e indivíduo, nos estritos limites da lei.[25]

Com efeito, existem dúvidas em relação a muitas obrigações a que está sujeito o contribuinte. Não se sabe ao certo se elas

22. José Souto Maior Borges, "Em socorro da obrigação tributária: nova abordagem epistemológica", in Heleno Taveira Tôrres (coord.), *Tratado de Direito Constitucional Tributário – Estudos em Homenagem a Paulo de Barros Carvalho*, São Paulo, Saraiva, 2005, pp. 65-84 (p. 66).

23. Mirbach-Rheinfeld, *Grundriß des Finanzrechts*, Lípsia, Dunker & Humblot, 1906, pp. 3 e ss.

24. Ernst Blumenstein, *Schweizerisches Steuerrecht*, Tubinga, J. C. B. Mohr, 1929.

25. Ezio Vanoni, *Opere Giuridiche*, cit., p. 79. Para sustentar a posição de relação de poder, Vanoni cita Otto Mayer (*Deutsches Verwaltungsrecht*); e para sustentar posição contrária, Blumenstein (*Schweizerisches Steuerrecht*, cit., p. 391).

têm efetivo caráter fiscal. De fato, diversas obrigações do contribuinte não têm qualquer conteúdo fiscal. Acreditou-se, então, que a distinção entre direito público e direito privado poderia servir para pôr fim a tais confusões, fixando os limites do que seria efetivamente fiscal.[26] Tal proposta não parece totalmente descabida. Verifica-se, hoje, que o excesso fiscal distorce o equilíbrio intentado entre público e privado.

"Poder" entendido como capacidade de produzir algum resultado conduz ao raciocínio binário. Nesse sentido filosófico, "poder" distingue-se em ativo e passivo, de conteúdo aparentemente gramatical: o poder de um grão de sal de se dissolver na água e o poder da água de dissolver o sal, e suas representações mútuas. É preciso, porém, distinguir "poder" de sua manifestação: o grão de sal é solúvel ainda que jamais seja dissolvido.[27] Daí decorrem relações de poder em face da propriedade, condição assumida em virtude do estado de objetos em relação a outros e da sociedade. Nesse sentido, resulta na capacidade do homem de determinar a conduta do homem.[28] De fato, o que importa é como o homem, em sua perspectiva, observa a relação de poder para elaborar suas máximas: do ponto de vista dos governantes e do ponto de vista dos governados.[29]

Enquanto se assuma que o poder existe, não há falar senão no fato de que o indivíduo tem poder social sobre outro indivíduo manifestado de modo que o primeiro é capaz de induzir o segundo a determinada conduta desejada pelo primeiro. O poder no sentido social que se empresta à palavra, porém, é possível apenas dentro de uma forma normativa de ordem que regule a conduta humana. Para a existência desse tipo de poder não basta que um indivíduo seja mais forte que outro, que se imponha sobre o outro por meio de relação animal de submissão. O poder no sentido sócio-político implica o senso de autoridade, a relação do superior sobre o inferior.[30] Poder social só é possível no âmbito de uma organização social, que se impõe por meio de normas que, por sua vez, definem o Estado como organização social de poder legal. Criticada como um mal aniquilante, a lei é aceita como instrumento de dominação por suas características de determinação da vontade geral, vigente e sabida de todos. Encontrar essa determinação e saber enunciar é tarefa que se espera do intelecto e da cultura de um povo.[31]

As antigas civilizações européias, asiáticas e a América pré-colombiana, desde as mais organizadas[32] até as primitivas, organizavam-se em castas. Nestas castas classificam-se os homens em: (i) governantes; (ii) cortesões, artistas e auxiliares

26. Louis Trotabas, "Ensayo de delimitación del derecho fiscal a través de la distinción entre derecho público y derecho privado" (título original: "Essai de délimitation du droit fiscal par la distinction du droit public e du droit privé" – trad. de Fernando Sainz de Bujanda), *Revista de Derecho Financiero y de Hacienda Publica* IV-13/9, março/1954.

27. John Heil, in Robert Audi (coord.), *The Cambridge Dictionary of Philosophy*, 2ª ed., Cambridge, Editora da Universidade de Cambridge, 1999, s.v. "Power".

28. Mario Stoppino, verbete "Potere", in Norberto Bobbio, Nicola Matteucci e Gianfranco Pasquino (coord.), *Dizionario di Politica*, Milão, 1990, pp. 838-847.

29. Norberto Bobbio, in Michelangelo Bovero (coord.), *Teoria Generale della Politica*, Turim, Einaudi, 1999, pp. 102 e ss.

30. Hans Kelsen, *General Theory of Law and State*, Nova Jersey, The Lawbook Exchange, 1999, p. 190.

31. Georg Wilhelm Friedrich Hegel, *Enzyklopädie der philosophischen Wissenschaften im Grundrisse*, 3ª ed., Hedelberg, Oswald (C. F. Winter), 1830, pp. 502-503.

32. Victor Uckmar, "La giusta imposta", in Heleno Taveira Tôrres (coord.), *Tratado de Direito Constitucional Tributário – Estudos em Homenagem a Paulo de Barros Carvalho*, cit., pp. 3-14 (p. 3). Os egípcios instauraram 2.000 anos antes de Cristo um sistema tributário integral, composto de impostos diretos e indiretos, no qual a agricultura era tributada em 20% da produção bruta. A base de cálculo, presumida, era calculada de acordo com o nível alcançado pela água do rio Nilo, que deixava sobre a terra fértil seu limo.

dos governantes; (iii) povo; (iv) escravos. Em algumas dessas sociedades houve organização em castas com pretexto religioso, que permanecem assim até hoje, como o caso da Índia. A primeira casta sempre se julgou superior e, portanto, mais apta a determinar os rumos da sociedade. Procuraram, assim, em todos os sistemas políticos, deter o poder; e, para tanto, adotaram o povo para lhes servir de base de sustento de seu governo. Os recursos para custeio do governo da classe dominante são colhidos da classe dominada, do povo. O tributo, portanto, é elemento central para exercício do poder. A relação de governo, poder, Estado e tributo é tão íntima que pode ser considerada de irmãos "quadrissiameses".[33]

Em suma, o tributo, como decorrência da supremacia de fato do Estado, pressupõe subordinação incondicionada. O Estado exerceria sua atividade de arrecadação em razão da supremacia manifestada em todos os momentos da relação com o cidadão, antes e após a afirmação do dever tributário. Opôs-se a tal tese doutrina a entender que a supremacia do Estado se dá apenas até o momento da promulgação da lei tributária, após o quê a relação segue estritamente os ditames normativos.[34]

A doutrina italiana dedicou ao tema da relação tributária relativa importância ao admitir, de alguma forma, que o direito de exigir tributo se dá em virtude da *potestà d'impero*, originária ou derivada.[35] Esse poder, regulado por lei, assume a figura de relação jurídica, que não se exaure, segundo Giannini, no direito do Estado de exigir e na correspondente obrigação do sujeito passivo de pagar quantia determinada, ao verificar os pressupostos fáticos estabelecidos em lei. Da lei resultam inúmeras obrigações e direitos de natureza diversa, tanto da parte do Fisco quando do contribuinte. O feixe de disposições constitui o que Giannini chamou de "trama do direito tributário", que define como ramo do direito administrativo que expõe os princípios e normas relacionadas à tributação e ao recolhimento dos tributos e analisa as conseqüentes relações jurídicas entre os entes públicos e os cidadãos.[36] As disposições tributárias são quase sempre cogentes, obrigam tanto o Fisco quanto o contribuinte, o que impede a transação entre os dois, uma vez que não admite ao agente público conceder qualquer remissão ou diminuição do débito tributário.[37]

Giannini faz uma importante reflexão sobre a relação tributária no trecho de seu trabalho em que afirma haver distinção entre Estado-legislador e Estado-administrador que lança e arrecada. O festejado tributarista italiano baseia-se noutro autor italiano, civilista de escol, Carnelutti, que afirma ter o Estado duas condições distintas: (i) como expressão subjetiva do direito, soberano; (ii) como sujeito de relação jurídica, súdito.[38] Tal reflexão reforça a idéia de que o Estado-legislador tem, no momento da edição da norma, uma relação de soberania, quase poder, e, como agente arrecadador, uma relação de súdito, sem distinção com o contribuinte, sujeito à lei, e sua relação com o contribuinte é de direito.

A relação tributária mantida entre o Estado ou outra pessoa de direito público e

33. Ives Gandra da Silva Martins, *Uma Teoria do Tributo*, São Paulo, Quartier Latin, 2005, p. 51.

34. Alcides Jorge Costa, *Contribuição ao Estudo da Obrigação Tributária*, cit., p. 1.

35. A. D. Giannini, *I Concetti Fondamentali del Diritto Tributario*, cit., p. 1.

36. Idem, p. 2.

37. Idem, p. 3.

38. Idem, ibidem. O autor cita Francesco Carnelutti (*Sistema del Diritto Processuale Civile*, vol. I, Pádua, 1936, p. 32), que define: "Mesmo a palavra 'Estado', como tantas outras da nossa linguagem, tem dois significados distintos, entre os quais quem não distingue, cai em contínuo perigo de equívoco: outro é o Estado como expressão subjetiva do direito (objetivo), outro o Estado como sujeito de relação jurídica; no primeiro sentido o Estado é soberano, no segundo é súdito, isto é, vinculado ao Direito; no primeiro sentido o Estado é *super partes* (autor do conflito); no segundo é *inter partes* (uma das partes, em cujo conflito de interesse é composto o Direito)".

o contribuinte que autoriza a arrecadação é definida como obrigação *ex lege*. Daí se conclui que a fonte da obrigação tributária é a lei. Não basta a existência da lei, porém, para o nascimento da obrigação tributária. É necessário o fato pressuposto para o legislador prescrever como capaz de fundamentar a ocorrência da relação jurídico-tributária.[39]

5. *A causa ou fundamentação da obrigação tributária*

Para enfrentar o problema da causa ou fundamentação na obrigação é necessário definir algumas metas a serem perseguidas: a definição "de causa jurídica"; os limites de aplicação do conceito de "causa" no direito privado e no direito público; e, por último, a relevância da causa na configuração da obrigação tributária.

No Direito Romano, ao menos até o fim da época do Código justinianeu, o conceito de "causa" era claro e aceito como elemento essencial para a validade das convenções jurídicas em geral.[40] Entre os romanos difundiram-se diversas teses a partir da causa – da *iusta causa*, da *iniusta causa, iusta causa* ***traditionis***, a *iusta causa* ***usucapionis***, a *iusta causa nell'****actio publiciana***, a *iusta causa per la* ***restitutio in integrum***, a *iusta causa* ***possidendi*** etc. Assim, a causa no Direito Romano guarda alguma relação – embora não se identifique – com o *negotium*. O ordenamento jurídico romano atribuía, portanto, à causa importância decisiva para a existência e validade das convenções que produziam transferência patrimonial entre dois sujeitos. Não se admitia no Direito Romano negócio jurídico que não tivesse base em determinado relacionamento concreto – ou seja, na causa.[41]

39. Amílcar de Araújo Falcão, *Fato Gerador da Obrigação Tributária*, Rio de Janeiro, Financeiras, 1964, p. 12.

40. Áster Rotondi, *Apunti sull'Obbligazione Tributaria*, Pádua, CEDAM, 1950, p. 1.

41. Idem, p. 2.

A causa seria um antecedente da vontade, porém não depende da vontade. Também se sustenta que a causa, etimologicamente, equivaleria à palavra "relação". Enfim, não é a causa o motivo pelo qual se age, mas o motivo pelo qual a lei reconhece a sanção jurídica.[42] É interessante, aqui, a equivalência etimológica entre "causa" e "relação", pois o que se viu acima, em função da relação tributária, de certa forma se aproxima à questão da causa, como elemento de conexão. A conexão se dá na fundamentação hermenêutica da obrigação.

Ainda no Direito Romano, seu ordenamento jurídico atribuía à causa importância determinante para a existência e validade da convenção que resultasse em transferência patrimonial entre dois sujeitos. O Direito Romano não concebia negócio jurídico que não fosse baseado em relação social concreta – ou seja, na causa. Há, porém, controvérsia doutrinária sobre a relevância jurídica da causa na formação do Direito Romano.[43]

Pode-se entender por "causa" o escopo econômico-social reconhecido pelo Direito. Também se admite por "causa" o escopo pelo qual o negócio é desenvolvido; uma condição que justifica a aquisição, ao passo que exclui lesão a direito alheio. Essas definições de "causa" representam a vontade da lei perante a vontade privada.[44] Nesse ponto, "causa" se aproxima da "fundamentação".

No campo da Filosofia a teoria da causa pode ser entendida como a determinação de uma conseqüência; ou, então: um discurso que descreve uma conexão ordinária e invariante entre tipos e eventos ou estados, nos quais as conexões envolvidas

42. P. Bonfante, "Il contratto e la causa del contratto, *Riv. di Dir. Comm.* 1908, pp. 115-125, *apud* Áster Rotondi, *Apunti sull'Obbligazione Tributaria*, cit., p. 2.

43. Áster Rotondi, *Apunti sull'Obbligazione Tributaria*, cit., p. 2.

44. De Ruggiero, *Istituzioni di Diritto Civile*, 5ª ed., p. 264, *apud* Áster Rotondi, *Apunti sull'Obbligazione Tributaria*, cit., p. 2.

são de algum modo causais.[45] Quando, entretanto, se fala de normas causais como distintas daquelas não-causais, a distinção pretendida pode variar. Explica-se: algumas vezes uma norma é tida como causal caso ela se refira a eventos ou estados que ocorram de forma sucessiva, também denominadas de "regras de sucessão" – por exemplo: a ingestão de estricnina leva à morte. Nesse sentido, a definição de "causa" contrasta com outra definição mais ligada à coexistência, que conecta eventos ou estados que ocorrem ao mesmo tempo.[46] Outra espécie filosófica da norma causal é também denominada "norma determinante", um tipo de causa que exclui a hipótese excepcional na conexão entre eventos ou estados. Define-se, também, "causa" como um juízo que antecede os dados da experiência, uma condição *a priori* do conhecimento. Integra a categoria do intelecto relacionada à estrutura da experiência. A causa teria, então, por escopo facilitar a compreensão dos conceitos.[47]

Ainda no campo filosófico se discute se o conceito de "causa" seria indispensável para a ciência. A ciência moderna opõe-se ao pensamento aristotélico, criticando acidamente a utilidade da causa ou, simplesmente, ignorando o termo, como fizeram os fisicistas. Alguns, como Bertrand Russell, chegaram a afirmar que o conceito de "causa" seria "relíquia da era da biga" (*relic of a bygone age*). Entretanto, no Direito e na jurisprudência se entende útil o conceito de "causa", do contrário não haveria sentido em investigar fatos com conseqüências jurídicas, como um homicídio, um acidente, um sinistro etc.. De fato, o tema da causa é de difícil aceitação, baseando-se nos diversos problemas e fontes metafísicas controvertidas. Porém, a sugestão de abandoná-lo, simplesmente, parece uma solução extrema.[48]

Como "causa" se entendeu o escopo econômico-social do Direito, um conceito político, identificado com movimentos políticos nacionalistas ou nacional-socialistas, que dele se utilizaram para criar o que hoje se vê repetido indevidamente no Código Civil brasileiro, na forma de função social do contrato. Data da mesma época e de igual orientação ideológica a consideração econômica do negócio jurídico.

Como elemento essencial para a validade dos contratos, a causa é vista como condição. A falta de causa macula o contrato, não se forma a obrigação. Nos contratos sinalagmáticos a teoria da causa se confunde com o objeto, que ocorre de cada obrigação que tenha por equivalente uma obrigação correlata.[49]

A Corte de Cassação italiana considerou causa do negócio jurídico a função econômico-social do próprio negócio e, propriamente, o último escopo objetivo e socialmente apreciável que as partes entendam com isso alcançar e que o ordenamento jurídico reconhece e tutela. Rotondi cita alguma jurisprudência distorcida sobre a causa. O tributarista italiano relata, por exemplo, a decisão do Tribunal de Comércio de Senna em que, sob a alegação de suposta ilicitude da causa, foi declarada nula obrigação contratada por gestor de casa de tolerância pela aquisição de vinho da *Champagne* destinado ao consumo na mesma casa.[50] Também anota decisão contemporânea em sentido contrário, de 1885, proferida pela IV Câmara da Corte de Bordeaux, em que um devedor alegou em seu

45. Jaegwon Kim, in Robert Audi (coord.), *The Cambridge Dictionary of Philosophy*, cit., 2ª ed., s.v. "Causal law", p. 123.

46. Idem, p. 124. O autor dá o exemplo: a lei Wiedemann-Franz, relativa à condutividade térmica e elétrica nos metais.

47. Adriano Monte Pessoa, "A causa jurídica da obrigação tributária", *RTFP* 46/44.

48. Richard Taylor, in Paul Edwards (coord.), *The Encyclopedia of Philosophy*, Nova York, The Macmillan Co. & The Free Press, 1967, p. 57.

49. Áster Rotondi, *Apunti sull'Obbligazione Tributaria*, cit., p. 3.

50. Tribunal do Comércio de Senna, 1.5.1888, *Gaz. Pal.*, 88, I, 797, *apud* Áster Rotondi, *Apunti sull'Obbligazione Tributaria*, cit., p. 5.

favor a tese da ilicitude da causa para deixar de pagar dívida contraída em razão da aquisição de roupas íntimas e tecidos de seda destinados ao exercício de atividade em casa de tolerância. Nesse último caso a Corte rejeitou o pedido sob a alegação de que o motivo da obrigação seria imoral e ilícito, porém a causa – a venda e compra –, não.[51] O mesmo autor relembra, ainda, que a jurisprudência se manteve desorientada sobre o tema por algum tempo, pois até o início do século XX se constatavam decisões como a do Tribunal Casale que considerou nula a obrigação fundada em causa imoral na venda de objetos de ornamento pessoal por joalheiro a prostituta, destinada ao exercício de seu *triste mestieri*.[52]

Para Rotondi, "motivo" não pode ser confundido com "causa" dos contratos. Aquele que se determina a cumprir algum ato age de acordo com sua faculdade mental, que lhe apresenta várias situações de fato e de direito que se adaptem ao caso. As idéias que ocorram à sua mente e que o induzam a cumprir aquele ato são os motivos, naturalmente numerosos, assim como numerosas são as circunstâncias, dependentes da própria natureza humana ou das coisas exteriores que promovem a atividade do homem.[53]

Muito discutida na esfera do direito privado, conforme exposto acima, a causa na obrigação tributária sofre de maior polêmica diante de suspeitas de sua inaplicabilidade. Para abordar tema tão controverso pareceu necessário tecer algumas considerações de cunho filosófico, sem, contudo, perder de vista o direito público, e especialmente o direito tributário.

Entre os escolásticos a causa da tributação foi desenvolvida a partir da teoria de Aquino. O tributo seria justo se, além da soberania (*causa efficiens*), também houvesse um escopo de utilidade geral (*causa finalis*), uma relação entre o ônus e o resultado útil (*causa formalis*), e de uma igual escolha da pessoa e da coisa a ser gravada (*causa materialis*). Pelo raciocínio dos escolásticos – observa Vanoni –, seriam injustos todos ou quase todos os tributos, a ponto de se perdoar a evasão; o que motivou o abandono da teoria pelos juristas.[54] Evidente o intuito provocativo de Vanoni.

Parte da doutrina nacional atribui grande relevância à causa, como se tudo o que começasse a existir tivesse que ter uma causa. Tudo aquilo que existe, porém, demanda de outro o que lhe é preciso para ser, tem nele a sua causa.[55] Um valioso trabalho nacional que aborda com precisão a questão é da lavra de Schoueri, que usa Canto como base para firmar posição em favor da teoria da causa na tributação.[56] Canto convenceu-se mais pela fundamentação do tributo, algo próximo da teleologia conforme princípios fundamentais, o que, essencialmente, seria causa somente no sentido metafísico. O conceito de "causa" está relacionado ao efeito.

Aliomar Baleeiro tratou da causa na tributação como fundamentação para a

51. Áster Rotondi, *Apunti sull'Obbligazione Tributaria*, cit., p. 5.

52. Idem, ibidem. A mencionada decisão data de 16.3.1916.

53. Áster Rotondi, *Apunti sull'Obbligazione Tributaria*, cit., p. 6.

54. Ezio Vanoni, *Opere Giuridiche*, cit., p. 18.

55. Gilberto de Ulhoa Canto, *Temas de Direito Tributário*, 2ª ed., Rio de Janeiro, Alba, 1964, p. 287. Para o autor o conceito escolástico de "causa" considera que tudo que começa a existir tem um causa, e "tudo que é, e que não tem de si o que lhe é preciso para ser, recebeu-o de outro, que é sua causa". Esse conceito contraria justamente a doutrina da causa na tributação, uma vez que a obrigação tem de si o que lhe é preciso, que é a lei.

56. Luís Eduardo Schoueri, *Contribuição ao Estudo do Regime Jurídico das Normas Tributárias Indutoras como Instrumento de Intervenção sobre o Domínio Econômico*, tese apresentada em concurso para Professor Titular da Faculdade de Direito da USP, São Paulo, 2002, pp. 167 e ss. O trabalho de Canto utilizado por Schoueri é o verbete "Causa das obrigações fiscais", em que o celebrado tributarista resume: "Ao invés de uma causa é mais adequado falar-se de um fundamento do direito do Estado ao tributo, *in genere*, e este consiste na necessidade do Estado de contar com os meios econômicos para poder cumprir seus fins coletivos".

obrigação de contribuir, que estaria ligada à condição de cidadania, segundo a capacidade individual. Essa fundamentação poderia ser interpretada como causa apenas no campo filosófico.[57] Talvez, revendo o trabalho de Baleeiro, faça sentido compreender a causa como fundamentação, principalmente para os fins propostos neste trabalho.

Na Itália a teoria causalista encontrou apoio de tributarista de autoridade, como Griziotti. Griziotti chegou a criticar duramente a doutrina alemã, que não aceitava a causa na obrigação tributária e atribuía a origem do imposto à lei. A crítica de Griziotti era dirigida a Otto Mayer, para quem o poder de tributar carece de pressuposto.[58] Há de se concordar com Mayer, pois o pressuposto desse poder é somente a lei, ou a Lei Maior, a Constituição. A chamada Escola de Pavia, liderada por Griziotti, parece ter dado relevância à causa na tributação em reação aos excessos do Legislativo da época, fato que se observa hoje no Brasil. Também se justifica o apego de Griziotti e seus seguidores pela causa, pois são adeptos da teoria do benefício, que considera legítima a pretensão do Estado quando este arrecada o tributo que faz frente à despesa pública e, aplicado em serviços para o contribuinte, justifica a exação – o que, em outras palavras, daria a causa à tributação.

Berliri, por sua vez, reconhece a dificuldade de se falar em causa na obrigação tributária. Considera, apoiado na doutrina de Messineo, que o ordenamento jurídico atribui o nascimento da obrigação a duas causas: a vontade humana e a lei. A causa no direito privado, portanto, é constituída da vontade do devedor, de sua intenção em assumir um dever de adimplir, ou da vontade da lei – o que permite a classificação da obrigação em voluntária e legal. Essa transposição do direito privado para o direito tributário não é possível, pois nesse ramo do direito público existe a hipótese de obrigação que nasce unicamente do efeito da lei, sem pressupor a ocorrência de fato – o que seria impossível no direito privado.[59] Berliri indaga argutamente, mais adiante, se a fonte da obrigação tributária pode ser sempre e somente a lei, ou também a vontade; e, em caso afirmativo, se seria necessário o concurso das vontades do sujeito ativo e do sujeito passivo (contrato), ou bastaria a vontade do sujeito ativo ou do sujeito passivo. Nessa posição, um tanto irônica, o tributarista italiano "apimenta" o debate, ao afirmar que esse tema traria outro em seu bojo: a imprescindibilidade do lançamento e sua natureza declaratória ou constitutiva.[60]

Outro italiano que tratou da causa e não convenceu nem a si próprio foi Dino Jarach, que afinal tergiversou da causa para a fundamentação, como se a causa estivesse no pressuposto de fato. Seria a causa o critério que a lei assume como razão para justificar a ocorrência de determinado fato do qual derive a obrigação. Reconhece Jarach que a identificação da causa com o pressuposto do fato corresponde à negação da teoria da causa, uma vez que a identidade não estabeleceria a ponte lógica entre a vontade da lei e a situação de fato. Enfim, Jarach chega a conclusão análoga à de Baleeiro, que resume causa à capacidade contributiva – o que não é senão no campo

57. Aliomar Baleeiro, *Limitações Constitucionais ao Poder de Tributar*, 7ª ed., atualizada por Misabel Abreu Machado Derzi, Rio de Janeiro, Forense, 1997, p. 740.

58. *Apud* Adriano Monte Pessoa, "A causa jurídica da obrigação tributária", cit., *RTFP* 46/48.

59. Antonio Berliri, *Principi di Diritto Tributario*, vol. II, t. I, Milão, Giuffrè Editore, 1957, p. 178. Messineo é citado por Berliri em sua obra *Manuale di Diritto Civile e Commerciale*, vol. II, Parte II, Milão, Giuffrè Editore, 1952, p. 22. Como um exemplo desse tipo de tributo o autor cita o tributo de capitação, ou seja, aquele em que a obrigação de pagar surge por efeito da lei e sem a necessidade de se verificar um fato jurídico que determine uma situação diversa daquela preexistente.

60. Antonio Berliri, *Principi di Diritto Tributario*, cit., vol. II, t. I, p. 180.

metafísico da fundamentação do tributo.[61] Em que pese à titubeante argumentação de Jarach, o resultado serve bem à doutrina do direito tributário, naquilo que afirma a justificação como elemento importante para a obrigação tributária.

Vanoni relata a história da tributação que revela existir nas diversas fases uma sorte de escambo entre Fisco e contribuinte, seja pela teoria da submissão (proteção), da utilidade (vantagem pessoal ou coletiva) ou pela cidadania (liberdade coletiva). Acerta ao concluir que a relação tributária não pode se resumir à troca.[62] Não obstante a psicologia fiscal explique a aceitação do tributo pelo contribuinte quando ele antevê contraprestação de utilidade por parte do Estado, isso não é causa, no sentido lógico, nem tampouco fundamentação.[63] Note-se que Vanoni não contesta categoricamente a teoria da causa, mas expõe suas fragilidades.

A causa é, afinal, o escopo efetivo do negócio jurídico. Em outras palavras, a causa é o escopo individual que as partes perseguem com sua estipulação. Aí está justamente a dificuldade de transpor a causa do direito privado para o direito tributário. No direito privado o escopo que leva a parte a realizar o negócio jurídico deve ser estipulado no contrato. No direito tributário, ao contrário, o escopo é a lei, pois ela determina à parte pagar o tributo, ou seja, ela seria a causa – o que parece ilógico. Para o direito tributário seria irrelevante que a causa esteja estipulada em contrato e, por conseguinte, que sua efetivação seja condição de validade. Basta que o fato previsto em lei ocorra para que se dê a obrigação tributária. A fundamentação, porém, faz sentido tanto *a priori* quanto *a posteriori*.

61. Dino Jarach, *El Hecho Imponible*, Buenos Aires, Abeledo-Perrot, 1971, pp. 99 e ss.

62. Ezio Vanoni, *Opere Giuridiche*, cit., pp. 117 e ss.

63. Ezio Vanoni, *Natureza e Interpretação das Leis Tributárias*, trad. de Rubens Gomes de Sousa, Rio de Janeiro, Financeiras, pp. 133 e ss.

6. Conclusão

Afinal, causa do tributo é a circunstância ou o critério que a lei define como razão para justificar que da verificação de determinado pressuposto de fato derive a obrigação tributária.[64] Jarach afirma que a razão da tributação deve ser apurada na vontade das partes, uma vez que a vontade é pressuposto de fato, ao quê a lei vincula o nascimento da obrigação. A razão da tributação deve ser perseguida no pressuposto de fato previsto em lei como necessário à origem da obrigação. A tese parece superada, porém não é. Ao contrário, tem no tipo e na evolução doutrinária do direito tributário sua maior atualidade. A causa defendida pelo jurista italiano é a fundamentação, a motivação que leva à transferência patrimonial. Mesmo que se admitisse a natureza privatista da causa, esta não pode ter seu conceito generalizado. Ao adotar um critério justificativo para o tributo, como em grande parte dos sistemas tributários, a razão escolhida pela lei como pressuposto da obrigação tributária é relevante, sempre que esteja ligada ao princípio da capacidade contributiva.

A definição legal, a causa jurídica, estabelece as condições da relação jurídica entre Estado e contribuinte.[65] Admite-se, afinal, que o pressuposto do fato seja considerado como fundamentação e não como causa da conseqüência jurídica. O sentido psicológico da expressão, ou, talvez melhor para a questão, o sentido deontológico, aproxima-se do significado de conseqüência jurídica numa relação estritamente jurídica, mais precisamente naquilo que se entende por dever-ser.[66]

64. Dino Jarach, *El Hecho Imponible*, cit., pp. 99 e ss.

65. Rubens Gomes de Sousa, "Curso de direito tributário", *Revista de Estudos Fiscais* 9-10/503, São Paulo, 1948-1949.

66. Fernando Vicente-Arche Domingo, "Consideraciones sobre el hecho imponible", *Revisa de Derecho Financiero y de Hacienda Pública* 39/543, Madri, 1960 (pp. 529-594).

Comprovado que a obrigação tributária em qualquer caso é obrigação *ex lege*, seu pressuposto jurídico seria um fato, jamais um negócio jurídico, exceto em relação aos chamados tributos contraprestacionais. De qualquer modo, para este estudo a causa jurídica da obrigação é entendida como definição legal, o que dá à hermenêutica um papel determinante na doutrina da obrigação tributária.

CADERNOS DE DIREITO TRIBUTÁRIO

A IMUNIDADE DOS SERVIÇOS DE TELECOMUNICAÇÃO: CARACTERÍSTICAS, REQUISITOS DE APLICAÇÃO E EFEITOS SOBRE O FUST E O FUNTTEL

TÁCIO LACERDA GAMA
Mestre e Doutor em Direito pela PUC/SP
– Membro e Professor do Instituto Brasileiro de Estudos Tributários

1. Introdução. 2. Noções gerais sobre imunidades. 3. Imunidades genéricas e imunidades específicas. 4. A imunidade do art. 155, § 3º, da Constituição da República. 5. Requisitos para aplicação da imunidade específica prevista no art. 155, § 3º, da Constituição da República: 5.1 A hipótese de incidência do tributo, confirmada por sua base de cálculo, deve se referir de forma direta e específica a uma das materialidades indicadas no art. 155, § 3º – 5.2 A norma instituidora do tributo deve ter sido publicada antes da vigência da Emenda Constitucional 33/2001 – 5.3 Inexistência de conflitos com os princípios da solidariedade e da universalidade. 6. Tributos criados em frontal violação desse dispositivo constitucional. 7. Conclusões.

1. Introdução

Até o dia 11.12.2001 os serviços de telecomunicação estavam imunes à incidência de qualquer outro tributo que não o imposto sobre circulação de mercadorias e serviços/ICMS, o imposto de importação/II e o imposto de exportação/IE, quando, então, foi inserida no Sistema Tributário Nacional a Emenda Constitucional 33/2001, substituindo um único vocábulo no § 3º do art. 155, fazendo constar o signo "imposto" no lugar de "tributo".

Esta sutil alteração juntamente com os precedentes construídos pelo STF no sentido de que a contribuição ao PIS e a COFINS – contribuições sociais – não eram excepcionadas da referida imunidade fizeram com que a maior parte da doutrina não se manifestasse sobre a validade de alguns tributos instituídos sob a vigência da redação originária do art. 155, § 3º, da CF, para incidir sobre as materialidades ali previstas, como é o caso das contribuições ao FUST e ao FUNTTEL.

Insurgindo-se contra este silêncio de quase uma década, o objetivo do presente trabalho é: (i) delimitar o sentido e alcance da regra de imunidade prevista no art. 155, § 3º, da CF; (ii) indicar os critérios para sua aplicação ao caso concreto; e, por fim, (iii) os efeitos que projeta sobre a validade das contribuições ao FUST e ao FUNTTEL.

2. *Noções gerais sobre imunidades*

As imunidades são enunciados constitucionais que integram a norma de competência tributária, delimitando a autorização para criar tributos.

Adotando a definição oferecida por Paulo de Barros Carvalho, conceituamos "imunidades" como "classe finita e imediatamente determinável de normas, contidas no texto da Constituição Federal, e que estabelecem, de modo expresso, a incompetência das pessoas políticas de direito constitucional interno que alcancem situações específicas e suficientemente caracterizadas".[1] Partindo-se desta definição, é possível concluir, dentre outras coisas, que, ao se referir a situações específicas e suficientemente caracterizadas, as imunidades surgem como princípios que ditam limites objetivos à instituição de tributos.

De fato, a distinção entre "princípios" e "imunidades" é formulada pela doutrina. Não há no texto constitucional referência a "imunidades tributárias". Há – isto, sim – um conjunto de enunciados prescritivos identificados como "princípios" ou "imunidades" segundo critérios que variam de um autor para outro. Esses enunciados têm em comum o fato de integrarem a estrutura da norma de competência, disciplinando a criação de tributos. Por este argumento, não há maiores inconvenientes em se considerarem as "imunidades" como espécie do gênero "princípios jurídico tributários".[2]

1. Paulo de Barros Carvalho, *Curso de Direito Tributário*, 19ª ed., São Paulo, Saraiva, 2007, p. 178.

2. Misabel Derzi oferece lição semelhante quando afirma que "os princípios, ao ditarem o sentido e a inteligibilidade do sistema, tanto podem inspirar uma imunidade como, ao contrário, uma regra confirmatória do poder tributário, assim como marcar as condições ou os requisitos para o bom exercício da competência tributária, limitando ou expandindo o poder de tributar" (in Aliomar Baleeiro, *Limitações Constitucionais ao Poder de Tributar*, atualizado por Misabel Derzi, 7ª ed., Rio de Janeiro, Forense, 1997, pp. 16-17).

Tomando a distinção entre princípios que prescrevem valores e princípios que veiculam limites objetivos, Eurico de Santi afirma ficar claro que "a imunidade (...) não é um valor, mas sim um limite objetivo. Isso não nega que por detrás da regra de imunidade há valores que ela visa a atingir".[3] Como todo limite objetivo, as imunidades atuam para atingir determinados valores. Esta é, invariavelmente, sua função: viabilizar o alcance de valores que o constituinte julgou fundamentais.

Com estas noções, e tendo em vista a estrutura da norma de competência, é possível afirmar que as imunidades são enunciados prescritivos, veiculadores de limites objetivos, que atuam no conseqüente da norma tributária, impedindo sejam criados tributos que onerem determinadas situações e pessoas.

3. *Imunidades genéricas e imunidades específicas*

Várias são as classificações que podem ser construídas a partir das regras de imunidade. Interessa, entretanto, para o desenvolvimento do presente trabalho, aquela que diferencia as imunidades em *genéricas* e *específicas*.[4] Entendem-se por

3. Eurico Marcos Diniz de Santi, *Imunidade como Limite Objetivo e as Diferenças entre "Livro" e "Livro Eletrônico"*, p. 59.

4. Importante destacar, nesta oportunidade, que a afirmação de que as imunidades tributárias se referem especificamente aos tributos não-vinculados (impostos) é frágil e não resiste à análise do direito positivo. O texto constitucional prescreve imunidades relativas a determinadas espécies e ao gênero "tributo". Nesse ponto, pouco importa tratar-se de tributo vinculado ou não a uma atividade estatal, ou ter ou não uma finalidade específica. Aires Fernandino Barreto e Paulo Ayres Barreto também sustentam essa posição, afirmando que "em várias passagens, a Constituição previu imunidade assim de taxas como de contribuições". Segundo explicam, a afirmação de que imunidades só atingiriam impostos tinha foros de verdade na vigência das Constituições de 1967 e de 1969. Porém, com a edição da Constituição de 1988 não é possível sustentar que elas se restringem aos impostos, com apoio do texto constitucional (*Imunidades Tributárias: Limitações Constitucionais ao*

imunidades genéricas aquelas prescritas para todo e qualquer tributo, ao passo que as *imunidades específicas* dizem respeito somente a uma determinada espécie tributária. O critério de distinção está no próprio direito positivo: quando há referência a "tributos" há uma imunidade genérica; quando há referência a uma espécie tributária – impostos, por exemplo – tem-se uma imunidade específica.[5]

A Constituição Federal prescreve diversas imunidades específicas. O art. 150, VI, por exemplo, veda a instituição de *impostos* sobre algumas materialidades que enumera. Proíbe, por exemplo, sua instituição sobre (i) *patrimônio, renda e serviços uns dos outros*; (ii) *templos de qualquer culto*; (iii) *livros, jornais, periódicos e o papel destinado à sua impressão*. Note-se que a referência constitucional é dirigida especificamente a uma espécie de tributo: os impostos. Por isso, configura imunidade específica.

Há, também, imunidades específicas relativas a outros tributos. O art. 195, § 7º, prescreve que seriam "isentas de contribuição para a seguridade social as entidades beneficentes de assistência social que atendam às exigências estabelecidas em lei". Neste enunciado, embora a prescrição afirme "são isentas", o que se tem é uma imunidade. Trata-se de enunciado constitucional que veda a instituição de contribuições sociais sobre as pessoas jurídicas que indica, conforme sejam atendidos os requisitos da lei.

Esses exemplos demonstram que as imunidades podem integrar a norma de competência para a edição de qualquer espécie tributária. As normas que regulam a criação de contribuições interventivas não são exceção, sendo delimitadas também por enunciados que veiculam imunidades.

4. A imunidade do art. 155, § 3º, da Constituição da República

Antes da edição da Emenda Constitucional 33/2001 o art. 155, § 3º, da CF apresentava a seguinte redação: "§ 3º. À exceção dos impostos de que tratam o inciso II deste artigo e o art. 153, I e II, *nenhum outro tributo* poderá incidir sobre operações relativas a energia elétrica, serviços de telecomunicações, derivados de petróleo, combustíveis e minerais do país" (grifamos).

Desdobrando analiticamente esta disposição constitucional, é possível concluir que – exceção feita ao ICMS, ao II e ao IE – as pessoas políticas de direito constitucional interno não tinham competência para gravar com qualquer outro tributo as operações com (i) energia elétrica, (ii) serviços de telecomunicações, (iii) derivados de petróleo, (iv) combustíveis e (v) minerais do país.

A norma em análise não comporta qualquer tipo de digressão. Seu texto é de clareza singular. Estabelece verdadeiro limite ao exercício da competência tributária, impedindo a instituição de qualquer outro tributo sobre as materialidades taxativamente indicadas além do ICMS, do II e do IE. A referência específica a estes impostos exclui a possibilidade de se criar qualquer outra espécie tributária que onere as atividades que menciona. Não há espaço para dúvidas: trata-se de imunidade genérica.

O STF em mais de uma oportunidade reconheceu a imunidade genérica estabelecida pela redação originária do art. 155, § 3º, da CF, qualificando-a como garantia

Poder de Tributar, 2ª ed., São Paulo, Dialética, 2001, p. 97).

5. Esta classificação não se confunde com aquela oferecida por Sacha Calmon Navarro Coelho, que distingue "limitações genéricas e limitações específicas" ao poder de tributar. Diversamente da proposta deste trabalho, o referido autor utiliza como critério o fato de as "limitações" serem prescritas para todos os impostos ou somente para um tipo de imposto, tomando-o separadamente. Assim, limitações gerais alcançam todos os impostos e limitações específicas dizem respeito a um só imposto (*Comentários à Constituição de 1988 – Sistema Tributário*, p. 139).

geral do contribuinte. No julgamento do RE 177.137-2/RS, de relatoria do Min. Carlos Veloso, ficou assentado: "*Quando a Constituição desejou estabelecer limitação ou vedação a qualquer tributo e não às suas espécies, ela foi expressa*, como, *v.g.*, art. 146, III, 'a' (definição de tributos e suas espécies), art. 150, I (princípio da legalidade tributária), II (regra geral para os tributos), III (cobrança de tributos), art. 151, art. 152, *art. 155, § 3º ('à exceção dos impostos de que tratam o inciso II e o **caput** deste artigo e o art. 153, I e II, nenhum outro tributo poderá incidir sobre* operações relativas a energia elétrica, *serviços de telecomunicações*, derivados de petróleo, combustíveis e minerais do país')" (grifamos).

Também o eminente Min. Marco Aurélio, ao analisar caso semelhante, manifestou-se especificamente pela impossibilidade de instituição de contribuição sobre as operações previstas no art. 155, § 3º, da CF, nos seguintes termos: "Recorde-se, mais uma vez, o preceito do § 3º do art. 155, evocado como infringido pela União Federal: '§ 3º. *À exceção dos impostos de que tratam o inciso II do **caput** deste artigo e o art. 153, I e II, nenhum outro tributo poderá incidir sobre operações relativas a energia elétrica, serviços de telecomunicações, derivados de petróleo, combustíveis e minerais do país*'. O inciso II mencionado na norma concerne ao imposto de circulação de mercadorias e serviços de transporte interestadual, intermunicipal e de comunicações. Já os incisos I e II do art. 153 dizem respeito aos impostos pertinentes às importações e alusivos à renda e proventos" (STF, AI 210.410-PE, rel. Min. Marco Aurélio, *DJU* 13.5.1998 – grifamos).

Não obstante a existência deste claro impedimento, com manifestação expressa da Corte Suprema neste sentido, a União instituiu algumas contribuições de intervenção no domínio econômico incidentes sobre as materialidades indicadas no art. 155, § 3º, da CF, como as contribuições ao FUST e ao FUNTTEL. Ao se apropriar de fatos que estavam fora da sua faixa de competência, o legislador incorreu em flagrante inconstitucionalidade.

A perfeita demonstração deste vício no caso concreto exige, contudo, a análise dos requisitos construídos pela jurisprudência dos Tribunais Superiores, em especial do STF, para a aplicação da imunidade prescrita na redação originária do art. 155, § 3º, da Constituição da República. O tema, como já se pode intuir, não tem respostas prontas e genéricas. Apresenta particularidades que variam de acordo com as específicas regras que integram o regime jurídico do tributo cuja validade se está a analisar.

Foram justamente estas nuanças que geraram distorções na interpretação da referida imunidade, as quais acabaram por obscurecer a identificação da inconstitucionalidade na instituição das contribuições ao FUST e ao FUNTTEL.

5. Requisitos para aplicação da imunidade específica prevista no art. 155, § 3º, da Constituição da República

Em diferentes oportunidades a egrégia Suprema Corte proferiu decisões indicando os pressupostos para a incidência dos limites ao exercício da competência tributária estabelecidos no art. 155, § 3º, da Constituição da República. São, em síntese, três os requisitos de aplicação construídos a partir da reiterada jurisprudência do STF: (i) incidir de forma específica sobre alguma das materialidades previstas pelo art. 155, § 3º, da CF; (ii) ter sido publicada antes da vigência da Emenda Constitucional 33/2001; e (iii) inexistência de conflitos com os princípios da solidariedade e universalidade.

Vejamos cada um destes requisitos com mais detalhes.

5.1 A hipótese de incidência do tributo, confirmada por sua base de cálculo, deve se referir de forma direta e específica a uma das materialidades indicadas no art. 155, § 3º

Este requisito pode ser inferido dos julgados que afastaram a aplicação da citada imunidade ao caso da contribuição ao PIS e da COFINS, cuja hipótese de incidência, confirmada pela base de cálculo, é o gênero "faturamento", que inclui qualquer tipo de ingresso decorrente da prestação de serviços ou da venda de mercadorias. Não há nestes casos, portanto, criação de tributo incidente sobre materialidade expressamente vedada, mas sobre todo e qualquer ingresso, independentemente da sua natureza – o que é permitido pelo sistema jurídico.

Plenamente coerente com o que dispõe nosso ordenamento as decisões proferidas no Plenário do STF nos autos do RE 144.971-3-DF e do AgR no RE 224.987-7-AL, no sentido de que a instituição de PIS/COFINS sobre o faturamento das empresas não esbarra no limite à competência tributária determinado pelo referido dispositivo constitucional.

Isso porque para que se aplique a imunidade prevista no art. 155, § 3º, da CF exige-se que o tributo grave *direta e exclusivamente* as materialidades ali previstas. Se a incidência for meramente indireta e/ou genérica, como no caso das citadas exações, a tributação é possível.

5.2 A norma instituidora do tributo deve ter sido publicada antes da vigência da Emenda Constitucional 33/2001

Após a publicação da Emenda Constitucional 33/2001, que ocorreu em *12.12.2001*, a amplitude da imunidade em exame foi sobremaneira reduzida. Apenas a competência para instituir *impostos* permaneceu limitada pela imunidade prescrita pelo art. 155, § 3º. Por conta desta alteração constitucional, converteu-se uma imunidade genérica, que restringia a criação de todo e qualquer tributo, numa imunidade específica, que limita apenas a instituição de uma espécie tributária – os impostos.

Até a edição dessa Emenda, em 12.12.2001, o texto constitucional prescrevia expressamente, no art. 155, § 3º: "§ 3º. À exceção dos impostos de que tratam o inciso II do *caput* deste artigo e o art. 153, I e II, nenhum outro tributo poderá incidir sobre operações relativas a energia elétrica, serviços de telecomunicações, derivados de petróleo, combustíveis e minerais do país".

Segundo este dispositivo, só poderiam incidir sobre as operações indicadas o ICMS, o II e o IE. A prescrição era genérica. Referia-se a todo e qualquer *tributo*, incluídas as contribuições de intervenção no domínio econômico.

Esta regra constitucional continha cinco imunidades genéricas, ou seja, cinco enunciados que restringiam a possibilidade de criar todos os demais tributos sob as materialidades que prescrevem. Com efeito, todos os demais tributos que incidissem sobre energia elétrica, serviços de telecomunicações, derivados de petróleo, combustíveis e minerais seriam incompatíveis com o texto constitucional.

A edição de uma emenda constitucional não tem o condão de tornar válidos tributos editados em desacordo com a Constituição da República. A constitucionalidade de um tributo deve ser aferida segundo a norma de competência vigente à época em que foi publicada a norma que instituiu a exação.

Nesse sentido já se manifestou o STF em diversas oportunidades. Ao julgar a ADI 2, consignou na ementa que "o vício de inconstitucionalidade é congênito à lei e há de ser apurado em face da Constituição vigente ao tempo de sua elaboração".

Também o eminente Min. Marco Aurélio, em recente julgado, foi taxativo ao afastar a esdrúxula figura da constitucionalização de leis inconstitucionais:

"(...). Ou bem a lei surge no cenário jurídico em harmonia com a Constituição Federal, ou com ela conflita, e aí afigura-se írrita, não sendo possível o aproveitamento, considerado texto constitucional posterior e que, portanto, à época não existia.

"(...). A constitucionalidade de certo diploma legal deve se fazer presente de acordo com a ordem jurídica em vigor, da jurisprudência, não cabendo reverter a ordem natural das coisas. Daí a inconstitucionalidade do § 1º do art. 3º da Lei n. 9.718/1998" (STF, RE 390.840-5-MG).

As contribuições interventivas editadas antes do início da vigência da Emenda Constitucional 33/2001 cuja hipótese de incidência alcance qualquer daquelas situações devem ser declaradas inconstitucionais. Isto porque tributo editado em confronto com a respectiva norma de competência é tributo editado sem fundamento de validade. Por sua vez, tributo editado sem fundamento de validade deve ser expulso do sistema jurídico, por manifesta inconstitucionalidade.

Os efeitos das alterações introduzidas pela Emenda 33/2001 só alcançam os fatos ocorridos a partir da sua edição. Por essa razão, somente as contribuições interventivas criadas após 12.12.2001 poderão incidir sobre qualquer das materialidades enumeradas no art. 155, § 3º. Em relação àquelas editadas antes desta data permanece a necessidade de ter declarada sua invalidade.

5.3 Inexistência de conflitos com os princípios da solidariedade e da universalidade

Os acórdãos existentes que tratam deste tema referem-se ao exame da constitucionalidade de contribuições criadas com o específico propósito de ser instrumento da União na ordem social, em especial na ordem previdenciária, tais como a contribuição ao PIS e a COFINS. Estes tributos, por sua natureza, estão sujeitos à observância dos princípios da universalidade e da solidariedade, previstos nos arts. 194, parágrafo único, I, e 195 da CF.

Nestes casos, a egrégia Suprema Corte decidiu que, em face da expressa previsão constitucional determinando que todos devam contribuir para o financiamento da seguridade social, ficaria afastada a aplicação da imunidade genérica do art. 155, § 3º, da CF. O entendimento adotado pelo Plenário do STF nos referidos casos privilegiou os princípios da universalidade e da solidariedade, sob o argumento de que toda a sociedade deve arcar com o ônus da ação social do Estado, sem restrição. Trata-se, como é possível perceber, de solução de conflito de valores, tendo o aplicador da lei optado por dar preferência ao interesse tutelado pelo direito positivo, que entendeu mais relevante no caso concreto.

Portanto, um outro requisito para a aplicação da imunidade genérica prescrita no art. 155, § 3º, da CF é a inexistência de conflito de valores com o princípio da solidariedade.

6. Tributos criados em frontal violação desse dispositivo constitucional

Observando as características da imunidade em referência, podemos inferir que as contribuições de intervenção no domínio econômico instituídas pelas Leis 9.998/2000 – contribuição ao FUST – e 10.052/2000 – contribuição ao FUNTTEL – foram criadas em frontal violação do art. 155, § 3º, vigente à época.

Com efeito, a contribuição ao FUST e a contribuição ao FUNTTEL foram instituídas pelas Leis 9.998/2000 e 10.052/2000, nos seguintes termos:

– Lei 9.998/2000

"Art. 1º. Fica instituído o Fundo de Universalização dos Serviços de Telecomunicações – FUST, *tendo por finalidade proporcionar recursos destinados a cobrir a parcela de custo exclusivamente atribuível ao cumprimento das obrigações de universalização dos serviços de telecomunicações*, que não possa ser recuperada com a exploração eficiente do serviço (...)."

"(...).

"Art. 6º. Constituem *receitas do Fundo*: (...) IV – *contribuição de 1% (um por cento) sobre a receita operacional bruta, decorrente de prestação de serviços de telecomunicações* nos regimes público e privado, excluindo-se o imposto sobre operações relativas à circulação de mercadorias e sobre a prestação de serviços de transporte interestadual e intermunicipal e de comunicações – ICMS, o Programa de Integração Social – PIS e a Contribuição para o Financiamento da Seguridade Social – COFINS; (...)" (grifamos).

– Lei 10.052/2000

"Art. 1º. É instituído o Fundo para o Desenvolvimento Tecnológico das Telecomunicações – FUNTTEL, de natureza contábil, *com o objetivo de estimular o processo de inovação tecnológica, incentivar a capacitação de recursos humanos, fomentar a geração de empregos e promover o acesso de pequenas e médias empresas a recursos de capital, de modo a ampliar a competitividade da indústria brasileira de telecomunicações*, nos termos do art. 77 da Lei n. 9.472, de 16 de julho de 1997.

"(...).

"Art. 4º. Constituem receitas do Fundo: (...) III – *contribuição de 0,5% (meio por cento) sobre a receita bruta das empresas prestadoras de serviços de telecomunicações*, nos regimes público e privado, excluindo-se, para determinação da base de cálculo, as vendas canceladas, os descontos concedidos, o imposto sobre operações relativas à circulação de mercadorias e sobre prestações de serviços de transporte interestadual e intermunicipal e de comunicação (ICMS), a contribuição ao Programa de Integração Social (PIS) e a Contribuição para o Financiamento da Seguridade Social (COFINS); (...)" (grifamos).

Analisando estes dispositivos legais, não resta dúvida de que se trata de tributos que incidem sobre a prestação de serviços de telecomunicação. Sua hipótese de incidência é confirmada por sua base de cálculo, que *aponta exclusivamente para a receita bruta obtida com a prestação deste específico serviço*. O texto legal é claro no sentido de que apenas os ingressos econômicos derivados da exploração direta destas atividades serão passíveis de sofrer a incidência tributária.

Como se vê, o legislador da União apropriou-se de materialidades que, à época da edição das Leis 9.998/2000 e 10.052/2000, gozavam da imunidade prescrita no art. 153, § 3º, da CF de 1988. De fato, as contribuições ao FUST e ao FUNTTEL foram criadas mais de um ano antes da publicação da Emenda Constitucional 33/2001.

A aplicação da imunidade prescrita no art. 155, § 3º, da CF exige que o tributo grave *direta e especificamente* uma das materialidades que menciona. Este é exatamente o caso dessas contribuições, que, por expressa disposição de lei, incidem exclusivamente sobre a *prestação de serviços de telecomunicações*.

É sempre bom lembrar que ao legislador é permitido optar pela indicação expressa da base de cálculo e da hipótese de incidência ou apenas pela previsão da primeira. Neste último caso, a lei instituidora do tributo trará de forma implícita a respectiva hipótese de incidência.

A Lei 9.998/2000 determinou que a base de cálculo da contribuição por ela instituída é a "receita bruta operacional, decorrente de prestação de serviços de telecomunicações nos regimes público e privado". A Lei 10.052/2000, por sua vez, prescreveu que a base de cálculo da contribuição ao FUNTTEL é a "receita bruta das empresas prestadoras de serviços de telecomunicações". Por conta destas estipulações, o legislador deixou implícito que a hipótese de incidência desses tributos é a prestação dos serviços de telecomunicação. Hipótese, esta, que era expressamente vedada pela redação originária do art. 155, § 3º, da CF.

Entretanto, importa destacar que a base de cálculo é apenas uma medida econômica do fato que está sendo gravado com o tributo, com ele não se confundindo. Assim, jamais seria possível afirmar que a materialidade das contribuições ao FUST e ao FUNTTEL é a "receita bruta operacional" ou "receita bruta", respectivamente, pois – repita-se – a base de cálculo é apenas uma dimensão econômica do fato previsto na hipótese de incidência.

Vale insistir: compondo a base de cálculo das contribuições em apreço desta forma, o legislador deixou claro que a hipótese de incidência dos tributos é exclusivamente a *prestação de serviços de telecomunicação*. Este é o único fato jurídico que está sendo mensurado economicamente pelo critério quantitativo do tributo, nos termos estabelecidos pelas Leis 9.998/2000 e 10.052/2000.

Ao assim proceder, prescrevendo a prestação dos serviços de telecomunicação como hipótese de incidência desses tributos, o legislador se apropriou de fato que estava fora da sua competência, violando a imunidade prescrita no art. 155, § 3º, da CF, vigente à época da publicação da lei instituidora do tributo.

Por fim, no que se refere à inexistência de conflito de valores com o princípio da solidariedade – outro requisito necessário para a aplicação da referida imunidade –, deve-se ressaltar que o princípio que vigora para as contribuições de intervenção no domínio econômico preconiza justamente o oposto da solidariedade.

Tratando-se de tributos desta subespécie, é a referibilidade que condiciona a competência para sua instituição, determinando um necessário vínculo entre o critério material da hipótese de incidência, os sujeitos passivos e sua finalidade. Essa característica faz com que apenas os integrantes do setor específico da economia que será, direta ou indiretamente, beneficiado com a atuação estatal possam ser incluídos na classe dos sujeitos passivos. Sem a referibilidade não se pode falar em intervenção na economia, mas atuação do Estado em favor de toda a coletividade – o que desnaturaria a contribuição.

7. Conclusões

Do exposto, verifica-se que as contribuições ao FUST e ao FUNTTEL atendem a todos os requisitos indicados pela reiterada jurisprudência do STF para a aplicação da regra prevista no art. 155, § 3º, da CF, quais sejam:

(i) A hipótese de incidência, confirmada por sua base de cálculo, refere-se de forma direta e específica a uma das materialidades indicadas no art. 155, § 3º, qual seja, realização de operações relativas a serviços de telecomunicações.

(ii) As Leis 9.998/2000 e 10.052/2000, que as instituíram, foram publicadas antes da vigência da Emenda Constitucional 33/2001.

(iii) Não estão sujeitas aos princípios da solidariedade e da universalidade, mas sim ao princípio da referibilidade.

Assim, não resta dúvida de que as contribuições ao FUST e ao FUNTTEL são inconstitucionais.

Bibliografia

ATALIBA, Geraldo. *Hipótese de Incidência Tributária*. São Paulo, Malheiros Editores, 2000.

AMARO, Luciano. *Curso de Direito Tributário*. São Paulo, Saraiva, 2004.

BALEEIRO, Aliomar. *Limitações Constitucionais ao Poder de Tributar*. 7ª ed., atualizada por Misabel Derzi. Rio de Janeiro, Forense, 1997.

BARRETO, Aires Fernandino, e BARRETO, Paulo Ayres. *Imunidades Tributárias: Limitações Constitucionais ao Poder de Tributar*. 2ª ed. São Paulo, Dialética, 2001.

CARRAZZA, Roque Antônio. *Curso de Direito Constitucional Tributário*. 11ª ed. São Paulo, Malheiros Editores, 2006.

CARVALHO, Paulo de Barros. *Curso de Direito Constitucional*. 19ª ed. São Paulo, Saraiva, 2007.

GAMA, Tácio Lacerda. *Contribuição de Intervenção no Domínio Econômico*. São Paulo, Quartier Latin, 2003.

__________. "Contribuições sociais. Natureza e regime jurídico". In: *Curso de Especialização em Direito Tributário: Estudos em Homenagem a Paulo de Barros Carvalho*. Rio de Janeiro, Forense, 2004 (pp. 1.143-1.167).

SCHOUERI, Luís Eduardo. "Algumas considerações sobre a contribuição de intervenção no domínio econômico no sistema constitucional brasileiro. A contribuição ao programa universidade-empresa". In: GRECO, Marco Aurélio (coord.). *Contribuições de Intervenção no Domínio Econômico e Figuras Afins*. São Paulo, Dialética, 2001.

TORRES, Ricardo Lobo. *Sistemas Constitucionais Tributários*. Rio de Janeiro, Forense, 1986.

O IMPOSTO SOBRE GRANDES FORTUNAS À LUZ DA JUSTIÇA DISTRIBUTIVA*

TATHIANE DOS SANTOS PISCITELLI
Mestre e Doutoranda em Direito na Faculdade de Direito da USP

1. Introdução. 2. O núcleo do problema: tributação e justiça distributiva. 3. Os problemas práticos à luz da teoria: 3.1 Desestímulo à poupança interna – 3.2 Fuga de capitais – 3.3 Baixo potencial de geração de receita. 4. A tributação do patrimônio é um retrocesso?. 5. Conclusão.

1. Introdução

De um ponto de vista geral, a tributação pode ser dividida em dois grandes blocos: tributação sobre o consumo e tributação sobre a riqueza. A formatação do sistema tributário com foco em um ou outro tipo depende, substancialmente, das finalidades que o Estado pretende atingir com o exercício da competência tributária. Defensores da tributação indireta, fundamentada no consumo, genericamente afirmam que tal técnica é preferível tendo em vista, basicamente, o estímulo à poupança que esse modo de tributação gera; trata-se de beneficiar aqueles que optam por poupar em detrimento do consumo e, de outro lado, fixar a distribuição dos ônus tributários de forma igualitária, já que o tributo seria diretamente proporcional ao consumo efetivo do cidadão. De outro lado, aqueles que dão preferência à tributação da riqueza (direta) postulam que a oneração do patrimônio é a melhor forma de realizar a justiça tributária, já que evita ou minimiza os efeitos da acumulação de riqueza e onera os cidadãos progressivamente, de acordo com a capacidade contributiva.[1]

O sistema tributário brasileiro, cujas origens remontam à reforma tributária de 1965, levada a cabo pela Emenda Constitucional 18, é um sistema híbrido, ou seja, distribui competências tanto para a tributação do consumo quanto para a tributação da riqueza. Uma simples passada de olhos pelos dispositivos constitucionais permite concluir que, em nível abstrato, essas duas modalidades de tributação estão distribuídas de forma equilibrada entre os membros da Federação: de forma não exaustiva e com foco apenas nos impostos, IPI, IOF, ICMS e ISS estariam para a tributação do

* Pelos debates e auxílio nas fontes agradeço a Andréa Mascitto, Fernando Sandoval e Rodrigo Luís Pupo.

1. Para uma análise mais detalhada da tributação do consumo *versus* renda, v. Alvin Warren, "Would a consumption tax be fairer than an income tax?", *The Yale Law Journal* 89/1.081-1.124, 1980.

consumo, assim como IR, ITCMD, ITBI e ITPU para a tributação da riqueza.

Contudo, concretamente, não há dúvidas de que a dinâmica do sistema tributário, por razões talvez históricas,[2] primou pela maior concentração nos tributos incidentes sobre o consumo. Estudos técnicos mostram que, atualmente, a tributação indireta prevalece no país – cenário não muito distinto daquele presente antes mesmo da promulgação da Constituição de 1988, conforme se nota pelas considerações abaixo, extraídas de um relatório do IPEA datado de 1987: "Os impostos sobre mercadorias e serviços são responsáveis por quase dois terços da receita tributária do país. O imposto sobre a circulação de mercadorias é, destacadamente, a mais importante fonte de receita própria dos Estados e os 20% de sua arrecadação destinados aos Municípios constituem, para um grande número destes, a principal origem dos recursos que financiam as suas atividades. Por outro lado, são de competência da União diversos impostos sobre mercadorias e serviços que correspondem a cerca de metade de sua receita tributária".[3]

O ambiente de reforma tributária em que se vive atualmente propicia a produção de debates relacionados seja à função da tributação, seja aos contornos que nosso sistema tributário deve adquirir ou valorizar. O projeto de emenda constitucional em andamento no Congresso Nacional tem por foco, especialmente, a melhoria do sistema de tributação do consumo; e, assim, não nega as tendências já consolidadas da concentração dos ônus tributários neste bloco – não se vêem disposições voltadas ao incremento da tributação sobre a riqueza ou patrimônio, corroborando uma característica que não é nova no nosso sistema.[4] Em sentido contrário, entretanto, surge a questão relacionada com a criação do imposto sobre grandes fortunas/IGF ou, mesmo, de uma contribuição que teria a mesma finalidade: onerar aqueles que possuem grande quantidade de patrimônio acumulado.

A criação de um tributo sobre grandes fortunas suscita questões práticas e teóricas. A questão teórica diz respeito a saber se tal tributação é capaz de auxiliar na construção de uma sociedade mais justa, do ponto de vista da distribuição de riquezas. As questões práticas implicam aventar se as vicissitudes envolvidas na efetivação de um tal tributo anulariam os eventuais benefícios distributivos. Questões como essas últimas envolvem, por exemplo, o argumento de que o tributo reduziria os níveis de poupança interna, estimularia a sonegação ou teria níveis ínfimos de arrecadação, que, por essa razão, não causariam modificações substanciais nos serviços públicos prestados àqueles que, em tese, seriam beneficiados com a criação do tributo; para não falar nos perenes argumentos relacionados com a suficiência da atual carga tributária e com o fato de a riqueza já ser tributada por outros instrumentos.[5]

É fácil ver que tais questões não combatem o mérito do tributo em teoria. Ou seja, elas o combatem não porque o tributo seja ruim ou injusto em si mesmo, mas sim por conta de percalços práticos que ele implicaria. Contudo, ponderar sobre as difi-

2. Francisco de Paula Giffoni e Luiz A. Villela, *Estudo para a Reforma Tributária*, t. 2, "Tributação da Renda e do Patrimônio", IPEA, março/1987 (disponível em *http://www.ipea.gov.br/pub/td/1987/td_0105.pdf*).

3. Ricardo Varsano, *Estudo para a Reforma Tributária*, t. 3, "Tributação de Mercadorias e Serviços", IPEA, março/1987 (disponível em *http://www.ipea.gov.br/pub/td/1987/td_0106.pdf*).

4. Sobre a situação da tributação patrimonial no Brasil às vésperas da Constituição de 1988, v. Francisco de Paula Giffoni e Luiz A. Villela, *Estudo para a Reforma Tributária*, cit., t. 2, "Tributação da Renda e do Patrimônio" (disponível em *http://www.ipea.gov.br/pub/td/1987/td_0105.pdf*).

5. Mesmo sendo absoluta verdade que a carga tributária brasileira é bastante alta, especialmente considerando o baixo nível de retorno em serviços públicos, havendo previsão constitucional para a criação de um tributo como esse, argumentar que já existem outras fontes que exercem a mesma função não se revela como uma ponderação jurídica suficiente para refutar a instituição respectiva.

culdades que um tributo como esse geraria ou, mesmo, o não-cabimento de uma nova exação em nosso sistema tributário, já suficientemente complexo, a despeito de ser importante, não dá ao tema a dimensão devida, pois encobre o debate com questões de mera execução ou oportunidade de criação do tributo, sem que se dê a atenção merecida aos temas fundamentais que alicerçam as pretensões dessa exação.[6] Em verdade, um dos pontos centrais quando se trata de defender ou rebater um tributo sobre grandes fortunas está relacionado com a *função distributiva* que tal exação adquiriria; trata-se, em poucas palavras, de promover a menor concentração de riqueza: tanto a viabilidade de tributar as grandes fortunas quanto as eventuais críticas à exação devem ser analisadas a partir dessa perspectiva. O que se quer dizer é que as considerações práticas são importantes e devem ser discutidas, mas só podem sê-lo tendo em vista o mérito do tributo, considerado em si mesmo.

O objetivo deste artigo, então, é o de situar a discussão relativa à criação de um tributo que onere a acumulação de riqueza em um debate diferente daquele em que essa questão vem sendo abordada. Para isso, buscará responder à seguinte pergunta: um tributo como esse cumpre com a função que se propõe? Ou, de outro modo, pode ele promover a distribuição de rendas de uma forma justa, em tese?

Tendo em vista limitações de espaço, não se tem pretensão de lidar com todas as questões que uma concepção distributiva de direito tributário implica. Pretende-se, ao invés, esboçar o pano de fundo a partir do qual se entende que os debates sobre a tributação das grandes fortunas devem ocorrer. De outro lado, mesmo sendo o objeto primordial deste artigo apresentar a discussão teórica que diz respeito ao próprio mérito do tributo, considerações sobre as dificuldades práticas também serão feitas, não porque sejam questões importantes isoladamente, mas fundamentalmente porque o debate acerca dos obstáculos práticos do tributo somente pode ser desenvolvido a partir da consideração do contexto de justiça distributiva em que ele se insere, em uma perspectiva dialética para a qual Paulo de Barros Carvalho já chamou a atenção: "(...) é algo sem sentido cogitarmos do saber, em termos rigorosos, isolando a teoria da prática. A Epistemologia pressupõe a dialética e a interdependência entre as proposições teoréticas e os objetos do mundo, de tal sorte que aquelas, ordenadas racionalmente, possam descrever estes últimos de modo satisfatório".[7]

Com isso se quer afirmar que defender ou combater a criação do IGF com argumentos que passem ao largo da teoria equivale a mitigar o problema. Passemos, então, à análise da justiça distributiva.

2. O núcleo do problema: tributação e justiça distributiva

Para descrever o que é a justiça distributiva e como o debate sobre o IGF pode ser melhor elaborado a partir desse conceito, tomar-se-á a acepção de John Finnis[8] de "justiça", já que não é o objetivo deste artigo elaborar postulações inéditas nesse sentido, mas, tão-somente, aplicar conceitos já existentes ao tema em discussão.

De acordo com Finnis, o conceito de "justiça" contempla três elementos e é aplicado nas situações em que eles aparecem em conjunto. Em primeiro lugar, a justiça é intersubjetiva ou interpessoal – o que delimita esse conceito do ponto de vista prático e não apenas ideal. Segundo o

6. Sobre os prós e contras da tributação sobre a riqueza acumulada, de um ponto de vista internacional, v. Rebecca S. Rudnick e Richard K. Gordon, "Taxation of wealth", in Victor Thuronyi (ed.), *Tax Law Design and Drafting*, vol. 1, International Monetary Fund, 1996.

7. Paulo de Barros Carvalho, *Direito Tributário: Linguagem e Método*, São Paulo, Noeses, 2008, p. 203.

8. John Finnis, *Natural Law and Natural Rights*, Oxford, Oxford University Press, 1980.

autor, "existe uma questão de justiça e injustiça apenas onde há uma pluralidade de indivíduos e alguma questão prática relativa à situação e/ou às interações *vis-à-vis* entre eles".[9] Trata-se, então, de aplicar o conceito de "justiça" para a solução de problemas práticos e, assim, como um instrumento de racionalidade prática. A segunda característica desse conceito agrega um elemento à primeira: a justiça não se preocupa com todas as relações ou disputas existentes entre uma pessoa e outra, mas apenas com aquelas relações que são necessárias ou apropriadas para evitar uma injustiça, que equivale a uma forma indevida de arbitramento de conflito ou distribuição de ônus.[10] O terceiro e último elemento relevante ao conceito de "justiça" é a igualdade, pensada como proporcionalidade, equilíbrio ou balanço.

A partir dessas considerações, Finnis relaciona o conceito de "justiça" com um de seus requerimentos básicos de razoabilidade prática: aquele que denota o dever de as pessoas perseguirem e favorecerem o bem comum em uma certa comunidade. "Bem comum", nesse aspecto, não deve ser entendido como uma dessas expressões vazias de conteúdo e aplicáveis em quase todas as situações, a depender do discurso que se use. Para Finnis o bem comum está bem delimitado: trata-se de uma série de condições que "possibilitam aos membros de uma comunidade obter para si mesmos objetivos razoáveis, ou realizar razoavelmente para si mesmos o valor (ou valores), para o bem daqueles eles têm razão para colaborar uns com os outros (positiva e/ou negativamente) em uma comunidade".[11] Isso implica que "deve haver um conjunto (ou diversos conjuntos) de condições que devem ser obtidas se cada membro da comunidade pretende obter seus próprios objetivos".[12]

Dessa forma, a justiça seria, em um sentido geral, um desejo prático de favorecer o bem comum em um dado agrupamento social, e uma teoria da justiça desenha o que é requerido para que esse bem comum se concretize.[13] Os problemas que emergem da realização do bem comum, segundo Finnis, podem ser divididos em duas grandes classes: questões de distribuição de recursos, que são resolvidas pela teoria da justiça distributiva; e questões concernentes ao o que é requerido para o bem-estar individual na comunidade e, diferente das primeiras, não relacionadas com os bens públicos (estoque comum) e sua respectiva dinâmica.[14] Nesses casos, as respostas são dadas pela justiça comutati-

9. "There is a question of justice and injustice only where there is a plurality of individuals and some practical question concerning their situation and/or interactions *vis-à-vis* each other" (John Finnis, *Natural Law and Natural Rights*, cit., p. 161).

10. John Finnis, *Natural Law and Natural Rights*, cit., p. 160.

11. "(...) a set of conditions which enables the members of a community to attain for themselves reasonable objectives, or to realize reasonably for themselves the value(s), for the sake of which they have reason to collaborate with each other (positively and/or negatively) in a community" (Jonh Finnis, *Natural Law and Natural Rights*, cit., p. 155).

12. "(...) it implies only that there be some set (or set of sets) of conditions which needs to obtain if each of the members is to attain his own objectives" (John Finnis, *Natural Law and Natural Rights*, cit., p. 156).

13. John Finnis, *Natural Law and Natural Rights*, cit., p. 165.

14. "O bem comum, que é o objeto de toda a justiça e que toda vida razoável em comunidade deve respeitar e favorecer, não deve ser confundido com o estoque comum, ou com as empreitadas comuns, que estão entre os meios de realizar o bem comum. Empreitadas comuns e a utilização e criação de um estoque comum de bens estão relacionadas com o bem comum porque eles são para o benefício do membro individual da comunidade: falar sobre beneficiar 'a comunidade' não é mais que uma abreviação (não sem perigos) para beneficiar os membros daquela comunidade" (John Finnis, *Natural Law and Natural Rights*, cit., p. 168). No original: "The common good, which is the object of all justice and which all reasonable life in community must respect and favour, is not to be confused with the common stock, or the common enterprises, that are among the means of realizing the common good. Common enterprises and the explotation and creation of a common stock of assets are alike for the common good because they are for the benefit of the individual member of the community: talk about benefiting 'the community' is

va.[15] Para fins do IGF, é a justiça distributiva que mais interessa.

O conhecido princípio de justiça (formal) não resolve as questões de justiça distributiva. "Tratar igualmente os desiguais, na medida de suas desigualdades", não fornece, para Finnis, um critério apropriado para a avaliação de problemas que podem emergir na justa distribuição de ônus e direitos: a igualdade seria um princípio residual na justiça distributiva. O objetivo da distribuição não é a igualdade, mas o bem comum.[16] A faceta distributiva da justiça é – diga-se de passagem – um fio condutor presente em diversas outras relevantes teorias contemporâneas, e não se limita de forma alguma a uma postulação isolada de Finnis. Mesmo em autores que trabalham com matrizes distintas o problema da distribuição ocupa um papel-chave. Por exemplo, é possível encontrar essa mesma temática na teoria de John Rawls,[17] que define a sociedade como uma empreitada coletiva para o benefício mútuo, traduzida em uma identidade de interesses mas, apesar disso, marcada por conflitos relacionados à forma pela qual os ônus e bônus são distribuídos. O critério para solucionar esse conflito seria a fixação de um conjunto de princípios que definem a distribuição apropriada dos benefícios e ônus na busca do bem comum: são os princípios de justiça social de Rawls.[18] Trata-se, assim, de estabelecer um método para solucionar problemas de justiça distributiva e equilibrar os valores liberais que sua teoria persegue: liberdade, igualdade de oportunidade e justiça na distribuição de ônus e bônus. A partir disso, afirma que uma concepção mais geral de justiça pode ser expressada da seguinte forma: "Todos os valores sociais – liberdade e oportunidade, renda e riqueza e as bases do auto-respeito – devem ser distribuídos igualmente, a menos que uma distribuição desigual de qualquer um deles ou de todos esses valores resulte na vantagem de todos".[19] Injustiça, portanto, é desigualdade que não beneficia a todos.

É possível ver uma congruência entre o pensamento de Finnis e Rawls, pois ambos rejeitam a igualdade como um critério isolado seja para a resolução de problemas de justiça em geral, seja para os conflitos de justiça distributiva em particular: de um ponto de vista geral (e sem pretensões de comparar as teorias dos dois autores – o que superaria o objeto deste artigo), trata-se de valorizar o patrimônio coletivo de qualquer corpo social e de equilibrá-lo em vista do patrimônio individual de cada um de seus membros. A igualdade, em questões de justiça distributiva, deve ser pensada a partir da perspectiva da realização do bem comum, e, portanto, da obtenção das condições que possibilitam aos membros da comunidade atingir seus próprios objetivos.

O foco deste artigo é entender em que medida essa questão da justiça distributiva pode auxiliar na construção do debate sobre a tributação de "grandes fortunas". Trata-se, então, de lançar luzes sobre a concentração de riqueza e o eventual empecilho que isso causa para a realização do bem comum, nos termos acima definidos. Com o IGF visa-se à oneração daqueles que, indubitavelmente, possuem muita ri-

no more than a shorthand (not without dangers) for benefiting the members of that community".

15. John Finnis, *Natural Law and Natural Rights*, cit., p. 166.

16. Idem, p. 174.

17. Ainda que Finnis verbalmente estabeleça que sua teoria é menos restrita que a de Rawls, já que se aplica não apenas às instituições básicas da sociedade ou às condições ideais de uma sociedade em que todos observam os princípios e instituições de justiça (John Finnis, *Natural Law and Natural Rights*, cit., pp. 163-164).

18. John Rawls, *A Theory of Justice* (*revised edition*), Cambridge/Massachusetts, Harvard University Press, 1999 (especialmente Capítulo 2).

19. "All social values – liberty and opportunity, income and wealth, and the social basic of self-respect – are to be distributed equally unless an unequal distribution of any, or all, of these values is to everyone's advantage" (John Rawls, *A Theory of Justice*, cit., p. 54).

queza acumulada, e tal oneração poderia ter o objetivo de angariar recursos para o suprimento de necessidades básicas da população menos abastada, ou mesmo uma finalidade estritamente instrumental de reduzir (sendo o tributo o instrumento) a desigualdade havida por conta da concentração de riqueza. A defesa do IGF deve ter em conta que, a partir da teoria ora esboçada, uma sociedade onde haja padrões de desigualdade elevados não colabora para a efetivação do bem comum.

Portanto, a partir da perspectiva de Finnis, a tributação das grandes fortunas relaciona-se muito pouco com um tratamento diferenciado àqueles que seriam sujeitos à exação porque possuem muito dinheiro. Não se trata *apenas* disso. Para o autor, o exercício da propriedade é, inclusive, um *requerimento de justiça*, decorrente da autonomia pessoal que os indivíduos mantêm na comunidade. Contudo, ainda assim esse exercício não é incondicionado, devendo obedecer aos princípios e critérios de justiça distributiva.[20] Ou seja, "um regime de propriedade privada será um requerimento de justiça na medida em que o crescimento de estoque de bens imposto por esse regime não seja detido por uma classe de proprietários privados de sucesso, mas *[sim]* disponibilizados pelos mecanismos apropriados (por exemplo, divisão de lucros, venda sob condições de mercado competitivas, tributação redistributiva, pleno emprego através de investimento produtivo etc.) para todos os membros da comunidade, em devida medida".[21]

Por esse motivo, não é exatamente a igualdade, mas a exigência de condições sociais minimamente favoráveis a todos, que justifica a oneração mais gravosa daqueles que detêm mais propriedade: a tributação de grandes fortunas possibilitaria uma melhor distribuição dos interesses coletivos em favor de toda a sociedade. Acerca da concentração de riqueza, Finnis esclarece que: "Se redistribuição significa não mais que mais cerveja sendo consumida morosamente diante dos aparelhos de televisão por relativamente mais pessoas e menos vinho fino consumido por relativamente menos pessoas em concertos dados por musicistas seletos, então, isso dificilmente pode ser tido como uma demanda de justiça. Mas se redistribuição significa que, às custas do vinho etc., mais pessoas podem ser preservadas de doenças (não autoinfligidas), educadas até o ponto de tornar-se-lhes possível uma autodireção genuína, defendidas dos inimigos da justiça etc., então, tal redistribuição é um requerimento de justiça".[22]

Essas afirmações conduzem a duas considerações. Sobre a propriedade privada e a autonomia de acumulação de riqueza que, supostamente, estaria afrontada pela tributação sobre as grandes fortunas, deve-se dizer, juntamente com Murphy e Nagel,[23] que não há propriedade antes da

20. Raciocínio semelhante ao da teoria liberal de Rawls, em que as liberdades básicas e a igualdade de oportunidade devem ser equilibradas com o "princípio da diferença", segundo o qual as desigualdades sociais e econômicas somente são aceitáveis para o maior benefício do menos avantajado (John Rawls, *A Theory of Justice*, cit., p. 54).

21. "(...) a regime of private ownership will be a requirement of justice, provided that the increased stock of goods yielded by such a regime is not hoarded by a class of successful private owners but is made available by appropriate mechanisms (*e.g.*, profit-sharing; trade under competitive market conditions; redistributive taxation; full employment through productive investment etc.) to all members of the community, in due measure" (John Finnis, *Natural Law and Natural Rights*, cit., p. 170).

22. "If redistribution means no more that more beer is going to be consumed morosely before television sets by the relatively many, and less fine wine consumed by the relatively few at salon concerts by select musicians, then it can scarcely be said to be a demand of justice. But if redistribution means that, at the expense of the wine, etc., more people can be preserved form (non-self-inflicted) illness, educated to the point where genuine self-direction becomes possible for them, defended against the enemies of justice, etc., then such redistribution is a requirement of justice" (John Finnis, *Natural Law and Natural Rights*, cit., p. 174).

23. Liam Murphy e Thomas Nagel, *The Myth of Ownership – Taxes and Justice*, Nova York, Oxford University Press, 2002.

tributação – e, assim, inexiste qualquer direito a uma renda *pre-tax*. Os tributos não representam invasão do Estado na propriedade dos indivíduos, pois o direito de propriedade não é anterior à tributação, mas *dependente dela*: os tributos são necessários para a existência do Estado, que, por sua vez, garante e institucionaliza os direitos à propriedade. Dessa forma, é o sistema tributário que delineia a propriedade privada, e não o contrário. Nas palavras dos autores, "não há mercado sem governo e não há governo sem tributos; e qual tipo de mercado existe depende das leis e das decisões políticas que o governo deve tomar. Na ausência de um sistema jurídico suportado por tributos não poderia haver dinheiro, bancos, corporações, venda de ações, patentes ou uma moderna economia de mercado – nenhuma das instituições que tornam possível a existência de quase todas as formas contemporâneas de renda e riqueza".[24]

De outro lado, como a realização da justiça distributiva pressupõe, para Finnis, o benefício do bem comum pela promoção de mais igualdade, a medida segundo a qual a tributação pelo IGF deve ser avaliada é aquela relativa à aplicação dos recursos obtidos em áreas que, efetivamente, promovam a redistribuição dos recursos. Trata-se, então, de avaliar o uso da receita pública.[25] Essa mesma conclusão pode ser extraída do trabalho de Murphy e Nagel, ao salientarem que o critério para a avaliação da justiça de um dado sistema tributário é a reversão dos ônus impostos em resultados sociais justos: "A determinação de se a preferência particular de um tributo ou lacuna ou isenção é injusta deve ser dada pela questão de se isso *[pontos mencionados]* subverte a capacidade do sistema de promover objetivos mais amplos de justiça na sociedade, como quer que eles sejam interpretados".

Os resultados sociais de um ponto de vista prático, por óbvio, somente podem ser avaliados após a criação do tributo, e o critério para a avaliação da capacidade de o IGF promover efeitos sociais justos e, assim, realizar a justiça distributiva é a aplicação da receita obtida com o tributo na realização do bem comum – para usar as palavras de Finnis. Contudo, de uma perspectiva teórica, a possibilidade de promoção de maiores graus de justiça distributiva já garante, em teoria, resultados sociais justos. A partir disso, portanto, a discussão sobre esse tipo de tributação pode ser iniciada.

3. Os problemas práticos à luz da teoria

Apresentadas as bases teóricas sob as quais o problema da tributação da riqueza acumulada é suscitado, deve-se buscar a resposta aos problemas práticos a partir delas. Dadas as limitações de espaço, apenas três tipos de argumentos práticos serão enfrentados: *desestímulo à poupança interna*, *fuga de capital do país* e *baixo nível de receitas que o tributo geraria*.

3.1 Desestímulo à poupança interna

O desestímulo à poupança interna em que o IGF ou qualquer outro tributo sobre riquezas acumuladas resultaria decorre de pelo menos duas postulações. A primeira relaciona-se com a imposição de um ônus àqueles que optaram por amealhar bens e não consumi-los – o que poderia levar, então, ao consumo desses bens no mercado, reduzindo o nível de poupança e aumentando demasiadamente o consumo. Além

24. "There is no market without government and no government without taxes; and what type of market there is depends on laws and policy decisions that government must make. In the absence of a legal system supported by taxes there couldn't be money, banks, corporations, stock exchanges, patents or a modern market economy – none of the institutions that make possible the existence of almost all contemporary forms of income and wealth" (Liam Murphy e Thomas Nagel, *The Myth of Ownership – Taxes and Justice*, cit., p. 32).

25. Também nesse sentido: Richard M. Bird e Eric M. Zolt, "Redistribution via taxation: the limited role of the personal income tax in developing countries", *UCLA Law Review* 52/1.627-1.695, 2005.

disso, há argumentos relacionados com a fuga de capital do país, já que os detentores de grandes fortunas prefeririam alocar seus recursos no Exterior ou transferi-los a pessoas jurídicas a se sujeitarem à tributação.[26]

O primeiro desses pontos pode ser interpretado como uma variante do debate existente sobre os benefícios e malefícios da tributação da renda e da riqueza considerada como um todo. Argumenta-se que ônus tributários excessivos sobre a renda produziriam o que a doutrina chama de "efeito substitutivo": porque a renda ou riqueza será tributada, as pessoas se esforçariam menos para acumular bens, pois grande parte desse esforço seria revertida em favor do Fisco, já que, quanto maior o patrimônio, maior a tributação. Sobre isso, Alan A. Tait salienta: "Um tributo anual sobre a riqueza líquida *[net worth tax]* reduz a fonte de renda 'não obtida' e, como resultado, reduz a atratividade de poupar para acumular capital necessário para produzir aquela renda. Portanto, um tributo como esse reduz o resultado futuro potencial da força de trabalho atual e pode operar contra o esforço de trabalho. Disso se assume que o tributo sobre a riqueza irá ser imposto sobre o capital já acumulado e continuará a ser imposto sobre nova acumulação de capital; obviamente, se houvesse discriminação para o capital antigo, e não para novo, o esforço de trabalho seria aumentado".[27]

Assim, as pessoas que supostamente se enquadrariam como sujeitos passivos dessa exação ver-se-iam diante de uma escolha: poupar e ser tributadas ou consumir a renda acumulada. Nesse balanço, argumenta-se que seria dada preferência à segunda opção, e o resultado seria o aumento do consumo e, como conseqüência, o efeito exatamente oposto ao qual o tributo se propõe: o aumento da desigualdade e redução do efeito distributivo da tributação, na medida em que pessoas com mais bens podem consumir mais. De outro lado, a não-existência do tributo incentivaria a poupança, o que, por sua vez, reduz o consumo e, assim, garante maiores níveis de igualdade, desse ponto de vista.[28] Os argumentos de Edward J. McCaffery que sustentam o despropósito de tributar a transferência de riqueza podem, sem prejuízo, ser importados para a discussão em foco: "Se nós comprimirmos os tributos de doação e de propriedade pela eliminação de ambigüidades, nós corremos o risco de prejudicar a acumulação de capital, o que em si mesmo terá efeitos distributivos adversos. Se nós caminharmos para a proteção do estoque de capital, a política combinada pode aumentar a desigualdade de consumo. Nós não teremos necessariamente atingido uma sociedade melhor, mais justa, se a propriedade de bens for mais igual mas o uso da riqueza mais desigual. (...). Uma sociedade

26. Leon Frejda Szklarowsky, "Imposto sobre grandes fortunas", *Revista Trimestral de Jurisprudência dos Estados* 16-100/9-18, São Paulo, maio/1992; Carlos Henrique Abrão, "Imposto sobre grandes fortunas", *Cadernos de Direito Tributário e Finanças Públicas* 7-26/21-24, São Paulo, janeiro-março/1999; Olavo Nery Corsatto, "Imposto sobre grandes fortunas", *Revista de Informação Legislativa*. Brasília 37-146/93-108, abril-junho/2000. Em McCaffery (cit.) encontra-se argumento semelhante relativo ao aumento das transferências *inter vivos*, seja para desconcentrar a riqueza, seja para evitar a tributação da herança.

27. Alan A. Tait, *The Taxation of Personal Wealth*, Chicago, University of Illinois Press, 1967. p. 177. No original: "An annual *net worth* tax reduces the source of 'unearned' income and thereby reduces the attractiveness of saving to accumulate the capital necessary to produce that income. Therefore such a tax reduces the potential future yield of current work effort and can be expected to operate against work effort. This assumes that the net worth tax will be levied on capital already accumulated and will continue to be levied on new capital accumulation; obviously, if there were discrimination against old capital, and not against new, then work effort would be increased".

28. Esses argumentos e outros não tratados aqui, por conta da delimitação do objeto, podem ser encontrados em Edward J. McCaffery, que defende que a substituição de todos os impostos sobre a riqueza por um único imposto progressivo sobre o consumo realizaria mais integralmente a agenda liberal igualitária ("The uneasy case for wealth transfer taxation", *Yale Law Journal* 104/283-365, 1994).

liberal razoavelmente conclui que a igualdade que ela procura é mais admirável quando vem pelo uso privado de recursos, onde a urgência de necessidades tem um sentido claro. Uso desigual pode ser também correlacionado positivamente com menos riqueza agregada".[29]

Em resumo, o efeito substitutivo de um tributo sobre fortunas traria duas adversidades: a primeira relacionada com a redução da poupança interna, já que, em tese, haveria um desestímulo à acumulação de bens, e, nesse balanço, melhor seria consumir a riqueza que poupá-la. Como conseqüência, tem-se o segundo malefício: a transferência da riqueza para o consumo, com propagação de maior desigualdade e redução do efeito distributivo, já que as mesmas necessidades básicas seriam atendidas por diferentes (e díspares) níveis de consumo. Na verdade, o tributo, cuja função primordial seria realizar a justiça distributiva, teria, sob essa análise, efeito contrário.

A resposta a essas duas dificuldades está em uma análise mais apurada do que seja "justiça distributiva". Como visto acima, trata-se de utilizar o sistema tributário como um mecanismo para a melhor promoção do bem comum (Finnis). Sobre isso, defender que maior igualdade pode ser atingida pela equivalência no nível de consumo impõe a assunção de que a realização da justiça tributária não depende da distribuição uniforme dos ônus da tributação de acordo com a capacidade contributiva de cada um, genericamente considerada, mas apenas tendo-se em vista a expressão da riqueza em uma atividade específica: o consumo. Esse argumento incorpora uma falácia, já que o nível de consumo é fortemente variável em função da quantidade de renda e bens acumulados – disso decorre que a distribuição justa e equânime da carga tributária entre a população depende de uma avaliação mais ampla do poder de pagar que cada indivíduo manifesta como um todo, e não apenas do ponto de vista do consumo da riqueza.

Além disso, na mesma medida em que a tributação sobre bens gera o "efeito substitutivo", ela, igualmente, pode gerar outro resultado: o "efeito da renda" (*income effect*), segundo o qual, por conta da tributação, as pessoas trabalham mais para acumular mais riqueza e, dessa forma, mantêm ou aumentam o nível de poupança. Sobre o tema, Anne L. Alstott[30] ressalta: "Em teoria, o imposto sobre a propriedade, como o imposto sobre a renda, pode desencorajar a poupança, pela redução de seu retorno, mas, novamente, há um efeito de renda rival que pode direcionar os poupadores a guardarem mais em resposta aos tributos".[31]

Sendo assim, não há razões suficientes para afirmar que o tributo geraria redução da poupança e do trabalho, já que, na mesma medida, e considerando as mesmas bases (empíricas, nesse caso), poderia ge-

29. "If we tighten the gift and estate tax by closing the loopholes, we run the risk of harming capital accumulation, which itself have adverse distributive effects. If we take steps to protect the capital stock, the combined policy may increase inequality of consumption. We have not necessarily achieved a better, fairer society if the ownership of assets is more equal, but the use of wealth is less so. (...). Liberal society may reasonable conclude that the equality it seeks is most compelling when it comes to the private use of resources, where the urgency of wants has its clearest meaning" (Edward J. McCaffery, ("The uneasy case for wealth transfer taxation", cit., *Yale Law Journal* 104/323).

30. Trata-se de uma resposta ao artigo de McCaffery, combatendo os argumentos então apresentados para a não-tributação da transferência de riqueza. Para a presente análise, apenas os pontos relevantes foram incorporados (Anne L. Alstott, "The uneasy liberal case against income and wealth transfer taxation: a response to professor McCaffery", *New York Law Review* 51/363-402, 1996).

31. "In theory, the estate tax, like the income tax may discourage saving by reducing the returno n savings, but again there is a competing income effect that might lead savers to save more in response to taxes" (Anne L. Alstott, "The uneasy liberal case against income and wealth transfer taxation: a response to professor McCaffery", cit., *New York Law Review* 51/388).

rar o efeito inverso, anulando, então, esse suposto obstáculo à tributação. De outro lado, do ponto de vista estrito da justiça distributiva, uma sociedade mais igualitária beneficia a todos e tem maiores chances de promover o bem comum que uma sociedade com níveis mais elevados de desigualdade.

3.2 Fuga de capitais

Quanto ao argumento relacionado à fuga de capitais do país, trata-se de uma postulação estritamente utilitarista[32] de base empírica, cujo mérito, entretanto, não fica demonstrado por sua simples enunciação; pois ela assume que ter mais dinheiro no país é incondicionalmente melhor que ter menos dinheiro com maior grau de distribuição. Saliente-se, nesse sentido, que o capital objeto de tributação que supostamente "fugiria" parcialmente do país seria aquele acumulado, e não o produtivo – o que relativiza ainda mais o pressuposto de que qualquer capital no país seria sempre e incondicionalmente melhor, *para toda a sociedade*, que algum capital fora. De mais a mais, mesmo pensando-se utilitariamente, a redução (em algum nível) de desigualdade é melhor para o bem coletivo que a manutenção do *status quo*. Sobre o tema, Murphy e Nagel salientam:

"Apesar dos desacordos, há uma importante área de concordância entre essas visões que levam a sério a responsabilidade governamental pelo bem-estar dos cidadãos. Seja a pessoa utilitarista, ou rawlsiana, ou um teórico prioritário, ou um crente em uma rede de segurança social, ou um defensor da justa igualdade de oportunidade, ou um libertário igualitário, ela estará preocupada com a pobreza.

"A pobreza é ruim a partir de todos esses pontos de vista. As vidas dos pobres são difíceis, freqüentemente humilhantes; crianças que nascem pobres têm menos oportunidades e expectativas menores. (...). Essa é a base mais geral e direta para políticas redistributivas (...)."[33]

Some-se a isso o fato de essa postulação ser, novamente, empírica, e cuja comprovação depende não só da implementação do tributo, mas da análise detalhada de seus eventuais efeitos nocivos. Na análise realizada por Anne L. Stott aparece a questão da concentração de capitais em estruturas que evitariam a tributação, e a autora, além de ressaltar a base empírica do tema, destaca uma possível contradição nessa afirmação, que pode ser aplicada na presente questão: "Ele *[professor McCaffery]* argumenta que acumular dinheiro para deixar de herança provê um motivo significante para trabalhar e poupar e que a proposta de um *blind trust* (combinado com a eliminação de um tributo sobre a propriedade) preservaria a habilidade para fazê-lo. Esse argumento ignora outro motivo

32. Sobre a teoria utilitarista aplicada a temas de política tributária, Murphy e Nagel ressaltam: "O utilitarista tem um interesse puramente instrumental no comportamento das pessoas. Quando aplicado ao problema do desenho tributário, o utilitarismo nos diz que o melhor sistema tributário é aquele que mais efetivamente promove o bem-estar agregado, através de incentivos e de outros modos: o objetivo é delinear um esquema tributário que irá encorajar as pessoas a agir da forma que irá melhor servir a este bem agregado" (*The Myth of Ownership – Taxes and Justice*, cit., p. 23). No original: "The utilitarian has a purely instrumental interest in people's behavior. As apllied to the problem of tax design, utilitarianism tells us that the best tax system is the one that is most effective in promoting aggregate welfare, through incentives and in other ways: The aim is to design a tax scheme that will encourage people to act in the way that will best serve this aggregate good".

33. "In spite of the disagreement, there is an important area of agreement among those views that take government responsibility for the welfare of citizens seriously. Whether one is a utilitarian or a Rawlsian or a priority theorist, or a believer in social safety net, or a defender of fair equality of opportunity, or of equal libertarianism, one will be concerned about poverty. Poverty is bad from all these points of views. The lives of the poor are hard, often humiliating; children born poor have fewer opportunities and lower expectations. (...). That is the most general and straightforward basis for redistributive policies (...)" (Liam Murphy e Thomas Nagel, *The Myth of Ownership – Taxes and Justice*, cit., pp. 134-135).

importante para trabalhar e poupar. O instrumento do *blind trust*, por definição, iria privar investidores do poder de dirigir e gerenciar seus investimentos e possuir um papel pessoal na adição de suas riquezas acumuladas (...). O instrumento do *blind trust* iria limitar os investidores a serem apenas detentores passivos de riqueza e (presumivelmente) iria autorizá-los a ter um papel ativo apenas em empreitadas nas quais eles não possuem uma participação significativa".[34]

Ou seja, para que se possa afirmar com propriedade o risco dessa suspeita empírica de fuga de capital deve-se também considerar o interesse daqueles que possuem grandes fortunas em concentrar seu patrimônio em estruturas societárias que, a depender da forma de estruturação, minimizariam o grande (senão maior) benefício de ter riqueza acumulada: a disponibilidade incondicionada dos bens.

3.3 Baixo potencial de geração de receita

Finalmente, no que se refere ao argumento relativo à baixa geração de receita advinda da tributação de grandes fortunas deve-se dizer, juntamente com Rawls, que a criação de tributos que possuam finalidade distributiva em nada se relaciona com a necessidade de angariar receita para o Estado financiar as atividades que lhe são próprias.[35] Ainda que a arrecadação seja ínfima, persiste o cabimento do tributo a partir da perspectiva da justiça distributiva, já que alguma distribuição é melhor que nenhuma.[36]

Superadas as questões práticas, vê-se que os obstáculos apresentados não tornam prejudicado o mérito do tributo. Uma potencial redução na poupança interna poderia muito bem ser substituída pelo efeito inverso (da renda); e, de outro lado, sendo a questão da fuga de capitais igualmente empírica e presente em todos os tributos que oneram o capital, não restam muitas dificuldades quanto à criação de uma exação desse tipo. De outro lado, argumentos utilitaristas ou relacionados com a baixa receita que o tributo geraria igualmente não são capazes de reduzir a necessidade de uma política distributiva pela tributação. Por essa razão, entende-se que o IGF tem, em tese, capacidade de cumprir aos fins que se propõe e, dessa forma, agregar mais progressividade ao sistema tributário brasileiro, realizando em maior grau a justiça distributiva.

4. A tributação do patrimônio é um retrocesso?

Antes de partir para a conclusão, uma última consideração deve ser feita. Um outro argumento, ainda não mencionado, contrário ao IGF é o de que esse imposto representa um regresso no nosso sistema tributário. Essa consideração aparece no contexto da discussão atualmente existente sobre a melhor forma de elaborar um sistema tributário justo: são questões relacionadas com a escolha entre tributar a renda ou o consumo, exclusiva ou majoritariamente. Como mencionado acima, a opção do sistema brasileiro é, sem dúvida, a de tri-

34. "He argues that accumulating money to leave to one's heirs provides a significant motive for work and savings and that the blind trust proposal (combined with elimination of the estate tax) would preserve the ability to do so. That argument ignores another important motive for work and savings. The blind trust device, by definition, would deprive investors of the power to direct and manage their investments and to play a personal role in adding to their accumulated wealth. (...). The blind trust device would constrain investors to be only passive holders of wealth and (presumably) would allow them to take an active role only in enterprises in which they hold no significant stake" (Anne L. Alstott, "The uneasy liberal case against income and wealth transfer taxation: a response to professor McCaffery", cit., *New York Law Review* 51/374-375).

35. John Rawls, *A Theory of Justice*, cit., p. 245.

36. Nesse sentido: Rebecca S. Rudnick e Richard K. Gordon, Rebecca S. Rudnick e Richard K. Gordon, "Taxation of wealth", cit., in Victor Thuronyi (ed.), *Tax Law Design and Drafting*, vol. 1.

butar o consumo. Por essa razão, argumenta-se que a proposta redistributiva a partir da oneração tributária do patrimônio ou da riqueza acumulada seria um retrocesso.[37] Dessa forma, sequer haveria sentido em discutir um imposto sobre grandes fortunas, já que a tendência mundial é tributar o consumo, e não a riqueza.

Essas afirmações estão parcialmente corretas. Partindo-se da premissa de que o sistema tributário de qualquer país fundado em um Estado de Direito tem por pressuposto a distribuição justa dos ônus tributários, o conceito de "justiça tributária" deve estar na pauta de qualquer discussão relativa à reformulação ou melhoria do sistema. A questão é saber eleger corretamente o "metro" para a avaliação da justiça em um dado conjunto de normas. Adotando-se, neste ponto, a tese de Murphy e Nagel,[38] o critério adequado seria a existência de resultados sociais justos decorrentes do exercício da tributação de uma ou outra forma. Portanto, nada há de intrinsecamente ruim em tributar o consumo ou em eleger como base tributável preponderante a renda ou riqueza. O que irá determinar a adequação dessa escolha são os resultados que dela advirão.[39]

Nesse sentido, a preponderância da tributação do consumo sobre a tributação da riqueza, genericamente considerada, implica mais que simplesmente substituir uma base tributável por outra. As propostas existentes sobre o tema defendem um tributo sobre o consumo que seja progressivo a partir do consumo pessoal do indivíduo. Não se trata de somente criar impostos sobre consumo, mas, especialmente, de criar *mecanismos* que viabilizem a tributação justa também a partir dessa base (caso se assuma que essa é a solução para o nosso sistema tributário).

Por essa razão, não é descabido cogitar da criação de um imposto sobre grandes fortunas, ou mesmo da necessidade de se onerar mais gravosamente a tributação da riqueza. A razoabilidade dessas postulações decorre especialmente do fato de que, considerando a necessidade da realização da justiça tributária (que, de forma simplificada, significa a justa distribuição de ônus tributários), o sistema brasileiro não está formatado para a tributação exclusiva do consumo e nem mesmo para a tributação exclusiva do patrimônio. Dessa forma, suscitar debates sobre tributos que visem a conferir maior progressividade ao ordenamento tributário não representa um retrocesso.

Em verdade, o Brasil somente poderá caminhar para a consolidação de um sistema tributário voltado ao consumo se tiver em mente a necessidade de esse sistema ser, também, progressivo. Enquanto isso não se verifica, postulações sobre a tributação da riqueza continuarão a ocorrer, e é saudável que assim seja. Com isso não se defende que as soluções de tributar as grandes fortunas ou aumentar a progressividade do IR sejam as únicas existentes, mas tão-só que, nos termos atuais em que o sistema tributário se coloca, essas são alternativas possíveis, e há base teórica suficiente para a elaboração de um debate mais substancial sobre o tema.

5. *Conclusão*

A partir das considerações acima realizadas, pode-se dizer que o debate sobre a tributação das grandes fortunas situa-se em um panorama mais amplo, que considera a função do sistema tributário como um todo. Nesse caso, não se trata de, simplesmente, criar mais um imposto, que irá contribuir para o aumento da carga tributária e redução do poder de compra dos cidadãos.

37. Marcos Cintra, "Diagnóstico correto, mas terapia equivocada", *Gazeta Mercantil* (SP), ed. de 19.6.2008.

38. Liam Murphy e Thomas Nagel, *The Myth of Ownership – Taxes and Justice*, cit.

39. Também nesse sentido: Anne L. Alstott, "The uneasy liberal case against income and wealth transfer taxation: a response to professor McCaffery", cit., *New York Law Review* 51/363-402 – cuja análise parte da teoria liberal igualitária de Rawls.

O IGF traz consigo um discurso que não pode ser ignorado, e é em vista desse discurso que deve ser criticado ou elogiado.

Contudo – deve-se reiterar –, isso não significa que a tributação das grandes fortunas seja a única saída possível para a implementação do ideal distributivo em nosso sistema tributário. Há outras maneiras. É possível pensar em um ordenamento tributário mais progressivo a partir do maior ônus incidente na tributação da riqueza e, assim, alíquotas crescentes para o ITCMD e ITBI, sem falar na criação de faixas mais específicas para o IR. É possível defender, então, que a renda e a riqueza devem ser duramente tributadas como medida de distribuição, como forma de promover uma sociedade mais igualitária.

De outro lado, as postulações sobre a tributação primordialmente focada no consumo, com a instituição de um imposto progressivo, cobrado de acordo com os gastos pessoais do sujeito passivo, e a redução da tributação sobre a riqueza, também são plenamente defensáveis e encontrariam lugar nas alterações propostas ao sistema tributário atual.

O grande problema é que essas discussões passam ao largo da reforma tributária. O projeto de emenda constitucional em andamento no Congresso Nacional verbalmente prima pela tributação sobre o consumo, mas sem que isso represente a busca da implementação de um sistema tributário diferenciado do que temos hoje. Se o legislador brasileiro optar por tributar o consumo, por entender que essa é a melhor medida de capacidade contributiva e a melhor forma de promover a justiça tributária, então, temos que dar passos nessa direção e provocar um debate não apenas sobre a forma pela qual a tributação ocorrerá, mas também, e especialmente, sobre os resultados sociais que tais tomadas de posição vão trazer. Trata-se de avaliar, do ponto de vista da necessidade que se tem de cumprir um requerimento de justiça, se aquele é o sistema tributário adequado.

Enquanto esse tipo de debate não florescer, não veremos um amadurecimento do sistema tributário no Brasil e a consolidação de uma justificativa para a tributação. Nos debates sobre a reforma tributária os interlocutores do governo devem se perguntar do *porquê* da formulação das normas de um ou outro modo. Trata-se de sair do campo estritamente técnico de definição de competências tributárias, fixação de fatos jurídicos tributáveis, bases de cálculo e alíquotas, para se perguntar sobre a função que o tributo exerce ou que pretende exercer.

Sobre o IGF, que emerge como um elemento adicional à discussão da reforma tributária, ele pode, sim, atuar como um instrumento para a realização de justiça distributiva, já que, em teoria, pode produzir resultados sociais justos – e, assim, não há como negar sua viabilidade. Desse ponto de vista, não há meios de os argumentos contrários ao imposto prevalecerem. Isso porque qualquer postulação nesse sentido deve defender uma, de duas posições: ou se assume que a justiça distributiva não é vantajosa e que, portanto, uma sociedade desigual e uma sociedade igualitária são justas em mesma medida, ou se assume que a tributação da riqueza acumulada nada tem a ver com justiça distributiva. Nenhuma dessas afirmações parece ter qualquer fundamento, e dificilmente alguém sairia em defesa delas.

Quem pretender questionar de forma mais contundente esse imposto deve voltar-se não para as questões práticas que ele suscita – como visto acima, todas são contornáveis e têm contra-argumentos tão persuasivos quanto a crítica efetuada –, mas sim para a defesa de uma configuração diversa do sistema tributário. Combater o IGF sem defender instrumentos de equalização que fariam as vezes desse imposto não se mostra suficiente diante do debate que devemos trazer à tona quando se discute política tributária.

CADERNOS DE DIREITO TRIBUTÁRIO

A INTERPRETAÇÃO NO DIREITO: POSSIBILIDADE DE ALTERAÇÃO EXEGÉTICA E A EXISTÊNCIA DE PARÂMETROS E LIMITES INTERPRETATIVOS

DANIELA BRAGHETTA

Advogada – Mestre e Doutoranda pela PUC/SP

1. Interpretação. 2. Proporcionalidade e razoabilidade. 3. Paradoxo. 4. Conclusão.

1. Interpretação

Dizer sobre o processo de interpretação é considerar, de forma adstrita, o papel do sujeito. Impossível a existência de interpretação sem que haja a pessoa humana ligada a tal ato.

De tal sorte, nunca é demais indagar quais seriam – será que existem – as bases para o ato ou processo interpretativo e, mais, quais os limites para que se possa admitir a interpretação.

Necessária, pois, a existência de uma aglutinação ordenada de caracteres, denominada *Língua*,[1] apta a dar condições de provocar no intelecto a associação a uma correspondente imagem.

Trata-se, pois da mensagem presente no mundo do ser; quer dizer, o homem, partindo de uma linguagem previamente manifesta, transmite, por meio de caracteres, a situação existente, capaz de provocar o vínculo entre os elementos psíquicos que levam a um determinado objeto.[2]

Dentro do mundo do Direito estaríamos sempre cuidando das normas jurídicas, visto que seriam elas o objeto do Direito.

O homem, no mundo jurídico, fica reduzido a uma classe determinada de pessoas, importando para nós, os sujeitos de direito, capazes de, por meio da Língua, que compõe as normas jurídicas, transmitir a situação existente dentro dos caracteres para assim chegar a certo objeto.[3]

A transmissão a que nos referimos linhas acima vem a ser a da mensagem, apta a ser compreendida pelo seu receptor. En-

1. Cf. Vilém Flusser, *Língua e Realidade*, 2ª ed., São Paulo, AnnaBlume, 2004, pp. 79 e ss.

2. Em sentido lato.

3. O estudo do Direito evoluiu abruptamente com o "construtivismo lógico-semântico", que, de acordo com a doutrina de Paulo de Barros Carvalho, teve como mentor Lourival Vilanova (Paulo de Barros Carvalho, *Direito Tributário: Linguagem e Método*, 2ª ed., São Paulo, Noeses, 2008, p. 157).

tretanto, tal situação não tem correspondência lógica com uma aceitação, e sim com a compreensão da informação.

Busca-se, pois, indagar qual ou quais os limites para tal interpretação. Partimos, pois, de normas jurídicas, e sabemos que o intelecto humano é fecundo em estabelecer possibilidades. Daí concluirmos quais situações foram dadas pelos agentes competentes para tanto, a fim de atingirmos o pretendido pelo Direito.

Não existe, pois, situação jurídica que não passe por tal trajeto interpretativo. A leitura de um texto normativo é apenas o alicerce, o primeiro passo para se falar em Direito. Entretanto, deve necessariamente passar pelo intelecto humano do intérprete, para que este informe seu entendimento a respeito do conteúdo da norma.

Nesse sentido dispõe Paulo de Barros Carvalho:

"Vimos que a aplicação do Direito pressupõe a interpretação, e esse vocábulo há de ser entendido como a atividade intelectual que se desenvolve à luz de princípios hermenêuticos, com a finalidade de construir o conteúdo, o sentido e o alcance das regras jurídicas.

"(...).

"De qualquer modo, a exegese dos textos legais, para ser completa, tem de valer-se de incursões nos níveis sintático, semântico e pragmático da linguagem jurídica, única forma de chegar-se ao conteúdo intelectual, lembrando-nos sempre que a interpretação é um ato de vontade e um ato de conhecimento, não cabe à Ciência do Direito dizer qual o sentido mais justo ou correto, mas, simplesmente, apontar as interpretações possíveis."[4]

Pelo texto acima concluímos pela necessidade da mente humana, produzindo as significações e tendo por premissa o conjunto de regras e princípios possíveis para determinar o significado do texto de lei.

Para que isso ocorra há obrigatoriamente a observância da Semiótica e seus três campos, a saber: sintático, semântico e pragmático.[5] São os fatores que, dentro da Língua utilizada, indicam o processo de produção de significados pelo intelecto.[6]

Temos, então, uma relação jurídica em que um sujeito, por meio de um processo interpretativo, chega a determinada norma, existente no mundo do dever-ser, que será posta por outro sujeito. Assim, os dois sujeitos estão adstritos por meio deste objeto – qual seja, a norma jurídica. E exatamente pela interpretação é que o objeto é produzido e a mensagem, pois, transmitida.

Entretanto, se dizemos que o processo de interpretação faz parte do intelecto humano, mesmo que para tanto devam ser observados as regras e os princípios, o intérprete não tem apenas o papel de reproduzir as normas, mas, sim, uma função criadora, visto que cada situação se apresenta diferente das outras.[7]

Cada intérprete cria a situação que entende por pertinente à sua realidade, seu intelecto e suas premissas, mesmo que tenha por requisito a observância de certos parâmetros previamente estabelecidos.

Indaga-se, aqui, se toda e qualquer produção do intelecto desse sujeito há que

4. Paulo de Barros Carvalho, *Curso de Direito Tributário*, 19ª ed., São Paulo, Saraiva, 2007, pp. 96 e 102.

5. Sobre os três planos da Semiótica podemos tratar o primeiro como a análise dos signos com independência de significado, o segundo como o estudo dos signos em relação aos objetos designados e o último como a relação entre os signos e as pessoas envolvidas.

6. Preceitua Alf Ross que a interpretação vai apresentar problemas *sintáticos* (problemas concernentes à conexão das palavras na estrutura da frase), *lógicos* (ocorrem em relação à coerência de uma expressão com outras expressões dentro de um contexto) e *semânticos em sentido estrito* (tratam do significado das palavras individuais ou das frases) (*Direito e Justiça*, pp. 151-165).

7. Em sentido contrário: Eros Roberto Grau, *Ensaio e Discurso sobre a Interpretação/Aplicação do Direito*, São Paulo, Malheiros Editores, 2002, p. 22.

ser admitida. Ou seja: haveria limites intrínsecos para a interpretação?

No mundo das artes, o pintor norte-americano Andy Warhol, precursor do movimento denominado *Pop Art*, tomou por objeto de seu trabalho a pintura de produtos famosos, tais como a lata de sopa "Campbell" e a de refrigerantes "Coca-Cola", além de ícones da cultura popular, como foi o caso da atriz Marilyn Monroe.

Criou, a partir dessas figuras *in natura*, como as fábricas colocavam no mercado tais produtos, imagens transformadas, estilizadas, no sentido de criar sobre o comum.

Daí a indagação sobre os limites para a interpretação: até que ponto poderia o sujeito "inovar", ou seja: dentro do sistema em que opera,[8] o que pode ser legitimado e o que deve ser descartado?

E mais: apenas a legitimidade do sujeito seria suficiente para atribuir a conformidade necessária para o produto de sua interpretação?

Voltemos, pois, ao mundo do Direito.

Afirma Paulo de Barros Carvalho que "a norma jurídica é juízo implicacional produzido pelo intérprete em função da experiência no trato com esses suportes comunicacionais".[9]

"Norma" vem a ser a significação enunciativa, diferindo, pois, dos enunciados em si, expressão literal daquelas normas.

Ainda compondo seu raciocínio, Paulo de Barros Carvalho[10] esclarece que normas jurídicas são construídas pelos intérpretes, como "estrutura categorial", produzidas levando em conta somente a leitura dos textos de direito positivo e as noções que tais signos lingüísticos causariam em seu espírito.

Conceitos – como se percebe – extremamente subjetivos. Podem variar consideravelmente, mesmo tratando-se de um mesmo sujeito, de sua vontade, ou, então, ocorrer alteração em sua percepção a respeito das situações aventadas.[11]

Neste caso, de mudança, caberia falar em reforma da decisão? Como deve o jurista se portar diante de novel interpretação?

Sabemos que a norma jurídica posta no sistema goza de presunção de validade; ou seja, parte-se do pressuposto de que foi colocada por agente capaz, por intermédio de órgão competente para tanto.

A partir desse pressuposto, cabe ao Poder Judiciário sua análise, que é feita tendo por premissa a interpretação fornecida pelas partes, e a partir de então galga posições dentro do órgão em epígrafe, até que a última esfera competente disponha sobre o assunto. Num exemplo singelo, a questão que vincule matéria constitucional é colocada pelos sujeitos ao juiz de primeira instância, revista pelo tribunal superior até que chegue ao STF, para dispor a seu respeito.[12]

8. *V.g.*, sistema jurídico, sistema social, sistema religioso, sistema das artes, entre outros.

9. Paulo de Barros Carvalho, *Direito Tributário. Fundamentos Jurídicos da Incidência*, 4ª ed., São Paulo, Saraiva, 2006, p. 65.

10. Idem, p. 66.

11. Para ilustrar a questão, trazemos à baila trecho dos debates proferido no julgamento da ADI 2.925-DF, em que o Min. Sepúlveda Pertence, do STF, informa abertamente ter se arrependido de decisão anteriormente por ele exarada, *in litteris*: "Estou vendo um dos precedentes: autorização para destinar parte da arrecadação da CPMF a cobrir débitos do Ministério da Saúde com o FAT – não conhecemos da ação direta de inconstitucionalidade (o que me dá um certo remorso, diante do que veio a suceder posteriormente)" (STF, Tribunal Pleno, ADI 2.925- DF, rel. para o acórdão Min. Marco Aurélio, j. 19.12.2004, *DJU* 4.3.2005).

12. Caberia recurso ao Tribunal Constitucional apenas quando aquele entender que existe violação à norma existente na Lei Maior. A título ilustrativo, entendeu o STF por sumular inexistir possibilidade de falar em interpretação dada a matéria infraconstitucional em decisão proferida na instância inferior. Se não, vejamos: "Súmula 636. Não cabe recurso extraordinário por contrariedade ao princípio constitucional da legalidade, quando a sua verificação pressuponha rever a interpretação dada a normas infraconstitucionais pela decisão recorrida".

2. *Proporcionalidade e razoabilidade*

Iniciando o texto constitucional, traz o art. 5º, dentro dos direitos e garantias fundamentais, a necessidade de observância, como premissa para a privação de liberdade ou de bens, do devido processo legal (inciso LIV).

Evidente a presença de valores quando tratamos de comunicação. Entretanto, temos parâmetros, mesmo dentro do texto constitucional, como vimos acima, para nos servir de alicerce.

Ou seja, a interpretação muda conforme os horizontes culturais do intérprete mudam. Contudo, a premissa é que se baseie em razões sólidas, com intensidade capaz de ser aferida pelos destinatários da mensagem.

Os conceitos de "proporcionalidade" e "razoabilidade" por vezes se confundem. No Direito pátrio estão de certa forma esculpidos no princípio do devido processo legal, presente na Lei Maior.

A proporcionalidade é extraída da busca pela igualdade de relações, de harmonia das partes em relação ao todo. Trata-se de princípio – e, como tal, é regra que se encontra num patamar mais elevado no estudo do Direito, cuja observância é latente.

Já a racionalidade diz respeito à coerência, ponderação das possibilidades existentes para a obtenção de um julgamento. Varia, pois, de intérprete para intérprete; e mesmo se estivermos falando de apenas uma mente pode sofrer alterações à medida que se modificam os horizontes culturais da pessoa. No entanto, tais alterações não podem vir acompanhadas de interesses extrínsecos, que apenas serviriam para justificar a decisão e os fins almejados.

Atentar para a necessidade de observância dos princípios em questão é de manifesta importância. A existência de um caminho lógico, em que estão estabelecidas as premissas e determinadas as conclusões pertinentes, deve ser demonstrada de forma a que o interlocutor, cientista do Direito, seja capaz de trilhar o caminho mesmo que seu convencimento se assente em sentido oposto.

Do mesmo modo se o processo de interpretação restou alterado dentro do intelecto do estudioso. A demonstração aqui, até por conta da existência de raciocínio anterior, deve ser exaustivamente esmiuçada. É necessária a explanação sobre a mudança, contrapondo-se a tudo o que foi dito e sustentado anteriormente.[13]

Mas o devido processo legal destina-se exatamente a resguardar o Estado Democrático de Direito, fazendo valer todo o trajeto galgado pelo intérprete. Deve ele, sim, ter respaldo, seu discurso deve ser coerente e ter aceitação no campo que entendeu poder trilhar.

A comprovação da existência do devido processo legal deve ser verificada pela existência de segurança jurídica e certeza do direito, também princípios em que se verifica a redução de complexidades até o ponto em que o resultado de todo o discurso analisado torna-se preciso, exato.

3. *Paradoxo*

O discurso requer, então, coerência, com a apresentação de nexo, lógica. Se analisada a questão da existência de paradoxos, no sentido dado pela Filosofia, temos uma proposição ou argumento que não atende ao comum e desafia a opinião consagrada, a crença ordinária, comum.

Já na lógica o paradoxo vem do raciocínio aparentemente bem fundamentado e coerente mas que, pela análise mais acurada, esconde contradições, com a estrutura interna ameaçada pela falta de sustentáculo.

13. Adverte Maria Helena Diniz estar a realidade jurídica em constante movimento, acompanhando as relações humanas e as necessidades de transformação intrínsecas ao ato de viver (*Conflito de Normas*, 2ª ed., São Paulo, Saraiva, 1996, p. 9).

Pois bem. Não é demais dizer que o discurso científico, especialmente no mundo do Direito, pretende uma linguagem paradoxal, no sentido de que o próprio senso comum não atinja aquele grau de comunicação. Seria, assim, uma forma de se pretender proteger, elevar o discurso, para que apenas os operadores da linguagem jurídica tenham acesso a ele.

Do mesmo modo quando se pretende enunciar o resultado da interpretação produzido no intelecto. Parte-se da premissa de que um discurso paradoxal faz-se necessário, repudiando-se a demonstração feita de forma singela em relação ao resultado obtido.

Entretanto, o percurso do devido processo legal, de aparente singeleza, requer a demonstração cabal do caminho logicamente estruturado.[14] Simples, sim, é chegar na armadilha de ver ruir toda a estrutura que se desejou demonstrar.

Não se pode chamar de paradoxo a mudança de interpretação. Como salientado, a vivência pode ser capaz de introduzir no intelecto alterações nas premissas anteriormente defendidas. Necessário se faz que sejam estipulados a seqüência de idéias e o sentido certo para a regra em questão, demonstrando-se cabalmente a inevitável modificação.

Atenta Ludwig Wittgenstein[15] para a necessidade de coerência entre a Língua, aquilo que se fala, e o processo do pensamento. A atividade da fala deve ser comprovada com a do intelecto.

Em termos filosóficos, o cientista do Direito, demonstrado seu respaldo entre aqueles que o cercam, deve buscar evitar a "opinião de massa" se considerada tal situação como maneira de manter estanques suas idéias.

A busca é sempre na condição de ver preservados os princípios existentes no mundo do Direito,[16] mas dando um passo adiante, indo além do trivial, com o uso da linguagem, da comunicação e do avanço nos horizontes culturais de cada um.

4. Conclusão

Se faz parte do intelecto, pode, sim, o intérprete repensar o que se propôs a analisar. Claro que sempre dentro do manto dos princípios, especialmente proporcionalidade, razoabilidade, segurança jurídica, certeza do direito e Estado Democrático de Direito.

Na situação exposta, o trabalho de Andy Warhol foi legitimado, e ele se consolidou como artista por conta de sua aceitação pela maioria dos estudiosos das Artes. Concordar ou discordar disso faz parte da ciência, que tem o papel de analisar e criticar o objeto do discurso, colocado em análise.

No Direito buscamos, por intermédio da Língua e conseqüente processo comunicacional, instrumentos aptos a compor o estudo, a realização de interpretações.

Como toda interpretação tem como premissa a existência de um sujeito e seus horizontes culturais, que se utiliza do intelecto para expor suas idéias, a transformação de seus entendimentos não só é valida, como essencial, se modificados seus pensamentos.

Faz-se necessária, pois, a observância das diretrizes capazes de oferecer ao cientista o caminho lógico percorrido para que sejam aferidas as premissas e posteriores conclusões.

14. Como dito, apenas o princípio da segurança jurídica e o da certeza do direito são capazes de demonstrar a existência de respaldo nas opções escolhidas.

15. Ludwig Wittgenstein, *Investigações Filosóficas*, 4ª ed., Petrópolis, Vozes, p. 189.

16. Na acurada assertiva de Lenio Luiz Streck, "no mínimo, os princípios gerais, em seus mais variados conteúdos, podem servir – e têm servido cotidianamente – como um *topos* hermenêutico" (*Hermenêutica Jurídica e(m) Crise*, 3ª ed., Porto Alegre, Livraria do Advogado, 2001, p. 104).

ESTUDOS & COMENTÁRIOS

PRINCÍPIOS DA ORDEM ECONÔMICA COMO LIMITAÇÃO AO PODER DE TRIBUTAR

JOEL GONÇALVES DE LIMA JR.
Mestrando em Direito Econômico e Socioambiental pela PUC/PR – Advogado em Curitiba

ROBERTO FERRAZ
Professor Titular da Graduação e Pós-Graduação da PUC/PR – Mestre em Direito Público pela UFPR – Doutor em Direito Econômico e Financeiro pela USP – Advogado e Consultor em Curitiba

1. Introdução. 2. Estado Fiscal Democrático e Constituição Econômica: 2.1 Formas de intervenção para conformação e extrafiscalidade. 3. A tributação na Constituição brasileira: 3.1 Princípios, regras e eficácia paralisante – 3.2 Fundamentos da ordem econômica e tributação na Constituição brasileira – 3.3 Contribuição de Intervenção no Domínio Econômico/CIDE. 4. Alguns casos polêmicos: 4.1 Meio ambiente, pleno emprego e livre concorrência – 4.2 Livre concorrência e consumidor – 4.3 Livre concorrência – 4.4 Tratamento favorecido às pequenas empresas – 4.5 Desestímulo às microempresas e empresas de pequeno porte. 5. Alguma experiência jurisprudencial. 6. Conclusão.

1. Introdução

Na sessão do dia 7.5.2008 o Plenário do STF iniciou o julgamento do RE 550.769. Em apertada síntese, o recurso versa sobre o cancelamento do registro especial de funcionamento de uma empresa de cigarros devido à inadimplência de tributos, a teor do art. 2º do Decreto-lei 1.593/1977. O TRF-2ª Região julgou improcedente a demanda proposta pela empresa, contra cujo acórdão foi interposto o recurso extraordinário, sob a alegação de violação do devido processo legal (art. 5º, LIV, da CF) e da livre iniciativa (arts. 5º, XIII, e 170, parágrafo único, da CF). A questão de fundo, enfim, diz respeito à recepção do decreto-lei pela Constituição de 1988.

A empresa já havia ajuizado medida cautelar perante o Pretório Excelso visando a atribuir efeito suspensivo ao recurso extraordinário. Em sessão de junho/2007, por maioria, o Plenário julgou improcedente a cautelar. Relator para o acórdão, o Min. Cézar Peluso consignou, dentre outros fundamentos, o entendimento de que a prática da empresa de deixar "sistemática e isoladamente de recolher o IPI, com conseqüente redução do preço de venda da mercadoria", ofende a livre concorrência. Instado a esclarecer o voto, corroborou o

Min. Cézar Peluso que a "tônica do meu voto está exatamente na apreciação e valoração das atividades aparentemente lícitas em relação a seus efeitos anticoncorrenciais, como tais ofensivos à lei de concorrência".

Merece atenção a correlação direta e explícita admitida pelo STF entre a tributação e os fundamentos da ordem econômica, notadamente o da livre concorrência. É certo que no citado recurso essa correlação foi feita para justificar o ato da Administração. Mas isto é irrelevante. Relevante é que tal precedente corrobora uma perspectiva de análise da relação jurídico-tributária segundo a qual a tributação deve ser cotejada em face da ordem econômica. Se há essa correlação direta entre a tributação e a ordem econômica, como de fato há e foi reconhecida pelo STF, disto decorre a necessidade de controle de constitucionalidade dos tributos inclusive em face dos fundamentos da ordem econômica. Vale dizer: além de atender ao sistema tributário constitucional, a tributação deve observância à ordem econômica, sob pena de inconstitucionalidade.

Apesar de não ser um tema desconhecido, pouco tem sido suscitado perante os tribunais. Verdade é que, em busca de autonomia epistemológica, os estudos tributários focaram-se no sistema tributário. A dinâmica da economia e a "onda" de tributação intervencionista, porém, exigem que se retome o estudo da função da tributação e de seus limites em face da organização econômica. Daí a atualidade e a importância teórica do tema. Igualmente relevante sob o prisma econômico, já que a política fiscal intervencionista e retalhada no Brasil (com regimes tributários diversos, especiais, optativos etc.) nem sempre tem sido consentânea com a ordem econômica da Constituição de 1988.

Esse é o cenário enfrentado pelo presente ensaio, que tem por objetivo apenas tentar provocar um debate acerca da legitimidade (ou não) da tributação em face da ordem econômica – questão cujas facetas estão sendo ventiladas no mencionado recurso extraordinário.

2. Estado Fiscal Democrático e Constituição Econômica

Como anotam Ricardo Lobo Torres e José Casalta Nabais, a noção de "tributo" surgiu com o Estado Liberal. Antes disto não havia propriamente tributo, pois as receitas da Coroa não advinham de tributação, mas de instituições medievais (vassalagem), do patrimônio real ou de algumas atividades econômicas desenvolvidas pela Corte.[1-2] O Estado Socialista também não era compatível com a noção de tributo, pois nele as receitas do Estado advinham da exploração direta pelo Estado da atividade econômica monopolizada, e não de tributos. E na revolução social de Karl Max – observa José Casalta Nabais – a exação era concebida como mera técnica de supressão da propriedade privada e de apropriação dos meios de produção pelo Estado, não podendo, assim, ser considerada como tributo.[3] Foi, pois, no Estado Liberal que se separaram a sociedade civil e o Estado, deixando a cargo da primeira a exploração da atividade econômica. Em contraposição, ao Estado foi outorgada competência para exigir tributos da iniciativa privada (sociedade civil), advindo daí as receitas do Estado. Aí reside a origem do Estado Fiscal: aquele no qual as receitas do Estado não advêm da exploração da atividade econômica, mas sim da tributação incidente sobre a sociedade civil.[4]

1. Ricardo Lobo Torres, "O conceito constitucional de tributo", in Heleno Tôrres (coord.), *Teoria Geral da Obrigação Tributária*, São Paulo, Malheiros Editores, 2006, p. 562.

2. José Casalta Nabais, *O Dever Fundamental de Pagar Impostos*, Coimbra, Livraria Almedina, 1998, p. 193.

3. Idem, ibidem.

4. Ricardo Lobo Torres, "O conceito constitucional de tributo", cit., in Heleno Tôrres (coord.), *Teoria Geral da Obrigação Tributária*, pp. 562-564.

O Estado Fiscal pressupõe, portanto, certa separação entre o Estado e a atividade econômica reservada à iniciativa privada. A essa separação liga-se a liberdade, porque, como explica Friedrich Hayek, onde o Estado controla diretamente a produção e a distribuição dos resultados da atividade econômica não há a liberdade da sociedade civil. Isto porque o Estado precisa ditar a cada um dos cidadãos o quê, como e para quem ele deve fazer, não podendo tolerar o contrário.[5] Por certo que não se trata de uma separação absoluta. Há uma área comum de interseção entre a iniciativa privada e o Estado. Cuida-se de uma separação no sentido de que, como regra geral, ordinariamente, a organização e o funcionamento da atividade econômica cabem à iniciativa privada, à sociedade civil, no que se manifesta a liberdade. O Estado atua na área de interseção, com certo grau de interferência, para preservar, em última instância, a liberdade.[6] O que não pode é o Estado interferir de tal modo na organização da atividade econômica ao ponto de substituir a sociedade civil, sob pena de desnaturar o próprio Estado Fiscal e sepultar a liberdade.

O cerne da questão, portanto, reside em definir o grau, o objetivo e modo de interferência possível do Estado na organização econômica. No Estado Democrático de Direito essas respostas devem ser buscadas na Constituição.

Calha inicialmente ainda advertir que, como anota José Casalta Nabais, embora o Estado Fiscal tenha tido origem no Estado Liberal, não se confunde com o Liberalismo, nem como Estado Social (ou de "Bem-Estar"). Pode ser um ou outro. O que caracteriza o Liberalismo é a quase neutralidade do Estado em face da organização da economia (grau mínimo de intervenção), não se admitindo intervenção senão para manter a independência dos agentes econômicos. Já o Estado Social (de "Bem-Estar") caracteriza-se por uma base alargada de tributação, para que o Estado tenha condições financeiras de atender às demandas sociais (gastos públicos). Mas nem por isto o Estado Social deixa de ser Fiscal, já que a exploração da atividade econômica continua ordinariamente atribuída à sociedade civil tributada. Em nenhum deles o Estado substitui a iniciativa privada (sociedade civil) na exploração da atividade econômica, prevalecendo, portanto, a noção de tributo.[7]

O que evoluiu do Liberalismo clássico, passando pelo Estado de Bem-Estar, até o hodierno Estado Fiscal Democrático é o grau, o objetivo e o modo de interferência possível do Estado na organização econômica. No Liberalismo do século XVIII o tributo destinava-se a custear um Estado mínimo, resumido basicamente à segurança pública necessária para impedir o uso da força física em detrimento da força jurídica dos contratos e das leis. Já no Estado Social, difundido no início do século XX, o tributo ganhou nova feição, servindo também para realização do bem-estar social. Foi neste que se enfatizou a extrafiscalidade dos tributos como meio de conformação social. Por derradeiro, é no Estado Democrático Fiscal que a noção de tributo, como ensina Ricardo Lobo Torres, passa a ser buscada (orientada e limitada) na Constituição.[8] Nele, tributo continua a ter a função de custeio do Estado (caráter fiscal). Mas, além disso, a tributação tem a função de conformação social, passando a ser balizada, positiva e negativamente, também nos valores sociais e estruturantes apregoados pela Constituição. Os fundamentos da Constituição servem, ao mesmo tempo, de vetores e de limitações à tributação.

5. Friedrich Hayek, *Derecho, Legislación y Libertad*, Madri, Unión Editorial, 2006, pp. 268-271.
6. José Casalta Nabais, *O Dever Fundamental de Pagar Impostos*, cit., p. 195.
7. Idem, p. 194.
8. Ricardo Lobo Torres, "O conceito constitucional de tributo", cit., in Heleno Tôrres (coord.), *Teoria Geral da Obrigação Tributária*, p. 564.

Consentânea com essa evolução também é a concepção de Constituição Econômica, com o quê se quer expressar a ordem constitucional que estabelece o modo de organização e funcionamento da sociedade civil na atividade econômica. Ensina Gilberto Bercovici que a Constituição Econômica podia ser vista já nas Constituições liberais do século XVIII, porque, ao relegarem a interferência do Estado e assegurarem uma independência quase absoluta à iniciativa privada, já estabeleciam o modo do "dever ser" da atividade econômica.[9] Nada obstante, como enfatiza Eros Grau, foi a doutrina alemã que, diante das disposições da Constituição Social de Weimar relativamente à organização econômica, desenvolveu a concepção de Constituição Econômica, para indicar o conjunto de princípios, regras e instituições que ordenam e assim definem um determinado modelo de sistema econômico de "dever ser", dispondo a forma de organização e funcionamento da iniciativa privada.[10]

Outra noção correlata é a de "Constituição Dirigente", da qual fala Joaquim Canotilho.[11] Na origem, a Constituição surgiu com o escopo de proteger a sociedade civil em face do clero, da nobreza e do Estado. A concepção de Constituição no Estado Liberal clássico era de garantir a sociedade civil, ao estabelecer limites objetivos à atuação do Estado e da força física contra a liberdade individual ou econômica. A Constituição do Estado Liberal clássico é um estatuto político que não interfere (ou pouco interfere) na organização social e econômica. Diferentemente são s Constituições que surgiram a partir de meados do século XIX como manifestação política do Estado Social (ou de Bem-Estar) diante das inquietações sociais. Nelas se mantém o núcleo originário da Constituição, com direitos e garantias individuais da sociedade civil, mas se acrescem na Constituição princípios e regras destinados a dar uma conformação às questões sociais. Daí se agitar de Constituição formal, para expressar aquela que traz consigo princípios e regras que, conquanto extrapolem a forma de Estado, o regime de governo e os direitos e garantias fundamentais (Constituição material), ocupam posição constitucional no ordenamento jurídico. É uma Constituição que mantém a separação entre Estado e sociedade civil, preservando igualmente a exploração da atividade econômica pela iniciativa privada (sociedade civil). Nada obstante, procura atender às demandas sociais, como saúde, educação, seguridade social, condições de trabalho etc. Isto se dá por duas formas principais: pela interferência mais ostensiva do Estado na organização da atividade econômica e pela extrafiscalidade da tributação.

A Constituição Dirigente é, pois, aquela que se reveste de um conjunto de normas constitucionais que, além de fixar os limites e garantias fundamentais, definem atribuições, tarefas e objetivos sociais a serem perseguidos pelo Estado.[12] É uma Constituição diretiva, voltada para o fazer e o ser. Nela se aspira a uma transformação social a partir de princípios e regras de conformação. Aproxima-se, por isto, de uma Constituição-programática. Mas não por isto – vale deixar explícito – a Constituição Dirigente abandona ou é incompatível com o Estado Fiscal. Ao revés, na medida em que se mantém a exploração da atividade econômica pela iniciativa privada, ficando ao Estado a outorga da competência para arrecadar tributos, preserva-se o Estado Fiscal.

9. Gilberto Bercovici, *Constituição Econômica e Desenvolvimento*, São Paulo, Malheiros Editores, 2005, pp. 32-33.

10. Eros Grau, *A Ordem Econômica na Constituição de 1988*, São Paulo, Malheiros Editores, 2007, pp. 79-80.

11. José Joaquim Gomes Canotilho, *Constituição Dirigente e Vinculação do Legislador*, Coimbra, Coimbra Editora, 2001.

12. Eros Grau, *A Ordem Econômica na Constituição de 1988*, cit., p. 79.

Portanto, a Constituição Econômica e Dirigente no Estado Democrático Fiscal exige um grau maior de interferência do Estado na organização e funcionamento da atividade econômica. Há, pois, uma ampliação daquela área de interseção de que fala José Casalta Nabais. E aqui há um ponto de extrema relevância: não se trata de uma intervenção aleatória, senão exclusivamente uma intervenção nos termos e limites em que prevista na Constituição Democrática. A intervenção além ou na contramão dos princípios e regras diretivos da Constituição é contrária a ela e, por isto, inconstitucional. Portanto, não é qualquer intervenção que se justifica na Constituição Dirigente e Econômica, senão só aquela conformadora que se coadune com os valores estruturantes apregoados pela Constituição.

Deve-se ter em mira que, como anota Eros Grau, o próprio vocábulo "intervenção" já expressa que se trata de uma atuação do Estado fora do seu campo original, pois só se intervém naquilo que por essência não é seu.[13] Por isto, a intervenção deve ser em consonância com os princípios, as regras e as instituições da ordem econômica constitucional, e não contrária a eles. A Constituição Econômica e Dirigente não avoca ao Estado a tarefa de substituir a iniciativa privada na atividade econômica, mas também não deixa ao livre critério da sociedade civil a organização e o funcionamento. Faz diferente: estabelece princípios, regras e instituições ordenadores (e conformadores) da ordem econômica às questões sociais, deixando à sociedade civil a organização e funcionamento dentro desses quadrantes.

2.1 Formas de intervenção para conformação e extrafiscalidade

De Eros Grau vem a lição de que as modalidades de intervenção são três: (i) intervenção por absorção ou participação; (ii) intervenção por direção; (iii) intervenção por indução. Na primeira modalidade o Estado atua diretamente (explora) na atividade econômica, como agente econômico, podendo fazê-lo por absorção ou por participação. Na absorção o Estado avoca inteiramente certo ramo da atividade econômica, apropriando-se dos meios de produção em regime de monopólio, enquanto na intervenção por participação o Estado assume em parte os meios de produção, atuando em regime de concorrência com os demais agentes econômicos. Diferente é a modalidade de intervenção por direção, na qual o Estado não atua diretamente na atividade econômica senão, ao revés, exerce pressão sobre a organização e funcionamento dos agentes econômicos, ao prescrever normas impositivas de comportamento. Derradeiramente, na modalidade de intervenção por indução, o Estado, por meio de normas dispositivas, cria ambiente e instrumento de interferência segundo a lógica dos agentes econômicos, de modo a induzi-los (e não os obrigar) a se organizar e funcionar de sorte adequada às conformações sociais.[14]

Segundo Eros Grau, "nem sempre a indução manifesta-se em termos positivos. Também há *norma de intervenção por indução* quando o Estado, *v.g.*, onera por imposto elevado o exercício de determinado comportamento (...). A indução, então, é negativa".[15] Os tributos operam, pois, no âmbito da intervenção por indução, por meio da chamada extrafiscalidade, que se dá quando o Estado, dentro da sua competência tributária e para atender aos objetivos diretivos da Constituição Econômica, majora ou minora os tributos com o fito de estimular ou desestimular determinadas condutas, que, apesar de lícitas, são (ou não) socialmente desejáveis.

Adverte Luís Eduardo Schoueri, no entanto, que a intervenção por indução é inerente a todos os tributos. Assim, não se deve falar em "tributos indutores", senão

13. Idem, p. 93.

14. Idem, pp. 148-149.

15. Idem, p. 150.

em normas tributárias indutoras.[16] Tais normas, além da importância como fonte de arrecadação (caráter fiscal), revelam-se como instrumento de regulação econômica. Isto porque os agentes econômicos recebem as normas tributárias indutoras como estímulo ou desestímulo da atividade, no que pautam suas decisões de forma lícita.[17] Esse instrumento é comum a todos os tributos. Como assevera Schoueri, "a mera decisão, por parte do legislador, de esgotar uma fonte de tributação no lugar de outra implica a existência de ponderação extrafiscal, dado que o legislador necessariamente considerará o efeito sócio-econômico de sua decisão". Com efeito, "o legislador tributário não precisa se valer de um 'tributo indutor', propriamente dito, para atingir suas finalidades, preferindo antes adotar modificações motivadas por razões indutoras em normas tributárias preexistentes".[18]

O reconhecimento da extrafiscalidade guarda estreita relação com o amadurecimento do Estado Fiscal Democrático. Como diz José Casalta Nabais, a doutrina reconheceu desde cedo a função instrumental e conformadora do tributo. O fim ontológico do tributo é o custeio do Estado (fiscalidade), mas indiretamente serve para realizar uma tarefa comunitária (extrafiscalidade). Ao longo do tempo os tributos foram paulatinamente ganhando fins extrafiscais. No Estado Liberal clássico a compreensão do tributo era exclusivamente financeira (fiscal). Como o Estado era visto como um mal necessário, de modo que a atuação do Estado se reduzia ao mínimo, o tributo, por igual, deveria reunir as características de ser mínimo, geral, proporcional, exclusivamente fiscal e causar o menor sacrifício. Mas no Estado de Wagner o tributo já era instrumento social, tendo uma função político-social de correção da distribuição de riqueza, de conformação social no mesmo plano do fiscal. Mas foi com o Estado Social, ancorado na teoria de Keynes, que houve mudança quantitativa e qualitativa na concepção da tributação: quantitativa porque, ao aumentar as atribuições do Estado, houve necessidade de uma base de tributos mais alargada; e qualitativa porque a tributação passou a servir para a ordenação econômica e a conformação social.[19] Também se compreendeu com Keynes a relação de reciprocidade entre o Estado e a iniciativa privada, pois, segundo a teoria keynesiana, o fortalecimento da atividade econômica conduziria à obtenção de receitas ao Estado.[20]

Aqui, uma nota importante: a doutrina alemã, segundo José Casalta Nabais, tem concluído que a questão da legitimidade (ou não) da extrafiscalidade não é quanto ao conceito, mas quanto à sua conformidade com os direitos fundamentais constitucionais.[21] Realmente, em face da Constituição Dirigente e Econômica, como a extrafiscalidade é uma forma de intervenção por indução pelo Estado na organização e funcionamento da iniciativa privada, vai daí que a legitimidade da extrafiscalidade está em função da sua conformidade com as diretivas da Constituição. Isto porque – calha insistir –, na medida em que a extrafiscalidade constitui intervenção do Estado na sociedade ci-

16. Da distinção entre "tributos indutores" e "normas tributárias indutoras", bem elaborada por Schoueri, conclui-se que não há uma classe de "tributos indutores" em contraposição a outra de "tributos não-indutores". Sem prejuízo dessa conclusão, adotar-se-á neste trabalho, em sentido amplo, a tributação como instrumento de conformação da ordem econômica, por se acreditar que todas as espécies tributárias admitem, em alguma medida, a possibilidade de normas tributárias indutoras.

17. Luís Eduardo Schoueri, *Normas Tributárias Indutoras e Intervenção Econômica*, Rio de Janeiro, Forense, 2005, p. 4.

18. Idem, p. 16.

19. José Casalta Nabais, *O Dever Fundamental de Pagar Impostos*, cit., pp. 223-237.

20. John Maynar Keynes, *A Teoria Geral do Emprego, do Juro e da Moeda*, trad. de Mário R. da Cruz, São Paulo, Atlas, 1992.

21. José Casalta Nabais, *O Dever Fundamental de Pagar Impostos*, cit., p. 237.

vil, logo, está balizada, por um lado, pelos direitos e garantias individuais e, do outro, pelas diretivas da Constituição Econômica Democrática.

Disto se pode concluir, portanto, que a extrafiscalidade não legitima qualquer interferência do Estado. Não há legitimidade para interferência contrária aos direitos e às garantias individuais ou às diretivas da Constituição Econômica. Ao contrário, a extrafiscalidade já surge contida e limitada pelas diretivas da Constituição Econômica. A intervenção por meio de extrafiscalidade que seja contrária às garantias individuais ou às diretivas econômicas constitucionais padece de igual vício grave de origem, não sendo, por isto, verdadeiramente extrafiscalidade, senão irremediável inconstitucionalidade.

3. A tributação na Constituição brasileira

O Estado Brasileiro, como concebido e formatado pela Constituição Federal de 1988, é um Estado Fiscal Democrático. Não só porque as receitas do Estado advêm ordinariamente da arrecadação de tributos, mas porque a Constituição de 1988 pressupõe a separação entre o Estado e a sociedade civil, reservando à última a atividade econômica. Por um lado, a Carta Política 1988 encerrou um sistema tributário constitucional, com princípios e regras específicos, no capítulo que se inicia com o art. 145, além de outros esparsos ao longo da Constituição. Tais princípios e regras do sistema tributário revelam-se, em sentido lato, garantias individuais (limitações) à competência do Estado para arrecadar tributos.[22] Assim, onde a Constituição outorga competência tributária, há, aí, uma regra de limitação (de garantia), no sentido de que o Estado não tributará além ou fora disto; onde estatui que as contribuições sociais previstas no art. 195 se destinam ao custeio da seguridade social, há uma limitação no sentido de que o Estado não poderá arrecadá-las para custeio de outras finalidades; e assim por diante. Sob esse prisma, a Constituição de 1988 identifica-se como Constituição-garantia.

De outra banda, a Constituição de 1988 também reafirma o Estado Fiscal ao deixar subjacente a separação entre o Estado e a sociedade civil. No *caput* do art. 5º já vem eleita como direito fundamental – ao lado da vida, da liberdade, da igualdade, da segurança – a propriedade privada. Dentre os incisos estão consagrados a livre iniciativa privada (inciso XIII), o direito de associação (incisos XVII, XIX e XX), a herança (incisoXXX), o devido processo legal como *conditio sine qua non* para perda de bens privados (inciso LIV), além da reafirmação da propriedade privada (inciso XXII). São princípios e regras que reservam a exploração da atividade econômica à sociedade civil. O direito à propriedade privada é o que assegura à iniciativa privada a apropriação dos meios de produção. Se os meios de produção fossem conferidos ao Estado, a exploração da atividade econômica seria pelo Estado, de modo inconciliável com o Estado Fiscal.[23] Ao tratar da ordem eco-

22. Em sentido estrito, os direitos e garantias individuais tributários são aqueles contidos no art. 150, que guardam correlação direta e indissociável com os direitos fundamentais do art. 5º da Carta Política.

23. Não se cuida de Liberalismo clássico. Ao contrário, é acentuada na Constituição de 1988 a preocupação com as demandas sociais. Proclama o art. 3º que são objetivos fundamentais a construção de uma sociedade livre, justa e solidária, assim como o desenvolvimento nacional, a erradicação da pobreza e da marginalização, a redução das desigualdades sociais e a promoção do bem-estar de todos. De igual sorte, o art. 5º está permeado de questões sociais, como a função social da propriedade (inciso XXIII), a preservação da propriedade rural de subsistência (inciso XXVI), a defesa do consumidor (inciso XXXII), a defesa do patrimônio público, histórico e cultural e do meio ambiente (inciso LXXIII) etc. É, pois – como diz Eros Grau –, uma Constituição liberal de feição social. Mas nem por isto deixa de ser Estado Fiscal, visto que limita a intervenção do Estado na atividade econômica.

nômica, além de reafirmar a propriedade privada dos meios de produção e a livre iniciativa no art. 170, o art. 173, *caput* e §§ 1º e 2º (na mesma esteira do art. 37, XIX), dispõem que as empresas públicas e as sociedades de economia mista – isto é, o Estado – só poderão ser constituídas para exploração de atividade econômica ou prestação de serviço público "quando necessária aos imperativos da segurança nacional ou a relevante interesse coletivo". A conjugação desses dois preceitos, em primeiro, veda a atuação ordinária do Estado na economia e, em segundo, limita a atuação indireta por meio das empresas estatais. Quer dizer que a exploração da atividade econômica pelo Estado é, portanto, a exceção. Segundo o § 1º do inciso II do art. 173, a lei que estabelecer o estatuto das empresas estatais disporá acerca da "sujeição ao regime próprio das empresas privadas". Isto para dar-lhes a agilidade, a eficiência, a produtividade etc., mas também para preservar a iniciativa privada, a livre concorrência etc., que são essenciais no Estado Fiscal. Pudesse o Estado atuar na atividade econômica em detrimento da iniciativa privada, estaria ele a substituir a sociedade civil, comprometendo o Estado Fiscal.

O Estatuto Político de 1988 também – como anotado por Gilberto Bercovici – é uma Constituição Dirigente e Econômica.[24] Nele, diretivas econômicas não estão circunscritas apenas ao capítulo da ordem econômica, mas são vistas ao longo de todo o texto, como adverte Eros Grau.[25] Interessam ao deslinde do presente ensaio as diretivas que estão ou possam ser correlacionadas com os tributos. E isto se depreende, ao lado do sistema tributário, do sistema de ordem econômica, delineado no art. 170, em cujos fundamentos diretivos deverão se pautar a organização e o funcionamento da atividade econômica. São eles a livre iniciativa, a justiça social, a propriedade privada e sua função social, a livre concorrência, a defesa do consumidor e do meio ambiente, a redução das desigualdades regionais e sociais, a busca do pleno emprego, o livre direito ao exercício de atividade econômica etc. Nisto se aflora a Constituição-programática.

Como Constituição Dirigente, que é, a Carta Política de 1988 não se contenta em recepcionar a estrutura econômica preexistente. Ao revés, quer alterá-la, para atender às demandas ambientais e socioeconômicas. Rejeita, portanto, o mito da auto-regulação da atividade econômica – como aduz Gilberto Bercovici –, e por isto amplia a área de interseção característica do Estado Fiscal Democrático. A área de interseção, com efeito, é impregnada de diretivas constitucionais que "configuram imposições permanentes para o legislador".[26] A Constituição Econômica não se esgota na formalidade do texto constitucional – como pondera Eros Grau –, reclamando uma integração contínua e programada de leis infraconstitucionais que atendam, positiva ou negativamente, às diretivas econômicas constitucionais.[27] Sob pena de fazer letra morta da Constituição, urge que suas diretivas vinculem, positiva ou negativamente, o legislador, já que a Constituição Econômica Dirigente buscar estabelecer balizas constitucionais para a política do Estado, no que delimita – e isto é o importante – a área de interseção na qual atua o Estado em face da sociedade civil (iniciativa privada) no Estado Fiscal.

Portanto, na Constituição Dirigente do Estado Fiscal Democrático Brasileiro a área de interseção está delimitada não só pelos direitos e garantias individuais (Constituição-garantia), mas também pe-

24. Gilberto Bercovici, *Constituição Econômica e Desenvolvimento*, cit., p. 30.

25. Eros Grau, *A Ordem Econômica na Constituição de 1988*, cit., p. 173.

26. Gilberto Bercovici, *Constituição Econômica e Desenvolvimento*, cit., p. 34.

27. Eros Grau, *A Ordem Econômica na Constituição de 1988*, cit., pp. 166-167.

las diretivas econômicas constitucionais (Constituição-programática). Assim como o Estado não pode intervir na sociedade civil contrariamente aos direitos e garantias individuais, também não pode intervir contrariamente às diretivas econômicas da Constituição de 1988. Nas duas hipóteses a intervenção do Estado será contrária à Constituição – e, por isto, ilegítima. Enfim, a área de interseção está delimitada a partir não só das garantias individuais, senão igualmente das diretivas da Constituição Dirigente. E, nesse sentido negativo, a Constituição Dirigente revela-se como verdadeira Constituição-garantia, já que impede que o Estado interfira na organização e funcionamento da atividade econômica na contramão das diretivas constitucionais.

Daí que se deve "relacionar o direito tributário com outras áreas e, particularmente, com os princípios da ordem econômica. Assim, não apenas aspectos como os de racionalidade do sistema tributário, aí incluídas a efetiva destinação dos tributos às finalidades constitucionalmente eleitas e a motivação das leis e atos administrativos ligados à tributação, mas também outros aspectos econômicos podem hoje ser vistos como limitações ao poder de tributar".[28]

3.1 Princípios, regras e eficácia paralisante

Poder-se-ia ventilar que as diretivas econômicas da Constituição de 1988 encerram meros princípios programáticos, de eficácia contida ou limitada, tendendo a esvaziar sua eficácia. Já foram vistos argumentos dessa natureza por parte do próprio Judiciário.

"De fato, tendo passado por belos estudos que sublinharam a força orientadora dos princípios no sistema jurídico, parte da doutrina vê-se hoje confusa, podendo-se mesmo identificar de um lado uma certa banalização dos princípios e de outro sua aplicação mediante abuso das doutrinas de ponderação."[29] Isto porque, "a par de obras em que se reconhece aos princípios (e a sua forte constitucionalização do direito tributário brasileiro) a importância que têm como vetores de interpretação de todo o sistema, houve quem erigisse em princípio qualquer regra encontrada no texto constitucional, chegando a 'identificar' uma centena de falsos princípios. (...). A jurisprudência reagiu a essa falsa produção doutrinária e tornou-se mais restritiva aos raciocínios positivistas, buscando no conjunto das disposições constitucionais a interpretação mais adequada. (...). De outro lado, cresce com força (e já começa certa vulgarização) a doutrina da proporcionalidade na aplicação dos princípios. (...). À semelhança do que ocorreu com a idéia de que os princípios ocupam posição hierárquica superior no sistema jurídico, pois orientam a interpretação das demais normas, e que terminou banalizada pelo equívoco na identificação dos princípios, pode bem ocorrer que também se comece a identificar conflitos de princípios e necessidade de ponderação onde absolutamente não há conflito ou necessidade de ponderação".[30]

"Os trabalhos concernentes à diferenciação entre princípios e regras são conhecidos, especialmente o de Humberto Ávila. Com toda razão foram identificadas a abstração e ampla abrangência dos princípios em oposição à concreção e especificidade das regras. Celso Antônio Bandeira de Mello, ao dizer que os princípios constituem autênticos 'vetores inter-

28. Roberto Ferraz, "A igualdade no aproveitamento de Créditos na COFINS e PIS não-cumulativos", *Revista Dialética de Direito Tributário* 149/77, São Paulo, Dialética, 2008.

29. Roberto Ferraz, "Princípios são universais e não comportam exceções", in Valdir de Oliveira Rocha (coord.), *As Grandes Questões Atuais do Direito Tributário*, vol. 10, São Paulo, Dialética, 2006, p. 389.

30. Idem, p. 392.

pretativos', ajudou bastante na explicação da função dos princípios no sistema jurídico. De fato, os princípios estarão sempre definindo o melhor caminho de interpretação das regras do sistema. (...). Quando se analisam normas do ponto de vista de seus fundamentos positivos, de seu 'fundamento de validade', não se pode falar de superioridade dos princípios relativamente às regras; ambos valem igualmente, por extrair sua força do mesmo fundamento, a Constituição. No entanto, estudados sob outros pontos de vista (...), é perfeitamente possível identificar nos princípios uma condição de superioridade de natureza, pois determinam os objetivos a atingir com as normas e, ao mesmo tempo, a maneira de interpretá-las."[31]

"Identificadas essas constatações a respeito dos equívocos correntes relativamente aos princípios no Brasil, pode-se externar a reflexão de que os verdadeiros princípios são universais, podendo, portanto, ser identificados em todos os sistemas jurídicos, e ainda de que não comportam exceções. Uma 'idéia-força' do sistema jurídico, daquelas que servem de base para o desenvolvimento de todo sistema, como a igualdade, por exemplo, não é algo que possa ficar restrito a um determinado sistema jurídico (...), mas fruto da percepção de realidades que são por si mesmas evidentes à inteligência. (...). Não se pode negar que a igualdade e a dignidade humanas são idéias que vão se impondo progressivamente, conquistando espaço em todos os ambientes (...). Daí que essa constatação sempre tenderá a conquistar mais e mais espaço nos sistemas jurídicos de todos os países. São idéias (constatações) universais. Como se trata de uma constatação de verdade, não há como admitir-se exceções. Não há como pensar que todos os homens são iguais, mas que há exceções. A exceção anularia a regra. (...). Efetivamente, aos princípios, enquanto diretivos de todo o sistema jurídico e de sua interpretação, é de exigir-se que sejam sempre aplicáveis a todos os casos, sem exceção. (...). De fato, que princípio seria o princípio que não pode ser usado senão com moderação? Não seria princípio algum, pois o que caracteriza o princípio é que seja – a um só tempo – objetivo e diretor de todo o sistema jurídico. Não será princípio aquilo que somente pode ser aplicado em determinadas circunstâncias, isto é, com exceções. Somente será princípio o que não comportar exceções."[32]

"Ao lado da errônea atribuição da qualidade de princípio às regras, há também o equívoco de se pretender não aplicar os princípios sempre e em todos os casos, ou, em outras palavras, o equívoco de relativizar os princípios e propugnar que sejam flexibilizados ou ponderados. Há quem veja conflitos entre princípios: entre propriedade privada e sua função social, entre liberdade de imprensa e direito à intimidade, entre livre concorrência e direito do consumidor, entre liberdade de iniciativa e proteção ao meio ambiente etc. Ainda que seja (...) cômodo abrir mão de aplicar um determinado princípio quando pareça conflitar com outro, recorrendo à sua ponderação (...), vale a pena insistir e buscar a maneira de aplicar plenamente os autênticos princípios. Para concretizar o argumento, pode-se exemplificar com o aparente conflito entre incentivos fiscais e igualdade. (...). Ocorre que o conflito é apenas aparente, se bem entendida a regra que permite o incentivo e se bem entendido o princípio da isonomia. Os conflitos ocorrem apenas se mal-interpretados os princípios. A regra de incentivo regional do art. 151 do texto constitucional admite tratamento fiscal diferenciado somente se associada a atividades tipicamente promotoras da igualdade. Não se admite a diferenciação senão para efetiva promoção humana. (...). Portanto, (...) o conflito se supera mediante interpretação à luz dos

31. Idem, pp. 393-394.

32. Idem, pp. 395-396.

princípios, afirmando-lhes e não lhes diminuindo o alcance."[33]

"Do que até aqui desenvolvido tem-se que são princípios aqueles elementos fundamentais do sistema jurídico que constituem ao mesmo tempo seus objetivos e seu critério de interpretação, que se apresentam nos diversos países, e não comportam exceções. (...). Por esse motivo não há verdadeiro princípio restrito a determinados sistemas jurídicos nem que tenha exceções. O verdadeiro princípio é *universal* tanto em sua aplicação a todos os casos sem exceção como no tocante à sua presença nos diversos ordenamentos jurídicos positivos."[34]

Pois bem. O cotejo da legislação tributária em face da ordem econômica remete à seguinte indagação: se classificadas como princípios, as diretivas da ordem econômica contidas no art. 170 da CF têm força jurídica para invalidar a legislação tributária que com eles não guardar compatibilidade material? A resposta é afirmativa, pois, pelas razões expostas acima, os princípios são universais e não comportam exceção, devendo, portanto, as regras tributárias ser interpretadas segundo os princípios.

Cumpre recordar, com Joaquim Canotilho, que tanto os princípios como as regras são normas.[35] É conhecido o trabalho de José Afonso da Silva acerca da classificação da eficácia das normas constitucionais: eficácia plena, eficácia limitada ou eficácia contida. O primeiro grupo reúne as normas que independem de qualquer regulamentação, correspondendo às normas auto-executáveis – do que é exemplo a legalidade prevista no inciso II do art. 5º; no segundo grupo estão as normas que têm eficácia imediata e produzem efeitos desde logo mas que, por previsão da própria Constituição, podem ter seus conceitos contidos dentro de limites estabelecidos por legislação infraconstitucional, como se vê no art. 5º, LXVI; por derradeiro, no terceiro grupo estão as normas de eficácia limitada, que se caracterizam pelo fato de sua eficácia integral depender da regulamentação por legislação infraconstitucional. As normas de eficácia limitada subdividem-se em duas espécies: definidoras de princípios institutivos ou definidoras de princípios programáticos. São de princípios institutivos aquelas que dispõem sobre esquema genérico de instituição de órgão, entidade, sistemas normativos etc., ficando a cargo do legislador infraconstitucional estabelecer concretamente tais instituições, segundo os princípios institutivos; e as de princípios programáticos são aquelas que estatuem diretrizes (fins sociais) que devem ser realizadas pelo Estado por meio da legislação infraconstitucional, sendo, por isto, normas de programa de atividades, de tarefas, para atender às demandas sociais.[36]

Adverte José Afonso da Silva, nada obstante, que todas as normas têm uma eficácia mínima. Mesmo as normas constitucionais de eficácia limitada (sejam elas de princípios institutivos ou programáticos) têm eficácia imediata, no sentido de rechaçar a legislação infraconstitucional que seja contrária a tais normas. É o que Maria Helena Diniz denomina de "eficácia paralisante", ao observar que a eficácia limitada está em que referidas normas, enquanto não for promulgada a lei infraconstitucional regulamentadora, "não produziram efeito positivos, mas terão eficácia paralisante de efeitos de normas precedentes incompatíveis e impeditiva de qualquer conduta contrária ao que estabelecem".[37]

33. Idem, pp. 397-398.

34. Idem, pp. 398 e 401.

35. José Joaquim Gomes Canotilho, *Direito Constitucional e Teoria da Constituição*, Coimbra, Livraria Almedina, 1998, pp. 1.125-1.128.

36. José Afonso da Silva, *Aplicabilidade das Normas Constitucionais*, São Paulo, Malheiros Editores, 2003.

37. Maria Helena Diniz, *Norma Constitucional e seus Efeitos*, São Paulo, Saraiva, 1989, p. 101.

A circunstância, portanto, de se classificar em parte as diretivas econômicas da Constituição Dirigente de 1988 como normas de princípio programático (eficácia limitada) não significa que não haja vinculação do legislador constituído. Há, sim. Como diz Maria Helena Diniz, sob o ângulo pragmático da Constituição, não pode haver norma constitucional, seja ela regra ou princípio, sem um mínimo de eficácia.[38] Os princípios programáticos, ainda que sejam de baixo grau de normatividade, são normas constitucionais e, assim, expressam valores que condicionam a validade e a aplicação das regras. Daí que os princípios programáticos têm eficácia jurídica porque "impedem que o legislador comum edite normas em sentido oposto (...), condicionando assim a futura legislação com a conseqüência de ser inconstitucional", além de impor dever político ao legislador infraconstitucional, indicar as finalidades sociais e os valores objetivos, "condicionar a atividade discricionária da administração e do Judiciário", servir de diretrizes teleológicas para interpretação e aplicação das regras e "estabelecerem direitos subjetivos por impedirem comportamentos antagônicos a elas".[39] É isto porque – vale reprisar – os princípios são universais e não comportam exceção.

3.2 Fundamentos da ordem econômica e tributação na Constituição brasileira

Como não poderia deixar de ser, há estreita correlação entre o tributo e a ordem econômica na Constituição de 1988. Primeiramente porque, sendo o tributo inerente à liberdade econômica que caracteriza o Estado Fiscal, o sistema tributário não poderia deixar de ser um desdobramento da ordem econômica. Assim é que a divisão de competências tributárias e a repartição de receitas (arts. 153-162) servem para que o Estado realize (financie) suas atribuições constitucionais sem explorar diretamente a atividade econômica, deixando-a, pois, ordinariamente à iniciativa privada (art. 170); a vedação ao tratamento tributário desigual entre os agentes econômicos em situação equivalente, independentemente da distinção da ocupação, profissão ou função econômica (inciso II do art. 150), serve à livre iniciativa e à livre concorrência (art. 170 e inciso II); a irretroatividade e a anterioridade tributárias (inciso III do art. 150) atendem à segurança e previsibilidade jurídica, imprescindível à estabilidade das relações econômicas; a vedação ao confisco (inciso IV do art. 150) decorre da propriedade privada dos meios de produção (art. 170, II); e assim por diante.

Em segundo lugar, no afã de dar concretude às diretivas da Constituição Dirigente, o Estatuto de 1988 não olvidou a extrafiscalidade, conectando em vários pontos o tributo com os fundamentos da ordem econômica. As contribuições sociais de intervenção no domínio econômico/CIDEs merecem análise apartada – o que se fará adiante. Aqui, é suficiente destacar que a Constituição de 1988 estatui que o imposto sobre a propriedade rural/ITR deverá desestimular a manutenção de propriedades improdutivas (art. 153, § 3º); ressalva que a vedação a tributo federal não-uniforme em todo o território nacional não obsta à concessão de incentivos fiscais destinados a promover o equilíbrio socioeconômico das diferentes regiões, para reduzir as desigualdades regionais (inciso I do art. 150); prevê um regime tributário favorecido e diferenciado para microempresas e empresas de pequeno porte (arts. 170, IX, e 179); autoriza a promoção da utilização e aproveitamento adequado da terra urbana por meio do imposto predial e territorial urbano/IPTU progressivo (art. 182, § 4º, II); recepcionou e manteve os incentivos fiscais para desenvolvimento da Zona Franca de Manaus (art. 40 do ADCT); derrogou os incentivos fiscais de natureza setorial (art. 41, § 1º, do ADCT).

38. Idem, p. 75.
39. Idem, pp. 103-104.

Note-se que tais normas estão correlacionadas com os fundamentos da ordem econômica: as dos arts. 153, § 3º, e 182, § 4º, estão afetas à função social da propriedade (art. 170, III); as dos arts. 150, I, da CF e 40 do ADCT são conexas à redução das desigualdades regionais e sociais (art. 170, VII); a do art. 41 do ADCT está correlacionada à livre iniciativa (*caput* do art. 170); e a tributação favorecida e diferenciada a micro e pequenas empresas está incorporada já na ordem econômica (inciso IX do art. 170).

As reformas constitucionais reforçaram essa vinculação: a Emenda Constitucional 20/1998, com as alterações da Emenda 47/2005, incluiu no § 9º do art. 195 que as contribuições sociais do inciso I poderão ter alíquotas ou bases de cálculo diferenciadas em função da atividade econômica desenvolvida, da utilização de mão-de-obra ou, ainda, da estrutura do mercado de trabalho, conectando-se com a valorização do trabalho e a busca do pleno emprego (art. 170); a Emenda Constitucional 33/2001 acresceu o § 4º ao art. 177, para dispor que a CIDE sobre petróleo, gás natural, álcool combustível e derivados poderá ter alíquota diferenciada em função da produto ou sua utilização e os recursos arrecadados serão destinados à concessão de subsídios e/ou financiamento de projetos ambientais, esta última em conexão com o inciso VI do art. 170; e a Emenda 42/2003 inseriu o art. 146-A para inovar no sentido de que por lei complementar poderão ser estabelecidos critérios especiais de tributação para prevenir desequilíbrios concorrenciais, sem prejuízo da competência da União para estabelecer normas de igual desiderato.

Por certo que há outras normas constitucionais que vinculam a tributação com os fundamentos da ordem econômica. Não só vinculam, como colocam os tributos como meio para consecução das diretivas da Constituição Dirigente. As normas aqui exemplificadas, nada obstante, já são suficientes para concluir que os fundamentos do sistema tributário e da ordem econômica são interligados e indissociáveis, de modo que não se autorizam a interpretação e aplicação de qualquer um deles de maneira isolada. Ao revés, só podem ser interpretados em conjunto, porquanto a Constituição Dirigente é uma só. Assim como não se justifica constitucionalmente que uma lei, a pretexto de dar concretude às diretivas econômicas, afronte os princípios ou regras do sistema tributário constitucional (como, por exemplo, a instituição um regime tributário favorecido para microempresas sem lei – art. 150, I), uma lei tributária não se justifica apenas no sistema tributário se afrontar os princípios ou regras da ordem econômica (do que seria exemplo a lei que, por hipótese absurda, majorasse o imposto de renda/IR de quem preservar o meio ambiente). A legislação tributária deve obediência constitucional não só aos princípios e regras do sistema tributário, como também aos da ordem econômica. A inobservância de qualquer deles conduz, infalível e igualmente, à incompatibilidade vertical da lei em face da Constituição, cujo resultado é a invalidade da lei tributária (inconstitucionalidade). Portanto, a legislação "tributária não tem licença para violar os princípios da ordem econômica que, no todo coerente da Constituição, têm igual força e poder para limitar a tributação".[40]

3.3 Contribuição de Intervenção no Domínio Econômico/CIDE

A extrafiscalidade é inerente a todas as espécies de tributos. Mas a Constituição brasileira inovou ao prever uma nova espécie tributária destinada precipuamente à intervenção no domínio econômico: as Contribuições de Intervenção no Domínio Econômico/CIDEs, cuja competência tri-

40. Roberto Ferraz, "A igualdade no aproveitamento de Créditos na COFINS e PIS não-cumulativos", cit., *Revista Dialética de Direito Tributário* 149/79.

butária ficou conferida à União no art. 149. Não interessa ao presente ensaio esmiuçar as espécies tributárias, senão identificar o elemento que distingue a CIDE da mera extrafiscalidade. Em que pese à defesa por parte da doutrina – como Paulo de Barros Carvalho[41] e Octávio Campos Fischer[42] – da classificação tripartida, manifestou-se o Pretório Excelso no sentido de que as espécies tributárias são impostos, taxas e contribuições, além do empréstimo compulsório. As contribuições classificam-se entre contribuições de melhoria (art. 145, III), contribuições parafiscais ou contribuições especiais (art. 149). As contribuições parafiscais subdividem-se entre contribuições de seguridade social (art. 195) ou sociais gerais (arts. 212 e 240). E, derradeiramente, as contribuições especiais são as de intervenção no domínio econômico. Além desses, há o empréstimo compulsório (art. 148).[43] Todas essas espécies e subespécies – vale insistir – comportam em alguma medida a intervenção por indução por meio da extrafiscalidade.

Critério relevante é a distinção entre os tributos vinculados e não-vinculados. Diferentemente dos impostos, cujas receitas não são constitucionalmente afetadas (*v.g.*, art. 167, IV), as contribuições sociais são tributos com receita constitucionalmente afetada (arts. 149, 195, 212 e 240). As contribuições sociais de custeio da seguridade social destinam-se ao financiamento das atividades de saúde, previdência e assistência social (art. 194); as contribuições de interesse de categorias profissionais ou econômicas destinam-se ao financiamento das atividades inerentes à respectiva categoria (art. 149); logo, as CIDEs (art. 149) também deverão ter sua receita afetada à intervenção na ordem econômica. Vale melhor dizer: como a CIDE é subespécie das contribuições sociais, uma de cujas características é a afetação da receita ao financiamento de certa atividade, logo, aquela também tem sua receita vinculada.

É nisto que reside a distinção entre a intervenção por indução pelo Estado (extrafiscalidade) e a intervenção por meio da contribuição especial do art. 149. A extrafiscalidade é inerente a qualquer espécie tributária, porque a indução pela extrafiscalidade ocorre na composição do custo da atividade econômica. Com efeito, nisto as CIDEs não se distinguem dos demais tributos. As contribuições especiais de intervenção distinguem-se das demais espécies tributárias na vinculação da arrecadação às correções no domínio econômico. A intervenção por extrafiscalidade pode ser com qualquer espécie tributária e ocorre na incidência do tributo; já a intervenção por contribuição especial ocorre na destinação (afetação) da receita arrecadada com a contribuição.

4. Alguns casos polêmicos

Até aqui se procurou demonstrar, primeiramente, a relação entre a tributação e os fundamentos da ordem econômica, que define o grau, o modo e a forma de intervenção possível no Estado Fiscal Democrático; em segundo lugar, que os fundamentos da ordem econômica, ainda que alguns deles possam ser classificados como normas de princípios programáticos, têm a eficácia paralisante (eficácia mínima) suficiente para impedir a edição de leis com eles incompatíveis; em terceiro, que a Constituição de 1988 não olvida a extrafiscalidade dos tributos e, além disto, ainda contempla uma espécie tributária específica de contribuição de intervenção que não pode ter a função de mera extrafiscalidade, sob pena de se igualarem conceitualmente espécies tributárias distintas. Doravante serão apontados alguns casos elucidativos.

41. Paulo de Barros Carvalho, *Curso de Direito Tributário*, São Paulo, Saraiva, 2003, pp. 34-36.

42. Octávio Campos Fischer, *A Contribuição ao PIS*, São Paulo, Dialética, 1999, pp. 78-79.

43. STF, RE 138.284, rel. Min. Carlos Velloso, *RTJ* 143/313.

4.1 Meio ambiente, pleno emprego e livre concorrência

Relativamente ao chamado regime não-cumulativo do PIS e da COFINS, instituído pelas Leis 10.637/2002 e 10.833/2003, a Lei 11.196/2005 vedou a utilização de crédito sobre a aquisição de aparas de papel e outros materiais recicláveis como plástico, cartão, vidro, ferro etc. Em contraposição, não há vedação à apropriação de crédito pelas pessoas jurídicas que utilizam, como insumos, materiais não-reciclados.[44] Em razão do custo da atividade econômica, claramente se nota que tal legislação tributária induz, por extrafiscalidade, os agentes econômicos a utilizarem como insumos materiais não-reciclados, ao invés de matérias recicláveis.

Essa disparidade tributária, primeiramente, prestigia a atividade extrativa, de corte de árvores, extração de minerais etc., em detrimento da reciclagem, em franca rota de colisão com o fundamento da proteção e preservação do meio ambiente, que constitui uma das diretrizes da ordem econômica (arts. 170, VI, e 225, V, VI e VII). Mais a mais, ao desestimular as indústrias a utilizarem materiais recicláveis, referida lei tributária ainda tem o efeito noviço de comprometer (ou, ao menos, reduzir) as atividades econômicas tanto de recolhimento como de reciclagem desses materiais, que exigem uma grande quantidade de mão-de-obra, na contramão do fundamento da busca pelo pleno emprego, contido no art. 170, VIII.

"Além disso, a manutenção de créditos de PIS e COFINS para a indústria extrativista (ao mesmo tempo em que suprimidos os créditos para a indústria da reciclagem) constitui um *elemento diferencial* que afeta a *livre concorrência* e portanto a igualdade, pois configura incentivo em sentido oposto ao legitimado pela Constituição. De fato, um incentivo à preservação ambiental beneficiando apenas parte dos agentes econômicos poderia até ser visto como não-contrário à livre concorrência, pois haveria a condição especial prevista no art. 170, IV, com a redação dada pela Emenda 42/2003, mas no caso em exame a alteração legislativa segue sinal contrário ao do permissivo constitucional citado."[45]

Outrossim, as Leis 10.637/2002 e 10.833/29003 já afrontam o fundamento da busca do pleno emprego ao vedarem a apropriação de crédito sobre mão-de-obra.[46] Calha acrescer que as citadas leis reconhecem o crédito sobre a aquisição ou locação de máquinas e equipamentos (art. 3º, IV e VI). Quer dizer, pois, que induzem por extrafiscalidade os agentes econômicos a utilizarem cada vez menos mão-de-obra e cada vez mais máquinas industriais.[47]

4.2 Livre concorrência e consumidor

Segundo a Associação de Fabricantes de Refrigerantes do Brasil/AFREBRAS, duas grandes empresas multinacionais concentram cerca de 70% do mercado de bebidas no Brasil.[48] A parcela de 30% restante, segundo a mesma fonte, a partir do ano 2000, é disputada por aproximadamente 450 pequenas indústrias de bebidas (chamadas de "tubaínas"). Desnecessário dizer que o investimento em publicidade pelas grandes marcas é grandioso. Sem igual capacidade econômica, as pequenas indústrias têm o preço como principal fator de disputa do mercado. Trata-se de um

44. Roberto Ferraz, "A igualdade no aproveitamento de Créditos na COFINS e PIS não-cumulativos", cit., *Revista Dialética de Direito Tributário* 149/79.

45. Idem, ibidem.

46. Idem, ibidem.

47. Não que se deva vedar o crédito sobre máquinas e equipamentos. Ao contrário, deve-se assegurar crédito sobre mão-de-obra, em respeito à não-cumulatividade.

48. Disponível em *www.afrebras.org.br* – *link* "Dados do Setor: Mercado e Estrutura do Mercado" (acesso em 25.6.2008).

mercado, portanto, claramente concentrado pelo poder econômico.

Nada obstante, a Lei 10.833/2003 instituiu regime de tributação do PIS e da COFINS em valor absoluto por litro de unidade, em substituição à exação sobre o faturamento. O art. 50, I (que cuida da embalagem PET) e II (que se refere à embalagem de lata), da Lei 10.833 reduziu a 0% as alíquotas do PIS e da COFINS sobre o fornecedor de embalagens, desonerando-o das contribuições. O art. 51, porém, impõe aos fornecedores de embalagens a obrigação de recolher, quando da venda às indústrias de bebidas e com destaque na nota fiscal (art. 54), o PIS e a COFINS em valores absolutos fixados por litro de unidade de embalagem. Como o fornecedor de embalagem deveras está isento (deveras, alíquota 0% prevista no art. 50), fácil notar que o art. 51 trata, a bem da verdade, de antecipação do PIS e da COFINS devidos pelas indústrias de bebidas, uma espécie de substituição tributária para a frente. Mais adiante, o art. 52 "faculta" às indústrias de bebidas optarem por um regime "especial", que consiste na incidência do PIS e da COFINS também em valores absolutos fixados por litro de unidade, valores que são coincidentes com os recolhidos por antecipação pelo fornecedor de embalagens. Quem "optar" por esse regime do art. 52 terá crédito do PIS e da COFINS recolhidos pelo fornecedor de embalagens e destacados na nota fiscal (§ 1º do art. 52). Salta aos olhos que esse regime é apenas aparentemente facultativo, pois o art. 49 coloca um dilema perverso: as indústrias que não optarem pelo regime do art. 52 ficarão sujeitas ao PIS e à COFINS sobre o faturamento às alíquotas de 2,5% e 11,9% (art. 49), sem qualquer direito a crédito, já que o § 1º do art. 52 somente o reconhece às indústrias que optarem pelo regime especial. Assim, sob a análise econômica, a opção pelo regime especial é compulsória.

Sucede que esse regime especial compromete a livre concorrência e a formação de preços. Um exercício com embalagem de 2 litros (PET gramatura acima de 42g, produto mais comum) é emblemático: por força do art. 51, II, "b", item 3, o fornecedor de embalagens recolhe R$ 0,0425 de PIS e R$ 0,1960 de COFINS por unidade de embalagem, totalizando, assim, R$ 0,2385. A indústria de bebidas pagará na venda desse produto, segundo o art. 52, I, R$ 0,0212 por litro de PIS e R$ 0,0980 por litro de COFINS – ou seja, R$ 0,1192 por litro que, multiplicado por 2 litros, totaliza exatamente R$ 0,2384 já pagos por antecipação (substituição tributária para a frente) pelo fornecedor de embalagens. Isto vale tanto para a indústria multinacional como para as de "tubaínas", pois não se leva em conta o preço de venda ao consumidor, no que se traduz o faturamento que seria a base de cálculo ordinária do PIS e da COFINS prevista pelo inciso I do art. 195 da CF. Significa dizer que para as indústrias de grandes marcas, cujo preço de venda ao consumidor na PET 2 litros, por hipótese de argumentação, seja de R$ 2,50, o PIS e a COFINS correspondem a não mais que 9,2% (0,23/2,50), enquanto para as indústrias de "tubaínas", cujo preço de venda seja, também por hipótese, de R$ 1,20, as mesmas contribuições sociais correspondem a 19,16%. Como esse sobrecusto tributário das pequenas indústrias tem que ser repassado ao custo final do produto, o preço de venda a consumidor das "tubaínas" aproxima-se do preço praticado pelas grandes marcas, reduzindo, assim, a potencialidade concorrencial das primeiras.

Além de encerrar violação à isonomia tributária, essa legislação tributária favorece a concentração de mercado, pois, ao elevar o custo tributário das pequenas indústrias de bebidas em comparação às indústrias multinacionais, reduz a concorrência e, conseqüentemente, reforça a concentração de mercado, contrariamente à diretiva do art. 170, IV, da Carta Política de 1988. Também contraria o interesse dos consumidores (art. 170, V), que, no plano imediato, deixam de ter à disposição a opção de escolha por produto de menor preço; e no plano mediato a tendência é que, com redução da concorrência e o conseqüente aumento da concentração de mercado, haja, por iniciativa das indústrias que dominam o mercado, um aumento de preço ao consumidor, devido à falta de concorrência.

4.3 Livre concorrência

Relativamente aos medidores de vazão nas indústrias de bebidas, neste caso a substituição tributária pode significar uma barreira à entrada de novos concorrentes, na contramão do art. 170, IV, da CF. Lembra o mencionado autor que, a pedido dos próprios contribuintes, notadamente das indústrias multinacionais, foi instituído o medidor de vazão a pretexto de evitar a sonegação no setor primeiramente nas cervejarias e depois nas fábricas de refrigerantes. O TRF-1ª Região inicialmente concedeu medida liminar à Associação Brasileira de Fabricantes de Refrigerantes/AFREBRAS impedindo a instalação dos medidores. Posteriormente essa liminar foi cassada. Os grandes fabricantes defendem a instalação sob o argumento de que as pequenas indústrias sonegam, de sorte que o medidor de vazão combinado com a tributação por unidade de litro evitará a sonegação fiscal. Já as pequenas indústrias, principalmente de refrigerantes, argumentam que, se submetidas à igual tributação das multinacionais por unidade de litro, não terão chances de concorrer no mercado.[49] A questão é similar àquela outra do PIS e da COFINS, noticiada acima.

Nesse caso, o elemento que pretende eliminar a distorção de mercado pelo combate legítimo à sonegação, se aliado à substituição tributária, pode, sim, é causar uma distorção no mercado, impedindo o acesso das indústrias de "tubaínas" ao mercado. Isto porque na substituição tributária a fixação da pauta toma por base a média de preço, de modo que o preço maior praticado pelas multinacionais puxa a média para cima. Como resultado, as grandes indústrias serão tributadas abaixo do preço final realmente praticado, enquanto as pequenas fábricas de refrigerantes serão tributadas acima do preço final praticado. Mas vale destacar que se poderia evitar essa distorção estabelecendo pautas fiscais diferentes para as grandes e pequenas indústrias.

4.4 Tratamento favorecido às pequenas empresas

Prevê o art. 146, II, "d", da CF, na redação dada pela Emenda 42/2003, que lei complementar definirá tratamento tributário diferenciado e favorecido para as microempresas e empresas de pequeno porte. Segundo o parágrafo único do mesmo preceito, igual lei complementar poderá instituir um regime único de arrecadação dos tributos federais, estaduais e municipais. Tal tratamento favorecido será para as empresas constituídas sob as leis brasileiras e com sede e administração no Brasil – dispõe o inciso IX do art. 170. Citado regime diferenciado visa a incentivar as microempresas e empresas de pequeno porte, pela simplificação de suas obrigações acessórias, redução ou eliminação de tributos, consoante o art. 179.

Impende notar, em primeiro lugar, que a Constituição assegurou o regime tributário "simplificado" para todas as microempresas e empresas de pequeno porte, não autorizando distinção em função do modo pelo qual é exercida a atividade econômica. É certo que, por previsão dos arts. 146 e 179, cabe à lei complementar definir o que sejam "microempresa" e "empresa de pequeno porte". Mas, uma vez definido,

49. Roberto Ferraz, "O consumo, a concorrência, o mercado e as distorções da substituição tributária", in Valdir de Oliveira Rocha (coord.), *As Grandes Questões Atuais do Direito Tributário*, São Paulo, Dialética, 2007, pp. 359-379.

a Constituição não contempla discriminação entre as empresas enquadráveis no conceito, pelo menos em função do modo pelo qual atuam em determinado ramo de atividade. A Lei Complementar 123/2006 definiu como "microempresa" e "empresa de pequeno porte", *grosso modo*, as sociedades empresárias, sociedades simples ou empresários registrados no Registro de Empresas Mercantis ou no Registro Civil de Pessoas Jurídicas que tenham receita bruta anual inferior a R$ 2.400.000,00. Neste conceito enquadram-se as distribuidoras de bebidas com receita bruta anual inferior a R$ 2.400.000,00. O art. 17, X, da mesma lei complementar, no entanto, nega o regime denominado "SIMPLES" às distribuidoras[50] que venderem diretamente ao consumidor. Estatui o inciso X que é vedada a opção por microempresa ou empresa de pequeno porte que exerça atividade de venda no atacado de bebidas alcoólicas. Ou seja, se a distribuidora de bebidas vende, por exemplo, cerveja somente no varejo, pode valer-se do SIMPLES; mas se vende inclusive no atacado, por exemplo, para supermercados, mercearias ou restaurantes, terá negada a diretiva constitucional do tratamento favorecido. Veja-se que se trata da mesma atividade – distribuidora de bebidas – e de igual receita bruta anual (até R$ 2.400.000,00). A única diferença é o modo pelo qual se exerce a mesma atividade: uma distribuidora fatura, *v.g.*, R$ 500.000,00 com 10 vendas de R$ 50.000,00, enquanto a outra fatura igualmente R$ 500.000,00 com 50.000 vendas de R$ 10,00. Ambas são microempresas. Nesse caso, a negativa do regime simplificado à primeira distribuidora contraria a diretriz econômica constitucional contida no art. 170, IX, da CF, que assegura o regime simplificado e favorecido às microempresas, sem fazer exceção em relação ao fato de a operação ser no atacado ou varejo.

4.5 Desestímulo às microempresas e empresas de pequeno porte

Analisando à luz da não-cumulatividade do IPI e do ICMS, adverte Marcelo Fróes Del Fiorentino que a Lei Complementar 123/2006, art. 23, dispõe que as empresas optantes do SIMPLES não farão jus à apropriação nem transferirão créditos relativos a tributos e contribuições abrangidos por essa lei. Mencionado autor defende a inconstitucionalidade dessa regra da lei complementar em relação ao IPI e ao ICMS, em razão da previsão constitucional de não-cumulatividade.[51] Vale acrescer que mesmo antes do advento da citada lei complementar o art. 149 do Decreto 2.637/1998 (Regulamento IPI) já dispunha que as aquisições de optantes pelo SIMPLES "não ensejarão aos adquirentes direito à fruição de crédito". Em relação ao PIS e à COFINS, o Ato Declaratório Interpretativo 15/2007 da Secretaria da Receita Federal do Brasil reconheceu que as pessoas jurídicas sujeitas ao regime das Leis 10.637/2002 e 10.833/2003 podem descontar créditos calculados sobre as aquisições feitas de fornecedores inscritos no SIMPLES.

Sem prejuízo das conclusões de Del Fiorentino, se prevalecer a vedação de crédito de IPI e ICMS pelas empresas adquirentes de insumos etc. de fornecedores optantes do SIMPLES, é tendência que as empresas adquirentes prefiram a aquisição de fornecedores não-inscritos no SIMPLES e evitem os optantes. Isto porque, ao não terem crédito de IPI sobre os insumos adquiridos dos últimos, as indústrias adquirentes terão maior custo tri-

50. Distribuidora de bebidas (mera revenda), e não indústria de bebidas. Para estas últimas é vedado o regime do SIMPLES Nacional pela Lei Complementar 123/2006, como já era vedado na Lei 9.317/1996.

51. Marcelo Fróes Del Fiorentino, "O SIMPLES Nacional e as indevidas restrições às não-cumulatividades tributárias aplicáveis ao IPI e ao ICMS", *Revista Dialética de Direito Tributário* 149/27-35, São Paulo, Dialética, 2008.

butário com o IPI devido na saída. Assim, em última análise, malsinada regra fiscal é um desestímulo às micro e pequenas empresas, sendo que o regime "simplificado" deveria incentivá-las, segundo a diretiva do art. 179 da Carta Política. Para que as pequenas empresas possam concorrer com outros fornecedores não-inscritos no SIMPLES, terão que reduzir o preço, de modo a compensar economicamente o crédito de IPI do adquirente. Mas isto implica neutralizar ou, ao menos, reduzir o incentivo econômico a que se refere o art. 179 da CF. Para isto, basta vislumbrar, por exercício de raciocínio, a operação com determinado insumo sujeito ao IPI à alíquota de 15%. Significa que o fornecedor enquadrado no SIMPLES terá que conceder um "desconto" de 15% sobre o valor da operação (faturamento do fornecedor). Fácil é concluir que esse "desconto" pode ser muito maior que o favorecimento tributário contido na Lei Complementar 123/2006.

5. *Alguma experiência jurisprudencial*

Como já se antecipou na "Introdução", a questão dos fundamentos da ordem econômica como balizas constitucionais para a tributação não é inédita, senão que tem recebido pouca atenção da doutrina e, conseqüentemente, raramente tem sido levada aos tribunais. Lembra Leandro Paulsen de julgado do ano de 1952 do Pretório Excelso, da relatoria do Min. Barros Barreto, que versou sobre a majoração do imposto de licença e no qual se decidiu que é "dispensável qualquer referência expressa (...), pois os próprios dispositivos fundamentais que asseguram as liberdades individuais, entre os quais se inclui o exercício de profissão, comércio e indústria, constituem uma implícita limitação ao poder de tributo do Estado".[52] Apesar de a decisão não ser sido tomada frente à alegação de confisco, merece registro, por antever a liberdade de exercício de profissão, que está dentre as dobras do princípio da livre iniciativa, como limitação implícita à tributação.

Do Plenário do STF coleciona-se precedente mais recente no qual restou declarado inconstitucional o regime tributário de fiscalização em face da liberdade de comércio e da livre concorrência. Cuida-se de precedente bastante conhecido, em que o Estado de São Paulo criou um regime especial de fiscalização para determinadas empresas, que consistia no recolhimento do ICMS previamente à saída da mercadoria ou à entrega ao destinatário, além da vedação ao crédito pelo adquirente senão mediante a guia de recolhimento de ICMS e a retenção dos talonários de nota fiscal. No que importa ao escopo deste estudo, o Min. Carlos Veloso anotou que "o 'regime especial do ICM' (...) impõe restrições e limitações à atividade comercial do contribuinte, viola a garantia da liberdade de trabalho, que estava inscrita no art. 153, § 23, da Constituição de 1967 e que a Constituição de 1988 reafirma no art. 5º, XIII".[53]

A esse precedente do Plenário seguiram outros acórdãos do Pretório Excelso que enfatizaram não só a liberdade de trabalho, senão também a liberdade de comércio e a livre concorrência. Exemplo é o precedente relatado pelo Min. Marco Aurélio, caso em que o Estado de Goiás exigia o recolhimento do ICMS dia a dia, de cuja ementa já se lê que "conflita com a Constituição Federal, em face da liberdade de comércio, da livre concorrência (...), a imposição de regime de recolhimento de tributo que (...)". Rechaçando a tese da Fazenda Estadual de que o sistema tributário não veda tal exigência, pontuou o Min. Marco Aurélio ser "admissível enfoque que acabe em desequilíbrio com nefastos

52. Leandro Paulsen, *Direito Tributário: Constituição e Código Tributário à Luz da Doutrina e da Jurisprudência*, Porto Alegre, Livraria do Advogado, 2007, p. 221.

53. STF, RE 115.452, rel. Min. Carlos Veloso, *RTJ* 138-3/850.

efeitos no campo da livre concorrência", após expor que: "Se, de um lado, ao Fisco é assegurado o controle, a fiscalização e a arrecadação dos tributos pela ordem jurídica constitucional, de outro, não menos correto é que não pode introduzir no cenário jurídico procedimento que, alcançando a liberdade de comércio, acabe por criar situação diferenciada".[54]

Este último julgado, uma década mais jovem que aquele outro, mostra uma evolução, pois passou a enfrentar o caso especificamente à luz da livre iniciativa e da livre concorrência, que são dois postulados específicos da ordem econômica previstos no art. 170 da Carta Política de 1988. Este último precedente também põe em mesa o conflito entre as regras e princípios do sistema tributário (que realmente deixam a cargo do legislador ordinário tanto fixar o prazo de recolhimento do tributo como a fiscalização) e os postulados da ordem econômica, concluindo que aqueles primeiros não autorizam sejam desrespeitados estes últimos. Curioso, ainda, notar que referidos precedentes envolveram obrigação tributária acessória (por decorrer de regime especial de fiscalização – obrigação de fazer). Disto segue que, se a livre concorrência e a livre iniciativa podem se erigir como limitações à obrigação tributária acessória, com maior razão se poderia assim concluir quando se trata de obrigação tributária principal.

Outros precedentes, embora escassos, podem ser encontrados nos TRFs de todo país. Não há espaço neste ensaio para suscitar todos. Merece registro apenas o precedente do TRF-4ª Região que versou, dentre outros fundamentos, sobre o comprometimento da livre concorrência entre as empresas prestadoras de serviço em razão da tributação chamada não-cumulativa do PIS e da COFINS. Conduzido pelo voto do Des. Leandro Paulsen, decidiu o Tribunal que para a "autora, que tem por objetivo social primordial a prestação de serviços, (...) o novo regime não-cumulativo implicou aumento de mais de 100% no ônus tributário decorrente da incidência do PIS e da COFINS (...) porque, como prestadora de serviços, os créditos que pode apurar não são significativos". Disto concluiu o Tribunal que referida tributação "cria obstáculos à livre concorrência, porquanto empresas dedicadas à mesma atividade que a autora continuam submetidas ao regime comum, não tendo sido oneradas pelo advento do regime não-cumulativo".[55] Em voto-vista, reafirmou o Des. Antônio Albino Ramos de Oliveira que a tributação em questão "leva a distorções da livre-concorrência: as empresas beneficiadas por uma menor carga tributária terão vantagens competitivas sobre suas concorrentes mais duramente tributadas".

6. Conclusão

Como reflexo do positivismo jurídico, os estudos sobre a tributação do século XX construíram e focaram o sistema tributário constitucional. É irrepreensível o avanço dogmático que alcançou o direito tributário com os trabalhos de Rubens Gomes de Sousa, Alfredo Augusto Becker, Geraldo Ataliba e muitos outros expoentes que, verdadeiramente, deram vida ao direito tributário, que antes sequer sabia do seu lugar na Ciência das Finanças. Esses fundamentos que definem e, ao mesmo tempo, cercam o sistema tributário constitucional têm que ser mantidos, sem dúvida. Nada obstante, diante da dinâmica da economia moderna, dos novos paradigmas ambientais e socioeconômicos presenciados mais intensamente desde a última década do século XX, do resgate da política fiscal neokeynesiana, dentre os outros desafios que têm aflorado no campo jurídico, urge que sejam retomados os

54. STF, RE 195.621, rel. Min. Marco Aurélio, *DJU* 10.8.2001.

55. TRF-4ª Região, ACi 2004.71.08.010633-8, rel. Des. federal Leandro Paulsen, *DJU* 25.4.2007.

estudos sobre a relação entre a tributação e a ordem econômica.

O julgamento no Plenário do STF do RE 550.769, por admitir e explicitar a relação umbilical entre os tributos e os fundamentos da ordem econômica, serve de desafio para a doutrina.

Tentou-se demonstrar neste ensaio que, em face da própria natureza do Estado Fiscal Democrático, da noção de Constituição Econômica e Dirigente, a legislação tributária, além de atender aos princípios e regras próprios do sistema constitucional tributário, também devem obediência de igual forma aos princípios e regras da ordem econômica. A violação de um princípio da ordem econômica é tão inconstitucional quanto a contrariedade a um princípio do sistema tributário.

Os casos ventilados, conquanto sejam obviamente ínfimos diante do universo da legislação tributária, serviram apenas para demonstrar que não são raras as vezes em que a legislação tributária vai em rota de colisão com os fundamentos da ordem econômica. Por isto, na análise da legitimidade dos tributos, calha que sejam os olhos voltados também para os fundamentos da ordem econômica, sem perder de mira, certamente, o sistema tributário constitucional.

Referências bibliográficas

BERCOVICI, Gilberto. *Constituição Econômica e Desenvolvimento*. São Paulo, Malheiros Editores, 2005.

CANOTILHO, José Joaquim Gomes. *Constituição Dirigente e Vinculação do Legislador*. Coimbra, Coimbra Editora, 2001.

————. *Direito Constitucional e Teoria da Constituição*. Coimbra, Livraria Almedina. 1998.

CARVALHO, Paulo de Barros. *Curso de Direito Tributário*. São Paulo, Saraiva, 2003.

DEL FIORENTINO, Marcelo Fróes. "O SIMPLES Nacional e as indevidas restrições às não-cumulatividades tributárias aplicáveis ao IPI e ao ICMS". *Revista Dialética de Direito Tributário* 149/27-35. São Paulo, Dialética, 2008.

DINIZ, Maria Helena. *Norma Constitucional e seus Efeitos*. São Paulo, Saraiva, 1989.

FERRAZ, Roberto. "A igualdade no aproveitamento de créditos na COFINS e PIS não-cumulativos". *Revista Dialética de Direito Tributário* 149/77-86. São Paulo, Dialética, 2008.

————. "O consumo, a concorrência, o mercado e as distorções da substituição tributária". In: ROCHA, Valdir de Oliveira (coord.). *As Grandes Questões Atuais do Direito Tributário*. São Paulo, Dialética, 2007 (pp. 359-379).

————. "Princípios são universais e não comportam exceções" In: ROCHA, Valdir de Oliveira (coord.). As *Grandes Questões Atuais do Direito Tributário*. vol. 10. São Paulo, Dialética, 2006 (pp. 389-401).

FISCHER, Octávio Campos. *A Contribuição ao PIS*. São Paulo, Dialética, 1999.

GRAU, Eros. *A Ordem Econômica na Constituição de 1988*. São Paulo, Malheiros Editores, 2007.

HAYEK, Friedrich. *Derecho, Legislación y Libertad*. Madri, Unión Editorial. 2006.

KEYNES, John Maynard. *A Teoria Geral do Emprego, do Juro e da Moeda*. Trad. de Mário R. da Cruz. São Paulo, Atlas, 1992.

NABAIS, José Casalta. *O Dever Fundamental de Pagar Impostos*. Coimbra, Livraria Almedina. 1998.

PAULSEN, Leandro. *Direito Tributário: Constituição e Código Tributário à Luz da Doutrina e da Jurisprudência*. Porto Alegre, Livraria do Advogado, 2007.

ROCHA, Valdir de Oliveira (coord.). *As Grandes Questões Atuais do Direito Tributário*. vol. 10. São Paulo, Dialética, 2006; São Paulo, Dialética, 2007.

SCHOUERI, Luís Eduardo. *Normas Tributárias Indutoras e Intervenção Econômica*. Rio de Janeiro, Forense, 2005.

SILVA, José Afonso da. *Aplicabilidade das Normas Constitucionais*. São Paulo, Malheiros Editores, 2003.

TÔRRES, Heleno (coord.). *Teoria Geral da Obrigação Tributária*. São Paulo, Malheiros Editores, 2006.

TORRES, Ricardo Lobo. "O conceito constitucional de tributo". In: TÔRRES, Heleno (coord.). *Teoria Geral da Obrigação Tributária*. São Paulo, Malheiros Editores, 2006.

ESTUDOS & COMENTÁRIOS

PRINCÍPIO DO NÃO-CONFISCO COMO REALIZAÇÃO DO PRINCÍPIO DA SEGURANÇA EM MATÉRIA TRIBUTÁRIA

RUTI KAZUMI NAKAGAKI
Mestranda em Direito Tributário pela PUC-SP
Especialista em Direito Tributário pelo COGEAE PUC-SP
Conselheira do Conselho Municipal de Tributos (São Paulo-SP).

1. Sistema, valores e princípios. 2. Princípio e sobreprincípio. 3. Sobreprincípio da segurança jurídica no campo dos tributos. 4. Princípio do não-confisco: 4.1 Confisco e direito de propriedade – 4.2 Tributação com efeito de confisco – 4.3 Princípio do não-confisco como valor ou como limite objetivo – 4.4 Princípio do não-confisco e a regra-matriz de incidência – 4.5 Violação do sobreprincípio da segurança jurídica e relação com o princípio do não-confisco. 5. Conclusão.

1. Sistema, valores e princípios

Segundo Bobbio,[1] o vocábulo "sistema" apresenta três diferentes significados na Filosofia do Direito: (i) concepção de um ordenamento derivado de alguns princípios gerais. Vinculado às tentativas dos jusnaturalistas em construir a Ciência do Direito baseada num raciocínio lógico-dedutivo independente da experiência fática; (ii) a partir de dados particulares, definir princípios gerais por meio da indução. Proposta de Savigny e dos pandectistas alemães; ou (iii) conjunto integrado por elementos inter-relacionados dos quais, em caso de antinomia, são eliminados os corpos incompatíveis com o ordenamento. Impossibilidade de coexistência de normas incompatíveis entre si.

Considerando o uso ambíguo desse vocábulo, é preciso definir a acepção a ser empregada, apontando suas características, pois o conceito de "sistema" mostra-se fundamental na delimitação de um conjunto objeto de estudo científico, por apontar suas fronteiras, descrever seus elementos e seus relacionamentos.

Para Paulo de Barros Carvalho[2] "sistema" é um conjunto de elementos relacionados entre si e aglutinados por uma referência determinada. Trata-se de alusão a uma pluralidade de objetos reunidos de forma unitária.

A partir da Cibernética, da Teoria da Comunicação e da Teoria da Informação, foi desenvolvida a ciência interdisciplinar chamada "Teoria dos Sistemas", que é aplicada em diversos campos do conheci-

1. Norberto Bobbio, *Teoria do Ordenamento Jurídico, apud* Herbert Cornélio Pieter de Bruyn Jr., *O Princípio do Não-Confisco*, São Paulo, Novas Conquistas, 2001, p. 9.

2. Paulo de Barros Carvalho, *Direito Tributário – Fundamentos Jurídicos da Incidência Tributária*, 2ª ed., São Paulo, Saraiva, 1999, p. 40.

mento, tais como Economia, Sociologia, Política, Filosofia da Ciência e Direito.

Humberto Maturana e Francisco Varella, biólogos especializados em Cibernética, propagaram a *Autopoiese*, teoria sistêmica cujo objeto é o ser vivo enquanto sistema fechado em sua organização interna, mas aberto às informações externas.

O sociólogo alemão Niklas Luhmann[3] aplicou essa teoria no estudo dos sistemas sociais, mostrando que são caracterizados por uma estrutura complexa formada por atos comunicativos.

Um ser vivo, uma sociedade ou um ordenamento jurídico caracteriza um sistema autopoiético quando apresentam três propriedades: (i) auto-regulável – o equilíbrio interno do sistema é mantido pela troca de informações com o ambiente externo; (ii) autogerativo – o sistema produz seus próprios elementos; e (iii) auto-referenciável – o sistema fala sobre si mesmo, ou seja, possui função metalingüística.

Como esclarece Horvath,[4] quando se fala em sistema é preciso que seus elementos estejam unificados em torno de uma referência comum – que, no caso do Direito, é o princípio jurídico. Também conclui que o método interpretativo mais completo é o sistemático, pois, além de considerar os três planos de linguagem (sintático, semântico e pragmático), também vislumbra o Direito como um todo, em que a regra não se encontra isolada no universo jurídico, e sim relacionada com as demais do sistema.

Na mesma linha, Carrazza diz que o sistema – reunião ordenada de partes que formam um todo – possui elementos que se sustentam mutuamente e que os princípios é que dão razão às partes.[5]

Considerando que o sistema se apresenta como um conjunto de elementos relacionados entre si, pode-se considerar a sociedade como um sistema formado por diversos subsistemas, dentre eles o do direito positivo.

E o direito positivo apresenta-se na forma de um sistema de comunicação funcionalmente diferenciado, dotado de programas e código próprios, com forma especial de abertura e fechamento em relação ao ambiente.[6] Trata-se, portanto, de um sistema autopoiético que reproduz seus elementos valendo-se de seus próprios componentes, por meio de operações internas.

Para se alcançar o sistema jurídico é preciso entender a conexão de valorações que o cerca, pois não é possível conhecer o Direito a partir de uma norma isolada, separada do todo, já que o Direito é inspirado e informado por valores.

O valor não é resultado da consciência individual e isolada, e sim da consciência coletiva, em um momento histórico. Representa a "interação das consciências individuais, em um todo de superações sucessivas".[7]

O valor deve ser compreendido no âmbito da História, aqui entendida como realização de valores ou como projeção do espírito sobre a Natureza, uma vez que o conteúdo do valor não permanece imutável no tempo. Por exemplo, o ideal de beleza feminina dos tempos modernos não se confunde com os padrões do Renascimento, pois o conteúdo do valor depende do momento histórico da enunciação e da tradição e dos "pré-conceitos" do intérprete do enunciado.

"Valor" é uma relação entre o sujeito do conhecimento e o objeto, em que o agente, dotado de uma necessidade qualquer, não se comporta com indiferença em

3. Niklas Luhmann, *Social Systems*, Stanford University Press, 1995, *apud* Fabiana Del Padre Tomé, A *Prova no Direito Tributário*, São Paulo, Noeses, 2005, p. 43.

4. Estêvão Horvath, *O Princípio do Não-Confisco no Direito Tributário*, São Paulo, Dialética, 2002, p. 74.

5. Roque Carrazza, *Curso de Direito Constitucional Tributário*, São Paulo, Malheiros Editores, 2002, p. 31.

6. Fabiana Del Padre Tomé, *A Prova no Direito Tributário*, cit., p. 41.

7. Miguel Reale, *Filosofia do Direito*, São Paulo, Saraiva, 2002, p. 206.

relação a algo, atribuindo-lhe qualidades positivas ou negativas.

Conforme apontado por Cristiano Carvalho,[8] um sistema jurídico moderno tem um grupo de valores, objetos ideais, que necessitam de projeção em situações e objetos do mundo real para que tenham significação: "A beleza não existe sem *o* belo, a honestidade sem *o* honesto ou a licitude sem *o* lícito".

Enfim, os valores de uma dada sociedade devem ser traduzidos em linguagem jurídico-positiva, na forma de princípios constitucionais, que são mensagens imperativas que se propõem a ordenar a conduta inter-subjetiva dos indivíduos.

Segundo Abbagnano,[9] o vocábulo "princípio" significa ponto de partida e fundamento de um processo qualquer.

Por se tratar de uma expressão plurissignificativa, faz-se necessário esclarecer seu sentido para fins metodológicos. Numa breve reflexão semântica, é possível encontrar as seguintes acepções:[10] (i) norma jurídica de posição privilegiada e portadora de valor expressivo; (ii) norma jurídica de posição privilegiada que estipula limites objetivos; (iii) valores insertos em regras jurídicas de posição privilegiada, mas considerados independentemente das estruturas normativas; ou (iv) limite objetivo estipulado em regra de forte hierarquia, sem levar em conta a estrutura da norma.

Nos dois primeiros casos a expressão é tomada no sentido de "norma"; e nos dois últimos, no sentido de "valor" e "critério objetivo", respectivamente.

Assim, o princípio manifesta-se tanto representando valor como limite objetivo, e em caso de menção aos princípios do sistema positivo brasileiro deve ser citada a acepção utilizada para o termo.

Princípio como valor é marcado pela subjetividade. Não há critérios objetivos para verificar se o princípio foi, ou não, violado. Valores como igualdade ou segurança jurídica são sujeitos às variações semânticas, em função das ideologias dos sujeitos cognoscentes.

Como limite objetivo, o conteúdo do princípio pode ser delimitado por critérios de verificação pronta e imediata, com a construção simples do sentido dos enunciados. Esse limite, que não é valor, volta-se para realizar valor, de forma indireta. Exemplo de limite objetivo é o princípio da anterioridade, em que a data da publicação da norma indica violação, ou não, a esse princípio.

Portanto, "todo e qualquer princípio normativo se refere, direta ou indiretamente, a valores".[11] Por ser o Direito o objeto cultural que é, seus enunciados são inseridos valorativamente no sistema de direito positivo.

Finalmente, os princípios são diretrizes fundamentais e o cerne de todo o sistema jurídico. Possuem força vinculante, fixando o sentido e o direcionamento da ordem jurídica, por juridicizarem os valores consagrados pela sociedade num dado momento histórico.[12]

2. *Princípio e sobreprincípio*

Num determinado ambiente social os valores básicos dos indivíduos da comunidade são coincidentes em conseqüência de

8. Cristiano Carvalho, "Sistema, competência e princípios", in *Curso de Especialização em Direito Tributário: Estudos Analíticos em Homenagem a Paulo de Barros Carvalho*, Rio de Janeiro, Forense, 2005, p. 870.

9. Nicola Abbagnano, *Dicionário de Filosofia*, São Paulo, Martins Fontes, 2003, p. 792.

10. Paulo de Barros Carvalho, *Curso de Direito Tributário*, 16ª ed., São Paulo, Saraiva, 2004, p. 144.

11. Tácio Lacerda Gama, *Contribuição de Intervenção no Domínio Econômico*, São Paulo, Quartier Latin do Brasil, 2003, p. 143.

12. Mary Elbe Queiroz, "Imposto sobre a renda e proventos de qualquer natureza □ Tributação das pessoas físicas", in *Curso de Especialização em Direito Tributário: Estudos Analíticos em Homenagem a Paulo de Barros Carvalho*, Rio de Janeiro, Forense, 2005, p. 436.

viverem no mesmo espaço físico e em determinado momento histórico. Esses valores abstratos mostram-se abertos e flexíveis, expressando uma preferibilidade abstrata e geral por certos conteúdos.

Não obstante serem abstratos, para que tenham significação esses valores necessitam das normas depositadas pelo legislador na linguagem do direito positivo. Os valores de ordem moral são reprocessados para se converterem em proposições prescritivas.

Portanto, normas e princípios não são entidades diferentes, atuando pacificamente no sistema das proposições prescritivas do Direito. Princípios e normas caracterizam um único ente, podendo enunciar valores puros ou determinar limites objetivos para se alcançar esses valores.

Os princípios dirigem-se ao Estado, na sua função de emissor de normas jurídicas, para que não emita regras que violem os valores consagrados pela Constituição – ou seja: direito à vida, à liberdade, à igualdade, à segurança etc. Ao instituir tributos o legislador deverá graduá-los sem expropriar.[13]

Os sobreprincípios são enunciados implícitos do texto constitucional, cujo sentido é formado a partir de diversos enunciados expressos. São normas jurídicas que surgem da atuação dos princípios, com maior teor de abstração e finalidade mais destacada dentro do sistema. Formam o cerne do sistema – como, por exemplo, o princípio da segurança jurídica, um dos valores fundamentais do ordenamento.

Todo princípio procura fixar seus valores, mas existem conjuntos de princípios que atuam para realizar princípios de maior hierarquia, muito além dos respectivos conteúdos axiológicos dos princípios pertencentes ao grupo: são os *sobreprincípios*.

Por exemplo, a certeza jurídica caracteriza um sobreprincípio situado nos fundamentos do deôntico, pois regra do Direito que não discipline a conduta intersubjetiva baseada no princípio da certeza caracterizará um sem-sentido na linguagem do dever-ser.

3. Sobreprincípio da segurança jurídica no campo dos tributos

O fim específico do Direito é o de regrar os comportamentos humanos nas suas relações intersubjetivas, com a implantação dos valores desejados pela comunidade. Assim, as normas gerais e abstratas, fundamento de validade de todas as demais normas, indicam os rumos e os caminhos das regras inferiores, normas individuais e concretas em que o Direito se realiza – ou seja, o momento em que a linguagem do Direito se projeta sobre o meio social, impondo a conduta escolhida pelo ordenamento jurídico.

Nesse contexto a segurança jurídica tem papel fundamental, por ser responsável pela coordenação do fluxo de interações inter-humanas, visando ao sentimento de previsibilidade dos efeitos jurídicos na regulação da conduta.

O sistema jurídico, aberto em seu aspecto semântico, é sintaticamente fechado, pois nada ingressa no sistema do Direito a não ser pela forma normativa; e é justamente a conjugação entre código e programa que garante a segurança jurídica e o relacionamento entre o Direito posto e o ambiente.[14]

Apesar de não positivada, a segurança jurídica resulta da aplicação harmônica e interpretação sistemática de todos os outros princípios, visando a assegurar os direitos fundamentais dos cidadãos. Trata-se, portanto, de um sobreprincípio que promove a efetividade dos preceitos constitucionais.

13. Aliomar Baleeiro, *Limitações Constitucionais ao Poder de Tributar*, 7ª ed., atualizada por Misabel Abreu Machado Derzi, Rio de Janeiro, Forense, 2001, p. 570.

14. Fabiana Del Padre Tomé, *A Prova no Direito Tributário*, cit., p. 54.

O sobreprincípio da segurança jurídica decorre de uma interpretação sistemática dos enunciados veiculados pela Constituição Federal. Trata-se de uma forma prescrita pelo sistema do Direito para evitar que o fator "tempo" cause uma instabilidade na realização de relações jurídicas.[15]

Além de considerar como previsibilidade juridicizada, é também possível considerar a segurança jurídica como um conjunto de garantias constitucionais, a partir da expressão "segurança" no Preâmbulo e no *caput* do art. 5º da CF:

Preâmbulo: "(...) assegurar o exercício dos direitos sociais e individuais, a liberdade, a *segurança*, o bem-estar, o desenvolvimento, a igualdade e a justiça (...)" (grifo nosso).

Art. 5º: "Todos são iguais perante a lei, sem distinção de qualquer natureza, garantindo-se aos brasileiros e aos estrangeiros residentes no país a inviolabilidade do direito à vida, à liberdade, à igualdade, à *segurança* e à propriedade, (...)" (grifo nosso).

No campo jurídico tributário a segurança jurídica pode ser caracterizada como previsibilidade juridicizada e como conjunto de garantias constitucionais-tributárias.[16]

A segurança jurídica no campo tributário é um sobreprincípio que se efetiva pela atuação de princípios, tais como o da legalidade, da anterioridade, da igualdade, da irretroatividade, da universalidade da jurisdição, vedação ao confisco e outros. Borges[17] ensina que a segurança jurídica não se reduz à proibição de leis tributárias retroativas; ela é sintaticamente dependente de outros direitos e garantias constitucionais. Não há segurança sem justiça tributária, sem legalidade, e assim por diante.

Como afirma Aires Barreto,[18] o sistema ideal é o que se baseia no princípio da segurança jurídica, pois nos verdadeiros Estados de Direito as pessoas alcançadas pelo ordenamento jurídico devem obediência aos princípios gerais de Direito, independentemente de estarem expressamente positivados.

No âmbito tributário os princípios encerram valores que se encontram acima das regras que condicionam toda atividade ligada à incidência de tributos e à tomada de bens dos indivíduos, em qualquer dos âmbitos dos três Poderes – ou seja: Legislativo, Executivo ou Judiciário. Assim, todos aqueles que fazem ou executam as leis tributárias ou julgam sua aplicação devem estar sob o comando dos mandamentos constitucionais.[19]

Visualizados de forma harmônica e sistemática, além de conjugados com a significação dos vocábulos, os princípios levam à formação dos conceitos e à construção da regra-matriz de incidência dos tributos – incidência, esta, coberta pela certeza e segurança jurídicas.

Importante ressaltar que, ao lado do conhecimento da feição estática do ordenamento jurídico, é preciso pesquisar o lado pragmático da linguagem normativa, para verificar se os destinatários desses signos os estão utilizando com os efeitos sugeridos pela visão estática. Os direitos e garantias presentes na Constituição são inúteis se os órgãos competentes a efetivá-los não o fizerem na dimensão desejada. Por isso, qualquer investigação relativa ao princípio da segurança jurídica em matéria tributária implica, necessariamente, análi-

15. Christine Mendonça, *Segurança na Ordem Tributária Nacional e Internacional*, p. 48.

16. Idem, p. 49.

17. In *Revista Diálogo Jurídico* 13, abril-maio/2002, *apud* Jorge de Oliveira Vargas, *Princípio do Não-Confisco como Garantia Constitucional da Tributação Justa*, Curitiba, Juruá, 2004, p. 104.

18. Aires Barreto, *Tributação e Conjuntura Nacional*, p. 3.

19. Mary Elbe Queiroz, "Imposto sobre a renda e proventos de qualquer natureza □ Tributação das pessoas físicas", cit., in *Curso de Especialização em Direito Tributário: Estudos Analíticos em Homenagem a Paulo de Barros Carvalho*, p. 436.

se do plano pragmático, ou seja, do conjunto de investigações que têm por objeto a relação dos signos com os intérpretes.

Concluindo, sem a análise do plano pragmático a verificação do primado da segurança jurídica, nos planos sintático e semântico, não garante o reconhecimento do sobreprincípio, pois o direito positivo toca a realidade social para disciplinar as condutas intersubjetivas com o intuito de obter determinados valores.

4. *Princípio do não-confisco*

O trabalho que ora se apresenta tem por finalidade enfocar o princípio do não-confisco, específico do direito tributário, como realização do princípio da segurança jurídica, do direito constitucional brasileiro.

4.1 Confisco e direito de propriedade

É da natureza do homem apoderar-se dos bens da vida, apropriar-se de coisas e, em conseqüência, opor sua propriedade aos demais. A apropriação de bens satisfaz necessidades humanas e outorga prazer, cabendo ao Estado tornar esses direitos estáveis, concedendo-lhes segurança e durabilidade.

O proprietário dispõe livremente de seu patrimônio e seu direito prevalece contra todos, mas o interesse social lhe impõe limites à manutenção de idênticos direitos alheios. Portanto, o direito de propriedade não é absoluto, e sim limitado, de acordo com o crescimento e a complexidade da sociedade. Tais limitações se fazem na busca da proteção de interesses privados ou de interesses públicos, em que o proprietário tem seus interesses sacrificados em nome de um interesse maior – o do Estado.

A propriedade privada é a base de sustentação do sistema capitalista, existindo uma relação de dependência recíproca entre o reconhecimento desse direito e o dever de contribuir ao sustento do Estado mediante o sistema tributário. Assim, a tributação também pode ser compreendida como uma limitação ao direito de propriedade privada.

A tributação no Estado de Direito representa uma maneira de o Estado participar da riqueza privada através de lei, e que é justificada pelo interesse público de manutenção do Estado, pelos relevantes serviços públicos prestados.

A limitação ao direito de propriedade deve ser entendida como uma carga da vida em sociedade, em que os tributos limitam esse direito em favor de um interesse do Estado para obtenção de recursos ou para controle da conduta do particular.

O instituto do confisco vai além da mera limitação ao direito de propriedade, avançando no campo da privação, impondo um sacrifício, uma destruição do direito. No confisco o particular dá causa à perda da propriedade pelo cometimento de um ato ilegal, que é punido com a tomada de seu patrimônio, sem direito a qualquer tipo de indenização.

4.2 Tributação com efeito de confisco

Ao proteger a propriedade privada, a Constituição proíbe que a tributação comprometa de forma abusiva a renda e o patrimônio do cidadão ou lhe iniba o consumo. Sob qualquer de suas manifestações, a tributação não pode ser utilizada com efeito de confisco.[20]

A tributação com efeito de confisco tem como conseqüência a privação da propriedade, como meio de sobrevivência, de dignidade humana, de produção de riquezas, propriedade considerada como base de sustentação do Estado.

O art. 150, IV, da CF, que veda à União, aos Estados, ao Distrito Federal e aos Municípios utilizar tributo com efeito

20. Estêvão Horvath, *O Princípio do Não-Confisco no Direito Tributário*, cit., p. 49.

de confisco, busca a preservação do direito de propriedade, assegurado na própria Constituição, embora não diga o significado exato da expressão "tributo com efeito de confisco", que consta no texto.

Na Constituição atual não se proíbe o confisco, mas o efeito de confisco, porque o tributo não é visto como sanção de ato ilícito (ou seja, pode haver confisco como forma de sanção; o que não pode é haver exagero no tributo, que possa configurá-lo como confisco, ou seja, tenha caráter punitivo ao contribuinte).

De todas as Constituições, apenas a de 1988 tem expressa a proibição ao efeito de confisco. Até então a vedação era apenas implícita, com contornos mais claros em 1946, quando se falava da capacidade contributiva. Em 1824, no Império, apenas se garantia o direito de propriedade e se proibia o confisco de bens de delinqüentes. Em 1891 mantinha-se o direito de propriedade, falava-se em legalidade para a criação de imposto, mas não se tratava de confisco explicitamente, apenas de forma implícita. Em 1934 a vedação era ao confisco em forma geral. Já em 1937 não constava a menção ao confisco, embora se mantivessem as garantias fundamentais, como o direito de propriedade. Em 1946 expressava-se o confisco, mas também sem explicitar, ainda, matéria tributária. Em 1967, nos governos militares, a idéia de confisco era admitida em caso de guerra psicológica adversa ou revolucionária ou subversiva. O confisco, banido nos Estados Democráticos, era abominavelmente incorporado à Constituição. Só em 1988 há a menção declarada ao confisco tributário, proibindo-o.

A razão mais elementar para não haver tributação com efeito de confisco, dentro de um Estado capitalista que, inclusive na Constituição, procura preservar a iniciativa privada e a economia de mercado, é a própria preservação da atividade privada, que é a origem dos recursos que serão tributados. O excesso na tributação só mataria essa verdadeira "galinha-dos-ovos-de ouro", destruindo o sistema. A lógica, pois, de não confiscar é a de conservar o sistema.

Goldschmidt[21] mostra sumariamente a teoria do economista americano Arthur Laffer, que desenhou para o Presidente dos Estados Unidos, Ronald Reagan, o gráfico que mais tarde ficou conhecido como "Curva de Laffer", com o qual procurou demonstrar matematicamente que, a partir de um determinado limite do suportável, todo aumento na carga tributária representa uma diminuição no total arrecadado. Esse limite do suportável seguramente aproxima-se conceitualmente da noção econômica do efeito de confisco: há, portanto, um ponto a partir do qual a tributação é sentida pela sociedade como excessiva ou de alguma forma não-justificável ou não-compensatória.

A prova da validade da "Curva de Laffer", inicialmente censurada pela doutrina econômica, foi demonstrada com o tempo. Com a diminuição da tributação (principalmente no mercado de capitais), os Estados Unidos passaram a crescer em níveis surpreendentes (4% ao ano, o equivalente ao PIB de toda a Argentina), deixando para trás um histórico déficit da balança comercial, para apresentar um superávit. Na década de 90 do século XX, enquanto a Europa extinguia 9 milhões de empregos, os Estados Unidos criaram 23 milhões de novos postos de trabalho (de modo que a redução da carga tributária reverteu em benefício da sociedade como um todo). A lógica desse pensamento baseia-se não só na suportabilidade da carga em termos psicológicos, mas igualmente na premissa de que por meio da tributação desviam-se recursos do setor privado da economia para o público, nem sempre com a mesma eficiência.

A "Curva de Laffer" tem formato parabólico, com a concavidade voltada para baixo: conforme as alíquotas dos tributos

21. Fábio Brun Goldschmidt, *O Princípio do Não-Confisco no Direito Tributário*, São Paulo, Ed. RT, 2004, p. 58.

sobem, a arrecadação total vai subindo com elas. Isso acontece até que a curva chegue à sua máxima altura. A partir daí ela começa a descer. Isto significa que, depois do ponto máximo, quanto mais se aumentam os tributos, menor se revela a arrecadação, já que, diante de tributos excessivos, empresas e pessoas físicas optam simplesmente por sonegá-los, não por falhas morais nem institucionais, mas tão-somente por uma questão de sobrevivência.

4.3 Princípio do não-confisco como valor ou como limite objetivo

A idéia de "valor" conduz a tarefa do legislador e do hermeneuta, pois, enquanto o primeiro procura selecionar os valores a serem positivados, o segundo, ao construir as normas do direito positivo, considera seus valores intrínsecos.

Também não menos importante é a noção de "limite objetivo", com a função de explicitar a vontade do legislador e facilitar a intenção do intérprete, dando maior grau de precisão às leis.

"Valores" e "limites objetivos" são entidades distintas, e toda Constituição possui dispositivos que assumem a condição de valores ou de limites objetivos, cada qual com suas características.

O princípio do não-confisco pode assumir tanto a característica de limite objetivo quanto de valor, de acordo com a sociedade em que estiver inserido. Se conceituado como valor, implica necessariamente concentrar-se no plano da Axiologia, e se positivado como limite objetivo conclui-se pela fixação de limites.

Apesar de constar na Seção II ("Das Limitações do Poder de Tributar") do Capítulo I do Título VI da Constituição de 1988, ao lado de princípios como limites objetivos, o princípio do não-confisco deve ser classificado como valor, por ser de difícil conformação.

A vedação constitucional à tributação com efeito de confisco mostra uma vontade popular, um anseio secular de cidadania, um desejo da sociedade democrática em proibir arbítrios do Estado em relação à tributação. Trata-se de valor social incomensurável, impossibilitado de ser medido, de ser dimensionado.

Portanto, a juridicidade do art. 150, IV, da Carta de 1988 oferece um caminho axiológico com uma advertência ao legislador tributário de que existe limite para a carga tributária suportada pelos contribuintes.

À luz dos planos semióticos (sintático, semântico e pragmático), Goldschmidt[22] conclui que o constituinte lutou pela fixação de um limite objetivo ao preceito do art. 150, IV, da CF de 1988, pelos seguintes motivos: (i) o princípio foi incluído no capítulo específico das limitações objetivas (arts. 150 e 151 da CF); (ii) os planos semântico e pragmático procuram firmar esse princípio como uma limitação objetiva, visando à segurança jurídica do sistema; (iii) a aplicação prática do artigo em questão só será possível com a fixação de limites objetivos; (iv) o plano sintático não deve ser engessado por lei que informe a alíquota máxima a ser aplicada a uma dada exação; e (v) o plano semântico caminha no sentido da uniformização da interpretação.

4.4 Princípio do não-confisco e a regra-matriz de incidência

A regra-matriz de incidência,[23] norma geral e abstrata, compõe-se de antecedente e conseqüente. Trata-se do mínimo irredutível do deôntico, ou seja, da norma em sentido estrito que define a subsunção de um fato à norma, implicando uma relação jurídica entre sujeitos de direito.

22. Fábio Brun Goldschmidt, *O Princípio do Não-Confisco no Direito Tributário*, cit., pp. 90-93.

23. Paulo de Barros Carvalho, *Direito Tributário – Fundamentos Jurídicos da Incidência Tributária*, cit., 2ª ed., p. 80.

O antecedente (hipótese, suposto) define a situação de um fato, sendo colocado em formulação hipotética: "Se ocorrer o fato 'X'". Construída pela vontade do legislador, a hipótese é composta por: (i) critério material – comportamento de alguma pessoa ou estado de fato; (ii) critério temporal – marco do tempo em que o fato se dá por ocorrido; (iii) critério espacial – local de ocorrência do fato.

Já o conseqüente (prescritor), que estipula a regulação da conduta, prescrevendo direitos e obrigações para as pessoas envolvidas, é formado por: (i) critério pessoal – indica os sujeitos da relação jurídica (sujeito ativo e sujeito passivo); (ii) critério quantitativo – referência às grandezas utilizadas pelo legislador para dimensionar o fato jurídico (base de cálculo e alíquota).

Por retratar a obrigação tributária, identificando seus aspectos básicos, a regra-matriz de incidência mostra-se útil em revelar os possíveis casos de efeito-confisco na tributação.

No critério material do antecedente, a lesão ao princípio do não-confisco fica caracterizada quando o tributo recai sobre algo que não corresponda ao comportamento de alguma pessoa ou estado de fato – como, por exemplo, o IR cobrado sobre renda não auferida.[24]

Ofensa ao princípio do não-confisco quanto ao critério espacial do antecedente seria o caso da legislação do ITR que incida sobre propriedade territorial não-rural, em confronto com o critério espacial estabelecido pela regra de competência atribuída ao ente federado, violando o art. 150, IV, da CF de 1988.[25]

Exação com efeito de confisco por ofensa ao critério temporal do antecedente é o caso de legislação do ITBI que faz incidir o tributo antes da data da "transmissão, a qualquer título, da propriedade ou do domínio útil dos bens imóveis, por natureza ou por acessão física, como definidos na lei civil" (art. 35 do CTN). A esse respeito a decisão do STJ, 1ª Turma, no acórdão no REsp 12.546-RJ (1991/0014078-3, rel. Min. Humberto Gomes de Barros, j. 21.10.1992, *DJU* 30.11.1992, p. 22.559): "A propriedade imobiliária apenas se transfere com o registro do respectivo título (CC, art. 530). O registro imobiliário é o fato gerador do imposto de transmissão de bens imóveis. Assim, a pretensão de cobrar o IPTU antes do registro imobiliário contraria o ordenamento jurídico".

O critério quantitativo corresponde ao binômio base de cálculo/alíquota, juntos caracterizando o montante do tributo.

O efeito de confisco na base de cálculo pode ocorrer por repentino e excessivo alargamento da base de cálculo do tributo pela nova legislação ou em razão de violação do legislador aos limites qualitativos que o constituinte ou o legislador complementar traçaram para cada espécie de tributo, ou quando os elementos da base de cálculo não são corrigidos monetariamente, sendo consumidos pelos efeitos da inflação.

Por exemplo, para a pessoa física, considerando-se as baixas tabelas, com deduções e isenções inferiores às despesas correspondentes a tais deduções e isenções, acaba-se por confiscar a renda do contribuinte. No Brasil há vários anos não tem sido reajustada a tabela de correção das alíquotas do IR, ou reajustada em níveis muito abaixo dos inflacionários. No momento em que os salários também permanecem com reajustes abaixo dos índices inflacionários, a simples manutenção apenas de um valor ínfimo de dedução ou isenção é uma forma de confisco. Com qualquer inflação o poder de compra do salário diminui, mas não os impostos – o que

24. Por exemplo, Súmula 215 STJ: "A indenização recebida pela adesão a programa de incentivo à demissão voluntária não está sujeita à incidência do imposto de renda".

25. TRF, 4ª Turma, REO 95.01.04789-0-MG, rela. Juíza Eliana Calmon, j. 24.4.1995, *DJU* 8.5.1995, p. 27.105, ementa: "Se a área foi classificada como propriedade urbana e cobrado o IPTU, não é devido o ITR".

configura o confisco. O Executivo Federal que tomou posse em 2003 prometeu rever a tabela do IR, mas quando efetivamente se defrontou com a possibilidade de fazê-lo apenas cumpriu sua promessa timidamente, o que, na prática, redundou em onerar ainda mais as classes médias, porque a tabela, efetivamente, foi minimamente revista.

Nesse sentido, a divulgação do reajuste de 4,5% na tabela do IR que foi aplicado a partir de janeiro/2007 sobre os rendimentos da pessoa física ainda está longe de cobrir a defasagem constatada a partir de 1996, quando o Governo Federal decidiu não repassar a inflação anual. Pelos cálculos do Sindicato Nacional dos Auditores Fiscais da Receita Federal, a defasagem atual, mesmo considerando o aumento de 4,5%, ainda é de 44,04%.[26]

No mesmo sentido o julgado na ADI/MC/QO 2.551-MG (Tribunal Pleno, rel. Min. Celso de Mello. j. 2.4.2003):

"Taxa – Correspondência entre o valor exigido e o custo da atividade estatal.

"A taxa, enquanto contraprestação a uma atividade do Poder Público, não pode superar a relação de razoável equivalência que deve existir entre o custo real da atuação estatal referida ao contribuinte e o valor que o Estado pode exigir de cada contribuinte, considerados, para esse efeito, os elementos pertinentes às alíquotas e à base de cálculo fixadas em lei.

"Se o valor da taxa, no entanto, ultrapassar o custo do serviço prestado ou posto à disposição do contribuinte, dando causa, assim, a uma situação de onerosidade excessiva, que descaracterize essa relação de equivalência entre os fatores referidos (o custo real do serviço, de um lado, e o valor exigido do contribuinte, de outro), configurar-se-á, então, quanto a essa modalidade de tributo, hipótese de ofensa à cláusula vedatória inscrita no art. 150, IV, da Constituição da República – Jurisprudência – Doutrina – Tributação e ofensa ao princípio da não-confiscatoriedade."

Quanto à alíquota, a ofensa ao princípio do não-confisco ficaria caracterizada, por exemplo, no caso de IR hipotético com alíquota de 95%, subtraindo do contribuinte quase toda a renda auferida.

No que se refere ao critério pessoal, terá efeito confiscatório todo encargo de pagar tributo obrigando pessoa que não tenha qualquer relação com o fato gerador a assim fazê-lo. Confirmando, decisão do STJ no REsp 36.076-MG (1ª Turma, rel. Min. Garcia Vieira, j. 3.12.1998, *DJU* 29.3.1999, p. 76, e *RSTJ* 116/64): "A renúncia de todos os herdeiros da mesma classe, em favor do monte, não impede seus filhos de sucederem por direito próprio ou por cabeça. Homologada a renúncia, a herança não passa à viúva, e sim aos herdeiros remanescentes. Esta renúncia não configura doação ou alienação à viúva, não caracterizando o fato gerador do ITBI, que é a transmissão da propriedade ou do domínio útil de bens imóveis".

4.5 Violação do sobreprincípio da segurança jurídica e relação com o princípio do não-confisco

Quando o comando de um princípio é transgredido, o próprio sistema de direito positivo aciona os controles voltados à recomposição dos interesses violados. No caso de a situação anterior ser restabelecida por esses meios, os valores dos princípios ficam confirmados, reforçando sua importância no sistema jurídico. Então, os princípios são reafirmados e fortalecidos.

Em caso contrário, seus efeitos são consolidados na ordem jurídica. A absorção da agressão pelo Poder Judiciário acarreta modificação no sistema, porque a norma adquire outra interpretação, com novos valores. O princípio anterior é substituído por outro, por apresentar alteração em seu plano semântico, na relação dos signos com os objetos a que eles se referem.

26. Jornal *O Estado de S. Paulo* de 22.12.2006, "Economia", p. B5.

As alterações no plano pragmático são naturais e compreensíveis, pois a sociedade é dinâmica e seus valores exercem papel histórico e são delimitados pelo tempo. O que se deve impedir é a distorção na implantação desses valores na disciplina das condutas inter-humanas, em que a norma final não tenha a mesma carga valorativa do princípio.

Quanto ao sobreprincípio da segurança, ele não será respeitado em caso de ofensa aos princípios que dele fazem parte, por se tratar de entidades axiológicas com alto grau de subjetividade e cunho ideológico, e tais situações violadas se estabilizam no tempo.

Efeito confiscatório de tributo pode caracterizar violação ao sobreprincípio da segurança jurídica, por não garantir que os assuntos sejam tratados exclusivamente de acordo com o código do Direito, sem interferência de qualquer outro interesse não contemplado pelo ordenamento, de acordo com o preconizado por Tomé.[27]

Nesse sentido a ADI/MC 1.075-DF (rel. Min. Celso de Mello, j. 17.6.1998): "(...) suspender, até decisão final da ação, a execução e aplicabilidade do art. 3º, parágrafo único, da Lei n. 8.846/1994, que prevê, na hipótese de o contribuinte não haver emitido a nota fiscal relativa a venda de mercadorias, prestação de serviços ou operações de alienação de bens móveis, a aplicação de multa pecuniária de 300% sobre o valor do bem objeto da operação ou do serviço prestado. Considerou-se juridicamente relevante a tese de ofensa ao art. 150, IV, da CF".

5. *Conclusão*

O princípio do não-confisco é garantidor do princípio da segurança jurídica, considerando "segurança jurídica" como um conjunto de garantias constitucionais; no caso específico dos tributos, a segurança jurídica expressa-se pelas chamadas "limitações constitucionais ao poder de tributar", que são normas constitucionais tributárias dirigidas ao legislador infraconstitucional.

Para ilustrar um pouco da relevância dessas limitações, transcrevemos um trecho de Aliomar Baleeiro: "A segurança jurídica pode ser considerada como um direito em si mesmo. Ela também tem o sentido de garantia ou de instrumento de manutenção de outro bem jurídico, como, por exemplo, a vida, a liberdade ou a propriedade. É uma garantia fundamental constitucionalmente consagrada".[28]

O art. 5º da CF consagra o princípio do não-confisco ao determinar que haja direito à propriedade. Eis o texto constitucional: "Art. 5º. Todos são iguais perante a lei, sem distinção de qualquer natureza, garantindo-se aos brasileiros e aos estrangeiros residentes no país a inviolabilidade do direito à vida, à liberdade, à igualdade, à segurança e à propriedade, nos termos seguintes: (...) XXII – é garantido o direito de propriedade.; (...) LIV – ninguém será privado da liberdade ou de seus bens sem o devido processo legal; (...)".

O comentário de um Ministro do STF, a partir desses incisos do art. 5º da CF, ilustra bem a idéia de confisco: "Sanções políticas no direito tributário – Inadmissibilidade da utilização, pelo Poder Público, de meios gravosos e indiretos de coerção estatal destinados a compelir o contribuinte inadimplente a pagar o tributo (Súmulas ns. 70, 323 e 547 do STF) – Restrições estatais que, fundadas em exigências que transgridem os postulados da razoabilidade e da proporcionalidade em sentido estrito, culminam por inviabilizar, sem justo fundamento, o exercício, pelo sujeito passivo da obrigação tributária, de atividade econômica ou profissional lícita – Limitações arbitrárias que não podem ser impos-

27. Fabiana Del Padre Tomé, *A Prova no Direito Tributário*, cit., p. 54.

28. Aliomar Baleeiro, *Limitações Constitucionais ao Poder de Tributar*, cit., 7ª ed., p. 130.

tas pelo Estado ao contribuinte em débito, sob pena de ofensa ao *substantive due process of law*" (RE 374.981, rel. Min. Celso de Mello, *DJU* 8.4.2005).[29]

Confiscar é impedir o livre exercício da atividade econômica. Tributar em excesso é confiscar. E impedir a liberdade, confiscando o que é do cidadão, ou seja, sua propriedade, é tornar a segurança jurídica apenas um item do texto constitucional, nada mais. Ou seja, na prática, confiscar é tornar completamente insegura a ordenação jurídica, é tornar inseguros os cidadãos, é admitir os efeitos danosos da "Curva de Laffer", é impedir a atividade econômica, é impor aos cidadãos a tutela e tirania de um Estado super-arrecadador, que justifique suas exorbitâncias de poder por meio apenas de escorchante carga de tributos.

A realidade tributária brasileira, denunciada por tantas vozes, de empresários a políticos sérios, de profissionais liberais a assalariados, confirma a insegurança jurídica que ela provoca. A sonegação é apenas um dos efeitos, assim como a informalidade, o desemprego, a falta de investimentos privados, a ineficiência do Estado, a má educação pública, a saúde em péssimas condições – e assim por diante.

Apenas com o respeito ao contribuinte, pelo respeito à sua capacidade de contribuir, é que conseguiremos, pela justa atribuição de tributos, obter e manter segurança jurídica dela derivada. Do contrário somente estaremos propiciando nosso próprio estrangulamento, do ponto de vista do desenvolvimento da Nação.

Finalizando, transcrevemos as palavras de MacCormick: "Um sistema de direito positivo, em especial, o direito de um Estado Moderno, engloba uma tentativa de consolidar amplos princípios de conduta na forma de normas relativamente estáveis, claras, detalhadas e objetivamente compreensíveis, bem como de fornecer um processo aceitável e inspirador de confiança interpessoal para fazer vigorar essas normas".[30]

Bibliografia

ABBAGNANO, Nicola. *Dicionário de Filosofia*. São Paulo, Martins Fontes, 2003.

ARAÚJO, Luiz Alberto David, e NUNES JR., Vidal Serrano. *Curso de Direito Constitucional*, 11ª ed. (de acordo com a Emenda Constitucional 53/2006 e com a Lei 11.417/2006 – Súmula Vinculante). São Paulo, Saraiva, 2007.

BARRETO, Aires. "Vedação ao efeito de confisco" (conferência magna). *RDTributário* 64/96-106. São Paulo, Instituto Internacional de Direito Público e Empresarial/ Instituto Brasileiro de Estudos Tributários/Malheiros Editores, 1994.

BASTOS, Celso Ribeiro, e MARTINS, Ives Gandra da Silva. *Comentários à Constituição (Promulgada em 5.10.1988)*. São Paulo, Saraiva, 1995.

BOBBIO, Norberto. *Teoria Geral do Direito*. Trad. de Denise Agostinetti. São Paulo, Martins Fontes, 2007.

BRUYN JR., Herbert Cornélio Pieter de. *O Princípio do Não-Confisco*. São Paulo, Novas Conquistas, 2001.

CARRAZZA, Roque Antônio. *Curso de Direito Constitucional Tributário*. São Paulo, Malheiros Editores, 2002.

————. *ICMS*. 11ª ed. São Paulo, Malheiros Editores, 2006.

CARVALHO, Cristiano. "Sistema, competência e princípios". In: *Curso de Especialização em Direito Tributário: Estudos Analíticos em Homenagem a Paulo de Barros Carvalho*. Rio de Janeiro, Forense, 2005.

CARVALHO, Paulo de Barros. *Curso de Direito Tributário*. 16ª ed. São Paulo, Saraiva, 2004.

29. Cf. página da Internet: *http://www.stf.gov.br/legislacao/constituicao/pesquisa/constituicao.asp*.

30. Neil MacCormick, *Argumentação Jurídica e Teoria do Direito*, São Paulo, Martins Fontes, 2006, p. X, "Preâmbulo".

————. *Direito Tributário – Fundamentos Jurídicos da Incidência Tributária*. 2ª ed. São Paulo, Saraiva, 1999.

————. "O princípio da segurança jurídica em matéria tributária". *RDTributário* 55/143-155. São Paulo, Malheiros Editores, 1991.

CASTILHO, Paulo César Bária de. *Confisco Tributário*. São Paulo, Ed. RT, 2002.

COELHO, Sacha Calmon Navarro. *Comentários à Constituição Federal de 1988 – Sistema Tributário*. 9ª ed. Rio de Janeiro, Forense, 2005.

FIGUEIREDO, Lúcia Valle. *Disciplina Urbanística da Propriedade*. 2ª ed. São Paulo, Malheiros Editores, 2005.

GAMA, Tácio Lacerda. *Contribuição de Intervenção no Domínio Econômico*. São Paulo, Quartier Latin do Brasil, 2003.

GOLDSCHMIDT, Fábio Brun. *O Princípio do Não-Confisco no Direito Tributário*. São Paulo, Ed. RT, 2004.

HORVATH, Estêvão. *O Princípio do Não-Confisco no Direito Tributário*. São Paulo, Dialética, 2002.

MacCORMICK, Neil. *Argumentação Jurídica e Teoria do Direito*. São Paulo, Martins Fontes, 2006.

MALUF, Carlos Alberto Dabus. *Limitações ao Direito de Propriedade – De Acordo com o Código Civil de 2002 e com o Estatuto da Cidade*. 2ª ed. São Paulo, Ed. RT, 2005.

MARTINS, Ives Gandra da Silva, e BASTOS, Celso Ribeiro. *Comentários à Constituição (Promulgada em 5.10.1988)*. São Paulo, Saraiva, 1995.

MORAES, Alexandre de. *Constituição do Brasil Interpretada e Legislação Constitucional*. 6ª ed. São Paulo, Atlas, 2006.

NUNES JR., Vidal Serrano, e ARAÚJO, Luiz Alberto David. *Curso de Direito Constitucional*, 11ª ed. (de acordo com a Emenda Constitucional 53/2006 e com a Lei 11.417/2006 – Súmula Vinculante). São Paulo, Saraiva, 2007.

PAULSEN, Leandro. *Segurança Jurídica, Certeza do Direito e Tributação – A Concretização da Certeza quanto à Instituição de Tributos através das Garantias da Legalidade, da Irretroatividade e da Anterioridade*. Porto Alegre, Livraria do Advogado, 2006.

PISCITELLI, Tathiane dos Santos. *Os Limites da Interpretação das Normas Tributárias. A Interpretação Judicial das Normas Constitucionais que Traçam a Competência Tributária e Daquelas que Prescrevem Princípios Tributários*. Dissertação de Mestrado. São Paulo, USP, 2005.

QUEIROZ, Mary Elbe. "Imposto sobre a renda e proventos de qualquer natureza – Tributação das pessoas físicas". In: *Curso de Especialização em Direito Tributário: Estudos Analíticos em Homenagem a Paulo de Barros Carvalho*. Rio de Janeiro, Forense, 2005.

REALE, Miguel. *Filosofia do Direito*. São Paulo, Saraiva, 2002.

SILVA, José Afonso da. *Curso de Direito Constitucional Positivo*. 29ª ed. (atualizada até a Emenda Constitucional 52, de 19.12.2006). São Paulo, Malheiros Editores, 2007.

SOUZA GODOY, Luciano de. *Direito Agrário Constitucional – O Regime da Propriedade*. 1ª ed. São Paulo, Atlas, 1998.

TAVARES, André Ramos. *Curso de Direito Constitucional*. 2ª ed. São Paulo, Saraiva.

TOMÉ, Fabiana Del Padre. *A Prova no Direito Tributário*. São Paulo, Noeses, 2005.

VARGAS, Jorge de Oliveira. *Princípio do Não-Confisco como Garantia Constitucional da Tributação Justa*. Curitiba, Juruá, 2004.

O "DIFERENCIAL DE CARGA E/OU ALÍQUOTAS" DE ICMS INDEVIDAMENTE COBRADO DE EMPRESAS COMERCIAIS OPTANTES PELO SIMPLES NACIONAL NAS OPERAÇÕES DE AQUISIÇÃO INTERESTADUAIS

ANDRÉIA FOGAÇA MARICATO
Especialista em Direito Tributário pelo COGEA-PUC/SP –
Mestranda em Direito Tributário pela PUC/SP –
Professora Assistente do COGEAE-PUC/SP
– Advogada

1. Introdução. 2. Pressupostos constitucionais: 2.1 Sistema jurídico – 2.2 Princípios constitucionais tributários: 2.2.1 Princípio da isonomia das pessoas constitucionais – 2.2.2 Princípio da proibição de tributo com efeito de confisco – 2.2.3 Princípio da não-discriminação tributária em razão da origem ou destino dos produtos – 2.2.4 Princípio da estrita legalidade tributária. 3. A regra-matriz do ICMS. Operações mercantis: 3.1 Critério material – 3.2 Critério espacial – 3.3 Critério temporal – 3.4 Critério pessoal – 3.5 Critério quantitativo. 4. Tratamento tributário diferenciado à micro e pequena empresa: 4.1 Do tratamento jurídico diferenciado à micro e pequena empresa na Constituição Federal de 1988: 4.1.1 Histórico do tratamento tributário diferenciado à micro e pequena empresa após a Constituição Federal de 1988 – 4.1.2 Do tratamento diferenciado e favorecido para as microempresas e empresas de pequeno porte a ser estabelecido por meio de lei complementar – 4.2 SIMPLES Nacional. Lei Complementar 123/2003. Tratamento tributário diferenciado posto à micro e pequena empresa: 4.2.1 Definição de "micro" e "pequena empresa", para fim de tratamento diferenciado – 4.3 Conclusões. 5. Aquisições interestaduais de mercadorias: 5.1 A disciplina legal na lei e no Regulamento do ICMS do Estado de São Paulo – 5.2 Distinção entre diferencial de alíquota e diferencial de carga: 5.2.1 Diferencial de alíquotas – 5.2.2 Diferencial de carga tributária: 5.2.2.1 Diferença de carga tributária. Regra para o optante do SIMPLES Nacional – 5.2.2.2 Forma de cálculo – 5.3 O Estado de São Paulo, adotando o SIMPLES Nacional, pode instituir regime mais gravoso às micro e pequenas empresas? – 5.4 Da inconstitucionalidade da cobrança do diferencial de carga. 6. Conclusões.

1. Introdução

O tema de ICMS, apesar de bastante explorado, ainda é capaz de suscitar inúmeros conflitos, propiciando o surgimento de questões bastante atuais e polêmicas. Por se tratar de assunto de alta complexidade, detentor de muitas particularidades, muitas questões que envolvem o assunto ora proposto ainda merecem a atenção dogmática do Direito.

Por esta razão, pensamos em desenvolver um estudo científico no intuito de aclarar, contribuindo para a solução da seguinte questão: pode o Estado de São Paulo impor tratamento tributário nas operações interestaduais (ICMS) sobre operações mercantis diferenciado, porém mais gravoso a empresas optantes pelo SIMPLES Nacional?

Para encontrarmos uma resposta satisfatória e cientificamente fundamentada a esta questão, iniciaremos o estudo discorrendo acerca dos pressupostos constitucionais, demarcando nosso sistema de referência na Constituição Federal.

Posteriormente analisaremos a regra-matriz do ICMS sobre as operações mercantis e analisaremos o tratamento tributário diferenciado à microempresa e à empresa de pequeno porte previsto na CF em seus arts. 170, IX, e 179.

O SIMPLES Nacional foi instituído pela Lei Complementar 123/2006 para propiciar tratamento diferenciado e favorecido a microempresas e empresas de pequeno porte, nos termos da Magna Carta.

Por fim, adentraremos o adicional cobrado pelo Estado de São Paulo no ICMS sobre todas as operações mercantis interestaduais dos optantes do SIMPLES Nacional, verificando sua constitucionalidade.

O diferencial de carga e/ou alíquota cobrado das micro e pequenas empresas optantes pelo SIMPLES Nacional sediadas no Estado de São Paulo que adquirirem mercadorias do(s) Estado(s)-membro(s) foi criado pelo Decreto paulista 52.104/2007 e mantido no Decreto 52.858/2008.

Tal cobrança, conforme será visto, fere os princípios constitucionais tributários da igualdade, do não-confisco, da não-discriminação tributária em razão da origem ou destino das mercadorias e da legalidade. Como se não bastasse, violar, ainda, os arts 170, IX, e 179, ambos da CF.

2. Pressupostos constitucionais

2.1 Sistema jurídico

Seguindo o entendimento de Geraldo Ataliba[1] e Paulo de Barros Carvalho,[2] é possível ver a ordem jurídica brasileira como um sistema de normas concebido pelo homem para motivar e alterar a conduta no seio da sociedade. As normas jurídicas formam um sistema, na medida em que se relacionam de várias maneiras, segundo um princípio unificador. Esse sistema apresenta-se composto por subsistemas que se entrecruzam em múltiplas direções, mas que se afunilam na busca do fundamento último de validade semântica que é a Constituição. E esta, por sua vez, constitui também subsistema, sobre todos os demais, em virtude de sua privilegiada posição hierárquica, ocupando o tópico superior do ordenamento e hospedando as diretrizes substanciais que regem a totalidade da ordem jurídica nacional.

2.2 Princípios constitucionais tributários

Partiremos da premissa de que os princípios são aqueles que já estão positivados. Neste sentido, os princípios são proposições prescritivas, enunciados prescritivos, normas jurídicas em sentido amplo, pois pertencem ao ordenamento jurídico. Os princípios são normas jurídicas em sentido lato, pois são significações (proposições) de enunciados.

2.2.1 *Princípio da isonomia das pessoas constitucionais*

Fundamenta-se no princípio constitucional geral da igualdade de todos perante a lei, presente nos arts. 5º, *caput* e inciso I, e art. 19, III, ambos da CF.

1. Geraldo Ataliba, *Sistema Constitucional Tributário Brasileiro*, São Paulo, Ed. RT, 1968, p. 3.
2. Paulo de Barros Carvalho, *Parecer* à Associação Brasileira de *Franchising*, p. 6.

No campo tributário, o art. 150, II, da CF estipula que os entes tributantes devem tratar de forma igual os contribuintes que estejam em situação equivalente e tratar de forma desigual os desiguais, na medida das suas desigualdades. Não cabe, portanto, em matéria tributária, qualquer diferenciação no tratamento entre aqueles que se encontram em situações idênticas.

Em que pese à linha de raciocínio do princípio em estudo, a CF permite a concessão de isenções, incentivos e benefícios fiscais, conforme se verifica nos arts. 151, I, 155, XII, "g", e ainda, 156, § 3º, III. Diante dessa pseudo-inobservância ao princípio da isonomia, temos que apelar para uma visão sistemática do ordenamento tributário como um todo, considerando-se tais liberalidades como consentidas pela sociedade, em face da valoração dos fins pretendidos.

2.2.2 *Princípio da proibição de tributo com efeito de confisco*

Previsto no art. 150, IV, da CF, é vedado à União, aos Estados, Distrito Federal e Municípios utilizar tributo com efeito confiscatório.

É uma norma dirigida ao Estado como forma de garantir ao contribuinte limites para a ação estatal. Impede o livre arbítrio do legislador na instituição de tributos. Sendo assim, o tributo utilizado com efeito de confisco será tido como inconstitucional, devendo a lei instituidora ser extirpada do ordenamento jurídico pátrio.

2.2.3 *Princípio da não-discriminação tributária em razão da origem ou destino dos produtos*

O princípio da não-discriminação tributária em razão da procedência ou destino dos bens, prescrito no art. 152 da CF, determina que as pessoas tributantes estão impedidas de graduar seus tributos levando em conta a região de origem dos bens ou o local para onde se destinem, sendo que se refere aos bens e serviços de qualquer natureza. Desta forma, a procedência e o destino são índices inidôneos para efeito de manipulação das alíquotas e da base de cálculo pelos legisladores dos Estados, dos Municípios e do Distrito Federal.

2.2.4 *Princípio da estrita legalidade tributária*

O princípio da legalidade é consagrado por nossa Constituição como um dos princípios mais importantes do ordenamento jurídico.

Expresso no art. 5º, II, da CF, que por si só, é suficiente para proteger os direitos e garantias dos cidadãos conta as arbitrariedades. No entanto, tratando-se de matéria tributária, o legislador estipulou de forma específica no art. 150, I,[3] da CF.

3. A regra-matriz do ICMS. Operações mercantis

A regra-matriz de incidência tributária é uma forma utilizada para simplificar os enunciados para melhor entender os tributos, possibilitando explicar questões jurídicas e mostrar os limites constitucionais que o legislador e aplicador da norma devem respeitar.[4] É composta por uma hipótese e um conseqüente.[5]

Passaremos a analisar a regra-matriz de incidência tributária do ICMS sobre operações mercantis. Vale ressaltar que o art. 155, II, da CF prevê genericamente a competência para os Estados e o Distrito Federal instituírem impostos sobre operações relativas à circulação de mercadorias e so-

3. "Art. 150. Sem prejuízo de outras garantias asseguradas ao contribuinte, é vedado à União, aos Estados, ao Distrito Federal e aos Municípios: I – exigir ou aumentar tributos sem lei que o estabeleça; (...)".

4. Paulo de Barros Carvalho, *Parecer* cit., pp. 12-13.

5. Paulo de Barros Carvalho, *Direito Tributário – Fundamentos Jurídicos da Incidência Tributária*, São Paulo, Saraiva, 1999, pp. 38-39.

bre prestações de serviços de transporte interestadual e intermunicipal e de comunicação, ainda que as operações e as prestações se iniciem no Exterior.

Segundo o professor Roque Antônio Carrazza,[6] a sigla "ICMS" alberga pelo menos cinco impostos diferentes: (i) o imposto sobre operações mercantis (operações relativas à circulação de mercadorias); (ii) o imposto sobre serviços de transporte interestadual e intermunicipal; (iii) o imposto sobre serviços de comunicação; (iv) o imposto sobre produção, importação, circulação, distribuição ou consumo de lubrificantes e combustíveis líquidos e gasosos e de energia elétrica; e (v) o imposto sobre a extração, circulação, distribuição ou consumo de minerais.

Delimitaremos nosso estudo ao primeiro item – qual seja, o imposto sobre operações mercantis.

3.1 Critério material

O critério material do ICMS sobre as operações mercantis incide sobre a realização de operações jurídicas (ato jurídico mercantil) cujo objeto seja uma mercadoria quando praticadas por um produtor, comerciante ou industrial que promove a circulação com transferência de propriedade.[7]

3.2 Critério espacial

No caso do ICMS sobre operações mercantis o critério espacial é o Estado onde ocorrer a operação mercantil – ou seja: o tributo pertence à pessoa política (Estado ou Distrito Federal) onde a operação mercantil se realizou, ainda que o destinatário da mercadoria esteja localizado em outra unidade federativa ou, mesmo, no Exterior.

3.3 Critério temporal

O fato jurídico do ICMS sobre operações mercantis ocorre quando da saída da mercadoria (objeto de operação mercantil) no estabelecimento destinatário, nos termos do art. 12 da Lei Complementar 87/1996, na medida em que a tradição da mercadoria, com a posse do adquirente, dá por certa a conclusão da circulação iniciada. "O instante do nascimento da obrigação tributária deve guardar efetivo vínculo com a matéria objeto de tributação, eis que todos os aspectos da norma são intrinsecamente vinculados."[8]

Para a definição do aspecto temporal da hipótese de incidência tributária – isto é, o momento previsto em lei para que se repute ocorrido o fato gerador do ICMS – deve-se ter em conta justamente a questão da circulação jurídica, pois o legislador elegeu precisamente o momento em que se opera a transmissão da titularidade da mercadoria como aquele apto a deflagrar a incidência tributária. Assim, ocorre o fato gerador do imposto no *momento* de sua *saída* (jurídica, e não física).

A respeito, observa, com percuciência, o professor Roque Antônio Carrazza:

"Se a saída de mercadorias fosse realmente a hipótese de incidência do imposto em pauta, o comerciante furtado em mercadorias – como frisa Aliomar Baleeiro – teria não só que suportar os prejuízos, como pagar o ICMS devido por elas. E mais: se não levasse a *notitia criminis* ao conhecimento da autoridade fazendária, estaria praticando uma evasão tributária, já

6. Roque Antônio Carrazza, *ICMS*, 11ª ed., São Paulo, Malheiros Editores, 2006, pp. 36-37.

7. Este é o entendimento de Roque Antônio Carrazza, *ICMS*, cit., 11ª ed., p. 39, e também do STF (2ª Turma, RE 93.523-AM, rel. Min. Cordeiro Guerra, j. 24.9.1982: "O simples deslocamento físico, pelo seu proprietário, sem circulação econômica ou jurídica, não legitima a incidência de ICMS") e do STJ ("Súmula 166. Não constitui fato gerador do ICMS o simples deslocamento de mercadoria de um para outro estabelecimento do mesmo contribuinte", 23.8.1996).

8. José Eduardo Soares de Melo, *ICMS – Teoria e Prática*, 8ª ed., São Paulo, Dialética, p. 20.

que estaria escondendo ao Fisco a ocorrência do fato imponível do ICMS.

"Vejamos outro exemplo: um incêndio ameaça destruir o estabelecimento comercial. Para evitar que o fogo consuma as mercadorias, o comerciante, ajudado por seus empregados e por transeuntes, providencia para que elas sejam postas na rua. Houve a saída das mercadorias. É devido o ICMS por isso? Parece-nos claro que não."[9]

E prossegue, com agudeza: "Outro exemplo, para extirpar de vez a propalada idéia de que o fato imponível do ICMS é a saída da mercadoria: durante uma inundação, mercadorias são levadas para fora do estabelecimento comercial não por mãos humanas, mas pela força das águas (motivo de força maior). O comerciante deve pagar o ICMS por esse fato? É evidente que não".[10]

Tanto a saída física *não* pode ser considerada como fato imponível do ICMS que a legislação já prevê a ocorrência do fato gerador em determinadas situações em que a mercadoria *sequer transite pelo estabelecimento do alienante*, reputando-se incidido o imposto no momento da transmissão da sua propriedade ou de título que a represente (art. 12, III e IV, da Lei Complementar 87/1996). O mesmo ocorre nos casos de venda para entrega futura.

3.4 Critério pessoal

O sujeito ativo no ICMS sobre operações mercantis é o Estado ou o Distrito Federal; enquanto o sujeito passivo é o produtor; o industrial ou o comerciante.

3.5 Critério quantitativo

Pela base de cálculo mensura-se a intensidade do comportamento inserto no núcleo do fato jurídico para efeito de tributação.[11] Tem como funções: *medir* a intensidade do núcleo factual, nas proporções reais do fato (concreto) descrito pelo legislador; função objetiva, compondo a específica determinação do débito; e função comparativa, por *confirmar* (a descrição absoluta do fato à hipótese), *infirmar* (desmentir a hipótese) e *afirmar* (em algumas hipóteses) o critério material expresso na composição do suposto normativo.

Logo, no tributo em estudo a base de cálculo é o valor que decorrer da saída da mercadoria e para os optantes do SIMPLES é a receita bruta anual.

Ao contrário da base de cálculo, a alíquota não integra a tipologia das espécies tributárias, de tal sorte que do exame da alíquota não se recolhe tanto material quanto do exame da base de cálculo para o estudo das diferentes espécies de tributos e da estrutura lógica dessa entidade.

Nos termos do art. 155, § 2º, V, da CF, nenhum Estado ou o Distrito Federal poderá cobrar ICMS, para tais operações, abaixo ou acima do patamar fixado por resolução do Senado Federal.

O professor Carrazza[12] salienta que estas resoluções não poderão fixar as alíquotas do ICMS, mas apenas suas alíquotas mínimas e suas alíquotas máximas.[13]

Com isto, o Regulamento do ICMS/SP de 2000, nos arts. 52 a 56-B, estabelece que a alíquota deste imposto, dentre outras, é:[14] (i) de 18% para as operações in-

9. Roque Carrazza, *ICMS*, cit., 11ª ed., p. 40.
10. Idem, p. 30.

11. Paulo de Barros Carvalho, *Direito Tributário – Fundamentos Jurídicos da Incidência Tributária*, cit., p. 174.

12. Roque Carrazza, *ICMS*, cit., 11ª ed., p. 78.

13. As alíquotas para operações interestaduais e as de exportação são fixadas livremente pelos Estados-membros e pelo Distrito Federal, desde que isto não imprima ao ICMS feições confiscatórias nem se fruste o disposto no art. 155, § 2º, XII, "g", da CF – que prevê a celebração de convênios entre os Estados e o Distrito Federal para regular a forma como serão concedidos e revogados isenções, incentivos e benefícios fiscais.

14. Chamamos a atenção a que estes percentuais podem ser alterados a qualquer momento,

ternas ou aquelas que se tiverem iniciado no Exterior; (ii) 7% para os contribuintes localizados nos Estados das Regiões Norte, Nordeste e Centro-Oeste e no Estado do Espírito Santo; (iii) 12% aos contribuintes das Regiões Sul e Sudeste; etc. E para as micro e pequenas empresas optantes pelo SIMPLES Nacional irá depender da receita bruta que auferirem durante o ano, conforme previsto nos anexos da Lei Complementar 123/2006.

4. *Tratamento tributário diferenciado à micro e pequena empresa*

4.1 *Do tratamento jurídico diferenciado à micro e pequena empresa na Constituição Federal de 1988*

A CF de 1988 trouxe um tratamento jurídico diferenciado para a micro e pequena empresa em seus arts. 170, IX,[15] e 179, determinando expressamente que a União, Estados, Distrito Federal e Municípios dispensem às microempresas e às empresas de pequeno porte, assim definidas na lei, tratamento jurídico diferenciado, visando a incentivá-las, através da simplificação de suas obrigações administrativas, tributárias, previdenciárias e creditícias, ou pela eliminação, destas, por meio de lei.

Celso Antônio Bandeira de Mello dispõe que este tratamento diferenciado não fere o princípio da isonomia; pelo contrário, as "discriminações serão tidas como compatíveis com a isonomia se a desigualdade de tratamento decorrer logicamente do critério de discriminação eleito e de maneira assente com os demais interesses prestigiados na Constituição da República".[16]

Com isto, verifica-se que o princípio contido no art. 179 da CF funda-se no princípio maior da igualdade, visto que o tratamento favorecido a ser conferido às micro e pequenas empresas decorre logicamente da necessidade de lhes proporcionar condições igualitárias de competição, em prestígio a outros valores constitucionalmente consagrados.

Deste modo, União, Estados, Distrito Federal e Municípios não têm a faculdade mas sim o dever de conferir tratamento tributário diferenciado às micro e pequenas empresas brasileiras, nos termos posto pelo art. 179 da CF.

Contudo, o legislador ordinário, ao regular a definição de micro e pequena empresa, só poderá eleger critérios discriminantes que permitam identificar, entre as empresas de pequeno porte, aquelas cuja hipossuficiência justifique o tratamento privilegiado. Critérios discriminantes que não tenham pertinência lógica com essa intrincada rede de valores não só poderão como deverão ser impugnados, por insolvência ao princípio constitucional da igualdade.

4.1.1 *Histórico do tratamento tributário diferenciado à micro e pequena empresa após a Constituição Federal de 1988*

Para definir o que seria "microempresa" e "empresa de pequeno porte", as quais gozariam de um tratamento diferenciado expresso na Constituição Federal, sucessivas leis ordinárias foram editadas para implementar o disposto no respectivo artigo: a Lei 7.256, de 27.11.1984, recepcionada pela atual ordem constitucional; posteriormente, a Lei 8.864, de 28.3.1994, a Lei

devendo-se sempre verificar a legislação do ICMS atualizada.

15. "Art. 170. A ordem econômica, fundada na valorização do trabalho humano e na livre iniciativa, tem por fim assegurar a todos existência digna, conforme os ditames da justiça social, observados os seguintes princípios: (...) IX – tratamento favorecido para as empresas de pequeno porte constituídas sob as leis brasileiras e que tenham sua sede e administração no país."

16. Celso Antônio Bandeira de Mello, *O Conteúdo Jurídico do Princípio da Igualdade*, São Paulo, Malheiros Editores, 2002, p. 17.

9.317, de 5.12.1996, e a Lei 9.841, de 5.10.1999, elegeram como principal critério definidor de micro e pequena empresa a fixação de patamares máximos de receita bruta anual,[17] o que se mantém até os dias de hoje.

4.1.2 *Do tratamento diferenciado e favorecido para as microempresas e empresas de pequeno porte a ser estabelecido por meio de lei complementar*

A Emenda Constitucional 42/2003[18] introduziu dispositivos que tratam especificadamente do tratamento tributário diferenciado e favorecido para as microempresas e empresas de pequeno porte.

Essa emenda constitucional inclui no rol de matérias a serem reguladas exclusivamente por lei complementar a definição do tratamento diferenciado e favorecido às microempresas e às empresas de pequeno porte – espécie legislativa diversa da lei ordinária, uma vez que exige maioria absoluta de votos para sua aprovação, em obediência ao art. 69[19] da CF.

A definição de "microempresa" e "empresa de pequeno porte" assim como o tratamento jurídico diferenciado referente à simplificação, redução ou eliminação das obrigações administrativas, previdenciárias e creditícias, entretanto, é matéria que continua pendente de regulamentação por lei ordinária, uma vez que o texto do art. 179 da CF não sofreu alteração alguma.

A lei complementar de que trata o art. 146, III, "d", da CF deve respeitar a autonomia estadual, distrital e municipal, especialmente no que se refere à introdução dos regimes especiais ou simplificados para os tributos de competência estadual e municipal.[20]

Nos termos do parágrafo único do art. 146, a lei complementar pode instituir um regime único de arrecadação dos impostos e contribuições da União, Estados, Distrito Federal e Municípios, desde que seja de caráter opcional para o contribuinte; possibilidade de estabelecimento de condições de enquadramento diferenciadas por Estados; recolhimento unificado e centralizado, com imediata distribuição da parcela de recursos pertencentes aos respectivos entes federados, vedada qualquer retenção ou condicionamento; possibilidade de compartilhamento da arrecadação, fiscalização e cobrança pelos entes federados, com a adoção de um cadastro nacional único de contribuintes.

Constata-se que o regime único de arrecadação só pode compreender os impostos e contribuições devidos pelas micro e

17. *Receita bruta anual* é a grandeza contábil apurada segundo critérios técnicos objetivos e idôneos que permite determinar o porte da atividade empresarial, na medida em que exprime o volume dos valores movimentados pela atividade econômica do empresário no período de um ano. Trata-se, portanto, de critério discriminante privilegiado imposto pelo texto constitucional.

18. "Art. 146. Cabe a lei complementar: (...) III – estabelecer normas gerais em matéria tributária de legislação tributária, especialmente sobre: (...) d) definição de tratamento diferenciado e favorecido para as microempresas e para as empresas de pequeno porte, inclusive regimes especiais ou simplificados, no caso do imposto previsto no art. 155, II, das contribuições previstas no art. 195, I e §§ 12 e 13, e da contribuição a que se refere o art. 239.

"Parágrafo único. A lei complementar de que trata o inciso III, 'd', também poderá instituir um regime único de arrecadação dos impostos e contribuições da União, dos Estados, do Distrito Federal e dos Municípios, observado que: I – será opcional para o contribuinte; II – poderão ser estabelecidas condições de enquadramento diferenciadas por Estado; III – o recolhimento será unificado e centralizado e a distribuição da parcela de recursos pertencentes aos respectivos entes federados será imediata, vedada qualquer retenção ou condicionamento; IV – a arrecadação, a fiscalização e a cobrança poderá ser compartilhadas pelos entes federados, adotado cadastro nacional único de contribuintes."

19. "Art. 69. As leis complementares serão aprovadas por maioria absoluta."

20. Débora Sotto, *Tributação da Microempresa (ME) e da Empresa de Pequeno Porte (EPP)* (atualizado com a Lei Complementar 123/2006 – SUPERSIMPLES). São Paulo, Quartier Latin, 2007, p. 67.

pequenas empresas. As taxas estão expressamente excluídas do regime único.

Por outro lado, não é razoável pressupor que todos os impostos e contribuições devidos pelos micro e pequenos empresários estejam abarcados pelo regime único.

Neste sentido, Débora Sotto[21] propõe que apenas os impostos e contribuições que apresentem fatos imponíveis peculiares à atividade empresarial é que podem ser incluídos no regime único de arrecadação, sob pena de indevido esvaziamento da autonomia financeira dos Estados e Municípios e comprometimento do equilíbrio do pacto federativo.

Assim, note-se que, com exceção das condições de enquadramento diferenciadas por Estados e da previsão de adoção de um cadastro único de contribuintes, todos os elementos apontados nos incisos I a IV do parágrafo único do art. 146 da CF já compunham o SIMPLES Federal, criado pela Lei 9.317/1996.

Entretanto, enquanto a adesão dos Estados e Municípios ao SIMPLES Federal era facultativa, operando-se por meio da celebração de convênios, a adesão dos Estados e Municípios ao regime tributário unificado de que trata o parágrafo único do art. 146 da CF se dá automaticamente, com a simples entrada em vigor da lei complementar ali referida, dado seu caráter nacional e, portanto, naturalmente vinculante a todos os entes federativos: União, Estados, Distrito Federal e Municípios.

A uniformização do tratamento tributário diferenciado do micro e do pequeno empresário em todo o território nacional, por meio da eliminação dos inúmeros regimes especiais regionais e locais hoje existentes, é condição *sine qua non* para o cumprimento do desiderato constitucional de simplificação das obrigações tributárias, principais e acessórias, tão claramente veiculado pelo art. 179 da Constituição da República.

Deste modo, as normas constitucionais expressas no inciso III, "d", e parágrafo único do art. 146, introduzidas pelo poder constituinte derivado por intermédio da Emenda Constitucional 42/2003, vieram, na verdade, apenas explicitar o que de certa forma já se encontrava contido implicitamente no texto constitucional. Não se vislumbra qualquer inconstitucionalidade material nas previsões abstratas contidas nesses dispositivos.[22]

4.2 SIMPLES Nacional. Lei Complementar 123/2003. Tratamento tributário diferenciado posto à micro e pequena empresa

Conforme visto acima, antes da Emenda Constitucional 42/2003 o tratamento jurídico diferenciado às microempresas e empresas de pequeno porte era regulado por lei ordinária. Após o advento da Lei Complementar 123/2006 o SIMPLES Federal deixou de existir, passando a vigorar o SIMPLES Nacional, sobre o qual passaremos a tratar.

A Lei Complementar 123/2006, publicada em 14.12.2006 sob a denominação de "Lei Geral da Micro e Pequena Empresa", foi editada com o objetivo de regulamentar o parágrafo único do art. 146 e o inciso IX do art. 170 da CF, estabelecendo normas gerais relativas ao tratamento diferenciado e favorecido a ser dispensado às microempresas e empresas de pequeno porte no âmbito dos Poderes da União, dos Estados, do Distrito Federal e dos Municípios. Entretanto, o novo regime de tributação das microempresas e empresas de pequeno porte passou a vigorar em 1.7.2007, revogando integralmente as Leis 9.317/1996 e 9.841/1999.

21. Idem, p. 69.

22. Idem, p. 73.

4.2.1 *Definição de "micro" e "pequena empresa", para fim de tratamento diferenciado*

A definição de "microempresa" e "empresa de pequeno porte", nos termos da Lei Complementar 123/2006, vai depender da receita bruta auferida pela empresa no ano, assim como era na lei anterior (microempresa até R$ 240.000,00 e empresa de pequeno porte até R$ 2.400.000,00).

Todavia, só podem optar pelo regime jurídico diferenciado as pessoas jurídicas,[23] sendo vedada a opção pelo SIMPLES Nacional ao empresário individual.

4.3 Conclusões

A Constituição Federal de 1988 trouxe tratamento jurídico diferenciado para a micro e pequena empresa; em seus arts. 170, IX, e 179 determina expressamente que União, Estados, Distrito Federal e Municípios dispensem às microempresas e às empresas de pequeno porte, assim definidas na lei, tratamento jurídico diferenciado, visando a incentivá-las, através da simplificação de suas obrigações administrativas, tributárias, previdenciárias e creditícias, ou pela eliminação destas, por meio de lei.

A autorização dada pela Constituição é que seja dado tratamento tributário mais benéfico à micro e pequena empresa, e delimita a regra-matriz para operações mercantis quanto ao pagamento do ICMS, não podendo haver em norma infraconstitucional a imposição de tratamento tributário mais gravoso.

Assim, União, Estados, Distrito Federal e Municípios não têm a faculdade, mas sim *o dever* de conferir tratamento tributário diferenciado a micro e pequenas empresas brasileiras, nos termos postos pelos arts. 170, IX, e 179 da CF.

Em atendimento à determinação constitucional, a Lei Complementar 123/2006 instituiu o SIMPLES Nacional, que, em suma, estabelece o recolhimento mensal, mediante documento único de arrecadação, de diversos impostos e contribuições, incluindo o ICMS sobre operações mercantis de competência dos Estados.

Esta legislação veio trazer tratamento jurídico diferenciado à micro e pequena empresa optante do SIMPLES Nacional. Se determinado Estado colher como antecedente normativo o fato da condição de micro e pequena empresa com fundamento de validade na Lei Complementar 123/2006, o fará para impor tratamento diferenciado mais benéfico, e não mais gravoso.

5. Aquisições interestaduais de mercadorias

5.1 A disciplina legal na lei e no Regulamento do ICMS do Estado de São Paulo

O SIMPLES Paulista – Lei 10.086/1998 – deixou de produzir efeitos a partir de 1.7.2007, em decorrência da entrada em vigor da Lei Complementar 123/2006, conforme disposto no Comunicado CAT-29/2007.[24]

23. Dentre as pessoas jurídicas (a microempresa ou a empresa de pequeno porte), o art. 17 da Lei Complementar 123/2006 traz um rol de quais delas não poderão recolher os impostos e contribuições na forma do SIMPLES Nacional.

24. "1. Em 1º de julho de 2007 entrará em vigor o SIMPLES Nacional – Regime Especial Unificado de Arrecadação de Tributos e Contribuições Devidos pelas Microempresas e Empresas de Pequeno Porte.

"2. Por força do disposto no artigo 94 do Ato das Disposições Constitucionais Transitórias da Constituição Federal, a Lei Estadual n. 10.086, de 19 de novembro de 1998, que dispõe sobre o SIMPLES Paulista, deixará de produzir efeitos a partir de 1º de julho de 2007.

"3. O contribuinte participante do SIMPLES Federal (Lei n. 9.317, de 5 de dezembro de 1996) será automaticamente enquadrado no SIMPLES Nacional, salvo se estiver impedido por alguma vedação imposta pela Lei Complementar n. 123/2006."

Deste modo, com a adoção pelo Estado de São Paulo do SIMPLES Nacional ou SUPERSIMPLES, a micro e pequena empresas optantes deste regime deverão efetuar um recolhimento mensal único de arrecadação de diversos impostos e contribuições, incluindo o ICMS sobre operações mercantis de competência dos Estados.

A Lei Complementar 123/2006,[25] art. 13 e § 1º, XIII, "g" e "h", dispõe:

"Art. 13. O SIMPLES Nacional implica o recolhimento mensal, mediante documento único de arrecadação, dos seguintes impostos e contribuições: (...).

"§ 1º. O recolhimento na forma deste artigo não exclui a incidência dos seguintes impostos ou contribuições, devidos na qualidade de contribuinte ou responsável, em relação aos quais será observada a legislação aplicável às demais pessoas jurídicas: (...)

"XIII – ICMS devido: (...)

"g) nas operações com mercadorias sujeitas ao regime de antecipação do recolhimento do imposto, nas aquisições em outros Estados e Distrito Federal:

"1. Com encerramento da tributação, observado o disposto no inciso IV do § 4º do art. 18 desta Lei Complementar;

"2. Sem encerramento da tributação, hipótese em que será cobrada a diferença entre a alíquota interna e a interestadual, sendo vedada a agregação de qualquer valor;

"h) nas aquisições em outros Estados e no Distrito Federal de bens ou mercadorias, não sujeitas ao regime de antecipação do recolhimento do imposto, relativo à diferença entre a alíquota interna e a interestadual;" (...).

O disposto neste artigo está em consonância com o art. 155, II, e § 2º, VII e VIII, da CF:

"Art. 155. Compete aos Estados e ao Distrito Federal instituir impostos sobre: (...) II – operações relativas à circulação de mercadorias e sobre prestações de serviços de transporte interestadual e intermunicipal e de comunicação, ainda que as operações e as prestações se iniciem no Exterior; (...).

"(...).

"§ 2º. O imposto previsto no inciso II atenderá ao seguinte: (...) VII – em relação às operações e prestações que destinem bens e serviços a consumidor final localizado em outro Estado, adotar-se-á: a) *a alíquota interestadual, quando o destinatário for contribuinte do imposto*; b) a alíquota interna, quando o destinatário não for contribuinte dele; VIII – na hipótese da alínea 'a' do inciso anterior, *caberá ao Estado da localização do destinatário o imposto correspondente à diferença entre a alíquota interna e a interestadual*; (...)" (grifos nossos).

A Constituição trata, aqui, de operações e prestações interestaduais, com o objetivo de preservar a arrecadação dos Estados quando em seus territórios estiverem localizados consumidores finais de mercadorias ou de serviços tributáveis por meio de ICMS, *mas somente para os bens adquiridos para uso ou consumo ou ao ativo permanente.*

Ou, melhor, a empresa que adquirir produtos de outros Estados para seu uso ou consumo ou ativo permanente, e havendo diferença entre a alíquota interna e a interestadual, deverá recolher essa diferença ao Estado em que estiver localizado seu estabelecimento. Com estes artifícios a unidade federativa destinatária da mercadoria ou do serviço acautela suas finanças, já que partilha do ICMS que incidiu alhures – é dizer, fica com a diferença entre a alíquota interna e a interestadual.[26]

Contudo, o Estado de São Paulo, a pretexto de incorporar e adequar as normas pertinentes ao ICMS contidas na Lei Complementar 123/2006, publicou no *Diário Oficial* em 30.8.2007 o Decreto 52.104, introduzindo alterações indevidas no Regu-

25. Alterado pela Lei Complementar 128/2008.

26. Roque Carrazza, *ICMS*, cit., 11ª ed., p. 392.

lamento do ICMS/SP de 2000, aplicáveis a micro e pequenas empresas optantes do SUPERSIMPLES. Confiram-se os arts. 2º e 115 do malsinado diploma:

"Art. 2º. Ocorre o fato gerador do imposto (Lei n. 6.374/1989, art. 2º, na redação da Lei n. 10.619/2000, art. 1º, II, e Lei Complementar federal n. 87/1996, art. 12, XII, na redação da Lei Complementar n. 102/2000, art. 1º): (...) XVI – na entrada em estabelecimento *de contribuinte* sujeito às normas do Regime Especial Unificado de Arrecadação de Tributos e Contribuições Devidos pelas Microempresas e Empresas de Pequeno Porte – *'SIMPLES Nacional', de mercadorias, oriundas de outro Estado ou do Distrito Federal. [Inciso acrescentado pelo art. 2º do Decreto 52.104, de 29.8.2007,* DOE *30.8.2007]*

"(...).

"§ 6º. Na hipótese do inciso XVI, a obrigação do contribuinte consiste, afinal, *em pagar o imposto correspondente à diferença de cargas tributárias entre a operação interna e a interestadual precedente.*" *[Parágrafo acrescentado pelo art. 2º do Decreto 52.104, de 29.8.2007,* DOE *30.8.2007]* (grifos nossos).

"Art. 115. Além de outras hipóteses expressamente previstas, o débito fiscal será recolhido mediante guia de recolhimentos especiais, observado o disposto no art. 566, podendo efetivar-se sem os acréscimos legais, tais como a multa prevista no art. 528 e os juros de mora, até os momentos adiante indicados, relativamente aos seguintes eventos (Lei n. 6.374/1989, art. 59, Convênio ICM n. 10/1981, Cláusulas Primeira e Terceira, Convênio ICMS n. 25/1990, Cláusulas Terceira e Quarta, II, e Convênio ICMS n. 49/1990): (...) XV-A – (...) a) de mercadorias adquiridas de contribuinte localizado em outro Estado ou no Distrito Federal, *qualquer que seja a sua destinação*, o valor correspondente à carga tributária praticada por contribuinte deste Estado sujeito ao Regime Periódico de Apuração – RPA, subtraído do que for efetivamente pago à outra unidade federada; (...)."

Os referidos artigos foram alterados pelo Decreto 52.858, de 2.4.2008 (*DOE* 3.4.2008), passando a ter as seguintes redações:

"Art. 2º. (...) XVI – (...).

"(...).

"§ 6º. Na hipótese do inciso XVI, o valor do imposto devido será calculado mediante a multiplicação do percentual correspondente *à diferença entre a alíquota interna e a interestadual pela base de cálculo, quando a alíquota interestadual for inferior à interna* (Lei Complementar federal n. 123/2006, art. 13, § 1º, XIII)."

"Art. 115. (...): XV-A – (...) a) *de mercadoria destinada à industrialização ou comercialização, material de uso e consumo ou bem do ativo permanente, remetido por contribuinte localizado em outro Estado ou no Distrito Federal*, o valor resultante da multiplicação do percentual correspondente à diferença entre a alíquota interna e a interestadual pela base de cálculo, quando a alíquota interestadual for inferior à interna (Lei Complementar federal n. 123/2006, art. 13, § 1º, XIII); (...)."

Percebe-se que o Estado de São Paulo apenas modificou a redação do dispositivo, persistindo na ilegalidade.

De acordo com esta legislação, as empresas optantes pelo SUPERSIMPLES que efetuarem operações mercantis fora do Estado de São Paulo, seja para comercializar, ativar ou consumir, estão obrigadas a recolher o diferencial de carga tributária.

Melhor explicando, as aquisições interestaduais efetuadas a partir da publicação do Decreto 52.104/2007 pelas micro e pequena empresas, optantes do SIMPLES Nacional, de mercadorias *destinadas ao uso ou consumo ou ao ativo permanente, ou comercialização ou industrialização*, sujeitarão o adquirente ao recolhimento da diferença de carga tributária das mercadorias adquiridas fora do Estado de São Paulo.

5.2 Distinção entre diferencial de alíquota e diferencial de carga

Primeiramente convém esclarecer a diferença entre o recolhimento do diferencial de alíquotas previsto na Constituição Federal e o recolhimento da diferença de carga tributária, introduzida pelos Decretos 52.104/2007 e 52.858, de 2.4.2008.

5.2.1 *Diferencial de alíquotas*

O diferencial de alíquotas consiste no recolhimento da diferença entre a alíquota interestadual e a interna nas aquisições efetuadas por contribuinte do ICMS em outro Estado *de mercadoria destinada ao uso ou consumo ou ao ativo permanente*. Noutros dizeres, se uma empresa qualquer, optante ou não pelo SIMPLES, adquirir mercadoria de outro Estado, com alíquota diferenciada, destinada ao uso ou consumo ou ao ativo permanente, deverá recolher o diferencial de alíquotas.

Tem previsão no art. 155, § 2º, VII e VII, da CF, reverberada no art. 2º, VI, do Regulamento do ICMS/2000 e no art. 13 da Lei Complementar 123/2006.

Trata-se de operações e prestações interestaduais, preservando a arrecadação dos Estados quando em seus territórios estiverem localizados consumidores finais de mercadoria ou de serviços tributados pelo ICMS. Assim, não existindo mais operações ou prestações subseqüentes, o diferencial de alíquotas acaba funcionando como um instrumento de compensação, pois a unidade federativa destinatária da mercadoria ou serviço fica com a diferença entre as alíquotas interna e interestadual.

O objetivo é repartir entre os Estados produtores e consumidores o montante de ICMS devido nas operações e prestações interestaduais que destinem bens e serviços a consumidores finais que sejam contribuintes deste imposto.

Segundo o professor Roque Antônio Carrazza, se "não fosse o diferencial de alíquotas haveria um forte desestímulo à compra de mercadorias ou à fruição de serviços, por parte dos consumidores finais, nos próprios Estados em que estão sediados ou domiciliados. Com efeito, seria para estes consumidores finais muito mais vantajoso adquirir tais bens ou usufruir tais serviços em outras unidades federativas, já que a carga econômica representada pelo ICMS seria sensivelmente menor (*v.g.*, 7% ao invés de 17%)".[27]

E acrescenta que, graças a este artigo, nas operações interestaduais com bens de uso, consumo e ativo fixo e nas operações interestaduais de serviço de transporte e de comunicação para consumidor final que seja contribuinte, o remetente do bem e o prestador do serviço pagarão, respectivamente, ao seu Estado o ICMS, considerando a alíquota interestadual, e o destinatário pagará o mesmo tributo (só que, agora, ao seu Estado), mas apurado pela diferença entre a alíquota interna e a interestadual.

Exemplo: determinado contribuinte do ICMS estabelecido no Estado de São Paulo adquire do Estado do Rio de Janeiro mercadoria para uso ou consumo, recebe a mercadoria tributada pela alíquota interestadual de 12% (operação interestadual com contribuinte); supondo que a alíquota interna do produto prevista na legislação paulista seja 18%, deverá recolher a diferença entre a alíquota interna e a interestadual, que corresponde a 6%.

O lançamento do diferencial de alíquotas a ser efetuado pelos contribuintes inscritos no cadastro de contribuintes do Estado de São Paulo no Regime Periódico de Apuração está previsto no art. 117 do Regulamento do ICMS/2000.

De acordo com o referido artigo, o contribuinte que receber a mercadoria para uso ou consumo ou ativo permanente deverá lançar: (i) como crédito, no quadro "Crédito do Imposto – Outros Créditos", com a expressão "Inciso I do Art. 117 do

27. Roque Carrazza, *ICMS*, cit., 11ª ed., p. 393.

RICMS", o valor do imposto pago em outro Estado, relativo à respectiva operação ou prestação; (ii) como débito, no quadro "Débito do Imposto – Outros Débitos", com a expressão "Inciso II do Art. 117 do RICMS", o valor do imposto decorrente da aplicação da alíquota interna sobre a base de cálculo correspondente à operação ou prestação interestadual.

Exemplo: (i) mercadoria no valor de R$ 100,00 tributada pela alíquota de 12% em operação interestadual = valor do ICMS R$ 12,00; (ii) considerando que a alíquota interna da mercadoria recebida é 18%, o valor do ICMS aplicando-se a alíquota interna sobre a base de cálculo da operação interestadual = valor do ICMS R$ 18,00 (100,00 x 18%); (iii) valor do diferencial de alíquotas = R$ 6,00 (18,00 - 12,00).

O contribuinte, em atendimento ao disposto no art. 117 do Regulamento do ICMS/2000, lançará R$ 12,00 como crédito, no quadro "Crédito do Imposto – Outros Créditos", com a expressão "Inciso I do Art. 117 do RICMS", e lançará R$ 18,00 como débito, no quadro "Débito do Imposto – Outros Débitos", com a expressão "Inciso II do Art. 117 do RICMS".

5.2.2 *Diferencial de carga tributária*

O valor correspondente à diferença da carga tributária entre a operação interna e a interestadual vem sendo denominado vulgarmente pelos contribuintes como "diferencial de alíquotas", porém são institutos diferentes.

O diferencial de alíquotas, conforme já definimos no subitem acima, consiste no recolhimento da diferença entre a alíquota interna e a interestadual nas aquisições de material de uso ou consumo e ativo permanente de outro Estado.

Diferentemente disso, o recolhimento da diferença de carga tributária é exigido para qualquer aquisição de mercadoria oriunda de outro Estado, seja ela para uso ou consumo, ativo permanente, comercialização ou industrialização.

O diferencial de carga é uma invenção do Governo Paulista, e está previsto no art. 2º, XVI, e § 6º do Regulamento do ICMS/2000, cuja redação foi instituída pelo Decreto 52.104/2007 e mantida pelo Decreto 52.858/2008. Independentemente da nomenclatura empregada, consiste no seguinte: por ocasião da entrada de mercadoria oriunda de outro Estado no estabelecimento de contribuinte optante pelo SIMPLES Nacional, fica este sujeito (obrigado) ao recolhimento da diferença entre a carga tributária interna e a interestadual, seja qual for a destinação daquele produto (uso ou consumo, ativo permanente, comercialização ou industrialização). Trata-se, como visto, de uma nova hipótese de incidência do ICMS

Isso quer dizer que, caso o estabelecimento adquira, por exemplo, um produto que internamente tenha uma alíquota de 18% mas a base de cálculo na operação interna tenha redução, de forma que a carga tributária chegue a 12%, e a alíquota tributada na operação interestadual seja 12% sem redução de base de cálculo, não há que se falar em recolhimento de diferença, haja vista que a alíquota interestadual é 12% e a carga tributária interna é reduzida para 12%, não resultando, dessa forma, qualquer diferença a pagar para o Estado de São Paulo.

Vale anotar que esse novo "fato gerador" do ICMS (entrada de mercadoria em estabelecimento optante do SIMPLES Nacional oriunda de outra unidade da Federação) não tem previsão legal alguma, pois não consta do art. 2º da Lei 6.374/1989. É ilegal, por desbordar do rol do art. 12 da Lei Complementar 87/1996. Além disso, o art. 12, § 1º, "g", da Lei Complementar 123/2006 só repete o disposto no art. 155, § 2º, VIII, da CF de 1988, não autorizando, pois, a instituição desse diferencial de carga nas aquisições para comercialização ou industrialização. Tampouco faz qualquer distinção entre os contribuintes optantes pelo SIMPLES Nacional e os não-optantes.

Assim, estamos diante da criação de uma nova hipótese de incidência tributária pelo Decreto estadual 52.104/2007 e mantida pelo Decreto 52.858/2008, que extrapolou as disposições do art. 155, § 2º, VIII, da CF de 1988.

Portanto, diferença de carga tributária é exigida dos optantes do SIMPLES quando da aquisição de mercadoria oriunda de outro Estado da Federação para qualquer que seja sua finalidade, enquanto o diferencial de alíquotas só será exigível quanto à aquisição interestadual de mercadorias destinada ao uso ou consumo ou ao ativo permanente do estabelecimento.

5.2.2.1 Diferença de carga tributária. Regra para o optante do SIMPLES Nacional

Feitas as definições acima, consideraremos a seguir as regras relativas ao estabelecimento optante do SIMPLES Nacional.

Com a publicação do Decreto 52.104/2007 passou a ser considerada como fato gerador do ICMS a entrada de qualquer mercadoria em estabelecimento optante do SIMPLES Nacional oriunda de outra unidade da Federação (art. 2º, XVI, do Regulamento do ICMS/2000, na redação dada pelo Decreto 52.104/2007).

Observe-se que o referido artigo não excetua qualquer tipo de aquisição, portanto é fato gerador do imposto a entrada de qualquer mercadoria, seja qual for sua destinação, em estabelecimento de contribuinte optante do SIMPLES Nacional.

Outra observação importante é que, na redação dada pelo Decreto estadual 52.858 ao art. 2º, § 6º, há referência expressa ao diferencial de alíquotas, utilizado, entretanto, na acepção do indigitado diferencial de carga. Esse expediente denota tentativa malsucedida de conferir foros de legitimidade à nova imposição tributária. Isso porque da leitura do artigo podemos observar que apenas foi alterada a nomenclatura de diferencial de carga para diferencial de alíquotas, permanecendo, contudo, a espúria cobrança nas aquisições de mercadorias destinadas a industrialização ou comercialização. Confira-se, a propósito, a alínea "a"do inciso XV-A do art. 115 do Regulamento do ICMS, também alterado pelo referido decreto.

Cumpre ressaltar que as alterações feitas no § 6º do art. 2º tratam de diferencial de carga tributária e não de alíquotas, pois esta tem sua disciplina contida no inciso VI do art. 2º.

Mediante o exposto, fica claro que o estabelecimento optante do regime deverá efetuar o pagamento da diferença de carga tributária entre a operação interestadual e a interna em qualquer aquisição de mercadoria oriunda de outra unidade da Federação.

Em suma, temos que o estabelecimento contribuinte do ICMS optante do SIMPLES Nacional deverá efetuar o pagamento da diferença de carga tributária entre a operação interna e a interestadual nas aquisições interestaduais de: (i) material de uso ou consumo; (ii) ativo permanente; (iii) mercadoria para comercialização; (iv) mercadoria para industrialização.

5.2.2.2 Forma de cálculo

Foi acrescentado ao art. 115 do Regulamento do ICMS/2000 o inciso XV-A, para disciplinar a forma e o prazo de pagamento da diferença de carga tributária.

Assim, de acordo com o referido dispositivo, na entrada interestadual de mercadorias em estabelecimento de empresa optante pelo SIMPLES Nacional, qualquer que seja seu destino (industrialização ou comercialização, material de uso e consumo ou bem do ativo permanente), remetidas por contribuinte localizado em outro Estado ou no Distrito Federal, será devido o valor correspondente à carga tributária praticada por contribuinte deste Estado, subtraído do que for efetivamente pago à outra unidade federada.

Ou seja, para que possa efetuar o cálculo da diferença de carga tributária, o optante do SIMPLES Nacional deverá considerar a carga tributária praticada por contribuinte de Regime Periódico de Apuração.

Na impossibilidade de aferição do valor correspondente ao que for pago ao outro Estado, deverá ser adotado o menor percentual previsto na coluna "ICMS" do Anexo I da Lei Complementar 123/2006, que corresponde a 1,25%, para fins de cálculo do montante a ser pago pelo optante do SIMPLES Nacional deste Estado (art. 115, § 8º, do Regulamento do ICMS/2000, na redação dada pelo Decreto 52.104/2007).

Dessa forma, no caso de aquisição de contribuinte também optante do SIMPLES Nacional, deverá ser adotado para o cálculo o percentual correspondente a 1,25%, haja vista a impossibilidade de determinação do valor efetivamente pago ao Estado de origem.

Exemplificando:

a) aquisição de contribuinte regular no Estado do Rio de Janeiro

Valor da aquisição R$ 1.000,00

ICMS destacado (alíquota 12%) R$ 120,00

ICMS calculado pela alíquota interna vigente no Estado de São Paulo, R$ 180,00

(mercadoria sujeita à alíquota de 18%) ICMS devido = 180,00 – 120,00 R$ 60,00

Diferencial de carga tributária = R$ 60,00

b) aquisição de contribuinte optante do SIMPLES Nacional no Estado do Rio de Janeiro:

Valor da aquisição R$ 1.000,00

ICMS destacado = Ausência em razão da impossibilidade de destaque por optantes do regime R$ 12,50

(menor percentual previsto na coluna "ICMS" do Anexo I da Lei Complementar 123/2006 = 1,25%)

ICMS calculado pela alíquota interna vigente no Estado de São Paulo R$ 180,00

(mercadoria sujeita à alíquota de 18%)

ICMS devido = 180,00 – 12,50 R$ 167,50

Diferencial de carga tributária = R$ 167,50

5.3 O Estado de São Paulo, adotando o SIMPLES Nacional, pode instituir regime mais gravoso às micro e pequenas empresas?

Conforme demonstrado acima, o Estado de São Paulo optou por instituir regime mais benéfico às micro e pequenas empresas ao adotar a Lei Complementar 123/2006, aplicável àquelas optantes pelo SIMPLES Nacional.

Assim, como o Estado de São Paulo colheu como antecedente normativo o fato da condição de micro e pequena empresa com fundamento de validade na Lei Complementar 123/2006, seu objetivo em tese seria impor tratamento diferenciado mais benéfico, e não mais gravoso, como, em verdade, está fazendo.

O SIMPLES Nacional exclui o recolhimento unificado do diferencial de alíquotas e de carga do ICMS nas operações interestaduais. Todavia, não é o que está ocorrendo, em especial no Estado de São Paulo.

De acordo com a legislação paulista, em destaque o § 6º, XVI, do art. 2º do RICMS, as empresas enquadradas em regimes tributários simplificados (ME e EPP) terão de efetuar o recolhimento do diferencial de carga de ICMS quando efetuarem compras de outros Estados da União, independentemente do destino da mercadoria.

Este diferencial de carga aplica-se somente às empresas optantes de regimes tributários simplificados (com sede no Estado de São Paulo). Para as empresas que apuram o ICMS pelo Regime Periódico de Apuração (Mensal: Créditos - Débitos) não é devido qualquer recolhimento adicional.

Resta clara a discriminação que o Estado de São Paulo está fazendo com as empresas optantes do SIMPLES Nacional, que, além de não terem direito aos créditos de ICMS, por ser um dos requisitos previstos na Lei Complementar 123/2006 para que possam integrar o regime do SIMPLES Nacional, têm de efetuar um pagamento adicional, por terem adquirido mercadorias em outros Estados da Federação.

5.4 Da inconstitucionalidade da cobrança do diferencial de carga

Conforme acima explanado, o Decreto 52.104/2007 e o Decreto 52.858/2008 introduziram uma grande alteração ao § 6º, inciso XVI, do art. 2º do Regulamento do ICMS – qual seja, a cobrança do diferencial de carga da micro e pequena empresa optantes do SIMPLES Nacional.

Segundo esta alteração, a micro e pequena empresas sediadas no Estado de São Paulo, optantes do SIMPLES Nacional, que adquirirem produtos fora do estado de Estado de São Paulo deverão, em guia própria, efetuar o pagamento do diferencial de carga e/ou alíquotas, independente da destinação da mercadoria.

Nos termos do Anexo I da Lei Complementar 123/2006, a micro e pequena empresas optantes do SIMPLES Nacional não têm direito ao crédito do ICMS sob operações mercantis e também não o repassam. Efetuam, sim, o pagamento do tributo com uma alíquota reduzida, sobre o valor de sua receita bruta anual auferida. Assim, as mercadorias adquiridas fora do Estado de São Paulo tornam-se mais onerosas a micro e pequenas empresas, que, ao invés de terem tratamento favorecido, estão tendo um tratamento mais gravoso.

Vale ressaltar que este diferencial só é cobrado das empresas optantes do SIMPLES Nacional.

Deste modo, observamos que esta cobrança do diferencial de carga e/ou alíquotas é inconstitucional, pois primeiro cria-se um novo fato jurídico do ICMS – entrada de mercadoria em estabelecimento optante do SIMPLES Nacional oriunda de outra unidade da Federação –, que não tem previsão legal alguma, pois não consta do art. 2º da Lei 6.374/1989, mas tão-somente no art. 2º do Regulamento do ICMS/SP. Segundo, há um tratamento diferenciado mais gravoso aos optantes do SIMPLES Nacional, violando o disposto nos arts. 170, IX, e 179, ambos da CF, além de ferir claramente os princípios da isonomia, da vedação ao confisco, da não-discriminação em razão da origem e o princípio da legalidade.

Para analisar esta inconstitucionalidade, verificamos que, conforme definido acima, há uma previsão constitucional do diferencial de alíquotas expressa no art. 155, § 2º, VIII, repetida pelo art. 2º, VI, do Regulamento do ICMS/2000, que consiste no recolhimento da diferença entre a alíquota interestadual e a interna nas aquisições de efetuadas por contribuinte do ICMS em outro Estado única e exclusivamente de *mercadoria destinada ao uso ou consumo ou ao ativo permanente*.

O chamado diferencial de carga tributária é uma invenção do Governo do Estado de São Paulo, que passou a exigir, por ocasião da entrada no estabelecimento de contribuinte optante pelo SIMPLES Nacional, o recolhimento da diferença entre a carga tributária interna e a interestadual para qualquer aquisição de mercadoria oriunda de outro Estado, seja ela para uso ou consumo, ativo permanente, *comercialização ou industrialização*. Trata-se, como visto, de uma nova hipótese de incidência do ICMS.

Essa modificação foi implementada pelo art. 2º do Decreto 52.104/2007 e mantida pelo Decreto 52.858/2008, que acrescentou o inciso XVI ao art. 2º do Regulamento do ICMS/2000.

Esse novo "fato gerador" do ICMS (entrada de mercadoria em estabelecimento optante do SIMPLES Nacional oriunda de outra unidade da Federação) – repita-se – padece da falta de previsão legal, pois não consta do art. 2º da Lei 6.374/1989. Também não está em consonância com o art. 13, § 1º, "g", da Lei Complementar 123/2006, que apenas repete o disposto no art. 155, § 2º, VIII, da CF de 19/88, não autorizando, pois, a instituição desse diferencial de carga nas aquisições para comercialização ou industrialização. Tampouco faz qualquer distinção entre os contribuintes optantes pelo SIMPLES Nacional e os não-optantes.

Assim, resta clara a criação de uma nova hipótese de incidência tributária por decreto estadual (Decretos 52.104/2007 e 52.858/2008), que, além de extrapolar as disposições do art. 155, § 2º, VIII, da CF de 1988, ainda viola os princípios da legalidade; da reserva de lei complementar; da isonomia, dando tratamento mais favorecido ao contribuinte paulista não-optante pelo SIMPLES Nacional; do não-confisco, uma vez que se tributa algo não permitido pela Magna Carta; e, por fim, da não-discriminação tributária em razão da *origem ou destino* da mercadoria; ou seja, obriga as microempresas e empresas de pequeno porte optantes do SIMPLES Nacional a adquirirem mercadorias dentro do Estado, pois caso queiram efetuar aquisições de outros Estados da Federação deverão efetuar um pagamento adicional.

6. Conclusões

A cobrança do diferencial de carga às empresas optantes pelo SIMPLES Nacional, imposta pelo Estado de São Paulo, é um tratamento mais gravoso.

Conforme visto, o Decreto 52.104/2007 introduziu uma grande alteração ao § 6º, XVI, do art. 2º do Regulamento do ICMS – qual seja: a cobrança do diferencial de carga a micro e pequena empresas optantes do SIMPLES Nacional.

No diferencial de carga tributária o recolhimento é feito da diferença entre a carga tributária interna e a interestadual para qualquer aquisição de mercadoria oriunda de outro Estado, exigido por ocasião da entrada no estabelecimento de contribuinte optante pelo SIMPLES Nacional, seja para uso ou consumo, ativo permanente ou comercialização ou industrialização; não tem base legal nem constitucional.

Este diferencial só é cobrado das empresas optantes do SIMPLES Nacional, dando tratamento diferenciado mais gravoso a estas empresas, visto que, ao invés de terem um tratamento jurídico mais benéfico, conforme determina a Magna Carta, esta cobrança o torna mais gravoso e oneroso às micro e pequenas empresas.

Há previsão constitucional apenas do diferencial de alíquotas, previsto no art. 155, § 2º, VIII, no art. 113, § 1º, "g", e repetida pelo art. 2º, VI, do Regulamento do ICMS/2000, que consiste no recolhimento da diferença entre a alíquota interestadual e a interna nas aquisições efetuadas por contribuinte do ICMS em outro Estado de mercadoria destinada ao uso ou consumo ou ao ativo permanente.

Deste modo, observamos que a diferença de carga e/ou alíquotas cobrada, prevista nos Decretos 52.104/2007 e 52.858/2008, é inconstitucional, pois dá tratamento diferenciado mais gravoso aos optantes do SIMPLES Nacional, violando o disposto nos arts. 170, IX, e 179 da CF. Ferindo claramente os princípios da isonomia, da vedação ao confisco, da não-discriminação tributária em razão da origem ou destino dos produtos e o princípio da legalidade.

Portanto, verificamos que o Estado de São Paulo não pode impor tratamento tributário mais gravoso, nas operações interestaduais de ICMS sobre operações mercantis, que aquele imposto a empresas optantes pelo SIMPLES Nacional.

Bibliografia

ATALIBA, Geraldo. *Hipótese de Incidência Tributária.* São Paulo, Malheiros Editores, 2004.

————. *Sistema Constitucional Tributário Brasileiro.* São Paulo, Ed. RT, 1968.

BANDEIRA DE MELLO, Celso Antônio. *O Conteúdo Jurídico do Princípio da Igualdade.* São Paulo, Malheiros Editores, 2002.

BARRETO, Aires. *Base de Cálculo, Alíquota e Princípios Constitucionais.* São Paulo, Max Limonad.

BERTOLDI, Marcelo M., e MARTINS, James. *SIMPLES Nacional – Estatuto da Microempresa e da Empresa de Pequeno Porte Comentado*. São Paulo, Ed. RT, 2007.

CARRAZZA, Roque Antônio. *Curso de Direito Constitucional Tributário*. São Paulo, Malheiros Editores, 2004.

————. *ICMS*. 11ª ed. (revista e ampliada até a Emenda Constitucional 52/2006, de acordo com a Lei Complementar 87/1996, com suas ulteriores modificações). São Paulo, Malheiros Editores, 2006.

CARVALHO, Paulo de Barros. "Considerações acerca da taxa de classificação de produtos vegetais". *Revista Dialética de Direito Tributário* 28/88. São Paulo, Dialética.

————. *Curso de Direito Tributário*. São Paulo, Saraiva, 2005.

————. *Direito Tributário – Fundamentos Jurídicos da Incidência Tributária*. São Paulo, Saraiva, 1999.

————. *Parecer* à Associação Brasileira de *Franchising*. 2005.

LIMA GONÇALVES, José Artur. *Imposto sobre a Renda – Pressupostos Constitucionais*. São Paulo, Malheiros Editores, 2002.

MELO, José Eduardo Soares de. *ICMS – Teoria e Prática*. 8ª ed. São Paulo, Dialética.

MARTINS, James, e BERTOLDI, Marcelo M. *SIMPLES Nacional – Estatuto da Microempresa e da Empresa de Pequeno Porte Comentado*. São Paulo, Ed. RT, 2007.

QUEIROZ, Luís César Souza. *Curso de Especialização em Direito Tributário. Estudos Analíticos em Homenagem a Paulo de Barros Carvalho*. Rio de Janeiro, Forense, 2005.

SOTTO, Débora. *Tributação da Microempresa (ME) e da Empresa de Pequeno Porte (EPP)* (atualizado com a Lei Complementar 123/2006 – SUPERSIMPLES). São Paulo, Quartier latin, 2007.

CLASSIFICAÇÃO E CÁLCULO DE PRINCÍPIOS

JONATHAN BARROS VITA

Advogado – Consultor Jurídico – Contador – Especialista em Direito Tributário pelo Instituto Brasileiro de Estudos Tributários/IBET-SP – Mestre em Direito Tributário pela PUC/SP – Mestre em Segundo Nível em Direito Tributário da Empresa pela Universidade Comercial Luigi Bocconi/Milão-Itália – Doutorando em Direito Tributário pela PUC/SP – Professor das Especializações em Direito Tributário da PUC/SP-COGEAE, FAAP e EPD

1. Direito e linguagem, unidade do Direito e auto-referência. 2. Notas sobre princípios: uma abordagem normativa: 2.1 Sobre os valores – 2.2 Definição do conceito de "princípio". 3. Classificação dos princípios. 4. Cálculo de princípios: solução de antinomias e derivação de princípios: 4.1 Sobre a solução de antinomias – 4.2 Nota sobre o cálculo de princípios: 4.2.1 Antinomias e princípios – 4.2.2 Aplicação concomitante de princípios – 4.3 Derivação de princípios. 5. Conclusões.

1. Direito e linguagem, unidade do Direito e auto-referência

Inicialmente, é de ser dito que o Direito, no contexto deste trabalho, é tomado como fenômeno lingüístico, do que é um vetor de transformação e criação de realidade por meio de simulacros, baseados na premissa de que a linguagem é redutora de complexidades e cria realidades, por si só, para os seus utentes.

Ainda se diz que tal fenômeno, enquanto linguagem, é tido como algo uno, indivisível, sintaticamente homogêneo, com meras divisões didáticas no que toca à Ciência do Direito, em contraposição ao sistema de direito positivo, que possui uma unicidade, sob pena de não ser sistema.

Neste plano, necessária se faz uma tomada de posição coerente, seguindo uma rígida metodologia que privilegia a Teoria dos Sistemas de Niklas Luhmann[1] e a Lógica Jurídica e Teoria da Linguagem acopladas conforme a doutrina de Paulo de Barros Carvalho.[2]

O direito positivo é formado de normas jurídicas (proposições) que são juízos reconstrutivos de textos legais (enunciados), com força coercitiva e sentido deôntico completo, podendo ser voltados para a realidade, reconstruída em enunciados vetorizados em proposições, ou como hipóteses de inclusão em classes.

Algumas considerações devem ser ditas com respeito às normas e seu conteúdo de juridicidade, do que – no mesmo sentir

1. Niklas Luhmann, *Law as a Social System*, Oxford, Oxford University Press, 2004.

2. Paulo de Barros Carvalho, *Direito Tributário: Linguagem e Método*, 1ª ed., São Paulo, Noeses, 2008.

de Kelsen,[3] porém com sentidos trocados – tem-se que o Direito é formado por normas que dêem acesso à jurisdição; do que é a força única de coerção, por meio do aparato estatal, que traça a linha de distinção entre as normas jurídicas e as demais normas como as morais ou religiosas.

Logo, é de ser dito que, com relação à estrutura sintática e modos de operação, existem as normas em sentido amplo, que não possuem estrutura sintática fixa e não visam à regulação de condutas, e sim à criação de realidades jurídicas ou qualificações.

Normas em sentido estrito possuem estrutura sintática definida, com antecedente e conseqüente, no que aquele traz hipóteses ou fatos, ou seja, abstrações ou concretudes, e o conseqüente traz uma relação jurídica individualizada ou generalizada.

Por meio de tais afirmações consegue-se visualizar as normas em suas formas[4] e recombinação entre antecedentes e conseqüentes – do que podem ser: gerais e abstratas; gerais e concretas; individuais e abstratas; ou individuais e concretas; representando, respectivamente, conseqüente e antecedente.

Em outro giro, verifica-se, a partir da linguagem constituidora da norma, em seu antecedente, se os eventos do mundo natural foram transpostos em linguagem, consubstanciando-se em fatos jurídicos (normas concretas), ou são descritos conotativamente (normas abstratas); e se os conseqüentes normativos estabelecem seus dois sujeitos relacionados de maneira indeterminada (normas gerais) ou especificada (normas individuais).

Como última forma estrutural sintática, existem as normas em sentido completo, que denotam a juridicidade existente nas relações, com a possibilidade de coerção estatal, em que há a ligação entre uma norma primária, dispositiva ou sancionadora, e uma norma secundária, sancionadora, de cunho processual.

Seguindo esta idéia, todas as formas de comunicação reconhecidas/autoproduzidas pelo sistema social jurídico são estabelecidas por meio da condicionalidade, que seja, a necessária implicação entre um antecedente e um conseqüente e a posterior definição do código (lícito ou ilícito).

Mais uma última tomada de posição é necessária a respeito do sistema do Direito: a que trata da sua unidade sistêmica em contraposição a idéia de alguns autores de que ele seria dividido em ramos.

Portanto, para estes fins, a distinção lingüística entre definição e conceito é fundamental, entre critérios ou elementos de inclusão em classe e a classe em si, respectivamente.

Logo, os conceitos que são idênticos apresentam definições fixas no Direito, porém quando usados com algum adjetivo, qualificativo, assumem a forma de subclasse do conceito originário.

Dentro deste contexto de unidade do Direito nota-se, novamente, que a divisão do Direito em vários sistemas jurídicos é rechaçada, sendo meramente didática.

Reposicionando-se, outra premissa metodológica diz respeito à auto-referencialidade do Direito, já que é um problema fundamental, especialmente no que diz respeito ao problema da forma de visualização do Direito a partir de suas próprias estruturas, sem utilizar a idéia dos participantes e observadores do sistema.

Ainda, não se pode olvidar que estes sistemas de referência didática/ramos do Direito devem, sempre, comunicar-se, perfazendo a harmonização do sistema pela interação (no plano da coordenação e subordinação por meio da competência de produção normativa) entre normas e a diferença de critérios adotados para que uma irritação seja ou não percebida por normas

3. Como interpretado por Lourival Vilanova, *As Estruturas Lógicas e o Sistema do Direito Positivo*, São Paulo, Max Limonad, 1997.

4. Norberto Bobbio, *Teoria do Ordenamento Jurídico*, 7ª ed., Brasília, UnB, 1996.

que aparentemente tratam do mesmo evento, mas não do mesmo fato jurídico.

2. *Notas sobre princípios: uma abordagem normativa*

2.1 Sobre os valores

Como premissa inicial destes textos, deve ser elucidado que se tomam valores como aqueles que possuem vinculação com o Direito, em especial aqueles que estão contidos no Direito, sendo, portanto, excluídos, se não elucidado, os valores considerados como ente abstrato, que fazem parte da política do Direito, ou, mesmo, os valores que permeiam a existência do Direito.

Valores, portanto, contidos no Direito são aqueles positivados pelo Direito, sendo impossível verificar valores no mero ato de pôr normas no sistema, não existindo consistência no fato de dizer que o sentido (valor) do Direito seria regular condutas humanas com um fim determinado.

Valor é um núcleo de preferibilidade, é um adjetivo vinculado a um objeto por um sujeito, é a forma de expressão de preferências e qualificações por um dado sujeito.

Portanto, é tomado como relação, atribuição de características de maneira completamente arbitrária, não se tomando os valores em sua plenitude de significação de base ou, mesmo, histórica.

As características dos valores são as seguintes, conforme proposto por Miguel Reale – no que seguido, reelaborado e ampliado por Paulo de Barros Carvalho:[5]

- Bipolaridade
- Implicação recíproca
- Referibilidade
- Preferibilidade
- Incomensurabilidade
- Tendência à graduação hierárquica
- Objetividade
- Historicidade
- Inexaurabilidade
- Atributividade.

Os valores não são normas, mas estão contidos no conseqüente de normas jurídicas que informam ao sujeito competente como exercer a competência;[6] as normas de princípio, conforme será elucidado no próximo tópico deste texto.

Poder-se-ia dizer que os valores fazem parte da norma de competência, o que é razoável; mas o fato de eles estarem vinculados ao sujeito competente, também, pode permitir outro eixo de condução quando da análise fracionada da competência, como será elucidado a seguir.

Logo, a opção metodológica adotada é a de separar a norma de competência da norma de princípio, normas que somente existem em conjunto enquanto estruturas lógicas que se utilizam do conectivo lógico equivalente à adição, lembrando que uma forma possível para a competência é sendo ela considerada como a união de várias normas que regulam o processo de positivação, sendo uma destas normas a norma-princípio.

Lembra-se, não olvidando, que a localização da aplicação de uma norma de princípio, normalmente, está contida na enunciação enunciada de um dado texto jurídico.

Retomando, ontologicamente, nada pode ser dito com relação aos valores que estão contidos nas normas, já que, fazendo parte de normas expressa-se, tão-somente, o núcleo de preferibilidade vinculado a ele.

Diga-se que os valores contidos no conseqüente de uma norma jurídica são

5. Paulo de Barros Carvalho, *Direito Tributário: Linguagem e Método*, cit., 1ª ed.

6. Neste ponto lembra-se que a competência aludida e os sujeitos competentes são para a produção de qualquer espécie normativa que seja, normas gerais e abstratas, individuais e concretas, gerais e concretas e individuais e abstratas.

contidos no núcleo do objeto da conduta referida, e não no modal utilizado para determinar a forma da conduta.

Tratar da modalização do dever-ser contido no conseqüente de uma dada norma jurídica nada tem de relação com o simples fato que proibir, permitir ou obrigar, já que a tomada de posição com relação ao modal é relacionada com a competência dada, do que não é um valor positivado, mas uma positivação da forma da conduta.

Logo, não se trataria da modalização como valor-raiz positivado no conseqüente de uma regra jurídica.

Ainda, os valores vinculados à positivação de uma dada norma não estão contidos na norma, sendo somente referência psicológica para o intérprete/aplicador de uma dada lei, semelhante à chamada "fonte psicológica da jurisprudência" por Tárek Moussalem.[7]

Lembra-se que tais afirmações são realizadas levando-se em conta o fato de que a não-aplicação e proporcionalidade na aplicação entre os valores não operam, pela sua mera contrafactualidade, o perecimento de um valor.

Por fim, deve ser dito que o direito positivo pode existir sem valor no sentido de valores positivados, mas a aplicação (processo) do Direito (enquanto ato ligado ao sistema psíquico) pressupõe a existência de valores.

Tal premissa parte da visão operativamente fechada e cognitivamente aberta proposta por Luhmann,[8] com a adição que não pode o Direito conter programas finalísticos, o que mitigaria a hipótese de que as normas jurídicas teriam um fim em si mesmas que não seja o de garantir as expectativas normativas.

Portanto, tratar de valores no ato de aplicação do Direito não é tratar de Direito, mas de sujeitos que observam o Direito; não é tratar da comunicação jurídica no sentido proposto por Luhmann,[9] mas tratar da produção de comunicações na consciência.

As comunicações luhmanianas são neutras, não tecendo juízos de valor uma com relação às outras; é a operatividade do Direito de maneira fechada, com seu código binário que não indica valor, mas critérios de aferição de certas condições estruturadas.

2.2 Definição do conceito de "princípio"

Dentro do plano da definição do conceito de "princípio" facilmente se encontram quatro usos para o vocábulo "princípio", de acordo com Barros Carvalho:[10] (i) como norma jurídica privilegiada, com valor expressivo; (ii) norma privilegiada que estipula limites objetivos; (iii) valores insertos em normas de posição privilegiada, mas que valem por si mesmos; e (iv) como limite objetivo estipulado em regra de forte hierarquia, tomado sem levar em conta a estrutura da norma.[11]

Dentro destas variações possíveis, a partir do sistema de referência adotado para a estruturação das comunicações jurídicas e a forma de tratamento dos valores pelo Direito, é precisado que os princípios são encarados apenas como normas.

Portanto, tratar sobre princípios é tratar de normas jurídicas que são agregadas por um núcleo comum; é a generalidade/especificidade dos princípios em ação, como a formação de uma ideologia (conjunto de preferências valorativas) aplicável a um dado jurídico.

Esta última afirmação deve ser precisada, no sentido de não olvidar que os

7. Tárek Moysés Moussalem, *Fontes do Direito Tributário*, São Paulo, Noeses, 2007.

8. Niklas Luhmann, *Law as a Social System*, cit.

9. Idem.

10. Paulo de Barros Carvalho, *Direito Tributário: Linguagem e Método*, cit., 1ª ed.

11. Deve ser precisado que as variações semânticas já apresentadas são vistas como formas de classificação, ainda que fora dos critérios classificatórios, conforme será visto no tópico posterior.

princípios são normas que informam a competência como ela deve ser exercida, possuindo no seu conseqüente um valor que é objeto da conduta de produzir norma jurídica segundo esta característica.

Neste plano, a produção normativa pressupõe, sempre, a existência de dois grupos de normas coordenadas: as normas de competência e as normas de princípio, no qual estas contêm um valor em seu conseqüente.

É, portanto, o núcleo que atrai com a força centrípeta os feixes de linguagem produzidos; portanto, são os princípios com sua potência agregadora.

Logo, os princípios, neste contexto, são agrupações de preferibilidades semânticas com um núcleo comum, que seja um conceito específico que é utilizado em um dado contexto, formuladas sob a forma, apenas, no Direito, de normas.

Lembra-se, a exemplo, que ser indesejável pelo Direito não é uma forma possível, já que os valores estão no interpretante, mas não no Direito enquanto sistema auto-referencial e autopoiético, lembrando que o código lícito/ilícito é distinto dos códigos bom/mau ou ético/não-ético da Moral e Ética, respectivamente.

Ainda, estes valores do interpretante/sujeito competente estão contidos na sua consciência, que é acoplada estruturalmente ao sistema social por meio da linguagem; mas estes valores não são postos no sistema jurídico, já que ele opera fechado operativamente, visualizando as irritações/movimentações do acoplamento estrutural a partir de suas próprias estruturas, algo que não ocorre se um dado valor não é positivado no conseqüente da norma-princípio.

Em outro giro, o Direito não tem programas de propósito específico, o que impede que os valores realizem certos fins caros ao Direito; do que tratar de valores no Direito enquanto positivados em normas serve como acepções apenas generalistas, que auxiliam na observação realizada por outros sistemas sociais sobre a comunicação jurídica.

Para tanto, toma-se a referência do sistema jurídico é comunicação, que cria realidade a partir de suas próprias estruturas/normas/comunicação jurídica, não importando o que o sistema social possui de expectativas cognitivas, mas as expectativas normativas, tão-somente, que não possuem um cunho sociológico/axiológico, no sistema de referência adotado.

Logo, procurar no sistema jurídico estes valores ou, ainda, este aspecto de ser um comportamento não-desejável não é visualizar o sistema jurídico auto-referente, mas é visualizar a partir de outro prisma, o da Sociologia ou Política do Direito.

Portanto, a distinção das normas jurídicas normais para as normas que trazem em si um valor (normas-princípios) é realizada funcionalmente, já que existe um acoplamento necessário, conforme já elucidado, entre a norma de competência e a norma de princípios/valores.

Outrossim, deve ser dito que as normas de princípios – ou seja, aquelas que carregam em seu conseqüente valores – possuem, dentro da proposta apresentada aqui, um e apenas um valor, do que várias podem ser as normas de princípios que se ligam à norma de competência.

Não se utiliza, aqui, a idéia de que os valores compõem em si uma parcela do conseqüente da regra de competência, como proposto por Tácio Lacerda Gama,[12] por uma questão operativa, que pode ser resumida em dois motivos.

O primeiro é o fato de que podem ser construídas normas que se acoplam a outras normas; o outro é que é mais preciso, dentro da proposta deste trabalho, em especial ao cálculo de princípios, que eles se-

12. Tácio Lacerda Gama, *Competência Tributária – Fundamentos para uma Teoria da Nulidade*, tese de Doutorado em Direito, São Paulo, PUC/SP, 2008.

jam tomados como normas jurídicas autônomas.

Por fim, é demonstrada a estrutura formal proposta para a norma de princípios: se se produz norma, deve ser obrigatório ao sujeito competente (dever jurídico) utilizar o princípio "x"na criação da norma.

3. *Classificação dos princípios*

Sobre a forma de classificar, uma série de considerações poderia ser realizada, mas uma única é necessária para a compreensão sobre o que perfaz a classificação dentro do perfil metodológico deste trabalho.

O ato de classificar pressupõe uma operação intelectiva na qual um conjunto homogêneo de objetos é dividido em partes a partir de suas diferenças específicas, encontradas por meio de um critério objetivamente considerado.

Seguindo, conforme pôde ser compreendido da definição do conceito de "princípios", algumas classificações podem ser extraídas, em especial as clássicas, que distinguem entre: princípios e regras; valor e limite objetivo; implícitos e explícitos.

Obviamente, a nova classificação dos princípios apresentada parte de uma série de premissas diversas e com um fim classificatório (utilidade) diverso, conforme será demonstrado no final desta parte do trabalho.

De qualquer sorte, uma descrição mínima sobre as classificações tradicionais dos princípios é necessária.

Como primeira classificação tradicional tem-se a idéia de Paulo de Barros Carvalho,[13] de que, dentro das variações semânticas do conceito de "princípio", ter-se-ia os princípios classificados como valor e limite objetivo.

Esta classificação divide, a partir de uma acepção semântica de norma, entre os princípios enquanto valores insertos em normas e as normas que estabelecem limites objetivos ao exercício da competência.

Esta classificação divisa, sem uma linha divisória acurada entre os valores em sua significação com as características apresentadas, mas não estabelece uma linha clara entre estes valores e os limites objetivos.

Sabe-se que é simples divisar entre essas duas categorias em seus extremos, mas o refinamento de uma classificação é necessário, algo que não se consegue reproduzir em um modelo consistente de observação.

Como derivação possível desta classificação é visualizar a idéia da distinção entre o núcleo do limite objetivo e o valor é realizada por uma aplicação da idéia de Andrew Marmor[14] da distinção entre *hard* e *easy cases*.

Obviamente, neste contexto os valores seriam identificados de forma solta usando processos complexos de identificação nas estruturas do texto positivado, sem solução jurídica para tanto, comparavelmente a um *hard case*, e os limites objetivos seriam *easy cases*.

Como forma de visualização distinta da primeira classificação é importante citar a distinção criada por Humberto Ávila[15] entre *princípios* e *regras*.

Neste contexto, ele reproduz o que são as chamadas distinções fortes e fracas a respeito do assunto, esta que estabelece que princípios são mais gerais que regras e aquela, que as duas tratam de qualidades (ontologicamente) distintas.

Esta classificação traz alguns outros problemas adicionais aos já mencionados

13. Paulo de Barros Carvalho, *Direito Tributário: Linguagem e Método*, cit., 1ª ed.

14. Andrei Marmor, *Interpretation and Legal Theory*, 2ª ed., Oxford and Portland, Oregon, Hart, 2005.

15. Humberto Ávila, *Teoria dos Princípios – Da Definição à Aplicação dos Princípios Jurídicos*, São Paulo, Malheiros Editores, 2005.

quanto à distinção entre limites objetivos e valores, já que os critérios de seleção da generalidade e abstração ou ontológicos se revelam pouco seguros para sustentar critérios classificatórios destes objetos, sem contar com o fato de que o sistema de referência desta classificação não.

Uma classificação que gravita sobre outro eixo semântico e com um conjunto de premissas teóricas diversas é a tradicional entre os princípios explícitos ou implícitos.

Tal classificação possui um problema de fundo que é reconduzido à indistinção tradicionalmente realizada na doutrina entre enunciados e proposições.

Esta distinção é fundamental para verificar que, quando da composição de proposições a partir de uma série encadeada de enunciados, a integração e a interpretação são requisitos necessários; logo, novamente, ser mais simples encontrar no direito positivado um determinado enunciado que pode ser reconduzido a uma dada proposição/norma jurídica do tipo principiológico é uma forma não de classificação, já que não existe a diferença específica por um critério claro.

Abre-se um parêntese para recordar que, com relação à determinação de quais seriam os princípios jurídicos e de onde adviriam estes princípios, é uma tarefa que não é simples, nem mesmo exata, pois o conceito de "princípio" é idêntico para os operadores do sistema jurídico, mas a definição dele é diferente, gerando, a partir dos critérios de seleção de propriedades, um conjunto diferente para cada um desses observadores.

Terceira forma de classificação é aquela que divide os princípios a partir de sua fonte produtora, subdividindo em princípios constitucionais e legais.

No ponto, realiza-se uma tomada de posição no que diz respeito ao fato de que se admitem estes princípios legais, a despeito de uma série de autores que pensam em contrário.

Lembra-se que esta classificação se subdivide a partir dos ramos didaticamente autônomos do Direito, mas a crítica realizada está na forma de divisão e nos critérios utilizados para a determinação da agregação ou não de um dado elemento a um dado conjunto de princípios.

A partir destas críticas, uma classificação pode ser apresentada a partir das premissas de determinação dos princípios como normas que se acoplam às normas de competência com o fim da produção de novas normas jurídicas.

Como forma classificatória, dentro de uma série assimétrica de classificação e com a forma fractal (forma dentro da forma, repetindo-se), utiliza-se a distinção entre princípios *gerais* e *específicos*, da seguinte forma:

• Os *princípios gerais* são os aplicáveis a qualquer parte do ordenamento jurídico. Exemplo: certeza do direito.

• *Princípios específicos*, aplicáveis apenas a eixos de linguagem, ramos didaticamente autônomos do Direito, sendo subdivididos em gerais e específicos, ou seja, aplicáveis a toda a extensão semântica ou a porções menores desta extensão. Exemplo: estrita legalidade (geral) e não-discriminação tributária em razão da procedência ou destino dos bens (específico para os impostos de circulação de mercadorias e IPI).

Elucidando, os princípios gerais do ordenamento irradiam-se para todas as normas de competência, sendo acoplados a estas em qualquer norma produzida no sistema jurídico.

Como exemplos desta classificação podem ser ditos, não exaustivamente:

• Equidade

• Legalidade

• Certeza do direito

• Irretroatividade das leis

• Entre outros.

Tal classificação tem sua contraparte na classe disjunta que é a classe dos princípios específicos e sua subdivisão em gerais e específicos, conforme se precisa.

Nesta classe específica, o critério agregador não é o de se tratar de um ramo didaticamente autônomo, ainda que, na maioria dos casos, seja simples visualizar desta forma; mas é o de um determinado número de princípios agregados semanticamente entre si, ou seja, existe um núcleo de significações comuns que ligam uma série de comunicações, e tudo produzido a partir deste ponto/localização no sistema jurídico deve cumprir as determinações das normas de princípios.

Outrossim, recorda-se que tais aproximações entre princípios e agrupamentos semânticos é normal, já que o processo de produção de certas definições de conceitos ou de criação de conceitos estabelece-se a partir destas forças centrípetas aludidas que existem nos ordenamentos jurídicos.

Retomando, a forma de subclassificação é realizada a partir de uma mesma forma de recorte, ou seja, uma forma dentro da forma, já que os critérios de seleção são semelhantes, se não idênticos.

Os critérios de diferenciação das subclasses disjuntas, geral e específica, contidas na classe específica dos princípios, são, novamente, as formas de aplicação destas normas nos agrupamentos semânticos.

Elucidando, para um princípio específico ser considerado como geral, ele deve ser aplicável a uma das classes de agrupamentos semânticos, e não a partes dessa classe.

Isto implica dizer que, a exemplo, os princípios específicos gerais são aplicáveis a todos os eixos semânticos derivados da palavra "tributo", como os princípios da:

• Estrita legalidade

• Isonomia

• Vinculabilidade da tributação

• Entre outros.

Em outro giro, princípios específicos específicos podem ser exemplificados a partir das distinções/definições denotativas de tributos, em que cada um dos elementos da classe dos tributos representa, por sua vez, um novo agrupamento semântico, implicando um repertório específico de novas palavras e valores agrupados para novas produções normativas.

Logo, estes grupos são distintos/disjuntos da classe geral de serem tributos, o que gera a interessante ilação de que, no mínimo, para cada eixo lingüístico derivado, três grupos de princípios são aplicáveis: os princípios gerais do ordenamento; os princípios específicos gerais, a exemplo, um ramo didaticamente autônomo do Direito; e os princípios específicos específicos deste objeto/estrutura jurídica.

Como exemplos destes princípios específicos específico, no direito tributário, tem-se:

• Princípio da universalidade do IR

• Capacidade contributiva[16]

• Não-cumulatividade

• Progressividade

• Entre outros.

Por fim, neste ponto, interessante é notar que esta proposta de classificação é útil a partir tanto de uma visão *top to bottom* como de uma visão *bottom to top*.

Na primeira visão, a partir do ponto de vista dos princípios gerais, verifica-se quais princípios são agrupados entre si, quais são ou não aplicáveis a uma totalidade de objetos de um dado conjunto/agrupamento semântico.

Na segunda visão, a partir do ponto de vista de um objeto determinado, verifica-se quais os princípios aplicáveis das três categorias supracitadas a este objeto.

16. Não se entrará, aqui, na antiga discussão da aplicação deste princípio às taxas, multas tributárias etc., pois não é objeto do trabalho.

4. Cálculo de princípios: solução de antinomias e derivação de princípios

4.1 Sobre a solução de antinomias

Antinomias são contradições existentes no plano do objeto de estudo, em que há a existência de duas proposições contraditórias sobre um mesmo dado do mundo.

No caso jurídico, ou seja, é a regulação excludente/contraditória por meio de duas ou mais regras jurídicas, editadas por autoridades competentes e com sujeitos competentes, sem contar com a materialidade prevista na regra de competência.

Logo, a definição do conceito de "antinomias" passa pela definição negativa dos conceitos de "validade", "revogação" e "lacuna".

Ou seja, quando se fala de antinomia, portanto, deve-se falar que não se trata de revogação, de retirada de validade ou de lacunas no Direito, já que no caso de antinomia não há expulsão de regra do sistema, de não-existência jurídica de uma dada norma ou, mesmo, de situações não reguladas pelo Direito.

Lembra-se que as antinomias existem no plano abstrato, mas em alguns casos são expressas para criar exceções que recortam a regra, a norma jurídica.

Elucidando, várias textos/normas são potencialmente antinômicos entre si, parcialmente, do que a regra mais geral é recortada pelas exclusões dadas pelas regras específicas, como no exemplo de uma norma que proíbe fumar e outra que diz da permissão de fumar em locais abertos.

Conforme pôde ser dessumido da primeira frase, as antinomias são conflitos estruturados logicamente segundo a lei da não-contradição, que é uma lei lógica consistente na impossibilidade de que dois eixos de linguagem existam ou inexistam ao mesmo tempo.

Lembra-se que na contradição há a impossibilidade de que ambas as normas sejam falsas ou verdadeiras simultaneamente, diversamente da contrariedade, em que ambas podem o ser, mas nunca as duas verdadeiras ao mesmo tempo.

Tal afirmação pode ser vista no quadro de oposições deôntico:

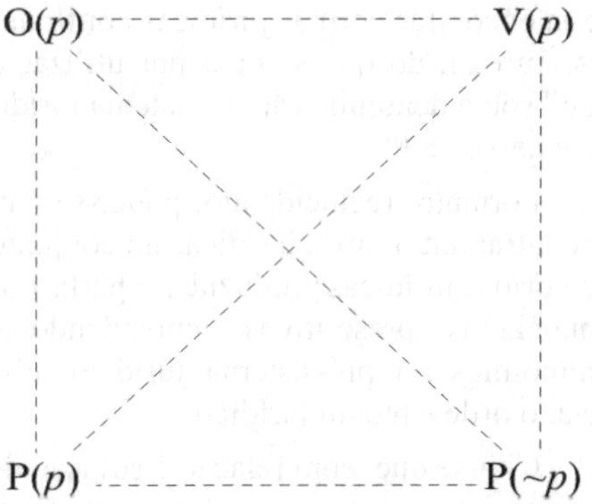

Nas situações O (p) x V(p); além de P (p) e P (~p) há contrariedade, enquanto na V (p) e P (p); e O (p) e P (~p) haveria contradição.

Antinomia normativa é, portanto, a identidade entre os critérios do antecedente e conseqüente com a variação do modal deôntico aplicado ao dever-ser contido no conseqüente jurídico.

Dentro do conceito de ordenamento/ sistema jurídico (estática e dinâmica) inserido como forma de aperfeiçoamento das estruturas jurídicas para gerar maior consistência, surge A idéia de que, no S4 de Barros Carvalho,[17] ou seja, no plexo da recombinação das normas jurídicas sob a forma de sistema, exista uma impossibilidade de contradição entre normas jurídicas.

Tal idéia surge pelo fato que o "S4" é o sistema do Direito[18] elaborado pelo cien-

17. Paulo de Barros Carvalho, *Direito Tributário – Fundamentos Jurídicos da Incidência Tributária*, 5ª ed., São Paulo, Saraiva, 2008.

18. Lembra-se que as idéias de ordenamento e sistema jurídicos adotadas são de que o ordenamento jurídico é o dado bruto e o sistema jurídico o conjunto de proposições/normas jurídicas estruturado sob a forma lógica de sistema com partes es-

tista sem quaisquer contradições, do que as antinomias neste sistema seriam impossíveis, já que extrato acabado de uma realidade bruta plena de contradições.

No caso específico, se se analisasse os conjuntos "S1", "S2" ou "S3", poder-se-ia encontrar normas jurídicas conflitantes entre si, do que se opta por utilizar o "S4" sob a denominação de sistema jurídico e não o "S3".

Portanto, reelucidando, poder-se-iam encontrar antinomias jurídicas no conjunto de normas jurídicas produzidas a partir dos enunciados prescritivos, entendendo-se antinomias no pré-sistema jurídico, que seja, o ordenamento jurídico.

Cita-se que, com relação à solução de antinomias no sistema jurídico, pode existir no "S3", em que uma delas é selecionada para o "S4", de acordo com os critérios estabelecidos pelo sistema/usuário do sistema, como será visto.

Em um primeiro momento opera-se com as antinomias sob uma perspectiva de evitar a aplicação das duas em um mesmo momento, gerando uma ineficácia técnico-sintática positiva, posteriormente gerando a invalidação desta norma por outro comando normativo.

Nesta perspectiva, a sentença de um juiz que aplica dada norma em detrimento de outra trata da ineficácia daquela segunda, porém quando há uma declaração de inconstitucionalidade por um órgão competente para o sistema (STF, a exemplo) há a invalidade desta norma, solucionando a antinomia pela expulsão da norma do sistema.

4.2 Nota sobre o cálculo de princípios

Duas são as formas básicas no trato do cálculo de princípios: uma ocorre quando um princípio é aplicado em detrimento de outro; e quando um princípio é aplicado concomitantemente a outro.

Neste contexto, as contradições entre princípios são apenas aparentes, já que em alguns casos há uma solução de antinomia e em outros há, tão-somente, a aplicação de mais de uma norma a uma mesma irritação do sistema.

Ainda, neste ponto, deve ser reforçado que, como se tem a premissa de que cada norma de princípio contém apenas um valor, uma série de interações entre essas normas existem para informar, como dito, à norma de competência seu giro semântico.

4.2.1 *Antinomias e princípios*

Elaborando o dito na introdução deste título, e a partir do repertório de premissas estabelecidas, interessante é notar a interação entre as antinomias e os princípios, em especial no que trata da forma de interação entre princípios quando um se sobrepõe aos demais princípios.

A preferibilidade entre princípios parte de uma forma de solução de antinomias, identicamente à solução de antinomias normativas, que surge no ato de aplicação e não gera a revogação de uma dada norma.

Logo, a não-aplicação de um princípio em detrimento de outro (positivados ou não) acaba por ser a demonstração de que a forma de ação de um valor/princípio no ordenamento jurídico é idêntica à de uma norma jurídica qualquer.

Obviamente, esta forma de solução de antinomias a partir da definição de um mesmo conceito por normas diversas acaba por de extrema dificuldade para sua aplicação, mas aparentemente é a solução mais adequada para este problema.

Logo, utilizam-se os critérios de solução de antinomias como padrão de comportamento no que diz respeito a determinar o que ocorre quando um princípio entra em conflito com outro conflito.

truturadas sintaticamente de forma homogênea com interações entre si.

Sinteticamente, uma norma, quando entra em conflito com outra norma, no caso, as normas de princípios entrando em conflito entre si, ocorre, no momento do ato de aplicação, a incidência de uma em detrimento da outra, ainda que elas pudessem ser aplicadas ao mesmo tempo, conforme será elucidado no ponto seguinte.

Conclui-se, portanto, que a solução de antinomias normativas é a forma de operacionalização das preferibilidades de um sujeito frente à forma de positivação de uma dada outra norma jurídica através do supracitado acoplamento, necessário, entre a norma de princípio e a norma de competência.

4.2.2 *Aplicação concomitante de princípios*

Segunda forma de cálculo de princípios existe quando dois princípios são aplicados concomitantemente com relação a uma mesma norma de competência.

Neste ponto, duas formas de visualização podem ser produzidas: uma que trata do uso da teoria das classes para permitir a idéia de aplicação e outra que trata, de maneira superficial, sobre o problema material da aplicação concomitante dos princípios a um mesmo dado bruto.

Como primeiro ponto, trata-se do uso da teoria das classes para tratar sobre o assunto, já que o que ocorre é a conhecida relação um/vários no que diz respeito à forma de operacionalização da aplicação concomitante de princípios jurídicos.

Nota-se desde já que o processo que ocorre com freqüência no caso da aplicação concomitante de princípios, logicamente, é o produto relativo de relações, em que há: a relação R entre x elemento de A e z (xRz); e a relação R' entre y elemento de B e z ($yR'z$), simultaneamente – do que o produto relativo desta relação (R/R').

Nesta situação, a norma de princípio x diferente de y está em relação com uma dada competência e ambas se aplicam diretamente, produzindo uma nova relação.

De outro lado, ocorre é uma relação uniplurívoca, em que um mesmo fato (potencial uso da competência) implica mais de um conseqüente.

Aqui, dividem-se duas situações, uma é quando os princípios não são contraditórios entre si e permitem que sejam aplicados concomitantemente, caso de simples solução pela mera aplicação possível de mais de uma norma a um mesmo evento do mundo fenomênico. A segunda ocorre quando os princípios são contraditórios, mas o resultado de sua aplicação pode ser percebido concomitantemente ou disjuntamente (como no caso supracitado de solução de antinomias).

No caso concreto, apesar de as dificuldades materiais serem muito mais complexas, operacionalmente a forma de compatibilização é idêntica à do exemplo anterior, qual seja, a possibilidade de aplicação de mais de uma norma a um mesmo evento, já que a idéia de as normas serem contrárias ou contraditórias está na mente do intérprete, e não são dados ontológicos.

Nota deve ser feita, já que os valores jurídicos não são bipolares por si mesmos, não existindo, no Direito, muitos casos desta bipolaridade de um mesmo valor, mas um cone de penumbra entre dois valores potencialmente contraditórios.

A segunda idéia desta parte é inspirada indiretamente nos textos de Robert Alexy[19] sobre a idéia de balanceamento de princípios e sua aplicabilidade aos casos concretos.

Basicamente, esta idéia trata da materialidade dos princípios, suas derivações e as formas de aplicação de princípios aos casos concretos.

Aqui, uma análise material e racional é empreendida para que a solução das anti-

19. Robert Alexy, "Constitutional rights, balancing and rationality", *Ratio Juris* 16-2/131-140, junho/2003.

nomias entre princípios ou, mesmo, a aplicação em maior grau ou menor grau de um princípio em relação a outro na determinação da forma de exercício material de uma competência.

Em outro giro, quando dos processos de decisão dos agentes competentes do sistema deve haver um peso entre a norma a ser produzida e seu impacto por meio de um cálculo entre um maior peso a um dado princípio em detrimento de outro.

Estas situações ocorrem freqüentemente na dosimetria da pena no direito penal ou, mesmo, no *quantum* de indenizações por danos em matérias de direito civil.

4.3 Derivação de princípios

Como primeiro ponto, novamente ressalta-se a idéia de "definição" e "conceito" como elementos fundamentais no tratamento do problema da derivação de princípios.

Interessante é notar que os conceitos de uma série de princípios, intuitivamente, são relacionados, mas a definição deles possui diferenças que fazem com que eles sejam princípios distintos entre si.

Logo, nas derivações comuns, um princípio mais geral dá fundamento de validade a um de mesmo nível classificatório ou mais específico.

Estruturalmente, como forma de derivação ocorre a partir do produto relativo de relações ou da inclusão de relações, já que nesta há a inclusão de uma classe dentro de outra, e naquela trata-se da zona de interseção entre duas classes.

Portanto, a derivação de princípios segue a regra de que um princípio mais geral apenas gera um geral ou um mais específico.

Conseqüentemente, a derivação de princípios decorre de aplicação de princípios gerais com um maior reforço ou especificidade, ou do cálculo de:

- Vários princípios gerais entre si produzindo princípios gerais ou específicos (gerais ou específicos).
- Princípios gerais e específicos gerais, gerando específicos gerais ou específicos específicos.
- Princípios gerais e específicos específicos gerando específicos específicos.
- Princípios específicos gerais com específicos gerais gerando específicos gerais ou específicos.
- Princípios específicos gerais com específicos específicos gerando específicos específicos.
- Princípios específicos específicos com princípios específicos específicos gerando específicos específicos.
- Combinações entre as regras apresentadas, como no caso de princípios gerais, específicos gerais e *específicos específicos* gerando *específicos específicos*.[20]

Lembra-se que estas são apenas estruturações a respeito do assunto, do que podem existir outras formas de derivação difusas, que são alcançadas através de outros processos inferenciais, mas que podem ser, ao menos teoricamente, reconduzidas a uma das estruturas apresentadas.

Como exemplo de reforço dos princípios gerais produzindo um específico tem-se o princípio geral da legalidade e o princípio geral tributário da legalidade estrita.

Exemplo de derivação através da inclusão de mais elementos na inclusão da classe, gerando um princípio específico com mais elementos da definição do conceito deste princípio, mas sem entrar, obviamente, em contradição com o que lhe dá fundamento de validade: tem-se o princípio da irretroatividade da lei, do qual derivam a noventena e a irretroatividade como princípios tributários específicos.

20. Estes exemplos citados são os logicamente possíveis a partir da classificação apresentada, já que uma classe é mais específica que outra, impedindo que o processo contrário ocorra.

Na segunda modalidade, como exemplos desta derivação a partir do cálculo de princípios, de se citar: a derivação, a partir do princípio da certeza (princípio geral) do direito e segurança jurídica (princípio geral) do princípio da irretroatividade das leis (princípio geral).

Outro exemplo é o do princípio do mínimo existencial (princípio geral), adicionando-se o princípio da vedação de tributo com efeito de confisco (princípio geral tributário (específico)) cria-se a capacidade contributiva (princípio específico tributário).

Lembra-se, ainda, que as derivações estruturadas acima podem se apresentar concomitantemente, como no exemplo da derivação/relação existente entre a segurança jurídica, certeza do direito, previsibilidade, irretroatividade, derivando a anterioridade.

Por fim, nota-se que esta derivação de princípios existe, também, no plano da classificação apresentada, já que existem princípios que tomam como fundamento de validade outros princípios.

Interessante é notar que, apesar de as classes apresentadas serem disjuntas, o fato de ser um sistema, com interação entre suas partes homogêneas, gera situações inusitadas em que a revogação de um dado princípio acaba por produzir o perecimento de outros que são vinculados mediatamente a este, mas não implica infirmação de suas separações para o fim de classificação.

5. Conclusões

Assentadas todas as premissas teóricas necessárias e explicitados os pontos de inflexão no sistema, de se retomar alguns eixos comuns em toda a argumentação expendida.

Como primeira premissa tem-se o Direito com seu caráter unitário, auto-referente e autopoiético, que somente se consubstancia mediante comunicação estruturada sob a forma de norma.

No processo de positivação há um acoplamento/ligação/adição entre a norma de competência com uma norma que possui em seu conseqüente um determinado valor, a norma de princípio.

Neste contexto, os princípios classificam-se através de um critério de diferenciação do campo semântico (classe geral, classe específica, disjuntas) de irradiação deste princípio, sendo classificado fractalmente (forma dentro da forma) a partir da distinção entre princípios gerais e específicos, os quais se subdividem em gerais e específicos.

Os princípios regem-se mediante processos de derivação para a sua produção e de cálculo para sua produção

Duas formas de cálculo de princípios existem para sua aplicação: uma, através do processo de solução de antinomias, explica quando um princípio se aplica em detrimento do outro e este não é revogado; a segunda ocorre quando dois princípios são aplicados concomitantemente, já que são dois fatos criados a partir de um mesmo evento e que expressam realidades distintas.

No plano da derivação de princípios, vários são os processos envolvidos, mas a regra geral é de que um princípio geral somente pode gerar um geral ou um mais específico.

ESTUDOS & COMENTÁRIOS

A INCONSTITUCIONALIDADE DO DIFERENCIAL DE ALÍQUOTA E A ILEGALIDADE DA OBRIGAÇÃO ACESSÓRIA

MÔNICA PIMENTA JÚDICE*
Advogada em Vitória-ES

1. Da inobservância do princípio da estrita legalidade. 2. Da necessidade de legislação complementar. 3. Da evolução normativa. 4. Do adicional de imposto de renda – Caso análogo. 5. Da obrigação acessória: 5.1 Do princípio do não-confisco e o princípio da proporcionalidade; 5.2 Da inobservância do princípio da estrita legalidade; 5.3 Inexistência de interesse da Administração Pública na instituição dos deveres instrumentais (obrigação acessória). Conclusão.

O presente artigo objetiva discussão sobre a exigência do recolhimento do diferencial de alíquota interestadual do ICMS em razão de aquisição de mercadorias destinadas a consumo próprio ou ao ativo fixo e suas conseqüências no Estado do Espírito Santo.

Isso porque, de acordo com o art. 3º, inc. XIV, c/c art. 168, inc. XV, do RICMS/ES, aprovado pelo Decreto 1.090-R/2002, deixar de recolher o imposto (ICMS), devido pelo diferencial de alíquota das mercadorias, oriundas de outra unidade da Federação, destinadas ao consumo ou ativo fixo da empresa, constitui fato gerador. Veja-se:[1]

> Art. 3º. Considera-se ocorrido o fato gerador do imposto no momento: (...);
>
> XIV – da entrada, no estabelecimento de contribuinte, de mercadoria oriunda de outra unidade da Federação, destinada a consumo ou a ativo fixo; ou (...);
>
> Art. 168. Ressalvadas as demais hipóteses previstas em lei, o imposto será recolhido nos seguintes prazos: (...);
>
> XV – no prazo estipulado para as operações ou prestações normais da empresa, na entrada, no estabelecimento de contribuinte, de mercadoria oriunda de outra unidade da Federação, destinada a consumo próprio ou a ativo fixo, ou na contratação de serviços de transporte interestadual;

Contudo, a instituição pelo Poder Executivo, através do RICMS/ES, do dife-

* *www.rjaa.com.br.*

1. Também, em decorrência da autuação, comina-se, p. ex., a seguinte penalização: "Art. 75. A pena de multa será aplicada nos casos previstos nos parágrafos 1º a 8º deste artigo. (...) § 1º. Faltas relativas ao recolhimento do imposto: (...) V - deixar de recolher o imposto, no todo ou em parte, na forma e nos prazos regulamentares, nos demais casos não previstos nos incisos anteriores: a) multa de 100% (cem por cento) do valor não recolhido".

rencial de alíquota nas operações interestaduais de mercadorias destinadas ao consumo próprio ou ativo fixo, não possui amparo na previsão constitucional, uma vez que tal "norma" não respeita as condicionantes estabelecidas na Constituição Federal, senão vejamos.

É cediço que o sistema normativo brasileiro, acompanhando o direito europeu continental, é um sistema positivista. Vale dizer, somente são consideradas as normas postas, diferentemente do sistema anglo-saxão (inglês e americano) que se baseia no direito consuetudinário.

A adoção do sistema positivista importa na assunção pela sociedade brasileira de um ordenamento hierarquizado, onde a validade de qualquer regra jurídica não se encontra nela própria. Ao revés, a validade das normas é aferida a partir da sua norma imediatamente superior, de modo escalonado, até que se possa elevar a cadeia normativa à Constituição Federal e, *a posteriori*, ao que H. Kelsen denomina de "norma fundamental".

Norma fundamental é o termo unificador que compõe um ordenamento do tipo positivista.

Norberto Bobbio, o renomado jusfilósofo italiano e principal discípulo de Kelsen, ao explicar a teoria a seus alunos na Universidade de Siena em 1948, in *Teoria do Ordenamento*, compara tal estrutura a de um exército:

"O cabo recebe a ordem do sargento, o sargento do tenente, o tenente do capitão até o general (...). Assim é o ordenamento jurídico. (...) Normalmente representa-se a estrutura hierárquica através de uma pirâmide. Nessa pirâmide o vértice é ocupado pela norma fundamental; a base é constituída pelos atos executivos. (...).

"A norma que atribui a uma pessoa ou órgão o poder de estabelecer normas jurídicas atribui ao mesmo tempo a outras pessoas o dever de obedecer. (...) Chama-se poder, numa de suas mais importantes acepções, a capacidade de o ordenamento atribuir a essa ou aquela pessoa de colocar em prática obrigações em relação a outras pessoas."

E conclui: "Quando um órgão superior atribui a um órgão inferior um poder normativo não lhe atribui um poder ilimitado. Ao atribuir esse poder estabelece também os limites entre os quais pode ser exercido".

Verifique-se, ainda, que o *conceito de validade é basilar* na doutrina kelseniana, porque se extrai dele toda a essência do direito. Assim, o objeto da ciência do direito é a norma que aparece como unidade do sistema, mas uma norma que extrai sua validade do todo da qual ela faz parte, *in verbis*:[2] "Neste sentido, a norma fundamental é a instauração do facto fundamental da criação jurídica e pode, nestes termos, ser designada como constituição no sentido lógico-jurídico, para distinguir da Constituição em sentido lógico-jurídico. Ela é o ponto de partida de um processo: do processo da criação do Direito positivo. Ela própria não é uma norma posta, posta pelo costume ou pelo acto de um órgão jurídico, não é uma norma positiva, mas uma norma pré-suposta, na medida em que a instância constituinte é considerada como a mais elevada autoridade e por isso não pode ser havida como recebendo o poder constituinte através de uma outra norma, posta por uma autoridade superior. *Se se pergunta pelo fundamento de validade de uma norma pertencente a uma determinada ordem jurídica, a resposta apenas pode consistir na recondução à norma fundamental desta ordem jurídica, quer dizer: na afirmação de que esta norma foi produzida de acordo com a norma fundamental*".

E mais adiante: "Os vários escalões que compõem a ordem jurídica possuem entre si uma relação de determinação ou de vinculação, *na medida em que a norma superior regula o ato pelo qual é produzida a norma inferior*".

2. Hans Kelsen, *Teoria Pura do Direito*, Coimbra, Sucessor, 1979, p. 275.

Considerando tais conceitos sobre validade das normas jurídicas, há de se demonstrar, neste artigo, que as autuações que tenham como fato gerador a ausência de recolhimento do imposto devido pelo diferencial de alíquota das mercadorias não podem prosperar por se basear em norma (regulamento) absolutamente inválida, eis que desrespeitada restou a cadeia normativa, sendo impossível se ligar o preceito que capitula a infração ao comando da Constituição Federal.

Em última *ratio*, o fato descrito como delituoso não está subsumido às normas que comandam a exação tributária, eis que afronta o disposto no art. 155, II, § 2º, XII, "a", "d" e "f".

1. Da inobservância do princípio da estrita legalidade

A incidência tributária não se opera *automática e infalivelmente* com a ocorrência de determinado fato que, em tese, pode ser considerado "fato gerador". Alfredo Augusto Becker assevera in *Teoria Geral do Direito Tributário*: "Com o mero evento, sem que adquira expressão em linguagem competente, transformando-se em fato, não há que se falar em fenômeno da incidência jurídica. A percussão da norma pressupõe relato em linguagem própria: é a linguagem do direito constituindo a realidade jurídica".

Isso quer significar que não basta a ocorrência do fato, aqui considerado jurídico tributário. Necessário se faz que esse fato seja vertido em linguagem competente, de modo que se estabeleça o liame obrigacional.

Ruy Barbosa Nogueira invoca atenção para esse fenômeno ao proclamar: "Portanto, não basta apenas a existência da norma de lei descritiva do fato, mas é preciso além da norma *in abstracto* e prévia, o fato previsto ocorra com todos os elementos descritos na lei e possa ser demonstrada essa vinculação ou juridicidade por meio do ato de subsunção do fato à lei ou sua subjunção pela norma tipificadora" (in *Curso de Direito Tributário*, p. 113).

Nessa linha de raciocínio não é suficiente a existência prévia da norma geral e abstrata também denominada regra-matriz de incidência e a ocorrência do fato gerador (evento) nela previsto. *Para que o tributo possa percurtir juridicamente necessário se faz que essa vinculação seja relatada por intermédio de ato de subsunção do fato à lei*, que, *in casu*, significa a produção da norma individual e concreta, aqui considerada para admitir tanto aquela emitida pela Fazenda Pública quando efetua o lançamento, quanto a exarada pelo particular no desempenho das atribuições que o direito positivo lhe comete.

O princípio da legalidade tributária é o mais importante vetor relativo à tributação.

Hugo de Brito Machado[3] leciona que o princípio da legalidade é no plano do direito constitucional o princípio pelo qual ninguém é obrigado a fazer ou deixar de fazer alguma coisa senão em virtude de lei.

Deve-se ainda observar que o princípio da legalidade tem como finalidade preservar a segurança jurídica nas relações com o Estado, mediante o estabelecimento prévio das condutas a serem observadas de modo que tanto governantes como governados saibam previamente seus deveres e direitos.

Ou, nas palavras do suso mencionado autor, "o princípio da legalidade presta-se para garantir a segurança nas relações do particular (contribuinte) com o Estado (fisco), as quais devem ser inteiramente disciplinadas, em lei, que obriga tanto o sujeito passivo como o sujeito ativo da relação obrigacional tributária".

A Constituição Federal nesse constante dispõe, *verbis*:

3. Hugo de Brito Machado, *Curso de Direito Tributário*, 12ª ed., São Paulo, Malheiros Editores, 1997, p. 28.

Art. 150. (...).

I – Sem prejuízo de outras garantias asseguradas ao contribuinte, *é vedado* à União, aos Estados, ao Distrito Federal e aos Municípios *exigir ou aumentar tributo sem lei* que o estabeleça;

Roque Antonio Carrazza em seu *Curso de Direito Constitucional Tributário* assevera que "Não é por outro motivo que se tem sustentado que em nosso ordenamento jurídico vige, *mais do que o princípio da legalidade tributária, o princípio da* ***estrita legalidade***".[4]

Nesse ponto é de se perquirir se a exigência ínsita no art. 3º, inc. XIV, c/c 168, XV, todos do RICMS/ES, aprovado pelo Decreto 1.090-R/2002, bem como a sua sanção, podem ser consideradas como normas jurídicas aptas e válidas para que o Estado exerça a pretensão de cobrar os valores constantes do auto de infração.

Roque A. Carrazza, em seu *Curso de Direito Constitucional Tributário*, preleciona no tocante ao art. 150 da CF/1988 que:

"Naturalmente a lei é entendida, neste passo, em sentido lato, agasalhando não só a emenda do Congresso Nacional, das Assembléias Legislativas, das Câmaras Municipais e da Câmara Legislativa (lei *stricto sensu*), como, também as leis delegadas e as medidas provisórias, *desde que, é claro, sejam editadas em obediência ao processo de elaboração que o Código Supremo houve por bem traçar.* (...) *Não basta, no Brasil, que o tributo seja criado por meio de lei. É preciso, ainda, que tal lei seja editada pela pessoa política (União, Estado, Município ou Distrito Federal) que recebeu, da Constituição, competência para tanto*.[5]

"Resta evidente, portanto, que o ***Executivo*** *não poderá apontar – nem mesmo por delegação legislativa – nenhum aspecto essencial da norma jurídica tributária, sob pena de flagrante inconstitucionalidade.*

"Labora em equívoco, portanto, os que sustentam que o chefe do Executivo, no que tange a tributação pode terminar a obra do legislador, regulamentando tudo o que ele apenas descreveu com passos largos. Na verdade, a faculdade regulamentar serve para ressaltar alguns conceitos menos claros contidos na lei, *mas não para agregar-lhes novos componentes ou o que é pior para defini-los do nada. Entendimento contrário viola o princípio da legalidade em sua própria essência.*"

Sobre o assunto, ao discorrer quanto à necessidade de lei complementar à CF/1988 para a criação do diferencial de alíquota de ICMS nas operações interestaduais, Hugo de Brito Machado conclui de maneira lapidar que: "Pessoalmente, até penso que não deveria ser assim. Penso que cada Estado deveria ter a liberdade de traçar os contornos do imposto que institui e arrecada. ***Entretanto como diria o Mestre Pontes de Miranda a Constituição que eu faria não foi feita, e tenho de entender a Constituição que existe, e não a que eu faria. Por isso mesmo, aprendi a ler a Constituição e as leis, como foram feitas e não como eu as faria***" (in *Aspectos Fundamentais do ICMS*, p. 103).

Norma infraconstitucional (decreto) não pode ser considerada como lei, sendo necessário lei que a estabeleça, e, *in casu*, face aos preceitos do art. 155, II, § 2º, XII, "a", "d" e "f", lei complementar à Constituição Federal.

A instituição pelo Poder Executivo, através do RICMS/ES, do diferencial de alíquota nas operações interestaduais de mercadorias destinadas ao consumo próprio ou ativo fixo, não possui amparo na previsão constitucional, uma vez que tal "norma" não respeita as condicionantes estabelecidas na Constituição Federal. Somente a lei poderá obrigar a alguém fazer ou deixar de fazer qualquer ato e, regulamento, não é lei em sentido lato. *É mero ato do Poder Executivo.*

4. Roque Antonio Carrazza, *Curso de Direito Constitucional Tributário*, São Paulo, Malheiros Editores, p. 220.

5. Idem, p. 219.

2. Da necessidade de legislação complementar

Conforme descrito acima, discute-se, a exigência do recolhimento do diferencial de alíquota interestadual do ICMS em razão de aquisição de mercadorias destinadas a consumo próprio ou ao ativo fixo.

É certo que a Constituição Federal de 1988, promovendo modificações básicas na estrutura e cobrança do ICMS, adotou a utilização da alíquota interestadual nas operações e prestações destinadas a consumidor final contribuinte do imposto (bens de uso e consumo e ativo fixo), cabendo ao Estado destinatário o imposto correspondente a diferença entre a alíquota interna e a interestadual.

Porém, a previsão constitucional *in abstrato* não se transforma em obrigação imediata (auto-aplicável), mas, ao revés, como se verá, imprescinde de norma infraconstitucional que o regule.

Nesse sentido o Supremo Tribunal Federal se posicionou diante do seguinte julgamento:

> *ADI-MC 2.157-BA – Medida Cautelar na Ação Direta de Inconstitucionalidade*. Tribunal Pleno, Rel. Min. Moreira Alves, j. 28.6.2000, *DJ* 7.12.2000, p. 4, Ement. vol. 2.015-02, p. 232. *Ementa*: Ação direta de inconstitucionalidade. Alíneas "a", "b" e "c" do inc. III do art. 3º da Lei n. 7.508, de 22 de setembro de 1999, art. 8º, incs. I, II e III, e §§ 1º e 2º, do Decreto n. 7.699, de 9 de novembro de 1999, e art. 9º, incs. I e II, do mesmo Decreto, todos do Estado da Bahia. Pedido de medida liminar. – Inexistência de ilegitimidade ativa por falta de pertinência temática. – Não-ocorrência de inépcia da inicial por não indicar esta, no pedido, inclusive de liminar, o artigo impugnado da Lei estadual n. 7.508/1999, mas apenas aludir às alíneas "a", "b" e "c" do inc. III. – *No mérito, é relevante a argüição de inconstitucionalidade em causa com base no disposto no art. 155, § 2º, XII, "g", da Constituição, que* ***exige lei complementar – que evidentemente é federal – para, em se tratando de ICMS, "regular a forma como, mediante deliberação dos Estados e do Distrito Federal, isenções, incentivos e benefícios fiscais serão concedidos e revogados"***. – No caso, não há sequer necessidade de confronto entre as normas da Lei ora impugnada e a Lei Complementar n. 24/1975, mas apenas entre aquelas e o disposto no art. 155, § 2º, XII, "g", da Constituição que pressupõe a deliberação dos Estados e do Distrito Federal para a concessão e revogação de benefícios fiscais concernentes ao ICMS. – Conveniência da concessão da liminar. Liminar deferida para suspender, *ex nunc*, a eficácia das alíneas "a", "b" e "c" do inc. III do art. 3º da Lei n. 7.508, de 22 de setembro de 1999, e, por via de conseqüência, dos arts. 8º, I, II e III e §§ 1º e 2º, e 9º, I e II, do Decreto n. 7.699, de 9 de novembro de 1999, todos do Estado da Bahia.

Assim, ainda que o diferencial de alíquotas do ICMS tenha sido expressamente previsto por nossa Carta Política, resta saber se o comando normativo contido no art. 155 da CF/1988 é auto-aplicável e pode ser objeto de regra instituída pelo Estado destinatário da mercadoria, pois depende de regulamentação infraconstitucional.

Os dispositivos constitucionais possuem o condão de instituir tributos em abstrato, conferindo competência para a lei complementar e, após, aos entes da Federação, por meio de suas respectivas leis ordinárias e nos moldes traçados pela complementar tributária, instituam os tributos a eles respectivamente conferidos.

É a cadeia normativa que, conforme citado anteriormente, estabeleceu as condições de validade das normas jurídicas.

De fato, a leitura do art. 146 da Constituição Federal de 1988 não dá margem a outra interpretação: a instituição, mediante leis ordinárias, de quaisquer exações tributárias somente pode se dar nos limites expressamente previstos na respectiva lei complementar. Vejamos:

> Art. 146. Cabe a lei complementar:
> (...);
> III – estabelecer normas gerais em matéria tributária, especialmente sobre:

a) *Definição de tributos e de suas espécies, bem como, em relação aos impostos discriminados nesta Constituição, a dos respectivos fatos geradores, bases de cálculo e contribuintes.*

Ainda que se pudesse defender entendimento em sentido contrário, o fato é que a necessidade da regulamentação por lei complementar, da matéria relativa ao diferencial de alíquotas de ICMS decorre, *também, do próprio art. 155 de nossa Carta Política, verbis*:

Art. 155. Compete aos Estados e ao Distrito Federal instituir impostos sobre: (...);

II – Operações relativas à circulação de mercadorias e sobre prestações de serviços de transporte interestadual e intermunicipal e de comunicação, ainda que as operações e as prestações se iniciem no exterior; (...).

§ 2º. *O imposto previsto no inc. II atenderá ao seguinte*: (...);

XII – *Cabe à lei complementar*:

a) definir seus contribuintes; (...);

d) fixar, *para efeito de sua cobrança* e definição do estabelecimento responsável, o local das operações relativas à circulação de mercadorias e das prestações de serviços (...);

f) prever casos de manutenção de crédito, relativamente à remessa para outro Estado e exportação para o exterior, de serviços e de mercadorias; (...).

De fato, não há dúvidas de que o mencionado dispositivo torna imperiosa a conclusão de que a cobrança do imposto ou do diferencial de alíquotas somente poderá ocorrer nos termos em que especificamente regulamentados pela lei complementar.

Paulo de Barros Carvalho ao discorrer sobre o tema aduz que:

"Entrevendo na Constituição o ultimo reduto de validade das outras regras do sistema positivo, não seria despropositado conceber que todos os diplomas normativos assumem caráter complementar posto que implementam e dão curso aos postulados fundamentais nela esculpidos. Essa não é, todavia, a conotação que a doutrina atribui à lei complementar e, muito menos, a inteligência que devemos extrair da sua previsão (...).

"O direito que entre nós vigora erigiu conceito de lei complementar que nos interessa conhecer por tratar-se de noção jurídica positiva: lei complementar *é aquela que, dispondo sobre matéria, expressa ou implicitamente, prevista na redação constitucional, esta submetida ao quórum qualificado do art. 69 CF, isto é, maioria absoluta das duas casas do Congresso Nacional*" (in *Curso de Direito Tributário*, São Paulo, Saraiva, p. 202).

Por seu turno, José Afonso da Silva, em sua obra *Aplicabilidade das Normas Constitucionais*, classifica, com acerto, a tricotômica constitucional acerca dos dispositivos contidos em nossa Carta Política: a) normas de eficácia plena e aplicabilidade imediata – são aquelas que "situam-se entre os elementos orgânicos da constituição"; b) normas de eficácia contida e aplicabilidade imediata, mas passiveis de restrição – são aquelas que "prevêem meios normativos que limitem sua eficácia e aplicabilidade" e c) de eficácia limitada ou reduzida – são aquelas que "deixam ao legislador ordinário – ou complementar – a tarefa de completar a regulamentação da matéria nela traçada em princípio ou esquema".

Tal classificação lembrada por José A. da Silva se baseia nas próprias disposições da carta constitucional que, por vezes, impõe regras de aplicação imediata e, outras, condicionam a previsão em abstrato a outros acontecimentos futuros.

Assim, os mencionados arts. 146 e 155 de nossa Carta Política apontam de forma uníssona que as disposições constitucionais acerca do ICMS e, via de conseqüência, do diferencial de alíquota nas operações interestaduais, enquadram-se dentre as normas constitucionais de eficácia limitada ou reduzida. Ou seja: a aplicabilidade de tais normas dependeria de "regulamentação da matéria nela traçada", cuja competência é do legislador complementar.

É indiscutível nessas condições que se a Lei Complementar n. 87/1996 – que é o diploma legal que, em atendimento ao comando previsto nos citados preceitos Constitucionais, regulamentou a cobrança do ICMS – não previu a cobrança do diferencial de alíquotas em operações interestaduais de aquisição de mercadorias, não poderá mera lei ordinária – muito menos decreto estadual – instituir tal exigência sob pena de tal diploma quebrar a cadeia normativa e, logo, a validade da norma em si mesma.

Frise-se, na edição de lei instituidora que balizará a formação da relação obrigacional devem ser observadas as limitações constitucionais sob pena de inexistência de vínculo jurídico obrigacional e conseqüente impossibilidade de cobrança do tributo.

Utilizando-se das premissas positivistas que regem o sistema jurídico brasileiro assim se manifestou, no tocante à matéria de fundo, Hugo de Brito Machado, *verbis*: "É certo que a Constituição Federal prevê a cobrança no Estado de destino da diferença de alíquota, mas *a existência da norma na Constituição é insuficiente para que o legislador estadual possa definir um fato como gerador de um imposto*. Como é sabido a Constituição não cria imposto. Apenas atribui competência aos legislados da pessoa jurídica de direito público interno para fazê-lo. *Nesse sentido é jurisprudência do Supremo Tribunal Federal*. Além disso, no sistema constitucional tributário em vigor deve haver uma lei complementar que se ponha de intermédio entre a norma da Constituição, reduzindo a generalidade desta, e a lei ordinária da entidade tributante, que define, esta sim, os elementos essenciais da obrigação tributária respectiva, como exige o art. 146 da Constituição Federal. *Para que o ICMS possa ser cobrado em determinada situação, portanto, e indispensável, além da norma da Constituição que atribui a competência impositiva, uma definição em lei complementar de seu fato gerador, de sua base de cálculo e de seus contribuintes, de sorte que os legisladores dos diversos Estados fiquem a esse comando vinculados*, evitando dessa forma que o imposto tenha regimes vinculados, evitando em cada unidade federativa" {in *Aspectos Fundamentais do ICMS*, Editora Dialética do Direito Tributário, p. 99).

Ainda nessa linha, vale a observação das lições de João Dácio Rolim e Henrique Gaede in *O ICMS, a LC 87/1996 e Questões Jurídicas Atuais*: "Em nosso entendimento as disposições constitucionais acerca do *diferencial de alíquota poderiam se enquadrar nas normas de eficácia limitada ou reduzida*, uma vez que se encontram inseridas nas provisões constitucionais gerais acerca do imposto de competência dos Estados e do Distrito Federal sobre as operações relativas a circulação de mercadorias e sobre prestações de serviços de transporte interestadual e intermunicipal e de comunicação, o qual, por sua vez, requer para a sua aplicabilidade definições a serem explicitadas *através de Lei Complementar*, consoante inc. XII, do § 2º, do art. 155 da CF (...)" (p. 185).

A jurisprudência pátria corroborou o entendimento. Nesse sentido, o voto proferido pelo *Exmo. Ministro Moreira Alves, no julgamento de Recurso Extraordinário em que se discutia caso análogo* ao presente:

> É que a Constituição Federal trata apenas de repartição da competência tributária entre os poderes federal, estadual e municipal. *Fixa a competência e os limites dela, cabendo ai legislador ordinário – ou complementar – votar as leis tributárias dentro de sua respectiva competência tributária e legislativa e nos limites fixados pela Constituição.* A Constituição apenas veio declarar que o Poder Legislativo Ordinário – ou complementar – pode estabelecer a tributariedade dessa entrada (...) (Recurso Extraordinário n. 113.711-SP, publicado na *Revista Trimestral de Jurisprudência* 123/814).

3. Da evolução normativa

Após a promulgação da Constituição Federal de 1988, os Estados fizeram constar dos arts. 2º e 5º do antigo e revogado Convênio ICM n. 66/1988 – diploma legal que regia, com força de Lei Complementar, toda a sistemática de apuração do imposto – o seguinte:

> Art. 2º. Ocorre o fato gerador do imposto: (...).
>
> II – na entrada do estabelecimento do contribuinte de mercadoria oriunda de outro Estado, destinada a consumo ou ativo fixo;
>
> III – na utilização, por contribuinte, de serviço cuja prestação se tenha iniciado em outro Estado e não esteja vinculada operação ou prestação subseqüente alcançada pela incidência do imposto. (...).
>
> Art. 5º. Nas hipóteses dos incs. II e III do art. 2º, a base de cálculo do imposto e o valor da operação ou prestação sobre a qual foi cobrado o imposto no Estado de origem e o imposto a recolher será o valor correspondente a diferença entre a alíquota interna e interestadual.

Vê, assim, que tanto a entrada de mercadoria oriunda de outro Estado, destinada a consumo ou ativo fixo, quanto a utilização de serviço, cuja prestação se tenha iniciado em outro Estado estavam sujeitas a incidência do diferencial de alíquotas ora em debate.

Entretanto, o referido Convênio serviu apenas para preencher lacunas existentes no Decreto-lei n. 406/1968 até a edição de Lei Complementar que dispusesse acerca do ICMS.

Saliente-se, ademais, que face ao art. 34, § 8º, do ADCT,[6] o já revogado Convênio tampouco poderia ter fixado base de cálculo diversa daquela prevista no Decreto-lei n. 406/1968 para o ICMS, segundo já estabelecido pelo *Plenário do STF* por meio de decisão cuja ementa transcrevemos:

> Tributário (...). *A competência delegada aos Estados no art. 34, § 8º, do ADCT para fixação por convênio de normas destinadas a regular provisoriamente o ICMS limita-se pela existência de lacunas na legislação*. Se a base de cálculo em referência já se achava disciplinada pelo art. 2º, § 8º, do DL 406/1968, recepcionado pela nova Carta com força de lei complementar, não havia lugar para a nova definição que lhe deu o Convênio 66/1988, verificando-se, no ponto indicado, ultrapassagem do limite indicado pela norma e conseqüente invasão do princípio constitucional da legalidade tributária" (Recurso Extraordinário n. 149.222-SP, Plenário, Rel. Min. Itamar Galvão, publicação DOU de 29.4.1994).

Verifica-se, portanto, que o Convênio n. 66 somente teria vigência enquanto não fosse promulgada a necessária lei complementar prevista no art. 155, II, § 2º, XII, da CF/1988.

Em 1996 surgiu, finalmente, a Lei Complementar n. 87, que veio a traçar as diretrizes acerca do ICMS, suprindo a lacuna então existente e derrogando o provisório Convênio n. 66.

Ao regular a matéria a lei complementar relativamente ao diferencial de alíquota nas operações interestaduais, somente contemplou como hipótese de incidência o fato gerador a utilização de serviço. Veja-se:

> Art. 12. Considera-se ocorrido o fato gerador do imposto no momento: (...).
>
> XIII – da utilização, por contribuinte, *de serviço* cuja prestação se tenha iniciado em outro Estado e não esteja vinculada a operação ou prestação subseqüente.
>
> Art. 13. A base de cálculo do imposto é: (...).

6. Art. 34: "(...) § 8º do ADCT: "Se, no prazo de 60 dias contados da promulgação da Constituição, não for editada a lei complementar necessária à instituição do imposto de que trata o artigo 155, I, *b*, os Estados e o Distrito Federal, mediante convênio celebrado nos termos da Lei Complementar n. 24, de 7.1.1975, fixarão normas para regular *provisoriamente* a matéria".

IX – na hipótese do inc. XIII do art. 12, o valor da prestação do Estado de origem. (...).

§ 3º. No caso do inc. IX, o Imposto a pagar será o valor resultante da aplicação do percentual equivalente à diferença entre a alíquota interna e a interestadual, sobre o valor ali previsto.

Não houve, portanto, qualquer alusão à incidência do mencionado diferencial em operações envolvendo bens destinados ao ativo fixo ou destinados a uso e consumo da própria sociedade.

Se, indiscutivelmente, *o próprio legislador complementar* (*mens legislatoris* e *legis*) *excluiu de forma voluntária*, a incidência do diferencial de alíquotas na hipótese de entrada de mercadoria oriunda de outro Estado, destinado ao consumo ou ativo fixo, não há como defender-se o entendimento de que mero decreto estadual poderia instituir tal recolhimento.

Registre-se: em matéria tributária nada se presume.

Dessa forma, inexistindo lei complementar prevendo a cobrança do diferencial de alíquota no caso de aquisição de mercadorias para o consumo, sua exigência configura flagrante violação ao art. 146, III, "a" e ao art. 155, § 2º, XII, "a", "d", "f" e, principalmente, ao art. 5º, II da Constituição Federal, este último *in verbis*:

> Art. 5º. Todos são iguais perante a lei, sem distinção de qualquer natureza, garantindo-se aos brasileiros e aos estrangeiros residentes no País a inviolabilidade do direito à vida, à liberdade, à igualdade, à segurança e à propriedade, nos termos seguintes: (...);
>
> II – ninguém será obrigado a fazer ou deixar de fazer alguma coisa senão em virtude de lei;

Relativamente a intenção do legislador complementar, é importante salientar que a exclusão do diferencial de alíquota na hipótese de aquisição de mercadorias destinadas a consumo ou ao ativo fixo foi proposital.

Isso porque *a Lei Complementar adotou o regime do crédito financeiro, assegurando ao contribuinte o credito do ICMS pago em todas as operações que constituam custo para o estabelecimento.*

Assim, a partir da edição da mencionada Lei Complementar, é inócua a cobrança do diferencial de alíquota para os casos de aquisição de mercadorias destinadas a consumo ou ativo fixo, e por essa razão a lei complementar não previu tal hipótese de incidência do diferencial de alíquota, ao revés a única previsão neste tocante refere-se à utilização de serviço.

Tratando da "inutilidade da exigência do diferencial, a partir da LC 87", o parecer de Hugo de Brito Machado: "*Adotado o regime do crédito financeiro, tornou-se inteiramente irrelevante e inócua a figura do diferencial de alíquota.* (...) Por essa razão, a Lei Complementar n. 87/1996 não contem qualquer previsão para a cobrança do diferencial de alíquota. Não definiu como o fez o Convênio 66/1988, a entrada de bem oriundo de outro Estado, destinado ao ativo fixo ou ao consumo do estabelecimento, como hipótese de incidência do ICMS. Nada referiu sobre suas alíquotas, contribuintes, etc." (in "ICMS. Lei Complementar n. 87/1996. Operações interestaduais com bens destinados ao consumo ou ao ativo fixo do contribuinte. Diferencial de alíquota. Inexigibilidade", *Revista Dialética de Direito Tributário* n. 74/123).

Não foi outra, aliás, a conclusão de João Dácio Rolim e Henrique Gaede in *O ICMS, a LC 87/1996 e Questões Jurídicas Atuais*: "Em nossa opinião, *a falta de previsão pelo legislador da incidência do diferencial de alíquota* quando da aquisição de bens destinados a uso e consumo ou a integração do ativo fixo oriundos de outro Estado da Federação, não decorre de simples omissão ou de qualquer outra falha de processo legislativo. *Ela é intencional e proveniente das mudanças inseridas, formalmente, na sistemática de apuração do tributo a partir da Lei Complementar n. 87/1996 que vinham sendo acobertadas através do Convênio 66/1988, que em diversos aspectos destoava das previsões constitucionais acerca do ICMS.* (...)".

Por sua vez, Hugo de Brito Machado assevera que, *in verbis*: "Com o advento da Lei Complementar n. 87, de 13 de setembro de 1996, a cobrança do diferencial de alíquota passou a constituir um problema (...) e que a referida lei complementar ao cuidar do momento em que se deve considerar consumado o fato gerador do imposto, não cogitou da entrada da mercadoria adquirida em outro Estado, deixando assim esse fato fora do âmbito do ICMS (...). *É certo que a CF/1988 prevê a cobrança no Estado de destino, da diferença de alíquota, mas a existência da norma na CF/1988 é insuficiente para que o legislador estadual possa definir um fato como gerador de um imposto.* Como é sabido a CF/1988 não cria imposto apenas atribui competência ao legislador da pessoa jurídica de direito público interno para fazê-lo (...). Para que o ICMS possa ser cobrado em determinada situação, portanto, é indispensável, além da norma da CF/1988, que atribui competência impositiva, uma definição em lei complementar de seu fato gerador, de sua base de cálculo e de seus contribuintes, de sorte que os legisladores dos diversos Estados fiquem a esse comando vinculado (...). Pessoalmente, até penso que não deveria ser assim. Penso que cada estado deveria ter a liberdade de traçar os contornos do imposto que institui e arrecada. *Entretanto como diria o mestre Pontes de Miranda a Constituição que eu faria não foi feita, e tenho de entender a Constituição que existe, e não a que eu faria. Por isso mesmo, aprendi a ler a Constituição e as leis, como foram feitas e não como eu as faria*" (in *Aspectos Fundamentais do ICMS*, p. 103).

E conclui: "A Lei Complementar 87 omitiu nas definições do fato gerador, da base de cálculo e do contribuinte do ICMS referências que permitam ver nelas incluída a situação relativa à aquisição de mercadorias em operações interestaduais. *Deixou, fora de qualquer dúvida razoável que, em se tratando de situações a envolver pessoas em estados diferentes somente as prestações de serviços autorizam a instituição do imposto a ser pago pelo recebedor do serviço*".

Pelo exposto, restando evidenciado que inexiste previsão na legislação complementar acerca do mencionado diferencial de alíquota nas operações interestaduais de mercadorias destinadas ao consumo e ativo fixo, conclui-se ser absolutamente indevida a obrigação.

4. Do adicional de imposto de renda – Caso análogo

É importante, nesse momento, observar que em matéria absolutamente semelhante, qual seja, a instituição de cobrança pelos Estados-membros do adicional de imposto de renda, o Supremo Tribunal Federal se posicionou taxativamente no sentido de entender ser a sua cobrança inconstitucional quando realizado com base em norma infralegal.

É de se observar que os Estados não podem instituir, mediante ato legislativo próprio, o adicional de imposto de renda enquanto não for editada, pela União Federal, a lei complementar nacional prevista no art. 146, III, "a", da Lei Fundamental da República.

A existência desse *vacuum legis* não confere aos Estados-membros a possibilidade de exercerem, com base nas regras inscritas no art. 24, § 3º, da Constituição Federal e no art. 34, § 3º, § 4º e § 5º, do ADCT, de 1988, competência legislativa plena, eis que as recíprocas interferências que se estabelecerão, obrigatoriamente, entre o imposto de renda, sujeito a competência legislativa da União, e o adicional ao imposto de renda, incluído na esfera de competência impositiva dos Estados, reclamam a edição de lei complementar nacional que indique soluções normativas necessárias a superação de possíveis conflitos de competência entre essas entidades políticas.

O poder de tributar, deferido as pessoas estatais investidas de capacidade política, não deve ser exercido com desrespeito aos direitos públicos subjetivos dos contribuintes ou com ofensa às limitações constitucionais que restringem o desempenho, pelas entidades tributantes, de sua competência impositiva.

Nesse sentido e tendo como argumento basilar o fato de que é imprescindível a existência de lei complementar que regule a matéria, manifestou-se a Suprema Corte brasileira *in verbis*:

ADI 28-SP – Ação Direta de Inconstitucionalidade. Tribunal Pleno, Rel. Min. Sydney Sanches, j. 6.10.1993, *DJ* 12.11.1993, p. 24.022, Ementa vol. 1.725-01, p. 1. Reqtes.: Confederação Nacional das Profissões Liberais. Advs.: Luiz Carlos Bettiol e Ives Gandra da Silva Martins. Reqdos.: Governador do Estado de São Paulo e Assembléia Legislativa do Estado de São Paulo. Adv.: Jaques Bushatsky. Ação Direta de Inconstitucionalidade. Lei n. 6.352, de 29.12.1988, do Estado de São Paulo. Tributário. Adicional de Imposto de Renda (art. 155, II, da Constituição Federal). Arts. 146 e 24, § 3º, da parte permanente da CF e art. 34, §§ 3º, 4º e 5º do ADCT. *O adicional de Imposto de Renda, de que trata o inc. II do art. 155, não pode ser instituído pelos Estados e distrito federal, sem que, antes, a lei complementar nacional, prevista no "caput" do art. 146, disponha sobre as matérias referidas em seus incisos e alíneas, não estando sua edição dispensada pelo § 3º do art. 24 da parte permanente da Constituição Federal*, nem pelos §§ 3º, 4º e 5º do art. 34 do ADCT. Ação julgada procedente, declarada a inconstitucionalidade da Lei n. 6.352, de 29.12.1988, do Estado de São Paulo.

ADI 615-GO – Ação Direta de Inconstitucionalidade. Tribunal Pleno, Rel. Min. Sydney Sanches, j. 6.10.1993, *DJ* 5.11.1993, p. 23.286. Ement. vol. 1.724-01, p. 11. Reqte.: Confederação Nacional das Profissões Liberais. Reqdo.: Governador do Estado de Goiás. Reqda.: Assembléia Legislativa do Estado de Goiás. Ementa: Ação Direta de Inconstitucionalidade. Lei n. 10.723, de 29.12.1988, do Estado de Goiás. Tributário. Adicional de imposto de renda (art. 155, II, da Constituição Federal). Arts. 146 e 24, § 3º, da parte permanente da CF e art. 34, §§ 3º, 4º e 5º do ADCT. *O adicional de imposto de renda, de que trata o inc. II do art. 155, não pode ser instituído pelos Estados e Distrito Federal, sem que, antes, a lei complementar nacional, prevista no "caput" do art. 146, disponha sobre as matérias referidas em seus incisos e alíneas, não estando sua edição dispensada pelo § 3º do art. 24 da parte permanente da Constituição Federal*, nem pelos §§ 3º, 4º e 5º do art. 34 do ADCT. Ação julgada procedente, declarada a inconstitucionalidade da Lei n. 10.723, de 29.12.1988, do Estado de Goiás.

RE 148.123-SP – Recurso Extraordinário. 2ª T., Rel. Min. Paulo Brossard, j. 30.11.1993. Ementa: Adicional de imposto sobre a renda e proventos de qualquer natureza. Instituição. Lei estadual. Inconstitucionalidade. O Plenário desta Corte julgou inconstitucional a instituição do referido imposto, ante a inexistência de prévia edição de Lei Complementar, indispensável a dirimência de conflitos de competência entre os Estados. Recurso provido.

RE 140.890-DF – Recurso Extraordinário. Tribunal Pleno, Rel. Min. Néri da Silveira, j. 6.10.1993. Recurso extraordinário. Mandado de segurança. Adicional do imposto sobre renda, instituído pelos Estados e Distrito Federal. Constituição Federal, art. 155, II. Impossibilidade de sua cobrança, pelos Estados-membros e o Distrito Federal, sem prévia lei complementar (CF, art. 146, 1). Não bastam a dispensar a edição de lei complementar as disposições do art. 24, § 3º, da Constituição, e do art. 34, §§ 3º, 4º e 5º, do ADCT, de 1988. Precedentes do STF nos Recursos Extraordinários ns. 136.215-4-200-RJ e 140.887-1-RJ. Lei n. 32, de 7.7.1989, do Distrito Federal, que institui o referido adicional do imposto de renda. Sua inconstitucionalidade. Recurso extraordinário conhecido e provido, para conceder o mandado de segurança, declarando-se a inconstitucionalidade da Lei n. 32, de 7 de julho de 1989, do Distrito Federal.

RE 149.955-SP – Recurso Extraordinário. Tribunal Pleno, Rel. Min. Celso de Mello, j. 19.8.1993. Ementa: Tributário – Adicional ao Imposto se Renda (Lei n. 6.352/1988, do Estado de São Paulo) – Inconstitucionalidade de sua instituição – Ausência de lei complementar nacional (CF, art. 146) – Impossibilidade do exercício, pelo Estado-membro, da competência legislativa plena – Recurso Extraordinário conhecido e provido. – E inconstitucional a Lei n. 6.352, de 29.12.1988, que, editada pelo Estado de São Paulo, instituiu o adicional ao imposto de renda no âmbito daquela unidade da Federação. – Os Estados-membros não podem instituir, mediante ato legislativo próprio, o tributo a que se refere o art. 155, II, da Constituição (Adicional ao Imposto de Renda) enquanto não for editada, pela União Federal, a lei complementar nacional prevista no art. 146 da Lei Fundamental da República. A existência desse "vacuum legis" não confere aos Estados-membros a possibilidade de exercerem, com base nas regras inscritas no art. 24, § 3º, da Constituição e no art. 34, § 3º, do ADCT/1988, competência legislativa plena, eis que as recíprocas interferências que se estabelecerão, obrigatoriamente, entre o imposto de renda, sujeito a competência legislativa da União, e o adicional ao imposto de renda, incluído na esfera de competência impositiva dos Estados-membros, reclamam a edição de lei complementar nacional que indique soluções normativas necessárias à superação de possíveis conflitos de competência entre essas entidades políticas. – O poder de tributar deferido às pessoas estatais investidas de capacidade política não deve ser exercido com desrespeito aos direitos públicos subjetivos dos contribuintes ou com ofensa às limitações constitucionais que restringem o desempenho, pelas entidades tributantes, de sua competência impositiva.

RE 136.215-RJ – Recurso Extraordinário. Tribunal Pleno, Rel. Min. Octavio Gallotti, j. 18.2.1993. Adicional estadual do imposto sobre a renda (art. 155, II, da CF). Impossibilidade de sua cobrança, sem prévia lei complementar (art. 146 da CF). Sendo ela materialmente indispensável a dirimência de conflitos de competência entre os Estados da Federação, não bastam, para dispensar sua edição, os permissivos inscritos no art. 24, § 3º, da Constituição e no art. 34, e seus §§, do ADCT. Recurso Extraordinário provido para declarar a inconstitucionalidade da Lei n. 1.394, de 2.12.1988, do Estado do Rio de Janeiro, concedendo-se a segurança.

Ao se aplicar analogicamente ao caso vertente as decisões emanadas do Excelso Pretório que concluem ser inconstitucional a regulamentação pelos Estados-membros do adicional do imposto de renda, enquanto não regulamentado por lei complementar, é óbvio que, *mutatis mutantes*, de igual modo, não é possível a cobrança do diferencial de alíquota nas operações interestaduais de mercadorias destinadas ao consumo próprio ou ativo fixo, enquanto não houver previsão expressa em lei complementar estabelecendo a sua instituição, nos termos do art. 146, III, "a", da CF/1988.

Inexistindo tal previsão de incidência não poderá o Poder Executivo estabelecê-la por regulamento, caso típico de usurpação de competência e poderes conferidos a ente hierarquicamente superior.

Também aqui, por tais motivos, o diferencial de alíquota, em razão de operação interestadual destinadas ao consumo ou ativo fixo é inexigível por faltar norma válida que a tenha instituído.

5. *Da obrigação acessória*

Como se não bastasse a inconstitucionalidade da cobrança, a multa pela ausência de pagamento pode vir a ser várias vezes superior ao valor da obrigação principal. Por exemplo, deixar de recolher o diferencial de alíquota em operação interestadual pode gerar multa de R$ 400.000,00, enquanto que o *valor da obrigação acessória*, deixar de registrar documento fiscal de entrada de mercadoria geraria multa de R$ 1.500.000,00, ou seja, *quase quatro vezes superior ao valor do "débito" principal*.

É de se observar que não há a mínima consistência legal, uma vez que inexiste subsunção do fato que o originou às normas ínsitas na Constituição Federal, pois:

a) afronta de forma cristalina o princípio da proporcionalidade e do não-confisco ao impor uma pena pela não escrituração de nota fiscal de entrada de mercadoria (obrigação acessória) equivalente ao quádruplo do imposto (obrigação principal) que a Fazenda Pública deseja cobrar (*rectius*: diferencial de alíquota);

b) afronta, também, o princípio da legalidade, eis que a obrigação e sanção impostas não se encontram previstas em lei válida e;

c) inexiste interesse do Fisco na imposição da obrigação acessória, eis que a exigência do diferencial de alíquota (obrigação principal) não encontra validade no sistema pátrio.

Destarte, considerando-se que a obrigação principal, diferencial de alíquota, não é exigível, eis que a norma que a instituiu é absolutamente inválida (e norma inválida é norma fora do ordenamento[7]) a obrigação acessória, mesmo que pudesse se admitir, *ad argumentandum tantum*, ser instituída por norma infraconstitucional (RICMS/ES), mesmo assim, tal obrigação acessória não poderia ser imposta ao contribuinte, por faltar ao Estado interesse concreto na fiscalização dos lançamentos das notas fiscais de entrada de mercadoria para consumo próprio de produto proveniente de outro Estado da Federação, eis que tal fato jurídico não rende à arrecadação estadual o direito de impor a obrigação principal (diferencial de alíquota).

7. V., por todos, Kelsen e Bobbio no discorrer deste artigo.

E não rende a exigência de tal tributo, uma vez que não existe previsão normativa instituída em lei complementar à Constituição Federal que o discipline.

5.1 Do princípio do não-confisco e o princípio da proporcionalidade

Uma das pedras fundamentais do direito moderno, a obra prima *Dos Delitos e Das Penas*, lançado em 1764, de Cesare Beccaria, evidenciou e influenciou todo o sistema positivista ao propugnar e resgatar dois princípios do direito romano:

a) Não há pena sem que haja lei: "Ora, *o magistrado, que também faz parte da sociedade, não pode com justiça infligir a outro membro dessa sociedade uma pena que não seja estatuída pela lei*".

b) A pena deve ser proporcional ao delito: "*Toda severidade que ultrapasse os limites se torna supérflua e, por conseguinte, tirânica*".

No julgamento da ADI 1.075-DF, o Supremo Tribunal Federal estabeleceu que a exigência de multa em percentual desproporcional constitui infração à regra do art. 150 da Constituição Federal.

Tal entendimento tem sido pacífico. Veja-se:

> *ADI 551-RJ – Ação Direta de Inconstitucionalidade*. Tribunal Pleno, Rel. Min. Ilmar Galvão, j. 24.10.2002, publicado em 14.2.2003, p. 58, Ement. vol. 2.098-01, p. 39. Reqte.: Governador do Estado do Rio De Janeiro. Advs.: Ricardo Aziz Cretton e outro. Reqdo.: Assembléia Legislativa do Estado do Rio de Janeiro. Ementa: Ação Direta de Inconstitucionalidade. §§ 2º e 3º do art. 57 do Ato das Disposições Constitucionais Transitórias da Constituição do Estado do Rio de Janeiro. Fixação de valores mínimos para multas pelo não-recolhimento e sonegação de tributos estaduais. Violação ao inc. IV do art. 150 da Carta da República. *A desproporção entre o desrespeito à norma tributária e sua conseqüência jurídica, a multa, evidencia o caráter*

confiscatório desta, atentando contra o patrimônio do contribuinte, em contrariedade ao mencionado dispositivo do Texto Constitucional Federal. Ação julgada procedente.

O princípio do não-confisco, que é uma limitação negativa ao poder de tributar imposta ao Estado pelo poder constituinte originário, é também um direito fundamental do contribuinte protegido por cláusula pétrea.

Quanto a este princípio em matéria tributária, vale citar Vittorio Cassone:[8] "A vedação constitucional do confisco implica limitação à imposição de penalidade pecuniária. Já que as regras de tributação estão sujeitas ao princípio do 'não-confisco', (...), o *estabelecimento das penalidades não pode ser feito de modo desproporcional e abusivo sob pena de serem as mesmas consideradas confiscatórias, ou configurativas de confisco.* Todos os tributos podem ensejar efeito de confisco, desde que ultrapassados os limites da razoabilidade, sendo, pois, inconstitucionais".

O entendimento de Douglas Yamashita[9] faz coro no sentido de que "as penalidades também podem ser confiscatórias sempre que forem desproporcionais ao seu objetivo punitivo".

Nessa linha de raciocínio, asseverou Ives Gandra Martins,[10] que "a aplicação do princípio do art. 150, inc. IV, da Constituição, não protege tão-somente o tributo, mas também toda obrigação dela decorrente, inclusive a gerada pelo inadimplemento do contribuinte".

Assim, a exorbitância da multa aplicada à obrigação acessória não realizada implica na conclusão óbvia da existência de verdadeiro confisco.

A desproporcionalidade fica patente ao verificarmos que a multa pelo descumprimento da obrigação acessória (não escrituração das notas fiscais) pode chegar a apontar o valor ***quase quatrocentos por cento maior***.

De tal sorte, a magnitude da desproporção exigida pelo Fisco estadual determina, *ipso facto*, a afronta ao art. 150, IV da Constituição Federal e, via de conseqüência, retira do disposto elencado no auto de infração, a sua validade.

Por seu turno, o princípio da razoabilidade tem sua acepção ligada com a moralidade, a continência do fundamento da edição da norma com a solidariedade, segurança jurídica, ordem e principalmente a justiça.

A aplicação do princípio da razoabilidade em matéria de penalidades pecuniárias é aceito na doutrina, conforme ensina José Carlos Graça Wagner:[11] "O ato ilícito pode ser punido até o limite de sua própria substância, de tal modo que não só de nada aproveite a quem o praticar como também perca tudo que envolveu na prática daquele ato. Nesse caso, os acréscimos de multa, juros e correção *não podem ultrapassar o limite do que razoavelmente possa se presumir como resultado econômico* obtido com as operações tributadas a que se refere a obrigação em atraso".

Dessa forma, o parâmetro mais usual dos limites das multas fiscais diz respeito à observância da razoabilidade e da proporcionalidade da exação.

Verifica-se que a imposição de penalidades tributárias, inclusive as multas de mora, pode ser declarada inconstitucional em face do princípio da razoabilidade das leis.

8. Vittorio Cassone, "Confisco em matéria tributária", in *Repertório IOB de Jurisprudência* 6, Caderno 1, 2ª quinz. março/2000, pp. 149-153, p. 153.

9. Douglas Yamashita, "Confisco como efeito tributário e sua proibição constitucional", in *Repertório IOB de Jurisprudência* 6, cit., pp. 258-268, p. 259.

10. Ives Gandra da Silva Martins (org.), *Direitos Fundamentais do Contribuinte*, São Paulo, Ed. RT, 2000.

11. José Carlos Graça Wagner, "Penalidades e acréscimos na legislação tributária", in *Caderno de Pesquisas Tributárias*, 2ª tir., 1990, pp. 325-336, p. 329.

O aludido princípio diz respeito, segundo o STF, aos balizamentos e parâmetros que o legislador, na sua atividade legislativa, deveria observar, estabelecendo, ainda, que os limites da lei devem regular a conduta de modo proporcional e adequado.

A doutrina constitucional moderna e o Supremo Tribunal Federal, nesse sentido, determinam que não se deve analisar as leis somente sob a ótica do princípio da reserva legal. O julgamento da questão deve ter como base o *princípio da reserva legal proporcional*, que tem como pressuposto não somente a legitimidade dos meios e dos fins a serem alcançados, mas também a necessidade de utilizar-se o meio menos gravoso ao indivíduo para alcançar o fim almejado.

Com isso, não pode haver distorção entre a medida estabelecida em lei e o fim por ela objetivado, de modo que combater e punir os ilícitos fiscais deve ser disposto com penalidades que guardem adequação dos meios e dos fins, sob pena de violação ao princípio da razoabilidade e a proporcionalidade.

O Ministro Gilmar Mendes resume a questão: "Portanto, a doutrina constitucional mais moderna enfatiza que, em se tratando de imposição de restrições a determinados direitos, *deve-se indagar não apenas sobre a admissibilidade constitucional da restrição eventualmente fixada (reserva legal), mas também sobre a compatibilidade das restrições estabelecidas com o princípio da proporcionalidade*".

Na análise deste princípio aplicado às multas fiscais, vislumbramos que uma lei que estabeleça uma multa elevada para combater a sonegação fiscal deve ser graduada em percentual proporcional ao seu objetivo de punir e reprimir o ato ilícito.

A questão ainda é importante em vista de que a sua não observância na imposição das multas pode violar o direito à propriedade.

Veja-se o RE n. 18.331:

> O poder de taxar não pode chegar à desmedida do poder de destruir, uma vez que somente pode ser exercido dentro dos limites que o tornem compatível com a liberdade do trabalho, comércio e da indústria e com o direito de propriedade.

Nessa linha de raciocínio, veja-se os seguintes julgados da Suprema Corte brasileira, *in verbis*:

> *ADI-MC 1.075-DF – Medida Cautelar na Ação Direta de Inconstitucionalidade*. Rel. Min. Celso de Mello, j. 17.6.1998 (...). – É cabível, em sede de controle normativo abstrato, a possibilidade de o Supremo Tribunal Federal examinar se determinado tributo ofende, ou não, o princípio constitucional da não-confiscatoriedade consagrado no art. 150, IV, da Constituição da República. *Hipótese que versa o exame de diploma legislativo (Lei 8.846/1994, art. 3º e seu parágrafo único) que instituiu multa fiscal de 300% (trezentos por cento). – A proibição constitucional do confisco em matéria tributária – ainda que se trate de multa fiscal resultante do inadimplemento, pelo contribuinte, de suas obrigações tributárias – nada mais representa senão a interdição, pela Carta Política, de qualquer pretensão governamental que possa conduzir, no campo da fiscalidade, à injusta apropriação estatal, no todo ou em parte, do patrimônio ou dos rendimentos dos contribuintes, comprometendo-lhes, pela insuportabilidade da carga tributária, o exercício do direito a uma existência digna, ou a prática de atividade profissional lícita ou, ainda, a regular satisfação de suas necessidades vitais básicas. – O Poder Público, especialmente em sede de tributação (mesmo tratando-se da definição do "quantum" pertinente ao valor das multas fiscais), não pode agir imoderadamente, pois a atividade governamental acha-se essencialmente condicionada pelo princípio da razoabilidade que se qualifica como verdadeiro parâmetro de aferição da constitucionalidade material dos atos estatais.* O poder regulamentar deferido aos Ministros de Estado, embora de extração constitucional, não legitima a edição de atos normativos de caráter primário, estando necessariamente subordinado, no

que concerne ao seu exercício, conteúdo e limites, ao que prescrevem as leis e a Constituição da República. – A competência regulamentar deferida aos Ministros de Estado, mesmo sendo de segundo grau, possui inquestionável extração constitucional (CF, art. 87, parágrafo único, II), de tal modo que o poder jurídico de expedir instruções para a fiel execução das leis compõe, no quadro do sistema normativo vigente no Brasil, uma prerrogativa que também assiste, "ope constitutionis", a esses qualificados agentes auxiliares do Chefe do Poder Executivo da União. – As instruções regulamentares, quando emanarem de Ministro de Estado, qualificar-se-ão como regulamentos executivos, necessariamente subordinados aos limites jurídicos definidos na regra legal a cuja implementação elas se destinam, pois o exercício ministerial do poder regulamentar não pode transgredir a lei, seja para exigir o que esta não exigiu, seja para estabelecer distinções onde a própria lei não distinguiu, notadamente em tema de direito tributário (...).

RE 190.985-SC – Recurso Extraordinário. Tribunal Pleno, Rel. Min. Néri da Silveira, j. 14.2.1996, *DJ* 24.8.2001, p. 61, vol. 2.040-06, p. 1.194. (...). 6. Recurso extraordinário conhecido e provido para julgar improcedente a ação direta de inconstitucionalidade e declarar a constitucionalidade dos arts. 76 e 77, incs. I, III, IV, V, VI e VII, ambos da Lei Complementar n. 31, de 27.9.1990, do Estado de Santa Catarina. 7. Não é possível, efetivamente, entender que as decisões das Cortes de Contas, no exercício de sua competência constitucional, não possuam teor de coercibilidade. Possibilidade de impor sanções, assim como a lei disciplinar. 8. *Certo está que, na hipótese de abuso no exercício dessas atribuições por agentes da fiscalização dos Tribunais de Contas, ou de desvio de poder, os sujeitos passivos das sanções impostas possuem os meios que a ordem jurídica contém para o controle de legalidade dos atos de quem quer que exerça parcela de autoridade ou poder, garantidos, a tanto, ampla defesa e o devido processo legal. 9. As normas impugnadas prevêem possam as multas ser dosadas, até o máximo consignado nessas regras legais. Disso resulta a possibilidade, sempre, de se estabelecer relação de proporcionalidade entre o dano e a multa.*

Tal fundamento seria o bastante para arredar a exigência fiscal.

5.2 Da inobservância do princípio da estrita legalidade

Feitas essas considerações preliminares, o eminente professor Roque Carrazza, da Pontifícia Universidade Católica de São Paulo pergunta e responde o seguinte acerca do princípio da legalidade tributária como finalidade preservar a segurança jurídica nas relações com o Estado:

"Será, porém, que os deveres instrumentais tributários (*rectius*: obrigações acessórias) podem nascer de manifestações da vontade da Administração Pública? *Pensamos que não*. Vamos ver por que.

"Tem-se aduzido que ao contrário da obrigação tributária, sempre amarrada ao princípio da estrita legalidade, o dever instrumental, desde que não entre em conflito aberto com qualquer lei, pode encontrar seu fundamento de validade num ***decreto***, numa portaria, etc. *Com o devido acatamento, não partilhamos destas noções, boas, talvez, para o estrangeiro, mas improsperáveis em face de nosso ordenamento jurídico. Deveras, estamos convencidos de que a tese atrita com o princípio da legalidade que domina e informa o Direito Tributário brasileiro. Entendemos que os decretos, as portarias, os atos administrativos em geral, só podem existir para tornar efetivo o cumprimento dos deveres instrumentais criados pela lei*. Assim, *v.g.*, se ela obriga uma classe de comerciante a manter livros fiscais, pode o decreto regulamentar estabelecer o tipo, o tamanho e o modelo dos mesmos bem como a forma de preenchê-los. Nem se objete que os deveres instrumentais tributários de tão singelos são de facílimo cumprimento e que, destarte, nada obsta que sejam veiculados por meio de atos normativos infralegais. Essa argumentação não e jurídica. De qualquer modo, ainda que verdadeira não teria o condão de se sobrepor ao precitado princípio da legalidade"[12] (...).

"E nossa certeza de que só a lei pode criar deveres instrumentais cresce de ponto na medida em que notamos que seu cumprimento resolve-se em sanções das mais diversas espécies, inclusive pecuniárias. *Repugna ao senso jurídico que uma pessoa possa ser compelida a pagar multa com base no não-acatamento de um dever criado por norma infralegal.*"[13]

E continua:

"De fato, *permitir que o próprio Fisco indique os elementos essenciais dos deveres instrumentais tributários é o mesmo que atribuir 'status' de legislador, o que, como não se discute, é vedado pelo nosso direito positivo.* (...) Somente uma interpretação pedestre é capaz de sustentar tamanho despautério. O inc. II, do art. 5º, da CF exige que os deveres impostos às pessoas brotem de lei. Na verdade, impõe o preceito constitucional ora em destaque que qualquer relação jurídica que implique alguém dar, fazer, não fazer ou suportar surja necessariamente de lei.

"Com essas ponderações, fácil é percebermos que *não só o tributo (obrigação tributária) que se submete ao princípio da legalidade. Os deveres instrumentais tributários (que a doutrina tradicional chama, impropriadamente, de obrigações acessórias) também a ele se subsume.*

"*Por força do princípio da legalidade, conforme já acenamos, também os deveres instrumentais tributários só podem advir de lei 'lato sensu'. Examinemos o assunto com maior vagar. A relação jurídica tributária refere-se não só ao plexo de deveres instrumentais positivos ou negativos que gravitam em torno do tributo, colimando facilitar a aplicação exata da norma jurídica que o previu. É desses deveres, de índole administrativa, que a doutrina tradicional seguindo na traça do Código Tributário Nacional, chama, impropriadamente, de obrigações acessórias, de que, sem maiores delongas, passamos a nos ocupar* (...).[14]

"O primeiro lance de vista sobre o nosso direito positivo já nos revela que os contribuintes, amiudadas vezes, são chamados pela lei a colaborarem com a Fazenda Pública. Esta co-participação traduz em comportamentos positivos (expedir notas fiscais, fazer declarações, *realizar registros*, emitir faturas, etc.) e negativos (manter a escrituração contábil de modo correto, conservar os documentos e os livros fiscais, etc. (...).

"Uma coisa, porém é certa, não é dado aos deveres instrumentais tributários atropelar direito subjetivo do contribuinte. (...)

"Resta evidente, portanto, que o ***Executivo*** *não poderá apontar – nem mesmo por delegação legislativa – nenhum aspecto essencial da norma jurídica tributária, sob pena de flagrante inconstitucionalidade.*

"Labora em equívoco, portanto, os que sustentam que o chefe do Executivo, no que tange a tributação pode terminar a obra do legislador, regulamentando tudo o que ele apenas descreveu com passos largos. Na verdade, a faculdade regulamentar serve para ressaltar alguns conceitos menos claros contidos na lei, *mas não para agregar-lhes novos componentes ou o que é pior para defini-los do nada. Entendimento contrário viola o princípio da legalidade em sua própria essência.*"

Paulo de Barros Carvalho,[15] o mais renomado tributarista da atualidade, asse-

12. Roque Antonio Carrazza, *Curso de Direito Constitucional Tributário*, cit., p. 308.

13. Idem, p. 309.

14. Idem, p. 305.

15. Roque A. Carrazza ao se referir que o Poder Executivo não possui competência consti-

vera, em seu *Curso de Direito Tributário*, às fls. 498-499, que "*as chamadas sanções administrativas, projetadas para reforçar a eficácia dos deveres jurídicos previstos em outra norma, (...) ostentam a mesma estrutura lógica da regra-matriz de incidência*".

Por seu turno, Souto Maior Borges, in *Princípio Constitucional da Legalidade*, concluiu que "por força do art. 5º, II, qualquer pretensão ao cumprimento de obrigação acessória, deverá ser submetida à regência de lei e *não de atos infralegais do Executivo, como decretos regulamentares*".

Ipso facto, deve-se concluir que os artigos ínsitos no RICMS/ES, aprovado pelo Decreto 1.090-R/2002, os quais exigem obrigação acessória, não encontram a sua condição de validade, eis que foram instituídos por entidade que não possui competência legislativa para pô-los como norma válida.

Destarte, o art. 723, §§ 1º, 2º, 3º, c/c art. 744 do RICMS/ES, aprovado pelo Decreto 1.090-R/2002, afronta o art. 150, I, c/c art. 5º, II, todos da Carta Magna.

5.3 Inexistência de interesse da Administração Pública na instituição dos deveres instrumentais (obrigação acessória)

É certo que as multas têm caráter de reparação e de penalidade, como conceituadas, respectivamente, nas legislações civil e penal e, por conseguinte, constituem acessório do principal.

E, na qualidade de acessório, por uma questão de lógica acompanha o principal, constituindo-se, a partir daí, num todo indivisível, nos moldes estabelecidos pela *accessio cedit principali*.

Com efeito, na formação do estabelecimento do vínculo obrigacional tributário, que decorrerá da lei, deverá o legislador observar os ditames previstos nas limitações ao poder de tributar.

Ou seja, na edição de lei instituidora que balizará a formação da relação obrigacional devem ser observadas as limitações constitucionais sob pena de inexistência de vínculo jurídico obrigacional e, conseqüente, impossibilidade de cobrança quer do tributo, quer das sanções dele decorrente.

Em outras palavras, *não haverá cobrança de multa se a obrigação principal deixar de existir por vício no vínculo obrigacional*: a lei. A lei que estabelece o vínculo principal deve ser elaborada dentro dos limites constitucionais, se assim não for, as multas fiscais, principalmente as moratórias, também não serão exigíveis, em vista da descaracterização da obrigação principal.

In casu, a obrigação principal, qual seja, o recolhimento do diferencial de alíquota, também peca por ferir o mesmo princípio da estrita legalidade retrocitado.

É certo que a Constituição Federal de 1988, promovendo modificações básicas na estrutura e cobrança do ICMS, adotou a utilização da alíquota interestadual nas operações e prestações destinadas a consumidor final contribuinte do imposto (bens de uso e consumo e ativo fixo), cabendo ao Estado destinatário o imposto correspondente à diferença entre a alíquota interna e a interestadual.

Porém, conforme explicitado a mais de espaço, a previsão constitucional *in abstrato* não se transforma em obrigação imediata (auto-aplicável), mas, ao revés, como se verá, imprescinde de norma infraconstitucional que a regule.

tucional para legislar sobre matéria atribuída ao legislador complementar à CF/1988 assevere que não discrepa dessa linha Paulo de Barros Carvalho: "assinale-se que a lei instituidora do gravame é vedado deferir atribuições legais norma de inferior hierarquia devendo ela mesma desenhar a plenitude da regra-matriz da exação, motivo por que é inconstitucional certa prática cediça no ordenamento brasileiro e, consistente na delegação de poderes para que órgãos administrativos completem os perfis dos tributos".

Mais uma vez, ressalte-se: *a norma pode receber qualquer conteúdo, mas o que importa é se a lei é válida, isto é, se elaborada por quem compete.*

Conclusão

De todo o exposto, verifica-se, à saciedade, que é flagrantemente inconstitucional a obrigação acessória prevista no regulamento estadual; como também absolutamente inconstitucional a exação ínsita na obrigação principal (diferencial de alíquota), uma vez que não fora produzida por lei complementar e, ainda, porque a Lei Complementar de n. 87/1996 deixou propositadamente de prever tal hipótese de incidência e, via de conseqüência, falta ao Estado interesse de exigir a obrigação acessória a ela correlata e, por último, por ser tal penalidade (imposta à não realização da obrigação acessória) mero confisco, ao impor uma pena que pode chegar a quase quatro vezes maior que o imposto supostamente devido.

O PRINCÍPIO DA SEGURANÇA JURÍDICA COMO RAZÃO PARA A TOMADA DE DECISÃO BASEADA EM REGRA[1]

TATIANA AGUIAR
Especialista em Direito Tributário pelo IBET, em Direito Público pela UFRN e Mestranda em Direito do Estado pela PUC/SP. Advogada

Antes de apreciarmos o princípio sobre o qual nos propomos estudar, imprescindível se faz que penetremos na Teoria Geral dos Princípios, trazendo à baila conceitos e diretrizes importantes que poderão nos auxiliar na tarefa de apontar a natureza jurídica do instituto da segurança jurídica, até mesmo para aferirmos se estamos efetivamente diante de um princípio constitucional ou de uma outra espécie de norma, ou até, para termos certeza se assim podemos denominá-lo, isto é, se se trata de uma norma propriamente dita.

Acerca da importância de tal estudo não poderíamos deixar de transcrever as palavras do mestre Humberto Ávila, que com a sua pequena grande obra acerca deste tema, tornou-se referência no assunto: "Hoje, mais do que ontem, importa construir o sentido e delimitar a função daquelas normas que, sobre prescreverem fins a serem atingidos, servem de fundamento para a aplicação do ordenamento constitucional (...) a doutrina constitucional vive, hoje, a euforia do que se convencionou chamar de Estado Principiológico. Importa ressaltar, no entanto, que notáveis exceções confirmam a regra de que a euforia do novo terminou por acarretar alguns exageros e problemas teóricos que têm inibido a própria efetividade do ordenamento jurídico".[2]

A busca pela essência do instituto da segurança jurídica se justifica pela verdade inafastável de que a extração das normas jurídicas a partir dos textos legais exige a construção de conteúdos de sentido, capazes de lhe conferir fundamentação, os quais precisam ser claros, e, principalmente, porque somente gozando de tal característica (clareza), é que através dos conceitos jurídicos se pode alcançar a previsibilidade do Direito.

Decidimos perseguir o caminho da clareza dos conceitos, por estarmos situados em um Estado Democrático de Direito, no qual o controle da própria atividade estatal pelo povo deve ser constante e intensa e esta só se torna possível se os destinatários dos preceitos legais puderem compreendê-los, para só então exigir a sua efetiva aplicação.

Partimos da premissa básica de que normas não são textos, mas sim são sentidos construídos a partir da interpretação sistemática de textos normativos. Portanto,

1. Este é um excerto de um trabalho monográfico da autora.

2. Humberto Ávila, *Teoria dos Princípios – Da Definição à Aplicação dos Princípios Jurídicos*, p. 15.

os dispositivos se constituem objetos da interpretação e as normas são o seu resultado.

Aliás, o princípio da segurança jurídica não poderia ser melhor exemplo da premissa que firmamos acima, já que se examinarmos todo o texto constitucional não encontraremos um só dispositivo que o trate explicitamente, só nos sendo possível afirmar que este é assegurado pelo nosso ordenamento jurídico, a partir do exame de vários dispositivos que garantem a legalidade, a irretroatividade e a anterioridade das leis, por exemplo. Assim, poderíamos dizer que é possível existirem normas jurídicas sem que haja dispositivos específicos que lhes dêem suporte físico, da mesma forma que o contrário, também é bem possível no nosso ordenamento jurídico.

Assim, podemos dizer que o princípio da segurança jurídica é uma espécie de norma jurídica, que pode ser extraída do nosso ordenamento jurídico a partir da interpretação sistemática de diversos dispositivos presentes explícita ou implicitamente em nossa Carta Magna.

Se aceitarmos esta premissa de que as normas são construídas pelo intérprete, não é difícil atingirmos a idéia defendida pelo professor Humberto Ávila de que não se pode dizer ante a um dispositivo legal se se está diante de uma regra ou de um princípio, haja vista que, como diz ele: "Essa qualificação normativa depende de conexões axiológicas que não estão incorporadas ao texto nem a ele pertencem, mas são, antes, construídas pelo próprio intérprete".[3]

Porém, é de se ressaltar, que tais conexões não são arbitrariamente construídas, mas sim balizadas pelo próprio ordenamento jurídico, o qual deixa claro os fins por ele perseguidos e os valores que devem ser preservados em tal persecução.

Para demonstrar a pertinência de seu raciocínio, com o qual concordamos, o doutrinador em análise lança uma série de exemplos, dentre eles, expõe que o dispositivo constitucional donde se extrai que se houver instituição ou aumento de um tributo, só poderão ser abrangidos fatos geradores ocorridos após o início da vigência da lei que os houver instituído ou aumentado, tanto pode ser aplicado como regra, se o aplicador entendê-lo como a exigência de publicação da lei antes da ocorrência do fato gerador do tributo; como pode ser aplicado como princípio, se o for concretizado com a finalidade de realizar o valor segurança jurídica, com o escopo de evitar o aumento de tributo no meio do exercício financeiro em que a realização do fato gerador periódico já se iniciou.

Diante de tal demonstração, bem se ver que não é a estrutura hipotética-condicional que diferencia os princípios das regras, vez que tanto os primeiros, quanto as segundas podem ser construídos com uma hipótese e uma conseqüência, mas sim, os argumentos utilizados no ato da sua aplicação, que fazem refletir a sua natureza jurídica. Por conseguinte, mesmo que os princípios não descrevam comportamentos, estes indicam, ainda que em um plano abstrato, os comportamentos possíveis dentro dos limites que impõem.

Pelos mesmos fundamentos, o professor Humberto Ávila se posiciona contrariamente aos argumentos de Robert Alexy para quem as regras impõem obrigações definitivas, à medida que não se sujeitam à força de uma norma contraposta, em detrimento dos princípios, que por poderem ser superados no momento da aplicação por outros princípios que com aqueles colidam, só albergam obrigações *prima facie*.

Discorda, ao nosso ver, acertadamente, o ilustre doutrinador gaúcho de tal distinção, por entender que como o modo de aplicação das normas não está determinado pelo texto do qual aquelas são extraídas, mas sim pelas já mencionadas conexões axiológicas feitas no momento da interpretação, as quais são capazes de inverter o modo de aplicação, primariamente

3. Ob. cit., p. 26.

estabelecido, uma norma inicialmente tida como regra, pode ser aplicada como princípio e vice-versa. Assim, em alguns momentos se perceberá a necessidade de se considerar todas as circunstâncias que envolvem a norma no momento da sua consubstanciação, o que exige um processo complexo de ponderações de razões e contra-razões, teoricamente, típico dos princípios. Noutros, se sentirá que a ocasião clama pelo caráter absoluto, teoricamente, característico das regras, com seus limites objetivos.

Diante desse novo modo de enxergar os princípios e as regras, resta claro que poucas distinções existem entre tais espécies de normas, ou melhor, a única diferença palpável se restringe ao grau de abstração de ambos, mas ainda assim, observado anteriormente à interpretação. Já que os princípios, por não se vincularem imediatamente a uma situação específica têm um maior grau de abstração quando comparados às regras de comportamento, à medida que nestas, as conseqüências são instantaneamente perceptíveis. Todavia, há que se frisar que tal distinção não é das normas em si, mas das proposições normativas a partir das quais elas são construídas, já que a abstração é medida anteriormente a interpretação daquelas e a norma só nasce efetivamente após esta atividade exegética.

Daí porque, partindo-se dessas mesmas premissas, o professor Humberto Ávila nos chama atenção para a pouca importância prática de tal critério distintivo, vez que no momento da aplicação, constata-se que as regras dependem da interpretação sistemática dos princípios que com elas se relacionam, ao mesmo tempo que esses só se complementam através das regras.

Um bom exemplo disso é a célebre regra (usada fartamente por Schauer em sua obra que a seguir apresentaremos) que proíbe a entrada de cão em estabelecimento fechado, a qual, no momento da aplicação, deve o intérprete, para concretizá-la plenamente (o que não quer dizer satisfatoriamente), não se limitar aos conceitos lá presentes, mas sim buscar as justificativas que lhe deram nascimento, sob pena de se impedir a entrada de um cão empalhado ou de um cão policial, e de se permitir a entrada de ursos, que podem perturbar ainda mais os clientes, o que é exatamente o que tal regra visa impedir, como exemplifica Humberto Ávila. Esse exemplo demonstra que uma regra, no ato de sua concretização, pode seguir o mesmo raciocínio utilizado pelo intérprete, quando da aplicação de um princípio.

Enfim, conclui-se que as regras e princípios se relacionam de forma tão íntima e simbiótica que não há como apartá-los de forma absoluta e definitiva, ou melhor, não há qualquer proficuidade em assim fazê-lo. Tanto as regras, quanto os princípios possuem o mesmo conteúdo de dever-ser. A única distinção é quanto à determinação da prescrição de conduta que resulta da sua interpretação: as proposições normativas que revelam os princípios não a determinam diretamente, apenas estabelecem fins normativamente relevantes, a serem concretizados através das regras.

Coerentemente com todas as premissas estabelecidas em sua obra e aqui analisadas, Humberto Ávila nos apresenta as regra e princípios a partir de expressões relativas, evitando assim incorrer nos equívocos praticados pelos doutrinadores por ele criticados, os quais pecaram por tentar estabelecer conceitos absolutos e imutáveis que não se coadunam com a natureza mutante das normas ante às conexões axiológicas adotas pelo intérprete no momento da aplicação.

Assim, tem as regras como: "normas *imediatamente* descritivas, primariamente retrospectiva e *com pretensão* de decidibilidade e abrangência, para cuja aplicação se exige a avaliação da correspondência, sempre centrada na finalidade que lhes dá suporte ou nos princípios que lhes são axiologicamente sobrejacentes, entre a construção conceitual da descrição normativa e a construção conceitual dos fatos".

E, tem por princípios: "normas *imediatamente* finalísticas, *primariamente* prospectivas e *com pretensão* de complementaridade e de parcialidade, para cuja aplicação se demanda uma avaliação da correlação entre o estado de coisas a ser promovido e os efeitos decorrentes da conduta havida como necessária à sua promoção".[4]

A segurança jurídica sob uma perspectiva fenomenológica, a partir da idéia de Heidegger de que "a sociedade prefere manter um sistema de regras fixas e já conhecidas, do que ter se adaptar diariamente às constantes evoluções e involuções do mundo que nos circunda",[5] nos leva a pensar no que poderia ofertar maior segurança à sociedade, ante o processo judicial: (i) se a certeza das decisões, a qual pode ser alcançada através da adoção de um sistema de regras e técnicas, balizadas pelos princípios jurídicos, podando o arbítrio do julgador através da abstração do direito substancial no processo ou através do processo judicial, este enquanto mecanismo de legitimação da decisão judicial, sob a ótica de Luhmann, para quem a certeza daquela se dá pela sua simples razão da norma ser expedida como tal, independentemente de seu conteúdo; (ii) ou se o que o povo procura é a não surpresa quanto ao conteúdo das decisões, a qual reflete a visão fenomenológica retro mencionada.

Sob esse prisma, podemos entender que a certeza do Direito, sem a preocupação com o conteúdo da decisão dada caso-a-caso, em vez de ofertar a segurança esperada, pode conferir um estado de insegurança, principalmente num país de extensão continental como o Brasil, já que a mesma resposta para casos semelhantes, sendo estes em regiões totalmente diversas, pode frustrar as expectativas dos jurisdicionados, no lugar de atendê-las.

Por outro lado, pode-se argüir que a imutabilidade dos posicionamentos pode levar à estagnação, ao não acompanhamento da evolução humana, o que também poderia gerar um estado de insegurança e não de segurança como se espera.

No momento em que se decide estudar as normas tributárias, ainda que superficialmente, como se dá no presente momento, já que o faremos apenas na exata medida de compor um panorama propício para a investigação do tema a que nos propomos, temos, como primeira providência a ser tomada, o estabelecimento da nítida e inconfundível distinção entre texto legal e norma.

Para tanto, consideraremos que o Direito é produto de um processo lingüístico, e como tal pode ser analisado a partir dos três planos semióticos: sintático, semântico e pragmático. Assim, tem-se que a linguagem é um conjunto sígnico, composto de um substrato material, que serve de suporte físico; de uma dimensão ideal, onde se forma uma representação criada na mente do destinatário a partir das idéias gerais que ele também cria sobre aquele objeto (significação); e da construção do significado daquele objeto referido, a qual sofre as influências da relação particular existente entre o destinatário da mensagem e o objeto, razão pela qual a compreensão daquele dependerá dos valores, das experiências passadas que os envolvam, estando este último campo de análise, igualmente, no plano semântico, vez que também faz parte da linguagem.

Ressalte-se que, estes posicionamentos quanto à localização ideal de todas as fases do processo lingüístico são frutos das idéias defendidas pelo movimento do giro lingüístico, para o qual a realidade é fruto da linguagem, nada existindo concretamente, mas apenas no plano ideal. Tais idéias fizeram com que o professor Paulo de Barros mudasse a sua forma de construção do triângulo semiótico, formulando-o tal como o fizemos acima, isto é, passando o significado, do plano pragmático para o

4. Ob. cit., p. 70.

5. Martin Heidegger, *Ser e Tempo*, Parte I e II, *apud* José Fábio R. Maciel, *Segurança Jurídica e a Evolução do Direito – Uma Abordagem Fenomenológica*.

semântico e o compreendendo também como a relação existente entre o destinatário da mensagem e o objeto, sendo que neste último, em vez de se estabelecer uma representação mental do objeto a partir das idéias gerais que se tem sobre este, aquela se construirá mediante suas impressões particulares acerca daquele, ganhando assim uma percepção bastante subjetiva.

É diante da constatação de que o texto é o único e exclusivo dado objetivo/suporte físico que o exegeta tomará por base para construir as significações, sendo tudo o mais integrante do plano subjetivo, que se passa a valorizar todos os aspectos da linguagem, não se podendo descuidar, sequer da organização sintática do texto, ou melhor, devendo se privilegiar esta, já que sem uma boa organização frásica, não há enunciados e sem esses não se é capaz de formar uma norma.

Não é demais distinguirmos, outrossim, a idéia de texto a partir de uma acepção ampla e estrita, aduzindo que, sob este último enfoque, aquele não passa de um conjunto de enunciados que serve de suporte para as significações criadas a partir deles, de natureza física; já sobre o primeiro engloba-se na concepção de texto, o contexto que o envolve, isto é, se considera como integrante daquele as associações lingüísticas e extralingüísticas que permitem a compreensão da mensagem extraída daquele suporte físico.

Restringindo-nos à acepção básica de texto, ou seja, considerando a organização interna que o torna uma totalidade de sentido, a partir do conjunto de enunciados que o compõe, vemos com hialina clareza que os enunciados lingüísticos não gozam de significação em si, são apenas estímulos que nos leva a construção de sentidos, "são objetos percebidos pelos nossos órgãos sensoriais que, a partir de tais percepções, ensejam, intra-subjetivamente, as correspondentes significações", no dizer de Paulo de Barros.

Assim, tem-se por norma jurídica a unidade mínima e irredutível de significação do deôntico, isto é, apesar das frases isoladas presentes nos textos legais terem força prescritiva, estas não são suficientes para expressar um mandamento legal, há de se formular integrações entre unidades normativas para se alcançar aquele desiderato. Em outras palavras, diz-se que aquele mínimo deôntico, é a menor estrutura formal capaz de expressar um comando jurídico com pleno sentido, perfeitamente compreensível pelo destinatário.

No caso do direito tributário, conseguiríamos formar uma regra-matriz de incidência, quando diante do texto legal ou de vários deles, pudéssemos extrair o quanto se deve pagar a título de tributo, a quem se deve pagar, quem deve pagar, quando e porque deve fazê-lo. Ao conjunto das respostas a esses questionamentos, podemos denominar de norma jurídica tributária *stricto sensu* ou de unidade irredutível de manifestação do deôntico.

Por conseguinte, temos que as normas jurídicas se encontram na implicitude dos textos legais, não havendo que se falar em normas implícitas e explícitas, vez que todas elas implícitas o são.

Da estrutura dual das normas jurídicas, composta por antecedente e conseqüente, pensamos ser importante destacar que em sua porção antecedente encontraremos a descrição de um evento de possível verificação empírica (ainda que a sua não efetivação não comprometa a sua validade). Essa função descritora funciona como seletor da realidade, isto é, o evento previsto na proposição normativa não se apresenta tal qual se dá na realidade, até porque impossível à linguagem gozar dessa riqueza de detalhes. O legislador elege algumas propriedades que considera valiosas para fazer parte da hipótese de incidência da norma jurídica e o qualifica como fato jurídico, fazendo com que aquele evento, quando concretizado, tal qual descrito, faça irradiar efeitos jurídicos.

Daí porque o intérprete, diante de um texto legal, há que captar as propriedades selecionadas pela proposição normativa, como formadora do fato jurídico e observar se o evento ocorrido concretamente se encaixa àquela previsão, a fim de se saber se se está diante de uma hipótese de incidência da norma ou não. Se tal comparação for positiva, a conseqüência prevista na porção posterior da norma se desencadeará, gerando os efeitos aí prescritos deonticamente e estabelecendo uma relação jurídica entre dois ou mais sujeitos, que se encontram vinculados por um dos modais deônticos possíveis (permitido, proibido e obrigado).

Ampliando os horizontes do exegeta, saindo do texto legal examinado e passadas as etapas de familiarização com as manifestações expressas do direito positivo e de produção das significações dali extraídas, para a construção de um com-sentido deôntico, o hermeneuta, há de, aumentando seu raio de visão, passar a enxergar o sistema normativo como um todo.

Isto porque há que se ter em mente que as normas jurídicas são extraídas de um todo sistêmico, hierarquicamente organizado, onde as normas superiores servem de fundamento para as normas inferiores e estas concretizam aquelas, encontrando-se no topo da pirâmide normativa a norma hipotética fundamental, idealizada por Hans Kelsen, a qual não se submete a nenhuma outra e legitima todo o ordenamento, lhe conferindo unidade e coesão.

No nosso país, tal preocupação sistêmica, deve estar ainda mais presente, dada a rigidez do nosso ordenamento, o que fez com o mestre Geraldo Ataliba, ao voltar as suas atenções para o Direito Tributário, elevasse tal característica ao *status* de princípio, reputando como um dos mais importantes do ordenamento jurídico o da Rigidez do Sistema Tributário, considerando-o como da mais alta aplicação, o qual se reflete na rígida distribuição de faculdades tributárias, da implícita consagração da permissibilidade expressa como condição do exercício da tributação.

Refletindo a hermeticidade do nosso ordenamento jurídico, a Constituição Federal, em vigor, estabelece estreitas balizas que bem delimitam o campo de atuação do hermeneuta jurídico, fora do qual as regras por este elaboradas não encontrarão o devido respaldo constitucional. Este perfil desenvolvido pelo Direito Posto é coroado, e bem delimitado, pelos princípios da Legalidade e da Segurança Jurídica, vez que obrigam o exegeta a extrair as normas jurídicas dos enunciados introduzidos no ordenamento positivo por via de lei ou do diploma que o faça às vezes.

No âmbito tributário, as normas se subdividem em: norma que definem a incidência tributária, normas que estabelecem providências administrativas e normas que demarcam diretrizes constitucionais. Antes de analisarmos cada uma delas, faz-se mister ressaltar que, ao delimitarmos estas sub-classes normativas, estaremos elaborando um mero isolamento temático, que no dizer de Paulo de Barros, responde à interesses imediatos de aproximação cognoscitiva, já que sob um plano geral, todas aquelas, normas jurídicas o são e, como tal, se relacionam com todas as outras normas que compõe o ordenamento jurídico, que, por sua vez, com aquelas se relacionam ainda que indiretamente.

As primeiras, acima mencionadas, são aquelas que estabelecem a relação jurídico-tributária estrito senso, isto é, estabelece o vínculo obrigacional entre o sujeito passivo e o sujeito ativo, tendo por objeto o pagamento de um tributo. Nela se vislumbra um critério espacial (lugar onde deve o ocorrer o fato tributável), temporal (quando nasce a obrigação tributária), pessoal (sujeito ativo e passivo) e quantitativo (base de cálculo e alíquota), em outras palavras, nela conseguimos detectar porque, onde, quando, a quem se deve pagar, quem está obrigado a tanto e quanto se deve pagar à titulo de tributo.

Já as normas tributárias que estabelecem providências administrativas são aquelas que não possuem conteúdo econômico, como as que impõem a obrigação tributária estrito senso, segundo Paulo de

Barros prescrevem deveres instrumentais, isto é, disciplinam todas as atividades que tornam possível a exação, perfectibilizam a exigência pecuniária de levar dinheiro aos cofres públicos.

Enquanto que na relação jurídica nascida das normas que definem a incidência tributária prescreve uma obrigação de dar, a relação prevista nas normas instrumentais exige um fazer ou não-fazer. Porém, o seu não cumprimento dará ensejo a uma norma sancionatória, tal qual na primeira espécie retro comentada e essa também terá conteúdo patrimonial. São aquelas que exigem a apresentação de livros contábeis, a emissão de notas fiscais, etc.

Por fim, têm-se as normas tributárias que demarcam diretrizes constitucionais, são as chamadas normas de estrutura, as quais como o próprio nome diz, não tem por finalidade imediata regular comportamento, mas sim regular a produção de outras regras, chamadas de regras de conduta, as quais, estas sim, visam disciplinar comportamentos intersubjetivos diretamente. Traçam as diretrizes básicas, nas quais as demais normas devem buscar fundamento, fechando assim o sistema jurídico, isto é, conferindo um caráter sistêmico ao ordenamento.

É desta última espécie os princípios constitucionais, dentre eles o da Segurança Jurídica, ao qual aqui nos dedicamos, que servem de norte para as demais normas que compõem o sistema jurídico. Porém, a função, ao nosso ver, mais importante dos princípios é a de vincular as demais normas do ordenamento, inclusive as constitucionais, orienta a sua atuação, mas assim o faz, não no sentido de sugestão de um caminho, mas sim, direciona coercitivamente a aplicação daquelas, de modo que realizem os princípios, lhes dêem concretude e efetividade, sob pena de ser considerada inconstitucional.

É por reconhecer tal importância, que entendemos que o princípio da segurança jurídica serve de forte e intransponível baliza no momento da aplicação das normas tributárias, não havendo como se desvencilhar deste. No sistema do direito positivo, serve de paradigma no momento da atividade hermenêutica, de modo que as demais normas constitucionais e infraconstitucionais devem buscar concretizá-los, dar-lhes concretude, de forma harmônica e coerente.

Ao termos um feliz encontro com as idéias do americano Frederick Schauer, de pronto nos veio à mente uma clara conexão entre a defesa que o mesmo faz em prol do modelo de tomada de decisão baseado em regras e o princípio da segurança jurídica. Ao longo se sua obra *Playing by the Rules*, este apresenta pontos e contrapontos para se eleger tal modelo como o melhor ou o pior, a depender dos propósitos de quem o faz, além de expor de maneira quase intrigante e bastante esmiuçada os fundamentos que podem levar um sistema jurídico a percorrer um dado caminho ao exarar suas decisões.

Ao iniciar a sua obra fazendo citações como: "Não fumar", "Não apóie os cotovelos sobre a mesa", "Não concluir uma oração com uma preposição", "Velocidade máxima 55 milhas por hora", "não cobiçar a mulher do próximo", etc., Frederick Schauer pretende deixar claro, desde o primeiro momento, que é impossível se pensar em uma vida completamente livre de regras, elas estão em todos os âmbitos, regulamentando desde a tarefa mais simples, até as condutas mais complexas do nosso dia-a-dia, todas trazem alguma espécie de sanção com o seu descumprimento, desde a auto-condenação, passando pela reprovação da sociedade, até as nossas conhecidas sanções penais ou civis.

Por tratarmos, no início desse trabalho, de estabelecer uma diferenciação entre regra e princípios, ainda que para demonstrar a pouca importância prática de tal divisão, faz-se necessário esclarecer que o autor, ora em comento, não considera nem a especificidade, nem o caráter concludente, nem muito menos a existência de uma formulação investida de autoridade como condição necessária para afastar as regras dos princípios, razão pela qual ao longo de toda a sua obra usa o vocábulo "regra" indistintamente, o que, por fidelidade ao autor, manteremos nessa parte do artigo e sempre que estivermos nos reportando às suas idéias.

Portanto, ao usarmos, aqui, a expressão regra, não estaremos especificamente tratando da espécie de norma por nós conhecida como tal, mas também poderemos estar nos reportando a um princípio.

Considerando a imensa gama de regras que nos circunda, o autor em estudo, nessa seção, achou por bem circunscrever a sua atenção às regras regulativas, as quais pertencem à classe das regras prescritivas, quais sejam, aquelas usadas para guiar, controlar ou modificar a conduta de agentes com capacidade para a tomada de decisões. Diferentemente das regras descritivas, que cuidam apenas de expressar regularidades ou generalizações observáveis no mundo fenomênico. Assim, percebe-se que enquanto está última serve para refletir o mundo, as primeiras exercem uma pressão sobre ele.

Algumas regras prescritivas servem para exercer pressão sobre um estado de coisas existente anteriormente à sua imposição, ou seja, servem para modificar algum padrão de conduta preexistente, tornando menos aceitável uma ação, que sem aquela (regra) o indivíduo teria optado por exercê-la, exemplo: um cartaz que expressa a regra "Pare".

Outras regras são usadas para impedir uma alteração de comportamento, buscando reforçar padrões de condutas preexistentes às regras, exemplo: os Códigos de Honra Militares. De uma forma ou de outra, as regras prescritivas servem para exercer pressão contra as disposições de certos agentes em atuar de maneira inconsistente com os mandatos da regra.

As regras imperativas se distinguem das regras de experiência, pelo fato de que as primeiras, quando aceitas, justificam uma ação, meramente pela sua existência enquanto regra, gerando uma pressão normativa mesmo nos casos em que as justificações que dão origem a ela (regra) indicam um resultado contrário; já as últimas mencionadas, se apresentam apenas como guias úteis a serem seguidos, mas que podem ser abandonadas sempre que, em um caso concreto, se perceba que a razão que justifica a regra levaria o agente a um caminho distinto e melhor do indicado por aquela.

Deve-se esclarecer que a pressão exercida pelas regras regulativas tanto pode ser no sentido de proibir, como pode afirmar dada conduta, todavia sua lógica não é bivalente, já que ao afirmar uma conduta, a regra tanto pode obrigar, como pode permitir. De uma forma ou de outra, nunca se pode olvidar, que as regras existem dentro de um sistema de comunicação e controle que não pode ser compreendido sem se fazer referência às condições externas às próprias regras.

O autor considera que a relação entre as regras e o sistema jurídico é contingente, já que a decisão de acordo com as regras não é senão, uma entre as várias formas que pode assumir o processo de tomada de decisões. Isto quer dizer que, se a sociedade assim quisesse, os conflitos poderiam ser resolvidos sem se fundar em regras regulativas que imponham restrições substantivas sobre o conteúdo das decisões, mas apenas em ordens emanadas por funcionários do Estado, os quais não estariam amparados por qualquer regra.

As regras gerais, sejam prescritivas ou descritivas, se referem a tipos e não a casos particulares. Os indivíduos a quem se destinam às regras, não são vistos como indivíduos em si, mas como componentes de uma categoria que por possuírem uma característica "x" se distingue dos demais. Ao processo de levar um indivíduo do campo particular ao geral, denomina-se generalizar, e, ao produto desse processo, chama-se generalização.

A comunicação supõe um incessante processo de seleção entre numerosas classificações possíveis, constituindo todas elas generalizações logicamente corretas, mas dentre aquelas, só algumas se ajustam aos propósitos do momento. Com isso se quer dizer que, a colocação de um indivíduo em uma categoria e não em outra é contingencial, isto é, tem relação com o tempo e o espaço, de modo que, as generalizações podem mudar com o tempo ou em virtude do local em que ela se dê. Da mesma forma que uma categoria pode ser vista, sob um espectro maior, como uma subcategoria de outra, formada por mais propriedades, podendo algo ser particular em um âmbito e geral em outro.

Ao selecionar algumas propriedades para compor uma dada categoria, o processo de generalização, exclui outras propriedades que apesar de estarem presentes naqueles indivíduos que a compõem, não são relevantes para aquela representação, daí porque se diz que as generalizações, ao mesmo tempo que são inclusões, são também exclusões seletivas. Porém, essas supressões não se confundem com negações de tais propriedades, isto é, ao se eleger uma propriedade "x" para distinguir uma categoria "y" não se ignora que os componentes daquela categoria possuam outras propriedades, apenas se quer deixar claro que para se identificar um indivíduo como participante de "y", basta que ele possua "x".

Daí porque Schauer afirma: "Distintos observadores de un mismo hecho, al generalizar en distintas direcciones con diferentes propósitos, soslayan propiedades del hecho que podrían ser relevantes para otras personas, propósitos y momentos".[6]

Considerando que o predicado fático da regra (hipótese) deve se referir a uma categoria e não a um ente específico, a oração "Angus não deve entrar no restaurante nesse momento" traz uma ordem e não uma regra, já que se refere a uma proibição particular, segundo o raciocínio desenvolvido pelo autor. Diferentemente de "não se admite a entrada de cachorros nesse estabelecimento", que é uma regra, à medida que proíbe a entrada de todos os cachorros em qualquer momento, naquele dado espaço. Ressalte-se que, uma proposição não deixaria de ser considerada como regra, se proibisse apenas a entrada de uma raça específica, já que não deixaria de se voltar à todos os membros de uma classe, ainda que mais restrita que a primeira, ou melhor, uma sub-categoria daquela.

Há que se frisar que, a generalização escolhida para bem representar uma categoria, deve ser aquela mais geral possível e que possua uma propriedade causalmente relevante para a ocorrência da categoria mais ampla, a esta última Schauer denomina de justificação e a qualifica como o objetivo que a regra, enquanto generalização, pretende alcançar.

As justificações podem ser vistas em diferentes níveis. Por exemplo, na regra que proíbe a entrada de cachorros em estabelecimento fechado, pode ter por objetivo evitar que os clientes fiquem aborrecidos, o que pode gerar mais lucro para o proprietário, o que, por conseguinte, pode conferir maior bem-estar para este último, etc. Todos esses argumentos podem ser considerados diferentes níveis de justificações.

Porém, não é um caso em particular que torna necessária a criação de uma regra, mas sim um acúmulo de experiências ou percepções que se pretende evitar ou, contrariamente, que se pretende manter.

É evidente que, uma regra por mais bem formulada que ela seja, jamais será capaz de conter em seu predicado fático, todas as propriedades relevantes que representem uma categoria ou todas as categorias capazes de alcançar o objetivo por ela pretendido, daí por que Schauer afirma que: "El predicado fático representa, pues, un conjunto de hechos cuya existencia indica un incremento en la probabilidad de la ocurrencia de la justificación e cuya prohibición (efectiva) disminuirá consecuentemente la probabilidad (o incidencia) del

6. *Las Reglas en Juego*, p. 81.

mal contra el cual la regla va dirigida".[7] Ou seja, a relação entre a regra e a justificação que à ela subjaz é de probabilidade e não de certeza, melhor dizendo, o alcance da justificação pela aplicação da regra nem sempre se dará, mas é provável que tal ocorra.

É esta relação entre a regra e sua justificação que faz com que possamos considerar a regra, não como entidade ou propriedade, mas como relação ou *status,* pois somente quando a existência de uma instanciação (proposição normativa) possuir força normativa superior ao que possuem as suas justificações substantivas subjacentes é que elas adquirem o *status* de regra.

Esta relação de probabilidade se dá em razão da textura aberta das regras, melhor dizendo, é gerada pela possibilidade sempre presente de que mesmos os termos mais precisos que compõem as proposições normativas podem ser considerados vagos em um caso concreto, em razão da contigencialidade inarredável da natureza humana e sua incapacidade de prever plenamente o futuro.

Em face disso, é que o autor, em estudo, afirma que as regras, algumas vezes, podem ser sobreincludente, quando por questões fáticas, em casos específicos, a aplicação da regra não atinja o objetivo que a justifica, isto é, não realize a sua justificação, ainda que aquelas circunstâncias estejam relacionadas, mesmo que probabilísticamente, com a sua justificação.

Por outro lado, as regras também podem ser subincludente, quando o predicado fático da regra não abarque todas as circunstâncias capazes de levar à consubstanciação da justificação.

Por exemplo, na já conhecida regra "não se admitem cachorros em estabelecimentos fechados", diz-se que tal regra é sobreincludente ante a um caso concreto quando existirem cachorros que não causem aborrecimento aos clientes, o que é a justificação da citada regra, e ainda assim o forem proibidos de adentrar ao recinto fechado, isto porque o predicado fático daquela, engloba indivíduos que apesar de pertencentes à categoria escolhida pela regra, não leva à concretização da sua justificação. Já, será considerada subincludente, quando o aborrecimento causado aos clientes se der por outro indivíduo que não os cachorros previstos na regra, ou seja, esta deixa de prever alguns estados de coisas que em casos particulares produziriam as conseqüências que representam a justificação da regra.

Tais exemplos, nominados, pelo autor, de experiências recalcitrantes, deixam claro que mesmo quando as generalizações pareçam previamente universais, elas se sujeitam à textura aberta das regras, deixando de ser aplicáveis em certas circunstâncias.

No Direito Tributário, uma discussão que bem pode ser apontada como exemplo de experiência recalcitrante é aquela acerca do conceito de receita bruta e faturamento, previsto pelo art. 195, I, alínea "b", da CFB/1988, alterado pela EC 20/1998 e regulado pela Lei n. 10.833/2003, art. 1º, *caput*, e § 2º. A interpretação dada àqueles dispositivos legais é de que o predicado fático da proposição normativa abarca mais institutos do que a expressão utilizada na proposição deixava transparecer, à medida que entendem que receita bruta e faturamento são sinônimos, os quais para a linguagem ordinária e técnica não o são, logo a categoria sobre a qual a norma incide deve ser ou a receita bruta ou o faturamento, os quais têm naturezas distintas, ou para maior coerência técnica, só pode se ter como base de cálculo esse último, conforme fundamentos tributários que aqui não cabem comentá-los. O que se pretende demonstrar, em verdade, é que em tal caso a regra é sobreincludente.

O ponto alto da obra em estudo se dá, justamente, quando o autor começa a refletir sobre como se deve decidir diante de

7. Ob. cit., p. 89.

experiências recalcitrantes, ou seja, quando a regra é sobre ou subincludente.

Nesse momento, se faz necessário ressaltar, que essa foi a razão maior por termos escolhido analisar essas idéias em conjunto com a análise do princípio da segurança jurídica. Primeiro por que, experiências recalcitrantes não faltam na nossa rotina de destinatários e aplicadores do Direito, mormente no âmbito do Direito Tributário; e, segundo, porque aquele princípio deve ser, sim, uma diretriz importante para o momento das tomadas de decisão, como veremos mais adiante.

O modelo conversacional é, como o próprio nome diz, aquele similar ao raciocínio que desenvolvemos no nosso dia-a-dia, nas nossas conversas rotineiras, em que os interlocutores tëm a capacidade de se adaptar quase que instantaneamente às adversidades surgidas ao longo do transcurso da conversa, aos equívocos causados pela má compreensão de certas expressões usadas; aos questionamentos recíprocos surgidos, etc.

Por tal razão é que se diz que tal modelo é amplamente tolerante ao caráter sub ou sobreincludente das regras, isto porque, ao surgir uma dissonância entre como se interpreta uma proposição normativa e a sua justificação, a flexibilidade ínsita ao presente modelo, permite que se adote um discurso mais preciso e refinado, dissipando os mau-entendidos, e tornando mais claras as generalizações, ou se for o caso, abandonando aquela generalização em detrimento da mantença da justificação.

Ao nos depararmos com a regra que proíbe dirigir a mais de 80 km/h, no modo conversacional, temos a oportunidade de acrescentar que em situações excepcionais a ultrapassagem dessa velocidade é possível, como em caso de transporte de pacientes com risco de morte, por exemplo.

Dado que é impossível se incluir todas as precisões concebíveis em cada caso concreto, espacial e temporalmente falando, nos predicados fáticos das regras, é que o modo conversacional apresenta-se como bastante vantajoso, já que a sua plasticidade e flexibilidade permitem uma maior adequação da regra com o mundo cambiante que a circunda.

Assim, a possibilidade de se aclarar e precisar os termos faz com que as generalizações nesse modelo possam ser consideradas mais como uma ferramenta do que como um obstáculo para decidir.

Porém, a verdade é que, pela praticidade do dia-a-dia, nós passamos a "entrincheirar" as idéias que temos a cerca de um dado estado de coisas. Isto é, sempre que tal estado de coisa se faz presente, vem à nossa mente, a imagem que criamos associada a ela, encurtando a possibilidade de adaptação infinita que uma linguagem possui. Melhor dizendo, em vez de estarmos buscando adequar a linguagem utilizada por uma proposição normativa ao estado de coisa sobre o qual aquela irradia efeitos no momento da sua incidência, a fim de flexibilizá-la ao máximo possível de modo a alcançar de forma mais precisa a sua justificação, nos contentamos com as idéias "entrincheiradas" que criamos ao redor daquela generalização presente no predicado fático da regra, aplicando-o automaticamente.

Como já explicitamos retro, ao se criar uma regra, estabelecem-se generalizações que representam toda uma categoria para a qual a regra se destina, por exemplo, na regra "não se admitem cachorros em estabelecimentos fechados", a generalização "cachorros", está representando todos os indivíduos que compõe aquela classe, isto é, que possuam aquela propriedade que a distingue das demais, evitando, assim, que a proposição normativa tenha que elencar todas as características que formam a idéia que possuímos sobre aquela categoria.

Portanto, diante de uma regra que possua aquela generalização, já virá à nossa mente, a idéia do que esta última pretende representar, ao mesmo tempo que, captaremos, na maioria das vezes, a partir daquela generalização, o objetivo que o legislador pretende alcançar ao fazer uso daquela generalização, no exemplo acima, a intenção de não perturbar os clientes.

Ocorre que com os efeitos causados pela generalização, qual seja o entrincheiramento inconsciente das propriedades que são relevantes para o reconhecimento da categoria representada pela generalização, no momento em que se vivencia uma experiência recalcitrante, torna-se mais difícil resgatar as propriedades ignoradas pela generalização, que poderiam ajudar numa melhor adaptação da regra ao caso concreto, estagnando a nossa imaginação e a nossa capacidade de vinculá-la a todas as circunstâncias que a envolvem naquele momento.

Destarte, na medida em que as generalizações disponíveis resultam entrincheiradas, canalizando as nossas percepções, algumas opções descritivas nunca serão captadas por nós, outras serão substancialmente difíceis de se expressar e outras se tornarão menos compreensíveis do que haveria sido se certas generalizações não houvessem sido entrincheiradas.

Com o entrincheiramento das generalizações, as experiências recalcitrantes serão resolvidas em favor do resultado indicado pela generalização e não em favor do resultado que parece mais apropriado para o caso concreto, no caso deste ser contrário àquele.

Assim, no modelo entrincheirado, os termos utilizados pela generalização é que prevalecem na tomada de decisão, mesmo nos casos em que esta vai de encontro à sua justificação subjacente. Por conseguinte, em relação à regra dos cachorros, um cão-guia ou um cão empalhado também estariam impedidos de adentrarem ao estabelecimento fechado, mesmo que estes, possivelmente, não causassem qualquer aborrecimento aos clientes.

Percebe-se, então, que quando uma generalização é entrincheirada, uma regra compreenderá, ainda que potencialmente, indivíduos não compreendidos pela aplicação direta da justificação que a embasa ou não compreenderá indivíduos que seriam considerados pela aplicação direta desta, deixando transparecer assim a natureza sub e sobreincludente das regras em relação às justificações que lhes dão origem, a qual é, em verdade, ineliminável, não sendo mero produto do entrincheiramento a depender de quão específica ou geral seja uma regra.

É importante que se diga que, a formulação canônica da regra é condição suficiente, mas não necessária para sua existência, já que se percebe que existem sistemas onde as regras são observadas ou até violadas mesmo não se encontrando posta em qualquer código ou disposição expressa.

Daí se percebe que a autoridade da regra não emana da sua canonicidade, e o entrincheiramento provém da compreensão comum entre os membros de uma comunidade, acerca de uma formulação expressa ou não, com conteúdo semântico.

A partir de tais distinções, já se pode observar que, embora se possam alcançar decisões semelhantes ou idênticas, os modelos de tomada de decisão se diferenciam justamente pelo modo como se comportam diante de uma experiência recalcitrante.

Enquanto o primeiro modelo apresentado trata a generalização preexistente de uma regra, como se surgida em uma conversação, modificando-a toda vez que ela não resulte fiel à sua justificação, tratando a generalização como mero indicador derrotável, de modo que, o aplicador da regra é que terá o discernimento de optar entre a generalização ou entre a justificação, que representa algo mais profundo e complexo do que transparece através da generalização, demonstrando que esta não exerce qualquer pressão normativa diante desse modelo. No entrincheirado, a decisão indicada pela generalização se mantém, ainda que aquela não seja, o que se alcançaria com a aplicação direta da justificação da regra, deixando claro que para ele, as generalizações não são meros indicadores, mas as considera como se elas, em si, subministrassem razões para uma decisão independente daquelas que são fornecidas pela justificação.

No primeiro modelo, denominamos a tomada de decisão de particularista, já que as regras têm apenas natureza indicativa, carente de peso próprio, a ponto de não dispor de forças para se sobrepor, impreterivelmente, às circunstâncias particulares de um caso concreto, ou seja, a depender de um estado de coisa específico, a justificação que subjaz à regra, pode levar a não adoção do que reza a formulação normativa.

Já no modelo entrincheirado as decisões são tomadas baseadas em regras, onde a formulação normativa sempre se sobrepujará à sua justificação, ainda que as circunstâncias particulares do caso concreto indiquem o caminho oposto.

Para este último, mais importante do que a regra ter especificidade limitada, já que mesmo uma regra extremamente precisa está sujeita à sua textura aberta, é que ela tenha maleabilidade limitada. Portanto, um modelo que se prenda à primeira condição, certamente se apresentará frágil ou vulnerável em algum momento, enquanto que para que uma decisão seja baseada em regra, é condição necessária a ausência de maleabilidade limitada, até porque uma característica fundamental das regras é a sua capacidade de controlar o presente, mesmo tendo sido formulada no passado. Daí porque Schauer afirma que "las reglas son necesariamente rígidas, ya que resisten los esfuerzos actuales para moldearlas a las necesidades del momento".[8]

Esta necessária prevalência da regra sobre suas justificações, defendida pelo modelo de tomada de decisão baseada em regra, revela o caráter subótimo das regras, isto é, quem o adota deve estar ciente de que com uma certa freqüência os resultados obtidos pela aplicação das regras não serão os ideais, não serão aqueles tidos como perfeitamente cabíveis, serão inferiores ao resultado indicado pela aplicação direta de sua justificação, o qual seria considerado como o ótimo.

E isso, como bem adverte Schauer é uma constatação lógica, e não empírica, já que considerando ser a justificação o objetivo a ser alcançado pela regra, somente o resultado por aquela previsto, é capaz de ser considerado perfeito para todos os casos particulares, por conseguinte, qualquer conseqüência diferente da indicada pela justificação, há de ser tido por subótima, e, é o que ocorre quando nos defrontamos com as já citadas experiências recalcitrantes.

Viu-se que as regras, diante de experiências recalcitrantes, podem ser sub ou sobreincludente, o que faz com que, não raro, elas apresentem um resultado subótimo, diferentemente da direta aplicação das justificações que lhes subjazem. Ainda assim, muitos são os sistemas que preferem adotar o modelo de tomada de decisão baseada em regras que o modelo conversacional. Vejamos nessa fase do nosso estudo, algumas das razões que impulsionam esse posicionamento.

Muitos doutrinadores aduzem que, por serem as regras gerais, e por conseguinte, impessoais, atende, com maior plenitude, o valor eqüidade o modelo de decisão que por elas seja guiado, haja vista que a eqüidade se alcança com a adoção de uma só regra para o maior número possível de casos que sejam semelhantes. Assim, a incapacidade de ser particularista, bem como a acontextualidade, se apresentariam como virtudes das regras.

Todavia, adverte Schauer, que uma análise mais apurada nos levará ao caminho oposto, isto é, a afastar as regras se se quiser um tratamento equânime. Isto porque, em sendo as regras compostas, em sua hipótese, por generalizações que para alcançar o maior número de casos possíveis, terminam por eleger uma propriedade ou mais que distinga aquela categoria sobre a qual a regra incide e ignora tantas outras que também compõem aqueles indivíduos

8. Idem, p. 142.

e que não são consideradas relevantes para tal hipótese, mas que podem vir a ser relevantes no momento da aplicação da regra, passam estas últimas (as regras) a tratar casos diferentes, como se fossem similares, indo de encontro ao que prega o princípio da eqüidade.

Por exemplo, na regra "não se admitem cachorros em estabelecimentos fechados", a qual tem por finalidade não causar aborrecimentos aos clientes do estabelecimento em que ela está sendo aplicada, um *pit bull*, para o modelo entrincheirado, tem o mesmo tratamento que um cão empalhado, embora este último, em tese, não seja capaz de trazer qualquer moléstia aos clientes. Por conseguinte, casos diferentes, por serem abarcados por uma só generalização, são tratados como semelhantes. Tal caso serve para mostrar que, às vezes, existem boas razões para se tratar de maneira semelhante, casos iguais, e, vice-versa.

Sob essa ótica, o modelo particularista melhor observaria a eqüidade que o baseado em regras, já que aquele reconhece as propriedades relevantes em cada caso concreto e busca alcançar os objetivos que justificam aquela conduta, reconhecendo as similitudes que efetivamente façam dois ou mais casos serem considerados semelhantes e, assim sejam tratados equanimemente. Por isso é que afirma Schauer que "no hay nada esencialmente justo en la toma de decisiones basada en reglas".[9]

Normalmente quem opta pela adoção das regras para decidir, o faz em busca de certeza, confiança e previsibilidade dos resultados. Há que se ter em mente que, a confiança pressupõe um senso comum entre os indivíduos que compõem uma comunidade, e que estabelecem entre si quais os critérios que deverão ser seguidos por todos eles, ou pelo menos pela sua maioria, a fim de que um possa prever qual será a decisão a ser tomada pelo outro em determinadas circunstâncias. Portanto, se trata de uma relação que se estabelece entre os que decidem e os destinatários finais das regras.

Ademais, para que as regras transmitam segurança, adverte Schauer, os seus destinatários devem se identificar como participantes da categoria a que a regra se dirige, da mesma forma que, os aplicadores das regras devem ser capazes de identificar os destinatários daquela que irá fazer incidir, e deverá fazer com que estes últimos estejam cientes de sua percepção, ou seja, não basta identificar a categoria sobre a qual a regra incide, há de fazer com os seus destinatários saibam que o aplicador a conhece.

Destarte, só se poderá prever os resultados gerados pela aplicação das regras, se as conseqüências prescritas em seu conseqüente forem tão compreensíveis, quanto seja conhecido o alcance do que for previsto em seu predicado fático, tanto para o destinatário como para o aplicador.

A simplificação proporcionada pela generalização prevista no predicado fático da regra é que confere aos seus destinatários e aplicadores a capacidade de predizerem os seus resultados, já que tal característica, em tese, facilita o conhecimento das categorias para as quais as regras se dirigem, e, em assim sendo, menores são as possibilidades de se proferir decisões erradas, alimentando, por conseguinte, a sensação de confiança e segurança dos jurisdicionados.

Melhor dizendo, quanto mais conhecidas forem as categorias, maior será o consenso existente sobre aquela. Logo, mesmo que os indivíduos de uma comunidade tenham diferentes pontos de vista acerca de uma classe para qual se destina à regra, devem, pelo menos, reconhecê-la como tal, caso contrário não há previsibilidade de decisões.

Porém, essa capacidade de se predizer os resultados das aplicações das regras, tem como ônus a inaptidão destas últimas de se adaptarem ao mundo dinâmico e altamente mutante. Assim, há que se sopesar tais valores antes de se optar por um dos

9. Idem, p. 199.

modelos de decisões. Em se optando pelo primeiro, o sistema há de se satisfazer com uma série de decisões subótimas, mas mais seguras; ao passo que quem eleger o modelo conversacional, deverá saber lidar com a incerteza dos resultados, em privilégio ao poder de adaptar suas decisões às mudanças do dia-a-dia.

Há que se asseverar, outrossim, que ao se optar por decisões previsíveis, vez que baseadas em generalizações compreendidas por aqueles que compõem a comunidade jurídica, ter-se-á uma diminuição da autonomia e do arbítrio dos aplicadores do Direito. Muitas vezes, diante de um caso concreto, um julgador pode entender que melhor decidiria se não seguisse a regra, porém, dentro de um ordenamento que adota um modelo baseado em regras, isto não é possível, há que se ignorar a diferença que naquele caso específico se apresentava como relevante.

A jurisdição decisória que é tolhida consiste em mais que simplesmente reconhecer um indivíduo como participante da categoria sobre a qual a regra deve incidir, é, sim, decidir qual o propósito das regras. Quanto maior o livre campo de atuação jurisdicional, maior será o número de decisões certas, como também de erradas e, conseqüentemente, maior será nesse último caso, a sensação de insegurança, já que obstaculizada está a possibilidade de predição dos resultados.

Inconscientemente, ao basear sua decisão em uma regra, o julgador se sente amparado pela segurança outorgada por esta última, a tal ponto de ser liberado da responsabilidade de examinar minuciosamente todas as circunstâncias do fato sobre o qual a regra incide, bastando identificá-lo como gerador da obrigação naquela prevista, e, perceber que ao aplicá-la, estará indo ao encontro do propósito perseguido pela regra.

Não é preciso grande esforço para se concluir que um julgador que por sentir, num passar de olhos pela proposição normativa, que sua decisão está em consonância com a regra que aplica, julgará muito mais rápido que um outro que, por não possuir regras em que se apoiar, tenha que examinar cada nuance do caso concreto carente de decisão. Sob esse raciocínio é que se diz que as regras terminam por conferir maior eficiência ao processo decisor.

De certo modo, o conforto de decidir oferecido pelas regras, proporciona ao decisor a vantagem de só se ater às circunstâncias fáticas que merecem, de fato, maiores cuidados, ao mesmo tempo, que lhe permite deixar passar despercebidos detalhes de somenos importância.

É possível que algum brasileiro que se depare com essa idéia de eficiência outorgada pelas regras, discorde de tal afirmação ao compará-la com a morosidade do nosso Sistema Judiciário, apesar do mesmo se submeter ao modelo entrincheirado. Porém, há que se ter em mente, que a situação poderia ser bem pior, se para todo caso, o julgador tivesse que fazer cálculos, conjecturas e longos raciocínios, os quais muitas vezes se encontram objetivamente previsto nas regras.

Mais facilmente que o argumento da confiança, as pessoas tendem, ao sopesar os custos e benefícios, a preferir resultados subótimos, mais céleres, do que uma decisão tecnicamente perfeita, mais demorada, até porque se tem a visão, já bastante difundida de que "uma justiça que tarda, não é justiça".

A aplicação exata e restrita da regra pode levar a resultados errados de sub ou sobreinclusão, esclareça-se, que aqui denominamos "errada" a decisão diferente da que indica a justificação, mas baseada em regra, o que não ocorreria com o modelo particularista, que por aplicar a justificação da regra diretamente, é capaz de alcançar um resultado ideal.

Porém, a concessão de maior discricionariedade ao decisor pode levar à ocorrência de um outro tipo de erro, qual seja aquele erro causado pela interpretação da proposição normativa cometido pelo próprio decisor.

Sopesando os dois tipos de erros, somos capazes de arriscar em dizer que os chamados "erros" de sub ou sobreinclusão são mais previsíveis, e, por poderem ser previamente apontados, são menos freqüentes; contrariamente aos erros de interpretações cometidos pelos decisores, já que as razões motivadoras de uma dada decisão são inumeráveis, bem como imprevisíveis são as possibilidades de interpretação frutos da mente humana.

A partir dessa linha de raciocínio, podemos dizer que é muito mais vantajoso se adotar um modelo que seja ótimo no atacado e subótimo no varejo, isto é, que apesar de algumas vezes gerar resultados de sub ou sobreinclusão das regras, ocasiona, em larga escala, menos erros que um modelo que busque caso-a-caso o resultado ideal, já que como se viu, neste, sob um panorama mais amplo, as chances de erros são incontáveis.

Esta é a idéia que o autor denomina de Teoria do Segundo Melhor, que apesar de ter pretensões mais modestas, é mais segura e previsível. Por tal razão é que o modelo de decisão baseada em regra, segue sendo o melhor, já que, se a plena possibilidade de acerto é nula, melhor errar tendo por fundamento uma regra, do que errar com base apenas na intuição do decisor, pelo menos, no primeiro caso, o decisor pode dividir a responsabilidade do erro com o criador da proposição normativa (legislador).

A busca pela confiança, eficiência e pela minimização dos erros, levam, inevitavelmente à estabilidade. Diga-se aí estabilidade formal, a qual consiste na limitação do espectro de decisões possíveis, tornando, assim, mais difícil a mudança no *status quo*. Fazemos questão de expor tal ressalva porque é importante distinguir tal espécie da estabilidade material, porque muitas vezes, aquela proposital dificuldade em alterar a situação presente, pode causar uma atmosfera de instabilidade psicológica ou política, atingindo, por conseguinte, a seguida espécie da categoria aqui falada. Daí porque, faz-se mister ponderar se a busca pela estabilidade em comento é vantajosa, à medida que esta acarreta a inevitável perda de flexibilidade para interferir mais profundamente, nos casos concretos.

Um sistema que busca a estabilidade das relações jurídicas é sem dúvida conservador, restando claro que, ao se primar por tal característica, valoriza-se não só ela em si, mas se demonstra valorizar as relações passadas tal como entrincheiradas pelas regras, tanto que se quer vê-las mantidas no presente e no futuro. Na verdade, o que a estabilidade proporciona é a manutenção de um modo de pensar de um grupo ou da maioria da sociedade num momento passado, em detrimento dos mais diversos posicionamentos, dos mais diferentes grupos presentes e futuros.

Para muitas pessoas não há Direito sem regra, aliás, o Direito seria decidir baseada em regras e seria, justamente, a presença dessas que distinguiria o Direito do exercício arbitrário do poder e da prática não intermediada da política. Porém, alguns doutrinadores como Hart e o próprio Schauer, fazem uma distinção entre regras regulativas substantivas ou primárias e regras jurisdicionais ou secundárias e concluem que o Direito não vive sem essa última, já que é ela quem confere poder aos indivíduos ou às instituições para distribuir a justiça, já as primeiras apesar de importantes, à medida que mostram a força normativa das decisões dos julgadores, não são imprescindíveis.

O autor reconhece que, de fato, muitas vezes as regras podem ser derrotadas tanto por suas próprias justificações, quanto por justificações que residam em qualquer outra parte do sistema, fazendo com que as restrições conferidas pelas regras diminuam. Inversamente, o poder das regras aumenta dentro de um sistema, na medida em que elas possuam prioridade local, tanto sobre suas próprias justificações, como sobre outras regras mais distantes do sistema.

Logo, para que as regras operem como tal dentro de um sistema, não é suficiente que se as trate como entrincheiradas em relação às suas próprias justificações geradoras, faz-se necessário, também, que elas sejam tratadas como entrincheiradas em relação às outras regras, demonstrando assim a sua prioridade sobre as demais.

A prioridade local não necessita ser absoluta para ser uma prioridade, assim como as regras não necessitam ser absolutas, para serem regras. Há de haver algum grau de prioridade local para preservar, no sistema, um mínimo de decisões baseadas em regras. Porém, essa prioridade, normalmente, só existe como uma presunção, a ser superada em casos particularmente existentes.

Esperamos que nas sessões anteriores tenhamos conseguido deixar claro que a existência humana é demasiadamente rica, cheia de minúcias e circunstâncias, impossíveis de serem captadas em sua integralidade pela mente de qualquer indivíduo, por mais perspicaz que ele seja. É diante dessa debilidade, inerente à condição de ser humano, que se vislumbra nas regras uma ferramenta de auxílio para a coordenação das relações entre as pessoas que compõem um núcleo social.

Vimos que as regras, por trazerem em seus predicados fáticos uma generalização, conseguem realçar as propriedades que se devem tomar como relevantes em cada caso concreto, de modo a identificá-lo como participante da categoria sobre a qual determinada regra deverá incidir.

Esta seleção de propriedades relevantes e a supressão de outras de somenos importância para a pacificação do conflito a que cuida uma dada regra, facilita imensamente o trabalho do aplicador do direito, permitindo que ele se atenha apenas àquelas características que são importantes para detecção de uma hipótese de incidência da regra, o que, por conseguinte, termina por torná-lo mais ágil e mais eficiente em suas decisões. Em outras palavras as regras permitem simplificar o processo de pensamento do decisor, fazendo com que ele se circunscreva em tomar em conta um espectro determinado de fatores.

Nas palavras de Schauer: "Aun cuando la regla demuestre su divergencia extencional en un único caso entre mil, y el los 999 restantes parezca hacer exactamente lo que la justificación habría hecho en ausencia de la regla, su importancia descansa justamente en el modo en que libera a sus destinatarios de tener que determinar se es éste el caso en que los resultados habrían sido diferentes. Sólo en virtud de la regla es que el destinatario se ve liberado de tener que mirar detrás de ella en cada caso, e, de este modo, la regla, que resulta extensionalmente divergente en uno de mil casos, incide también sobre la naturaleza del proceso de tomada de decisiones en los 999 restantes".[10]

Uma analogia utilizada na obra em estudo nessa sessão que bem demonstra essa virtude das regras é a que as compara com o slogan da IBM: "Constrói máquinas para trabalhar, a fim de que as pessoas possam pensar". Isto porque as generalizações facilitam imensamente o processo de identificação de um caso concreto sobre o qual a regra incide, liberando o decisor para se dedicar a outros casos que demandem maiores cuidados, isto é, para os casos em que somente a análise das proposições normativas não permite solucioná-lo, os chamados casos difíceis.

Assim, a importância da regra está em separar o joio do trigo, os casos difíceis, dos que com uma rápida vista sobre suas propriedades, em comparação com a(s) proposição(ões) normativa(s), se pode apresentar a sua solução.

Sob outro enfoque, as regras, ao facilitar o trabalho do decisor, terminam por controlar o poder deste último ou seu âmbito de discricionariedade, ou seja, ao apresentar os casos em que aquele só precisar "dar uma rápida olhada", daqueles que merece uma análise com maior acui-

10. Idem, p. 296.

dade, o sistema baseado em regra está a intervir no poder de decisão dos aplicadores, controlando-os e delimitando, de certa forma, o seu espaço de atuação.

No Direito Tributário esse poder exercido pelas regras torna-se ainda mais flagrante, diante do princípio da tipicidade que restringe ainda mais o poder jurisdicional e a sua discricionariedade, o que por conseqüência lógica, leva a todas aquelas outras vantagens por nós assinaladas retro, como a de um julgamento mais eficaz.

Em última instância, as regras não só distribuem o poder, mas principalmente é forte mecanismo de controle deste.

Todavia, o que para nós justifica com maior vigor a opção pela tomada de decisão baseada em regra é a busca pela segurança nas relações jurídicas, o que não põe de lado as razões descritas acima, pelo contrário, as confirma, haja vista que, a nosso ver, a busca pela eficácia, estabilidade, confiança, controle de poder, não passam de institutos representativos da segurança jurídica, formas de refleti-la, já que é ela a razão maior do Direito e o modelo de tomada de decisão baseada em regra vai ao encontro de tal desiderato.

Daí porque achamos por bem analisar o princípio da segurança jurídica à luz das idéias de Frederick Shauer, à medida que percebemos que, embora ele não tenha afirmado expressamente, a mola propulsora para a eleição do modelo entrincheirado, ou fundado em regras é justamente a eterna busca do ser humano pela previsibilidade das relações, pelo mínimo de segurança nos dias que estão por vir, razão pela qual se entrincheira o passado e se pretende que ele intervenha no presente e no futuro.

Vislumbramos uma preocupação recorrente com a manutenção ou a instalação da segurança jurídica, esta, de uma forma ou de outra, mesmo diante das mais diversas analogias políticas, foi, é e, a nosso ver, sempre será, um valor a ser perseguido. E, essa é a razão pela qual lhe damos tanta relevância e o porquê de a termos tornado o alvo dos nossos estudos, mormente no âmbito tributário, onde tais preocupações crescem em proporções gigantescas.

Referências bibliográficas

ARAÚJO, Luiz Alberto D., e NUNES JÚNIOR, Vidal S. *Curso de Direito Constitucional.* 3ª ed., São Paulo, Saraiva, 1999.

ATALIBA, Geraldo. *Sistema Constitucional Tributário Brasileiro.* São Paulo, Ed. RT, 1968.

______. *República e Constituição.* 2ª ed., São Paulo, Malheiros Editores, 1998.

______. *Hipótese de Incidência Tributária.* 6ª ed., São Paulo, Malheiros Editores, 1999.

ÁVILA, Humberto. *Teoria dos Princípios – Da Definição à Aplicação dos Princípios Jurídicos.* 4ª ed., São Paulo, Malheiros Editores, 2005.

BALEEIRO, Aliomar. *Limitações Constitucionais ao Poder de Tributar.* 4ª ed. rev., Rio de Janeiro, Forense, 1974.

BANDEIRA DE MELLO, Celso Antônio. *Curso de Direito Administrativo.* 11ª ed., rev., atual. e ampl., São Paulo, Malheiros Editores, 1999.

______. "Eficácia das normas constitucionais sobre Justiça Social". *Revista de Direito Público* 57-58.

BARROSO, Luís Roberto. *O Direito Constitucional e a Efetividade de suas Normas – Limites e Possibilidades da Constituição Brasileira.* 7ª ed., Rio de Janeiro, Renovar, 2003.

______. *Interpretação e Aplicação da Constituição.* 6ª ed., rev.e amp., São Paulo, Saraiva, 2004.

BASTOS, Celso Ribeiro, e BRITO, Carlos Ayres de. *Interpretação e Aplicabilidade das Normas Constitucionais.* São Paulo, Saraiva, 1982.

______. *Curso de Direito Constitucional.* 12ª ed., São Paulo, Saraiva, 1990.

______. *Dicionário de Direito Constitucional.* São Paulo, Saraiva, 1994.

BITTAR, Fernanda Iervolino. *Normas que Demarcam Princípios – Segurança Jurídica em Matéria Tributária.* Dissertação de Mestrado, PUC/SP, 1998.

BONAVIDES, Paulo. *Curso de Direito Constitucional.* 6ª ed., São Paulo, Malheiros Editores, 1996.

BORGES, José Souto M. "O problema fundamental da base empírica para a ciência do direito e seus reflexos em questões incindíveis pela doutrina do direito tributário". *Revista de Direito Tributário* 31/147-161, São Paulo.

______. "Princípio da segurança jurídica a criação e aplicação do tributo". *Revista de Direito Tributário* 63/206-210, São Paulo.

BRITTO, Marcelo Augusto Andrade. *Segurança Jurídica, Teoria do Tipo e sua Interpretação*. Dissertação de Mestrado, PUC/SP, 2000.

CAMPILONGO, Celso Fernandes. *Os Desafios do Judiciário: um Enquadramento Teórico. Direitos Humanos, Direitos Sociais e Justiça*. São Paulo, 1994.

CANOTILHO, José Joaquim Gomes. *Constituição Dirigente e Vinculação do Legislador – Contributo para a Compreensão das Normas Constitucionais Programáticas*. Coimbra, Coimbra Editora, 1982.

CAPELLETTI, Mauro. *Juízes legisladores?*. Trad. Carlos Alberto de Oliveira. Porto Alegre, Fabris, 1993.

CARRAZZA, Roque A. *Curso de Direito Constitucional Tributário*. 21ª ed., rev. e amp., São Paulo, Malheiros Editores, 2004.

CARVALHO, Paulo de B. *Curso de Direito Tributário*. 14ª ed., rev. e amp., São Paulo, Saraiva, 2005.

______. *Direito Tributário. Fundamentos Jurídicos da Incidência*. São Paulo, Saraiva, 1998.

______. *Teoria da Norma Tributária*. 4ª ed., São Paulo, Max Limonad, 2002.

______. "Sobre os princípios constitucionais tributários". *Revista de Direito Tributário* 55/143-155.

______. "Enunciados, normas e valores jurídicos tributários". *Revista de Direito Tributário* 69/43-56, São Paulo.

COELHO, Sacha C. N. "Princípios constitucionais tributários e reforma fiscal". *Revista de Direito Tributário* 61/123-128, São Paulo.

DINIZ, Maria Helena. *Normas Constitucionais e seus Efeitos*. São Paulo, Saraiva, 1989.

DI PIETRO, Maria Sylvia Zanella. *Direito Administrativo*. 14ª ed., São Paulo, Atlas, 2002.

DWORKIN, Ronald. *Taking Rights Seriosly*. Harvard University Press, Cambridge, Massachusetts, 1997.

FERRAZ JÚNIOR, Tércio Sampaio. *Introdução ao Estudo do Direito – Técnica, Decisão, Dominação*. 2ª ed., São Paulo, Atlas, 1994.

FERREIRA FILHO, Manoel G. *Curso de Direito Constitucional*. 20ª ed., São Paulo, Saraiva, 1993.

HESSE, Konrad. *A Força Normativa da Constituição*. Trad. Gilmar Ferreira Mendes. Porto Alegre, Fabris, 1991.

MACIEL, José Fábio Rodrigues. *Segurança Jurídica e a Evolução do Direito – Uma Abordagem Fenomenológica*. Dissertação de Mestrado, PUC/SP, 2003.

PIMENTA, Paulo Roberto Lyrio. *Eficácia e Aplicabilidade das Normas Constitucionais Programáticas*. São Paulo, Max Limonad, 1999.

PRADO, José M. Simões de Almeida. *O Princípio da Segurança Jurídica e a Tributação*. Dissertação de Mestrado, PUC/SP, 2004.

QUEIROZ, Cristina. *Interpretação Constitucional e Poder Judicial – Sobre a Epistemologia da Construção Constitucional*. Coimbra, Ed. Coimbra, 2000.

REALE, Miguel. *Lições Preliminares de Direito*. 27ª ed. ajustada ao novo Código Civil. São Paulo, Saraiva, 2002.

______. *Teoria Tridimensional do Direito*. 4ª ed., São Paulo, Saraiva, 1986.

SAMPAIO, José Adércio leite. *A Constituição Reinventada pela Jurisdição Constitucional*. Belo Horizonte, Del Rey, 2002.

SANTI, Eurico Marcos D. de. *Lançamento Tributário*. 2ª ed. rev. e amp., São Paulo, Max Limonad, 1999.

SCHAUER, Frederick. *Reglas en Juego*. Barcelona, Marcial Pons, 2004.

SILVA, José Afonso. *Aplicabilidade das Normas Constitucionais*. 3ª ed., São Paulo, Malheiros Editores, 1998.

______. *Curso de Direito Constitucional Positivo*. 20ª ed., rev. e atual. nos termos da Reforma Constitucional (até a Emenda Constitucional n. 35, de 20.12.2001), São Paulo, Malheiros Editores, 2002.

TEIXEIRA, J. H. Meirelles. *Curso de Direito Constitucional*. São Paulo, Forense Universitária, 1991.

VILANOVA, Lourival. *Estruturas Lógicas e o Sistema de Direito Positivo*. São Paulo, Noeses, 2005.

______. *Causalidade e Relação no Direito*. 4ª ed., rev., amp. e atual., São Paulo, Ed. RT, 2000.

GRÁFICA PAYM
Tel. (011) 4392-3344
paym@terra.com.br

RDT 104

CADERNOS DE DIREITO TRIBUTÁRIO: "CRÉDITO DE ICMS" E "CRÉDITO DE INDÉBITO TRIBUTÁRIO": CONSEQÜÊNCIAS JURÍDICAS DESTA DISTINÇÃO – PAULO DE BARROS CARVALHO • EL CONTROL CONSTITUCIONAL DE LAS LEYES TRIBUTARIAS – JOSÉ OSVALDO CASÁS • PRESUNCIONES TRIBUTARIAS – ALONSO PÉREZ BECERRIL • O SISTEMA AUTOPOIÉTICO DO DIREITO E SUAS IMPLICAÇÕES EM RELAÇÃO À SEGURANÇA JURÍDICA – FABIANA DEL PADRE TOMÉ • SOBRE OS LIMITES NORMATIVOS DO ART. 38, PARÁGRAFO ÚNICO, DA LEI DE EXECUÇÃO FISCAL: CONSIDERAÇÕES PRÉVIAS À ANÁLISE DE SUA CONSTITUCIONALIDADE – TÁREK MOYSÉS MOUSSALLEM e OSLY DA SILVA FERREIRA NETO • FUNDAMENTAÇÃO DA OBRIGAÇÃO TRIBUTÁRIA – FERNANDO AURÉLIO ZILVETI • A IMUNIDADE DOS SERVIÇOS DE TELECOMUNICAÇÃO: CARACTERÍSTICAS, REQUISITOS DE APLICAÇÃO E EFEITOS SOBRE O FUST E O FUNTTEL – TÁCIO LACERDA GAMA • O IMPOSTO SOBRE GRANDES FORTUNAS À LUZ DA JUSTIÇA DISTRIBUTIVA – TATHIANE DOS SANTOS PISCITELLI • A INTERPRETAÇÃO NO DIREITO: POSSIBILIDADE DE ALTERAÇÃO EXEGÉTICA E A EXISTÊNCIA DE PARÂMETROS E LIMITES INTERPRETATIVOS – DANIELA BRAGHETTA • ***ESTUDOS E COMENTÁRIOS***: PRINCÍPIOS DA ORDEM ECONÔMICA COMO LIMITAÇÃO AO PODER DE TRIBUTAR – JOEL GONÇALVES DE LIMA JR. e ROBERTO FERRAZ • PRINCÍPIO DO NÃO-CONFISCO COMO REALIZAÇÃO DO PRINCÍPIO DA SEGURANÇA EM MATÉRIA TRIBUTÁRIA – RUTI KAZUMI NAKAGAKI • O "DIFERENCIAL DE CARGA E/OU ALÍQUOTAS" DE ICMS INDEVIDAMENTE COBRADO DE EMPRESAS COMERCIAIS OPTANTES PELO SIMPLES NACIONAL NAS OPERAÇÕES DE AQUISIÇÃO INTERESTADUAIS – ANDRÉIA FOGAÇA MARICATO • CLASSIFICAÇÃO E CÁLCULO DE PRINCÍPIOS – JONATHAN BARROS VITA • A INCONSTITUCIONALIDADE DO DIFERENCIAL DE ALÍQUOTA E A ILEGALIDADE DA OBRIGAÇÃO ACESSÓRIA – MÔNICA PIMENTA JÚDICE • O PRINCÍPIO DA SEGURANÇA JURÍDICA COMO RAZÃO PARA A TOMADA DE DECISÃO BASEADA EM REGRA – TATIANA AGUIAR

MALHEIROS EDITORES

Revista de Direito Tributário

62

M